Brandl-Nebehay / Rauscher-Gföhler / Kleibel-Arbeithuber (Hg.)
Systemische Familientherapie

BIBLIOTHEK PSYCHOTHERAPIE
herausgegeben von Gernot Sonneck
Band 7

A. Brandl-Nebehay, B. Rauscher-Gföhler, J. Kleibel-Arbeithuber (Hg.)

Systemische Familientherapie

Grundlagen, Methoden und aktuelle Trends

Facultas Universitätsverlag

Die Deutsche Bibliothek - CIP- Einheitsaufnahme
Systemische Familientherapie : Grundlagen, Methoden und aktuelle Trends /
A. Brandl-Nebehay ... (Hg.). - Wien : Facultas-Univ.-Verl., 1998
(Bibliothek Psychotherapie ; Bd. 7)
ISBN 3-85076-439-7

Satz und Druck: WUV-Universitätsverlag
Umschlaggestaltung: A+H Haller
Printed in Austria
ISBN 3-85076-439-7

Vorwort

Innerhalb der letzten 15 Jahre entwickelte sich die systemische Familientherapie zu einem der meistverbreiteten Ansätze innerhalb der Psychotherapie[1]. Dieses steigende Interesse am systemischen Ansatz förderte die Professionalisierung der Ausbildung und schuf die Nachfrage nach einem Überblickswerk über die Inhalte der Curricula für systemische Familientherapie.

Das vorliegende Lehrbuch entstand in Kooperation aller drei in Österreich für diese Psychotherapierichtung anerkannten fachspezifischen Ausbildungseinrichtungen[2]. Über die Zusammenarbeit in Redaktion und Herausgeberschaft dieses Bandes ist – über räumliche Distanz, Konkurrenz und unterschiedliche inhaltliche Ausrichtungen hinweg – eine fruchtbare Zusammenarbeit entstanden, die wegweisend für eine weitere Vernetzung aller systemischen PsychotherapeutInnen sein sollte.

Fast alle Autorinnen und Autoren sind als LehrtherapeutInnen in der Aus- und Weiterbildung tätig und zeichnen mit ihren jeweils unterschiedlichen Sicht- und therapeutischen Vorgangsweisen ein differenziertes Bild des aktuellen Verständnisses von systemischem Denken und Handeln in der Psychotherapie.

Als Herausgeberinnen haben wir uns die Aufgabe gestellt, einerseits ein Lehr- und Lernbuch für AusbildungskandidatInnen zu konzipieren, andererseits ein Handbuch zu planen, das auch erfahrene PraktikerInnen der systemischen Therapie zum Nachlesen über neuere Entwicklungen im systemischen Feld einlädt.

Der erste Teil des Buches verschafft einen ausführlichen Überblick über Geschichte, Richtungen und Leitideen systemischer Psychotherapie und deren erkenntnistheoretische Grundlagen. Selbstkonzepte und therapeuti-

---

1 Von den in die österreichische Psychotherapeutenliste eingetragenen Personen mit Zusatzbezeichnungen stellen die systemischen FamilientherapeutInnen den größten Prozentsatz (12%), gefolgt von den klientenzentrierten bzw. personenzentrierten PsychotherapeutInnen (Information aus: Stumm G, Brandl-Nebehay A, Fehlinger F (Hrsg.) Handbuch für Psychotherapie und psychosoziale Einrichtungen. Falter-Verlag, 1996, S. 25).

2 Es sind dies die Lehranstalt für Systemische Familientherapie der Erzdiözese Wien, die Fachsektion Systemische Familientherapie des ÖAGG (Österreichische Arbeitsgemeinschaft für Gruppentherapie und Gruppendynamik) und die ÖAS (Österreichische Arbeitsgemeinschaft für systemische Therapie und systemische Studien). Eine kurze Beschreibung dieser drei Ausbildungseinrichtungen findet sich im Anhang.

sche Haltungen werden ebenso diskutiert wie ein systemisches Verständnis von Gesundheit und Krankheit.

Der zweite, praxisorientierte Teil stellt Interventionen, Methoden und spezielle therapeutische Techniken dar und beschreibt Settings der Einzel-, Paar und Familientherapie in unterschiedlichen Kontexten. Anschließend wird der therapeutische Umgang mit speziellen Problemlagen wie z. B. Depression, Psychosomatik, Eßstörungen, Verhaltensauffälligkeiten von Kindern und Jugendlichen, Sucht und Trauer skizziert. Den Abschluß bildet im dritten Teil eine Diskussion von Selbsterfahrung, Supervision und Evaluation im Ausbildungskontext.

Bezüglich der weiblichen und männlichen Sprachformen haben wir uns entschlossen, postmoderner Vielfalt den Vorzug zu geben und die jeweils von den einzelnen AutorInnen bzw. Autorenteams gewählten Bezeichnungen für Männer und Frauen in ihrer Uneinheitlichkeit zu übernehmen. So ist in bunter Reihe von Therapeut, Therapeut/in, Klienten und KlientInnen die Rede. Die Leserinnen und Leser mögen diese sprachliche Inkonsequenz mit Nachsicht behandeln und als angemessene Sensibilität für die „Gender-Frage" deuten.

Wir danken den AutorInnen und allen jenen, die uns bei diesem Projekt mit ihrem Können und ihrer Erfahrung, mit ihrem Wissen und Wohlwollen unterstützt haben.

Wien, im August 1997 Die Herausgeberinnen

Inhaltsverzeichnis

I. Grundlagen

Geschichte der systemischen Familientherapie

Andrea Brandl-Nebehay,
unter Mitarbeit von Stefan Geyerhofer und Ferdinand Wolf

1. Psychoanalytisch orientierte Familientherapie

1.1 Anfänge in den USA

Die Anfänge familientherapeutischer Vorgangsweisen entwickelten sich parallel zueinander an mehreren Orten der Ostküste der USA. Viele dieser neuen Ansätze gingen aus tiefenpsychologischem Denken und psychoanalytischer Praxis hervor, andere sind als Kontrastprogramme dazu zu sehen. Viele Pioniere machten ihre Erfahrungen auf der „Müllhalde der Psychiatrie" (Goolishian), d. h. mit psychiatrischen Patienten, bei denen etablierte Psychiater keine Chance mehr sahen und aufgegeben hatten. Die behandelnden Psychiater erlebten ihre Ohnmacht in der Behandlung (jugendlicher) psychotischer Patienten und waren daher bereit, innovative Methoden zu erproben. „Aufgrund des starken Anpassungsdrucks des psychoanalytischen Establishments entstand die Familientherapie als Untergrundbewegung, deren Pioniere gegen die Macht traditionell orientierter Psychiater ankämpfen mußten und oft in professionelle Isolierung gerieten. Zumeist wurden familientherapeutische Ansätze unter dem Schutzschirm von Forschungsprogrammen an den erwähnten „hoffnungslosen" Patientengruppen entwickelt (Textor, 1984, S. 10).

Da die Gründergeneration der Familientherapie vor allem im Bereich der Kinder- und Jugendpsychiatrie sowie in der Psychotherapie junger Erwachsener arbeitete, galt ihr Interesse besonders den (nicht gelungenen) Ablösungsprozessen zwischen den Generationen. In einzeltherapeutischen Settings mit Kindern und Jugendlichen erwies es sich als schwierig, die Familienangehörigen aus der Therapie herauszuhalten. Je häufiger die TherapeutInnen aber in Kontakt zu den Angehörigen traten, desto mehr verdichtete sich die Einschätzung, das Verhalten der Angehörigen wirke vielfach ebenso „verrückt", eigenartig oder „gestört" wie das des eigentlichen Patienten. Zudem wurde die Erfahrung gemacht, daß Familien die PatientInnen gerade dann aus der Therapie herausnahmen, wenn endlich erste Fortschritte erkennbar waren.

Einige TherapeutInnen wandten ihre Aufmerksamkeit daher immer mehr der Familie ihrer Patienten zu und fanden – in dem damals selbstverständlichen Modell linearen Ursache-Wirkung-Denkens – die „Ursache" und damit die „Schuld" für das kranke Verhalten ihres Patienten in dem „gestörten" Verhalten der Familienangehörigen. Ergebnisse dieser Forschung waren z. B. das Konzept der *„schizophrenogenen" Mutter*, das später auf Hypothesen über *„schizophrenogene" Familien* ausgeweitet wurde. Der Begriff der „schizophrenogenen" Mutter wurde von Frieda Fromm-Reichmann geprägt. Sie beschrieb entsprechend ihrer psychoanalytischen Therapieerfahrung bestimmte Aspekte der dyadischen Mutter-Kind-Beziehung: Mütter, die tief in das Leben ihres Kindes eindringen, es überfürsorglich behüten, kontrollieren und überwachen, verhindern seine eigenständige Identitätsentwicklung. Dementsprechend erwächst im Kind das Gefühl, es sei seine Pflicht, Lebensinhalt der Mutter zu sein und behindert so seine Identitätsbildung. Dieses Konzept war für die Entwicklung der Familientherapie gleichermaßen positiv wie negativ. Einerseits richtete es den Fokus auf Interaktionen: Nicht nur die persönlichen Formen der Konfliktverarbeitung des Patienten wurden als pathologisch gekennzeichnet, sondern *Beziehungsformen*. Damit war der Schritt über die Grenzen einer individuumzentrierten Psychologie hinaus getan. Anderseits jedoch verführte das *linear-kausale Denken*, dem die frühen Arbeiten der Familientherapie verpflichtet waren, dazu, der Mutter die Schuld an der Psychose des Kindes zuzuschreiben. Das Beobachtungsfeld wurde zwar vom Individuum auf andere Familienmitglieder und auf deren Interaktionen ausgedehnt, die Beibehaltung des geradlinigen Ursache-Wirkung-Denkens führte aber lediglich zu einer Verschiebung der Ursache (und damit der Schuldzuschreibung) vom „kranken" Individuum auf die „krankmachende" Mutter bzw. die „krankmachende" Familie. Diese starke Pathologieorientierung verstellte den Blick auf familiäre Ressourcen. Wenig Aufmerksamkeit wurde dem Aspekt des Coping, des Bewältigungsverhaltens von Krankheit gewidmet. Weiters führte die – dem normativ orientierten Zeitgeist der 50er Jahre entsprechende – Pathologisierung der Familie zu starken Widerständen der Angehörigen, die sich von den Professionisten für schuldig und moralisch verantwortlich erklärt fühlten.

Im folgenden sollen einige Gründerpersönlichkeiten der Frühzeit der Familientherapie kurz vorgestellt werden:

Theodore Lidz

Anfang der 50er Jahre bildete sich um Theodore Lidz ein psychoanalytisch orientiertes Team von Psychiatern und Sozialarbeitern, das über die Familiendynamik schizophrener Patienten forschte und berichtete. Einige Dutzend Familien, mit denen jeweils – mehr zu Forschungs- als zu therapeutischen Zwecken – hunderte Sitzungen stattgefunden hatten, wurden eingehend untersucht. Das (verkürzt wiedergegebene) Fazit lautete: In den Familien mit schizophrenen Angehörigen stimmt vieles nicht. Ein oder beide Elternteil(e) verletzen massiv und chronisch die psychischen Grenzen der Kinder; die gestörte Elternbeziehung verhindert eine günstige Sozialisation der Kinder. Als typisches Muster beschreibt Lidz das Phänomen der *familiären Spaltung („family schism", „family skew")*: Gemeint ist damit eine große gegenseitige Entfremdung mit fast totalem Kommunikationsabbruch sowie Gespaltenheit der beiden Elternteile, die einzelne Kinder als Bundesgenossen zu rekrutieren versuchen. In späteren Jahren beschäftigte sich Lidz mit dem Versuch, seelische Gesundheit und seelische Störung im Kontext des Lebenszyklus zu bestimmen und legte mit seinem Buch „Das menschliche Leben – Die Persönlichkeitsentwicklung im Lebenszyklus" (1968) ein umfassendes Grundlagenwerk zu dieser Thematik vor.

Nathan Ackerman

Ackerman gilt als einer der wichtigsten Pioniere im Feld; das Ackerman-Institut in New York ist ein weltweit anerkanntes familientherapeutisches Forschungs- und Ausbildungsinstitut.

Bereits 1938 trat Ackerman – ein ausgebildeter Kinderpsychiater und Psychoanalytiker – mit einer Arbeit über die Familie als wichtige Behandlungseinheit in der Psychotherapie hervor. Auch späterhin brach er viele Tabus: er ging zunehmend dazu über, Patienten innerhalb ihrer Familien zu analysieren, führte den Einwegspiegel ein, verfertigte Filmaufnahmen von Therapiesitzungen und war auch der erste Familientherapeut, der Familien vor einem größeren Publikum interviewte. „Er arbeitete mit Familien wie ein Stierkämpfer mit einem Stier. Seine Demonstrationen waren berühmt für ihre theatralische Überschwenglichkeit, geistige Beweglichkeit und eine fast schockierende Zudringlichkeit in die privaten Gebiete des persönlichen und familiären Lebens" (Hoffman, 1984, S. 229).

Lyman Wynne

Wynns Interesse als psychoanalytisch ausgebildeter Psychiater galt vorrangig dem Einfluß von Familienkommunikation auf die Entstehung von

Denkstörungen, vor allem der Schizophrenie. Im Rahmen seiner Schizophrenieforschung führte er analytisch inspirierte Tiefeninterviews mit Familien mit angepaßten schizophrenen Mitgliedern über deren intrafamiliäre Kommunikation. Er fand, daß sich Bündnisse in diesen Familien verwirrend schnell verschieben und in ihrer Bedeutung unklar und bruchstückhaft bleiben („*psychologische Apartheid*"). Daraus ergibt sich, daß Bündnisse keine echte Nähe vermitteln (Pseudogegenseitigkeit) und Konflikte nie wirkliche Distanzierungen ermöglichen (Pseudofeindschaft).

Pseudo-Gegenseitigkeit (pseudo mutuality) bezeichnet einen Beziehungsstil, bei denen nur freundschaftliche, harmonisierende, liebevolle Gefühle bzw. Verhaltensweisen gezeigt und/oder wahrgenommen werden; der Gegenbegriff *Pseudo-Feindschaft (pseudo hostility)* charakterisiert Familien, in denen ständig haßvolle, feindselige Gefühle und Verhaltensweisen gezeigt werden.

In beiden Fällen bleibt ein wichtiges Gefühls- bzw. Verhaltensrepertoire aus der Wahrnehmung ausgeblendet. Für die Mitglieder beider Familien besteht ein zentraler Konflikt zwischen dem Wunsch nach Verschmelzung und dem nach Trennung und individueller Identität. In Familien mit schizophrenen Mitgliedern sind die Rollenstrukturen besonders starr, jede Abweichung löst extreme Beunruhigung aus, die sich im individuellen Erleben als Angst vor Trennung bzw. vor Verschmelzung äußert. Daher werden Spontaneität und Originalität innerhalb der Familie als extrem bedrohlich erlebt. Dies bewirkt eine typische Abgrenzung der Familie gegenüber der Außenwelt *(„rubber fence", „Gummizaun")*. Von anderen Autoren werden diese Phänomene als *Fusion* (Bowen*)* oder *Verstrickung* (Minuchin*)*, als Störung der *Selbst-Objekt-Differenzierung* bzw. der *bezogenen Individuation* (Stierlin) beschrieben.

Murray Bowen

Bowen war einer der ersten Psychiater, der schizophrene Patienten gemeinsam mit ihren Familienangehörigen stationär aufnahm. Dieses stationäre Setting sollte die Beobachtung des Familienlebens dieser Patienten ermöglichen. In den 50er Jahren entwickelte er die Idee, Schizophrenie sei das Ergebnis einer ungelösten symbiotischen Bindung an die Mutter, später weitete er den Gedanken darauf aus, Schizophrenie sei das Zeichen einer Pathologie der ganzen Familie.

Er interessierte sich besonders für die Geschichte der Familien und brachte damit – neben Boszormenyi-Nagy – die *Drei- und Mehrgenerationentheorie* in die Forschung ein. Bowen versucht zu zeigen, daß der Entwicklung schwerer Störungen ein Prozeß über zumindest drei Generationen hinweg zugrunde liegt. Meist ist eine Störung oder Unreife in der zweiten Generation schon sehr auffällig und bedingt eine entsprechende Partnerwahl. Aus dieser durch kombinierte Unreife gekennzeichneten Ehe geht dann ein Kind hervor, das so symbiotisch gebunden ist, daß es schizophren wird. Über Generationen hinweg kommen ähnliche Mechanismen der *projektiven Identifikation* zur Wirkung, wodurch Selbst- und Objektbilder ineinander verschwimmen oder – als Gegenstrategie – der totale Beziehungsabbruch unvermeidlich wird. (Der von Melanie Klein in die Psychoanalyse eingeführte Begriff der projektiven Identifikation bezeichnet die Projektion eigener unerwünschter oder hoch bewerteter Anteile in einen anderen und die anschließende Identifizierung mit diesem anderen). Als grundlegendes Problem erweist sich der Aufbau bzw. die Aufrechterhaltung interpersoneller Grenzen. Das ambivalente Hin- und Herpendeln zwischen Nähe und Distanz, die Angst vor der Verschmelzung und die Angst vor dem Objektverlust bestimmen demgemäß die emotionale Dynamik des familiären Lebens.

Besonders wichtig wird hier der Begriff der *Differenzierung:* Nach Bowen finden in der Regel jeweils Partner von ähnlichem Differenzierungsgrad zueinander. Je weniger differenziert sie sind, umso eher entwickelt sich (*symbiotische) Fusion* oder radikaler emotionaler Beziehungsabbruch (*emotional cut off)*. Je geringer die Differenzierung innerhalb der Dyade und je größer daher die Gefahr von Fusion oder Beziehungsabbruch ist, umso mehr verlangt es die Partner nach einem Dritten, der das System stabilisiert *(Triangulation).*

Die Bildung von *Dreierbeziehungen* ist ein Vorgang, der in jeder Familie und in allen sozialen Gruppierungen auftritt, wenn zwei Personen sich gegen einen Dritten verbünden. (Das „*Dreieck*" spielt auch in Theorie und Praxis von Haley und Minuchin eine zentrale Rolle). Nach Bowen bildet sich aus einem Zwei-Personensystem unter Streß ein Drei-Personensystem. Wenn zwischen zwei Personen Spannungen entstehen, kann sich z. B. eine Person von dieser emotionalen Spannung befreien, indem sie eine dritte Person (Kind, Mutter, Liebhaber/Geliebte ...) einbezieht und vielleicht eine Geschichte über den anderen erzählt. Die Spannung überträgt sich dann auf die neue Zweierbeziehung und befreit das ursprüngliche Paar. Wenn es z. B. zu einer Auseinandersetzung zwischen Mutter und Sohn über schlechte Schulleistungen kommt, wird diese Auseinandersetzung verlagert, sobald der Vater hinzukommt, die Mutter angreift und den Sohn verteidigt. Oft bleibt das Geschehen nicht auf drei Personen beschränkt, sondern aktiviert andere Dreiecke. Unter Streß kann dieser Vorgang die ganze Kernfamilie, aber auch weiter entfernte Familienmitglieder und Nicht-Verwandte, Vertreter von Behörden, Sozialarbeiter, Krankenhäuser, Schulen und Gerichte aktivieren (Kettenreaktion).

Um Muster aus der Vergangenheit in ihrer Macht über die Menschen der Gegenwart zu bestimmen, regt Bowen seine KlientInnen dazu an, Gespräche mit noch lebenden Familienmitgliedern zu führen und „Ahnenforschung“ zu betreiben. Dafür benutzt er *Genogramme* – Diagramme des Familienstammbaums. Nach Möglichkeit wird die dritte Generation auch persönlich zur Therapie eingeladen. Das Hinzuziehen der Großelterngeneration bietet die Chance, in einem durch den Therapeuten gewährleisteten angstfreien Raum ein Stück der bis dahin nicht vollzogenen Differenzierung nachzuholen (Anklänge an humanistisch orientierte Wachstumstherapie).

Bowen selbst stammte aus einer weitverzweigten amerikanischen Südstaatenfamilie mit vielen exzentrischen Typen, Alkoholikern und Psychotikern; das Familiensystem war durch viele Feindschaften und emotionale „cut offs“ geprägt. Zur Illustration seiner Thesen trug Bowen seine persönliche Familiengeschichte vor großem Publikum vor und schockierte bzw. faszinierte damit die Fachwelt.

Ivan Boszormenyi-Nagy

Neben Bowen gilt Boszormenyi-Nagy als wichtigster Vertreter der Mehrgenerationenperspektive in der Familientherapie. Er stammt aus einer angesehenen ungarischen Juristenfamilie, was vielleicht dazu beitrug, daß für ihn Fragen der *Ethik* und *Gerechtigkeit* zentral wurden. Sein wichtigster Beitrag besteht in seiner Metapher der Familie als eines *Mehrgenerationen-Kontobuchs.* In seinem Hauptwerk „Unsichtbare Bindungen“ (Boszormeny-Nagy & Spark, 1981) spricht er von einem „Familienhauptbuch“, das aus einem System von Verdiensten, Schuldverschreibungen und Schulden besteht, die im Lauf der Zeit wieder zurückgezahlt werden. Die wichtigsten Begriffe:

Loyalität bezeichnet gesetzestreues Verhalten, Gefühle der Verbundenheit und Verpflichtung. Das Konzept der Loyalität macht verständlich, wie eine Familie über Generationen hinweg ihre Kontinuität und Kohärenz wahrt und Verhaltensmuster, Wertvorstellungen und Aufträge tradiert. Im positiven Sinn läßt sich die Symptomatik eines einzelnen als Ausdruck seiner Loyalität der Familie gegenüber und damit als positive Leistung werten.

Schuld- und Verdienstkonten sind die Hauptbestandteile des familiären „Kontobuchs“: Leistungen für andere bewirken einen Anspruch auf Ausgleich. Opfert ein Mitglied seine individuellen Interessen oder Entwicklungsmöglichkeiten dem Wohl eines anderen, dann erwartet er dafür Entschädigung. Erhält er sie nicht unmittelbar, so fordert er sie häufig bei der Nachfolgegeneration ein. Eltern, die etwa ihr Kind ersatzweise benutzen, um das unbeglichene Konto mit den eigenen Eltern zu bereinigen, lösen damit beim Kind Ansprüche aus, die dieses seinerseits bei den eigenen Kindern einzutreiben versuchen wird. Als Eltern werden sie dann etwa versuchen, ihre noch offenen Ansprüche – z. B. auf Anerkennung oder existentielle Bestätigung – an die eigenen Eltern durch die Kinder zu befriedigen, oder sie werden darum bemüht sein, eine Schuld gegenüber den Eltern an den Kindern gutzumachen.

Über Generationen hinweg werden solche Schuld- und Verdienstkonten hergestellt, eingelöst oder sie bleiben offen. Dann suchen etwa Eltern von ihren eigenen Kindern zu bekommen, was ihnen von ihren Eltern vorenthalten wurde, womit auf verschiedensten Ebenen Loyalitäten, Verpflichtungen und Ansprüche ins Spiel kommen. *Symptome* entstehen demnach, wenn Gerechtigkeit zu lang nicht oder unzureichend wiederhergestellt wird und es zu einer Kette von „verlagerter Vergeltung" kommt.

In der von Boszormenyi-Nagy als „kontextuell" bezeichneten Therapie wird untersucht, wie über mehrere Generationen hinweg Loyalitäten und Verdienstkonten entstehen, sich verändern und weitergegeben werden. Durch Einbeziehung der Großeltern in die Therapie verdeutlichen sich Loyalitätsverstrickungen und zeigen sich Wege, konstruktiv damit umzugehen. In der Therapiesitzung lassen sich Verdienste, Ansprüche und Schulden offenlegen und an die richtigen Adressen verweisen. In diesem Ansatz spielen Begegnung und *Versöhnung* zwischen den Generationen eine zentrale Rolle. Vergebung ist der Schlüssel zu dieser Therapie, die nur dann wirkt, wenn der gegenseitige Vorgang des Beschuldigen und Verletzens – „die Kette der verlagerten Ungerechtigkeiten" angehalten wird.

Im deutschsprachigen Raum gewann Boszormenyi-Nagy in den späten 70er Jahren großen Einfluß, vielleicht auch, weil er mit seiner Betonung der Ethik als mehr philosophisch-europäisch gilt als die pragmatischen Ansätze anderer amerikanischer Autoren. Weiterentwickelt wurden seine Ideen vor allem von den Gruppen um Eckhardt Sperling in Göttingen und Helm Stierlin in Heidelberg.

Norman Paul

Auch Norman Paul gehört zu den Familientherapeuten, die großen Wert auf die Vergangenheit und Erforschung der Familiengeschichte legen. Hintergrund dazu sind Freuds Schriften über Trauer und Melancholie und seine Theorie der Verdrängung, angewandt auf die Familieneinheit statt auf das Individuum. Durch Zurückgehen zu eingekapselten, verdrängten Ereignissen in der Vergangenheit sollen diese traumatischen Erlebnisse aufgedeckt und durchgearbeitet (und damit Symptome zum Verschwinden gebracht) werden. In Pauls Konzept des *ungelösten Trauervorgangs* wird der Tod oder Verlust eines Familienmitglieds, der zur entsprechenden Zeit nicht angemessen betrauert wurde, wieder „ausgegraben", und die ganze Familie geht symbolisch noch einmal durch ein Trauerritual (*„operant mourning"*).[1]

Auch andere „historisch" orientierte Therapeuten legen großen Wert auf die Entdeckung von *Familiengeheimnissen* und anderen „verborgenen Skeletten" in der Familiengeschichte (z. B. Adoption, uneheliche Geburt eines Kindes, Geisteskrankheiten in der Verwandtschaft). Diese Ideen wurden von Familien- und systemischen TherapeutInnen verschiedener Schulen (z. B. Satir, Imber-Black) aufgegriffen und methodisch umgesetzt (Familienskulpturen, psychodramatisch gestaltete Familienrekonstruktion usw.).

1.2 Anfänge im deutschen Sprachraum

Im deutschsprachigen Raum tauchen die ersten Ansätze zur Familientherapie in den 60er Jahren auf. Während es in den USA vorwiegend jugendliche Schizophrene waren, die zu gemeinsamer Behandlung mit ihren Angehörigen angeregt hatten, setzte die Familientherapie in Deutschland vorwiegend an der Behandlung von *neurotischen Eltern-Kind-Beziehungen* und *Paarkonflikten* an. Sie verstand sich als Erweiterung der psychoanalytischen Denktradition um die Einbeziehung von Familien; methodisch und konzeptionell knüpfte sie im wesentlichen an angloamerikanischen Vorläufern an. Pioniere waren die Arbeitsgruppen um E. Sperling in Göttingen und um H. E. Richter (1963, 1970) in Gießen.

In Österreich arbeiteten Harry Merl, Ludwig Reiter, Hans Strotzka und Heimo Gastager ebenfalls bereits in den 60er Jahren in therapeutischen Sitzungen mit Paaren und Familien; Raoul Schindler entwickelte die soge-

---

1 Ein Beispiel (nach Stierlin, 1994, S. 52): Einer jungen Frau aus Boston wird vom Therapeuten der Auftrag erteilt, das Grab ihrer ihr unbekannten Großmutter in London aufzusuchen und sich dann mit ihrer Mutter darüber auszutauschen. Dieser Austausch löste bei Mutter und Tochter starke Emotionen aus, und die beiden kamen sich dadurch auf eine Weise näher, die niemand für möglich gehalten hätte. Gleichzeitig besserte sich die Ehe der jungen Frau entscheidend.

nannte „*bifokale Therapie*“ mit schizophrenen Patienten und Angehörigengruppen.

Wichtige Impulse gingen von der von Horst Eberhard Richter gegründeten Arbeitsgemeinschaft für Familienforschung und Familientherapie (AGF) aus, einem Zusammenschluß von Familientherapeuten, die in den 70er Jahren wesentlichen Einfluß auf die weitere Entwicklung des Feldes nahmen. (Eine ausführliche Darstellung von Aufstieg, Krise und Untergang der AGF findet sich in Reiter, 1988 und 1991). Aus Österreich waren Heimo Gastager, Ludwig Reiter, Raoul Schindler, Egbert Steiner, Hans Strotzka und Heinz Wilfing Mitglieder der AGF; Schweizer Vertreter der AGF war u. a. Jürg Willi. Ein Ergebnis der Arbeitsgruppe war die Herausgabe des Buches „Familie und seelische Krankheit“ (Richter, Strotzka & Willi, 1976), dem ersten deutschsprachigen Sammelband zur Familientherapie.

Wichtige Impulse kamen weiters von der Heidelberger Arbeitsgruppe um Helm Stierlin sowie von den durch Rosmarie Welter-Enderlin und Josef Duss-von-Werdt organisierten Züricher Kongressen unter Beteiligung der internationalen Pioniere (vgl. Ludewig, 1996). 1978 wurde in Nachfolge der AGF die Deutsche Arbeitsgemeinschaft für Familientherapie (DAF) als Dachorganisation der FamilientherapeutInnen gegründet.

Bereits 1976 erschien als erste deutschsprachige Fachzeitschrift die „*Familiendynamik*“. 1983 ist das Gründungsjahr der „*Zeitschrift für systemische Therapie*“; 1988 brachten E. Brunner und L. Reiter erstmals die Zeitschrift „*System Familie*“ heraus. Seit 1987 erscheint die Fachzeitschrift „*systeme*“, herausgegeben von der Österreichischen Arbeitsgemeinschaft für systemische Therapie und systemische Studien (ÖAS).[2]

Horst Eberhard Richter

In seinem Buch „Eltern, Kind und Neurose“ legte Richter bereits 1963 Erfahrungen aus seiner Beratungsarbeit mit Familien in einer Kinderklinik im Berliner Arbeiterbezirk Wedding vor. Er beschrieb die von Eltern ihren Kindern zugewiesenen Rollen und definierte „*Rolle*“ als „das strukturierte Gesamt der unbewußten elterlichen Erwartungsphantasien, insofern diese dem Kind die Erfüllung einer bestimmten Funktion zuweisen“. Die Rolle des Kindes bestimmt sich also „aus der Bedeutung, die ihm im Rahmen des elterlichen Versuches zufällt, ihren eigenen Konflikt zu bewältigen

---

2 Ludwig Reiter (1994) gibt an Hand einer bibliometrischen Auswertung der Zitierhäufigkeiten in „Systeme“ und anderen Fachzeitschriften einen interessanten Überblick über Entwicklung und Leitfiguren der systemischen Therapie.

(Richter, 1963, S. 73). Richter stellt an Fallbeispielen dar, daß es sich dabei um elterliche narzißtische Projektionen sowie Übertragungen konflikthafter Beziehungsmuster aus der eigenen Kindheit der Eltern handelt. Dabei stabilisieren sich die Eltern durch die Abwehr bestimmter Eigenschaften, die für sie unerträglich oder peinlich sind. In Familien, in denen das Kind als Substitut für einen anderen Partner dient, erfolgt nach Ansicht von Richter eine Generationsumkehr (*Parentifikation*). Dabei übertragen die Eltern Impulse, die sie ursprünglich ihren eigenen Eltern zugewandt hatten, auf das Kind. In Fällen, in denen ein Partner fehlt oder die Beziehung sehr gestört ist, kann ein Kind als „Gattensubstitut" fungieren. In der Mutter-Sohn-Beziehung kann sich daraus eine *Überfürsorglichkeit (overprotection)* oder aber auch eine „werbende Gefügigkeit" der Mutter entwickeln; ähnliches gilt auch für die Vater-Tochter-Beziehung, die stark inzestuös gefärbt sein kann.

Dient das Kind als *„Substitut"* für einen Aspekt des eigenen (elterlichen) Selbst, so wird es zum „Abbild der Eltern" und dabei Substitut sowohl des „idealen Selbst" wie auch der „negativen Identität" der Eltern. Im ersteren Fall suchen die Eltern im Kind nach dem, was sie selbst immer sein wollten; das Kind personifiziert ihre Hoffnung auf Erfüllung des eigenen Strebens und muß helfen, das niedrige elterliche Selbstwertgefühl auszugleichen. Im zweiten Fall werden die negativen Aspekte des eigenen Selbst mittels einer *projektiven Identifikation* auf das Kind übertragen. Auf diese Weise gelingt den Eltern in Identifizierung mit ihrem Kind die schuldfreie Ersatzbefriedigung eigener, verpönter Impulse (und das Kind wird zum Sündenbock).

Das Richtersche Rollenkonzept verweist sowohl auf eine Mehrgenerationenperspektive als auch auf komplizierte Mechanismen der Delegation. In dieser Sichtweise der kindlichen Rolle werden allerdings wesentliche Aspekte zirkulärer Kausalität nicht erfaßt. Letztlich wird den Eltern die Schuld zugewiesen, das Kind erscheint ausschließlich passiv. Therapeutische Interventionen, die sich von diesem Konzept leiten lassen, laufen Gefahr, den Systemaspekt familiärer Dynamik, z. B. die Wechselwirkung zwischen einer engen Mutter-Kind-Beziehung und Konflikten in der Partnerbeziehung, zu übersehen.

In seinem Buch „Patient Familie" (1970) erweiterte Richter sein Rollenkonzept, und in weiterer Folge fanden zunehmend emanzipatorische und sozialpsychologische Konzepte Eingang in Richters Sicht der Familientherapie. Während bislang die Symptomentstehung innerhalb einer Familie als ein Produkt innerfamiliärer Abwehrprozesse gesehen wurde, rücken nun zunehmend auch die sozioökonomischen und politischen Einwirkungen auf die Familie in den Vordergrund.

Helm Stierlin

In der Frühphase des von Helm Stierlin geleiteten Heidelberger Instituts für Familientherapie waren die Konzepte noch stark von psychoanalytischen Denkmodellen der Familientherapie geprägt, die Stierlin in den USA kennengelernt hatte. Für ihn wichtige Begriffe sind „bezogene Individuation", die Beziehungsformen der „Bindung" und „Ausstoßung" sowie Delegation. Unter *bezogener Individuation* wird die Fähigkeit verstanden, auch in zwischenmenschlichen Belastungs- und Streßsituationen psychologische Grenzen zu setzen, also z. B. zwischen den eigenen Gefühlen und denen anderer, den eigenen Erwartungen und den Erwartungen anderer unterscheiden zu können. Stierlin bringt die Hintergründe einer gestörten „bezogenen Individuation" in Zusammenhang mit altersentsprechenden Trennungsprozessen innerhalb der Familie und spricht von unterschiedlichen Formen von *„Bindung"*, wobei er in Anlehnung an psychoanalytische Konstrukte zwischen Es-Bindung, Bindung auf Ich-Ebene und Bindung auf der Über-Ich-(Gewissens-)ebene unterscheidet (vgl. Simon & Stierlin, 1984, S. 48f).

Bei der Entwicklung des Konzepts der *„Delegation"* war Stierlin stark von Boszormenyi-Nagys Begriff der Loyalitäten beeinflußt. Voraussetzung für Delegationen ist ein starkes Loyalitätsband zwischen Delegierenden (Eltern) und den Kindern, die als ihre Delegierten fungieren. „Delegation" bedeutet „aussenden" oder „hinausschicken" sowie „mit Aufträgen versehen". Der Delegierte wird „an der langen Leine der Loyalität" gehalten, und sein Gefühl der Selbstachtung, Integrität und Anerkennung durch den ihn delegierenden Elternteil hängt weitgehend davon ab, mit welcher Treue und Gewissenhaftigkeit er seine Aufträge ausführt. Solche Aufträge werden während der frühen Abhängigkeit eines Kindes von den Eltern verdeckt vermittelt und haben eine enorme Steuerungskraft, sind aber den Beteiligten meist nicht bewußt.

In seinem Buch „Eltern und Kinder – das Drama von Trennung und Versöhnung" (1976) beschreibt Stierlin etwa jugendliche Ausreißer, die nicht-eingestandene Triebbedürfnisse der Eltern auslebten und verdeckt dazu ermuntert wurden, Drogen zu nehmen. Hier handelt es sich vorwiegend um Aufträge auf der *Es-Ebene*, die verdeckte unbefriedigte Triebbedürfnisse der Eltern befriedigen sollen. Weiters lassen sich Aufträge auf der *Ich-Ebene* von Delegationen auf der *Über-Ich-Ebene* unterscheiden. In diesem Fall treten jugendliche Delegierte in den Dienst des elterlichen Ich-

Ideals und werden beauftragt, sich zu dem Wissenschaftler, Künstler, Sportler usw. zu entwickeln, den ein Elternteil aus eigener Kraft nicht zu werden vermochte. Stierlin betont, daß Delegationen ein Phänomen sind, das in jeder „normalen" Familie stattfindet; problematisch werden sie dann, wenn Kinder damit überfordert werden oder durch widersprüchliche Delegationen unerfüllbaren Aufträgen gegenüberstehen.

Als Folge von „ausbeutenden" Delegationen entwickeln sich bei den Kindern und Jugendlichen häufig Haß- und Racheaktionen. Die wirksamste Weise, an den Eltern Rache zu nehmen, ist oft die eigene Selbstzerstörung durch das radikale Ausleben der Aufträge und Delegation. Die Kinder geben sich der Selbstzerstörung hin und erbringen dann durch ihr Rückfälligwerden und ihr Versagen den lebenden Beweis für die Schlechtigkeit der Eltern. Die psychotherapeutische Behandlung eines solchen Familiensystems ist nur unter Berücksichtigung einer Mehrgenerationenperspektive möglich. Auch die delegierenden Eltern sind Kinder *ihrer* Eltern und reichen häufig weiter, was ihnen von den eigenen Eltern angetan oder vorenthalten wurde. Diese Sichtweise erleichtert, auch auf die Nöte der Eltern empathisch eingehen zu können und eine Haltung der Allparteilichkeit einzunehmen. Sitzt man in der Therapie Kindern gegenüber, die unter ihren überfordernd delegierenden Eltern massiv leiden, ist es für den Therapeuten allerdings oft schwer, seine *Allparteilichkeit* zu wahren.

Die Heidelberger Gruppe

Ende der 70er Jahre begann sich um Helm Stierlin die „Heidelberger Gruppe" zu formieren, die wichtige Impulse zur Verfeinerung der systemischen Theoriebildung und klinischen Praxis (insbesondere der Psychosetherapie) setzte. Zu den Mitgliedern der Gruppe, die in Seminaren, Vorträgen und Workshops durch ihre rhetorische Brillanz bestechen und zahlreiche Artikel und Bücher publiziert haben, zählen: Andrea Ebbecke-Nohlen, Ingeborg Embden-Jonasch (Embden-Jonasch & Ebbecke-Nohlen, 1992), Hans Rudi Fischer (1993, 1995) Arnold Retzer (1994, 1996), Gunter Schmidt, Jochen Schweitzer (Schweitzer & Schumacher, 1995; Schweitzer et al., 1992; von Schlippe & Schweitzer, 1996), Fritz Simon (1995) und Gunthard Weber.

Inhaltliche Schwerpunkte der „Heidelberger" sind die Beschäftigung mit *Wirklichkeitskonstruktionen*, wobei zwischen „harten" und „weichen" Sichtweisen der Realität sowie zwischen gelebtem, erlebten und erzählten Leben (Retzer 1994) unterschieden wird. In Abgrenzung zu strategischen und lösungsorientierten Ansätzen sehen sich Mitglieder der Heidelberger Gruppe eher als „Anwälte der Ambivalenz“ und bevorzugen eine „lösungsneutrale“ therapeutische Haltung.

Eine Reihe von Publikationen ist dem Zusammenhang zwischen Psychose und Familienkonstellationen (vgl. Retzer 1994, 1996) gewidmet. In aufwendigen empirischen Studien wurden Familien – ausgehend von der Diagnose eines erkrankten Angehörigen – als „manisch-depressiver“, „schizo-affektiver“ oder „schizopräsenter“ Familientyp charakterisiert und mit jeweils unterschiedlicher (synchroner bzw. diachroner) Zeitorganisation und Beziehungsrealität in Zusammenhang gebracht. Das Heidelberger Psychosekonzept hat heftige Kontroversen ausgelöst (vgl. Reiter 1996 a, b), die sich an der Hypothese der Spezifität entzünden. Kernpunkt dieses Diskurses ist die Frage, ob familiäre Strukturen und Prozesse für spezifische Erkrankungen und Störungen verantwortlich gemacht werden können.

Jürg Willi

Jürg Willi ist vor allem durch seine Arbeiten und Bücher über Paarbeziehung und Paartherapie bekannt geworden.

In seinem Buch „Die Zweierbeziehung“ (1975) analysiert Willi das unbewußte Zusammenspiel in Partnerwahl und Paarkonflikt: das *Kollusions-Konzept*. Kollusion (lat. colludere = zusammenspielen) ist ein unbewußtes und uneingestandenes Zusammenspiel von Partnern, das ihrer Konflikt- und Angstbewältigung dient. Um einen – lebensgeschichtlich begründeten – Konflikt zu bewältigen, nehmen die Partner einander wechselseitig als Verkörperung jeweils einer Seite ihrer Ambivalenz wahr.

Bei der Partnerwahl entdecken die Partner jeweils im anderen eigene unterdrückte oder verlorene Anteile des eigenen Selbst. Diese lassen sich meist als verdrängte und abgewehrte Triebwünsche verstehen. Die Anziehungskraft des Partners beruht in hohem Maß darauf, daß er gerade diese abgewehrten Anteile lebt (projektive Identifikation). Im Verlauf der Partnerschaft jedoch wird das, was ursprünglich die Anziehung bewirkte, zur Ursache von Krisen. Die Partnerwahl ermöglichte einerseits eine Ergänzung des eigenen Selbst, schuf aber andererseits ein Szenarium für das Wiedererstehen konflikthaft erlebter Triebwünsche.

Belastungen dieses Zusammenspiels (durch äußeren oder inneren Streß) fördern nunmehr eine zunehmende Polarisierung der Partner im Rahmen ihres bislang gemeinsam abgewehrten Grundkonflikts: die jeweils auf den Partner delegierten Wünsche und Bedürfnisse zeigen eine zunehmend bedrohliche Seite und müssen am Partner dementsprechend vehement bekämpft werden.

Die beiden für Zweierbeziehungen typischen Rollen beschreibt Willi (1975, 1978) als regressiv bzw. progressiv. Die *regressive Rolle* ist durch Unterfunktion und Dekompensation, die *progressive* durch Überfunktion und Überkompensation gekennzeichnet. Bei einer vornehmlich *narzißtischen Bedürfnislage* idealisiert der Träger der regressiven Rolle seinen Partner und verhält sich diesem gegenüber unterwürfig und altruistisch. Der progressive Partner lebt dagegen von solcher Idealisierung. Beide brauchen einander in gleicher Weise. Der Progressive kann sein Selbstwertgefühl nur durch die Bewunderung des Regressiven aufrechterhalten, der Regressive seines nur durch Identifikation mit dem idealisierten Partner.

Das Kollusionskonzept ist ein Versuch, Paar- und Ehekonflikte im Licht von tiefenpsychologisch verstandenen, individuellen Lebensgeschichten, aber auch systemtheoretisch unter dem Aspekt gegenseitiger funktioneller Ergänzung zu verstehen. In der Therapie wird versucht, die zugrundeliegenden neurotischen Konflikte (im Sinn einer analytischen Therapie) aufzuarbeiten.

In den letzten Jahren begann Willi das ursprüngliche Konzept der Kollusion zum Konzept der *Koevolution* zu erweitern. Hier geht es eher um die „normal"-psychologische gegenseitige Beeinflussung von Menschen, die zusammenleben, beinhaltet also nicht so sehr den Aspekt der Angstabwehr und Pathologie.

2. Wachstums- und entwicklungsorientierte Familientherapie

2.1 Leitideen

Unter dieser Oberbezeichnung lassen sich eine Reihe von Strömungen zusammenfassen, die nur schwer voneinander abgrenzbar sind (vgl. die Darstellung von v. Schlippe, 1989, S. 60f). Dazu gehören *„erlebnisorientierte"* Ansätze, die dem emotionalen Erleben der einzelnen Familienmitglieder besonderen Wert beimessen und über verschiedene Methoden und Übungen (nonverbale Kommunikation, Skulpturen, Rollenspiele etc.) das *Hier und Jetzt* erfahrbar, spürbar, neu erlebbar machen. Maria Bosch (1983) spricht von „entwicklungsorientierten" Ansätzen und zählt dazu alle Therapierichtungen, die phänomenologische Denkansätze verarbeitet haben – die Individualpsychologie (Alfred Adler), die Gesprächspsychotherapie (Carl Rogers), die Gestalttherapie (Fritz Perls), die themenzentrierte Interaktion (Ruth Cohn) und die familientherapeutischen Ansätze

(Virginia Satir und Walter Kempler). Hier wird die Zuordnung all dieser Richtungen zur *Humanistischen Psychologie* deutlich, die sich in den 50er Jahren als „Dritte Kraft" gegenüber der Psychoanalyse und dem Behaviourismus zu etablieren begann. Grundlegend ist der Glaube an Leben und Lebendigkeit; das höchste Ziel des Menschen ist, sich zu verwirklichen und zu wachsen (Selbstaktualisierungstendenz). Man nennt diese Richtungen daher auch „*Wachstumsmodelle*". Die für die Familientherapie bedeutendste Persönlichkeit war Virginia Satir, eine der wenigen Frauen unter den FamilientherapeutInnen der Pionierzeit.

2.2 Virginia Satir

Virginia Satir begann bereits in den frühen 50er Jahren im Rahmen ihrer Tätigkeit als Sozialarbeiterin in Chicago familientherapeutisch zu arbeiten. Als spätere Mitarbeiterin des Mental Research Institute (MRI) in Palo Alto kam sie mit systemischen Forschungen der Gruppe um Gregory Bateson, Don Jackson und Jay Haley in Berührung und leitete später die psychotherapeutische Ausbildung am Esalen Institute in Kalifornien. Kraft ihrer charismatischen Persönlichkeit wurde sie eine der Leitfiguren der Human Potential-Bewegung der 60er Jahre. Neben ihrer Tätigkeit als Familientherapeutin leitete sie bis zu ihrem Tod (1988) Encounter-Gruppen, Ausbildungen und Workshops in aller Welt.

Ein Kernpunkt von Satirs familientherapeutischem Ansatz ist die Verbindung zwischen System, Wachstum und *Selbstwert*. Wie Menschen sich fühlen und mit sich selbst umgehen, wie hoch ihr Selbstwertgefühl, wie gefüllt ihr emotionaler „*pott*" ist, hat direkte Auswirkung darauf, wie sie mit anderen Personen umgehen und umgekehrt. „Integrität, Ehrlichkeit, Verantwortung, Leidenschaft, Liebe – alles strömt frei aus dem Menschen, dessen Pott voll ist. Er weiß, daß er etwas bedeutet und daß die Welt ein kleines Stückchen reicher ist, weil er da ist. Er glaubt an seine eigenen Fähigkeiten. ... Weil er sich selber wertschätzt, kann er auch den Wert seiner Mitmenschen wahrnehmen und achten" (Satir, 1975, S. 39). Der Prozeß der Vermittlung von Selbstwertgefühl kann auf vielerlei Weisen beeinträchtigt werden. Dann lernt etwa das Kind, mit Liebesentzug gegen sich selbst zu reagieren. „Im Zustand des fast leeren Potts ... erwarten sie von ihren Mitmenschen, daß sie sie hintergehen, mit Füßen treten und verachten. Da sie immer das Schlimmste erwarten, beschwören sie es selbst herauf und bekommen es auch häufig. Um sich zu schützen und zu verteidigen, verstecken sie sich hinter einer Wand von Mißtrauen und versinken in den grausamen Zustand ... der Einsamkeit und Isolation" (S. 40). In einer

Familie ist oft derjenige am meisten in seinem Selbstwertgefühl bedroht, der am massivsten angreift.

Von diesen Überlegungen ausgehend, setzt Satir das Selbstwertgefühl eines Menschen in Verbindung zu seiner Art zu kommunizieren. Sie beschreibt durch vier verschiedene Kategorien von *Kommunikationsmustern*, wie Menschen in der Interaktion mit anderen ihr Selbstwertgefühl schützen, wenn es bedroht ist: die versöhnliche, die anklagende, die rationalisierende und die irrelevante Haltung. Jede dieser Kommunikationsformen ist durch bestimmte Körperhaltungen, Gestik, Atmung, Stimmklang, Gedanken, Gefühle und eine spezifische Syntax charakterisiert (Satir, 1975, S. 86 ff) und erfordert einen jeweils unterschiedlichen therapeutischen Zugang:

Diesen vier durch niedriges Selbstwertgefühl bestimmten Kommunikationsformen stellt Satir die *„kongruente" Kommunikation* gegenüber, die von hohem Selbstwertgefühl getragen und in Sprache, Syntax und Körperhaltung offen, flexibel, wertschätzend, angemessen und konstruktiv ist.

Das Ziel der Therapie besteht darin, daß alle Familienmitglieder neue, positive, authentische Erfahrungen miteinander machen können. Wichtige Schritte auf diesem Weg sind die Arbeit am Selbstwertgefühl der Eltern und Kinder und die Einübung neuer Kommunikationsformen, die Platz für Humor, Lebendigkeit und Wachstum in der Familie schaffen. Satirs Modell der Familientherapie setzt im Hier und Jetzt der Therapiesituation unter besonderer Berücksichtigung der therapeutischen Beziehung an (vgl. Brandl-Nebehay, 1995). Der Therapeut verwendet sich selbst als sein wichtigstes Instrument. Die im Therapeuten aufkommenden Bilder, Vorstellungen, Phantasien, Erinnerungen, körperliche Sensationen und Stimmungszustände werden als Quelle therapeutischer Hilfe genutzt. Der Therapeut reagiert auf die Regeln, Kommunikationsmuster und Prozesse des familiären Systems, und – indem er sich selbst gut kennt – kann er diese seine Reaktionen als Mittel der Prozeßdiagnostik einsetzen und der Familie zur Verfügung stellen.

Die Grundhaltung des Therapeuten/der Therapeutin läßt sich – in Anlehnung an die von Carl Rogers formulierten „Basisvariablen" als Einfühlung, Wertschätzung, Kongruenz und Selbstachtung beschreiben. Das wertschätzende Interesse an den einzelnen Personen trägt zur Schaffung eines freundlichen, schützenden Klimas bei und ermöglicht eine offene Begegnung mit den einzelnen Familienmitgliedern, die deren Selbstwert erhöht und so Wachstumsprozesse ermöglicht (Satir, 1975, 1979). Im experimentellen und spielerischen Erproben neuer Kommunikationsformen steht vor allem deren verbale und nonverbale Form und nicht der Inhalt im Vordergrund. So kann etwa der Therapeut mit der Verbalisierung seiner Gefühle in der Sitzung Vorbild dafür sein, wie Gefühle konstruktiv ausgedrückt werden können. Die einzelnen Familienmitglieder entwickeln im Verlauf der Beziehung zum Therapeuten zunehmend jene wertschätzende, kongruente, auf Selbstwert gegründete Haltung zu sich selbst, die der Therapeut ihnen gegenüber einnimmt.

Vor dem Hintergrund einer wertschätzenden und kongruenten Haltung des Therapeuten sowie eines systemischen Weltbildes werden eine Fülle von therapeutischen Techniken angewandt (Umdeutung des Problems, Stellen von Familienskulpturen, Malen von Bildern, Kommunikationsübungen usw.). Der Therapeut/die Therapeutin nimmt hier eine aktive, zum Teil direktive Haltung ein, die Modellcharakter für die Familie haben soll.

3. Strukturelle Familientherapie

3.1 Salvador Minuchin

Strukturelle Familientherapie orientiert sich an der Organisation („Struktur") der Familien und deren Interaktionen. Dieses zu den eher direktiven Ansätzen zählende Modell der Familientherapie wurde von Salvador Minuchin begründet und weiterentwickelt und fand ab den 70er Jahren in den USA und Europa weite Verbreitung. Prominentester Vertreter im deutschen Sprachraum ist Gottlieb Guntern, der eine Synthese zwischen den strukturellen Ansätzen von S. Minuchin und J. Haley vollzog und die Interventionskunst im Sinn der Kybernetik erster Ordnung zur Meisterschaft brachte (vgl. Guntern 1996). Die Grundprinzipien der strukturellen Arbeitsweise sind in Minuchins Büchern „Familie und Familientherapie" (1977) und „Praxis der strukturellen Familientherapie" (1981) anschaulich beschrieben.

Helm Stierlin (1994) beleuchtet einige für Minuchins aktiven therapeutischen Stil bedeutsame biographische Aspekte. Salvador Minuchin kam in Argentinien als Sohn jüdischer Eltern der Mittelschicht zur Welt, wurde aktives Mitglied der zionistischen Studentenorganisation und 1943 für einige Monate inhaftiert, nachdem er an Protestaktionen gegen den Diktator Juan Perón teilgenommen hatte. Nach der Haftentlassung setzte er sein Medizinstudium in Uruguay fort, anschließend verschlug es ihn nach Israel. „Im ständigen Kontakt mit israelischen Guerillas stehend, soll er seine Vorliebe und Begabung für strategisches Intervenieren entwickelt haben. Die ersten Früchte dieser Entwicklung brachten sich dann in seiner Arbeit mit schwarzamerikanischen Ghettofamilien zum Ausdruck, mit der er seinen frühen Ruf als Familientherapeut begründete" (Stierlin, 1994, S. 54). Anfang der 60er Jahre leitete Minuchin ein Forschungsprojekt mit auffälligen Jugendlichen an der New Yorker Wiltwyck School, eine Arbeit, die er in dem berühmt gewordenen Buch „Families of the Slums (Minuchin et al., 1967) darstellt. Etwa 1965, nach seiner Übersiedlung nach Philadelphia, verlagerte sich der Schwerpunkt auf die familientherapeutische Behandlung psychosomatisch erkrankter Kinder. Jay Haley kam von Palo Alto nach Philadelphia und unterstützte Minuchin bei der Weiterentwicklung der strukturellen Familientherapie. Minuchins Arbeit an der Child Guidance Clinic von Philadelphia wurde später von seinen Mitarbeitern Braulio Montalvo und Harry Aponte weitergeführt.

3.2 Leitideen

Minuchin geht von einem normativen Konzept gut funktionierender Familienstrukturen aus.[3] Die Familie hat die Funktion, ihren Angehörigen über das Erleben von Zugehörigkeit bzw. Getrenntheit Identität zu vermitteln. Diese beiden Empfindungen werden mit der Metapher der „Grenze" voneinander differenziert. Die Familie erfüllt ihre Funktionen über ihre verschiedenen *Subsysteme*, die auf der Grundlage von Generation, Geschlecht, Rollen und Interessen gebildet werden. Subsysteme brauchen deutliche Grenzen, um funktional zu wirken. Minuchin unterscheidet drei Arten von inneren und äußeren Grenzen, um die Struktur einer Familie zu charakterisieren:

- flexible, klare Grenzen
- rigide, undurchlässige Grenzen
- diffuse, verwischte Grenzen.

Anhand dieser Begriffe entfaltet Minuchin Bilder von funktionalen Familienstrukturen, die ihren Mitgliedern ausreichend Schutz und Sicherheit bieten und gleichzeitig Freiraum für die Entwicklungsmöglichkeiten des einzelnen offen lassen. Die Beschaffenheit der Grenzen bildet einen Indikator für das Funktionieren bzw. die Dysfunktionalität des Systems.

---

3 Wie aus Minuchins Lebensgeschichte und seinem Engagement in der Arbeit mit Slumfamilien deutlich wird, kann man ihm sicher nicht unterstellen, daß mit „Normfamilie" etwa ein (klein)bürgerliches Mittelschichtsidyll gemeint sei. Es geht hier um die Struktur und Organisation von familiären Beziehungen, nicht um einen soziologischen Normbegriff.

Die *Generationsgrenzen* sollten klar und eindeutig sein, dabei aber Kontakt nach außen ermöglichen. Besonders wichtig sind ein gut ausgeprägtes *eheliches* sowie *elterliches Subsystem.* Ist hier die Grenzziehung zum Subsystem der Kinder zu rigide, so fehlt Kontakt und emotionale Unterstützung; wenn die Grenze verschwimmt, können andere Untergruppen (z. B. Großeltern, Kinder) in das System hineindrängen. „Hier ist die Aufgabe des Therapeuten, dem elterlich-ehelichen Subsystem zur Abgrenzung zu verhelfen, indem er solche Verhaltensweisen problematisiert. … Innerhalb der Therapiesitzung zeigen sich diffuse Grenzen häufig in Einmischungen eines Dritten in ein Gespräch zwischen zweien, wenn z. B. ein Vater für seine Tochter antwortet (oder umgekehrt). Diese Einmischungen sollten vom Therapeuten konsequent unterbunden werden" (v. Schlippe, 1989, S. 53).

Extreme in der Handhabung von Grenzen werden auf der einen Seite als Verstrickung (*enmeshment*), auf der anderen Seite als Isolierung oder Loslösung (*disengagement*) beschrieben. *„Verstrickte"* Familien wenden sich im Übermaß einander zu und binden die Mitglieder durch große Fürsorglichkeit; diese „Knäuel-Familien" bilden intensive Nähe zueinander und gleichzeitig starre Grenzen nach außen hin aus. Verstrickung ist eines der Kennzeichen psychosomatischer Familien (Minuchin et al., 1981), die durch Überfürsorglichkeit, Starrheit und Konfliktvermeidung gekennzeichnet sind.

Demgegenüber tendieren *„isolierte"* Familien dazu, wenig Verbundenheit zwischen den Mitgliedern und Subsystemen zuzulassen und sich nach außen hin wenig abzugrenzen („Streusand-Familie").

Ein weiteres zentrales Element in der Strukturbeschreibung einer Familie ist der Begriff der *Triangulation.* Damit wird der Prozeß der Dreiecksbildung charakterisiert, in dem z. B. ein Kind eine signifikante Funktion für Spannungen in einem anderen Subsystem, meist dem elterlichen, erhält. Dieses andere Subsystem erhält seine relative Stabilität über die Umleitung des Konflikts (auf den Symptomträger). Jay Haley (1980) analysiert eingehend die formale Struktur dieser „ewigen Dreiecke" und beschreibt Bedingungen, unter denen solche Strukturen pathologisch werden (*„perverse Dreiecke"*):

„1. Personen, die im Dreieck aufeinander reagieren, sind nicht gleichgestellt, sondern eine von ihnen ist aus einer anderen Generation als die beiden anderen … 2. In ihrer Interaktion bildet die Person aus der einen Generation eine Koalition mit einer Person der anderen Generation gegen ihren Gleichrangigen … 3. Die Koalition zwischen den beiden Personen wird geleugnet … Zusammengefaßt will das besagen, daß in einer perversen Dreiecksbeziehung die Trennung der Generationen heimlich durchbrochen wird. Wenn dies wiederholt auftritt, so ergibt es ein pathologisches System“ (Haley, 1980, S. 68/69).

3.3 Therapeutisches Vorgehen

Da die Struktur der Familie den Beobachtungen des Therapeuten nicht unmittelbar zugänglich ist, muß sie von ihm in einem ständigen Prozeß des Aufstellens und Überprüfens von Hypothesen über das Funktionieren des Systems erschlossen werden. Der Therapeut ist hier dem Beobachter eines Schachspiels vergleichbar, der die Regeln des Spiels nicht kennt, sie aber schrittweise aus dem Spielverlauf heraus ableiten kann. Seine Hypothesen enthalten Annahmen über die Rolle und Macht jedes Familienmitglieds, über die Grenzen des Familiensystems nach außen und zwischen den einzelnen Subsystemen (Großeltern, Eltern, Geschwister), über Konflikte und deren Umleitung sowie über Koalitionen und Bündnisse. Wenn eine Hypothese verifiziert werden kann, bestimmt sie die Richtung der Intervention – sei es ein Rollenspiel, sei es die Aufforderung zu räumlicher Distanznahme oder mehr Nähe oder eine therapeutische Verordnung („Hausaufgaben“, Rituale usw.).

Der erste Schritt ist die Formation eines therapeutischen Systems. Der Therapeut muß sich der Familie gegenüber „in“ und „up“ positionieren. Durch *„Joining“* – die Herstellung einer individuellen Vertrauensbasis mit jeder anwesenden Person – findet er Anschluß an das Familiensystem, findet Eingang „in“ die Familie und wird von dieser akzeptiert. Die „up“-Position sichert ihm die nötige Autorität und Kompetenzzuschreibung, um Interventionen (auch gegen Widerstände) wirksam werden zu lassen. „Der Therapeut sitzt im selben Boot mit der Familie, aber er muß der Steuermann sein. Meistens wird die Familie den Therapeuten als Führer dieser Partnerschaft akzeptieren. Nichtsdestoweniger muß er sich dieses Recht verdienen. Wie jeder Führer muß er sich anpassen, überreden, unterwerfen, unterstützen, dirigieren, Vorschläge machen und folgen, um führen zu können“ (Minuchin, 1977, S. 141).

Auf ein „funktionierendes“ therapeutisches System lassen sich ähnliche Normvorstellungen anwenden wie auf die innere Funktionalität des familiären Systems. Sind die Grenzen zwischen Therapeut und Familie zu starr, kann der Therapeut keinen emotionalen Zugang zu den einzelnen Personen finden und seine Interventionen fruchten nicht; ist die Grenze zu diffus, wird er selbst ins familiäre Netz verstrickt und verliert die zur Neustrukturierung der Familie notwendige „up"-Position (Katschnig & Wanschura, 1986).

Im letzten Jahrzehnt machte sich unter den Praktikern dieses strukturierend-eingreifenden Therapiemodells zunehmend Unbehagen über die Gestaltung der therapeutischen Beziehung breit (vgl. Brandl-Nebehay, 1995). Ein Vorgehen, das den Therapeuten in extremer Weise in die Rolle des Experten für die „richtige" Familiengestaltung hebt und von ihm zu wissen verlangt, was für eine bestimmte Klientenfamilie gut, „normal" und richtig sei, belastet die therapeutische Beziehung. Da die Ziele der Therapie von den äußeren Kriterien der Funktionalität abgeleitet werden und u. U. wenig Bezug zu den Realitätskonstruktionen der Familienmitglieder haben, entwickelt sich leicht ein „Machtkampf" zwischen Therapeut und Klientensystem über die „richtige" Vorgangsweise zur Problemlösung.

4. Strategische Ansätze

4.1 Zur Entwicklung der systemisch-strategischen Therapie

Als der Anthropologe Gregory Bateson 1952 von der Rockefeller Foundation die Finanzierung eines großen Forschungsprojektes über Kommunikation zugesichert bekam, war vorerst nur eines klar: Er konnte ein Team zusammenstellen, das mit ihm gemeinsam Kommunikationsstrukturen und ihre Widersprüchlichkeiten auf verschiedenen Abstraktionsniveaus erforschen sollte. Von Bateson eingeladen, trafen John Weakland, einer seiner früheren Schüler, und Jay Haley, der am Institut für Kommunikationswissenschaften in Stanford studierte, in Palo Alto ein, und die drei begannen ihre Arbeit im VA-Spital (ein Spital der Veteranenvereinigung) in Menlo Park. Die Gruppe um Bateson hatte Kommunikation in den verschiedensten Formen studiert, als sie sich nach einiger Zeit ausschließlich psychotischen PatientInnen und der Frage zuwandte: „Wie müßten wir das Verhalten von schizophrenen Menschen verstehen, damit es nicht so verrückt und unsinnig erscheint?" Die Idee entstand, daß vieles von dem was schizophrene PatientInnen sagten, nicht konkret, sondern metaphorisch zu verstehen sein könnte. Don D. Jackson wurde eingeladen, die Projektgruppe als Berater zu unterstützen. Er hatte Erfahrung mit psychotischen PatientInnen und deren Familien, jede Menge Daten über Behandlungsverläufe und theoretische Ideen, die jene Ideen der Gruppe über Feed Back und kybernetische Systeme ergänzten.

Aus der Arbeit dieser Gruppe, die später als die 'Palo Alto Gruppe' in die Geschichte der Familientherapie eingehen sollte, entstand schon bald die *Doppelbindungstheorie* der Schizophrenie. „Toward a theory of schizophrenia“ (Bateson et al., 1956) hieß jener Artikel im ersten Band von „Behavioral Science“, der die Gruppe fast über Nacht in den gesamten USA bekannt machte und die traditionelle Psychiatrie über mehrere Jahre hinweg beschäftigte.

Auf einem Kongreß der Amerikanischen Psychiatrie Gesellschaft in Chicago präsentierten Bateson und Haley die Ergebnisse ihrer Forschungen. Jules Riskin, ein Psychiater aus Cincinnati, war unter den Zuhörern. Mit ihm und Virginia Satir, die aus Chicago gekommen war, gründete Don D. Jackson 1958 das Mental Research Institute (MRI) in Palo Alto. Das Bateson-Projekt arbeitete weiterhin am VA-Spital und blieb mit dem MRI in regelmäßigem Austausch über Forschungsergebnisse und therapeutische Entwicklungen, bis wenig später Jay Haley, William Fry und John Weakland vollwertige Mitglieder des MRI wurden. Bateson stand dem Institut als Forschungsassistent und Lehrer in den neu entwickelten Trainingsprogrammen zur Verfügung. Das anfangs sehr allgemeine Interesse an Kommunikation und Interaktion einer Gruppe von Wissenschaftlern verschmolz nun endgültig mit einem praxisrelevanten Interesse an Familien und Psychotherapie.

In den 60er Jahren wurde das MRI zu einem Zentrum für Familientherapie, das aus allen Teilen der USA interessierte KlinikerInnen anzog. Unter jenen, die nicht nur kamen, sondern länger (manche bis heute) blieben, finden sich: Robert Kantor, John Weblin, Irvin Yalom, Arther Bodin und Paul Watzlawick, der 1960 aus San Salvador nach Palo Alto übersiedelte. Als 1968 Don D. Jackson die gesammelten Arbeiten der Gründergeneration in einem zweibändigen Werk über menschliche Kommunikation veröffentlichte (Jackson, 1968), war das MRI und mit ihm systemisch-interaktionales Denken und darauf aufbauendes therapeutisches Handeln bereits über die Grenzen der USA hinaus bekannt.

In Palo Alto selbst hatten sich in der Zwischenzeit die ersten Trennungen vollzogen. Zu groß schienen die Auffassungsunterschiede, als es um die detaillierte Theoriebildung und die Erarbeitung therapeutischer Strategien ging. Virginia Satir hatte immer schon der Geschichte und Entwicklung von Menschen, Paaren und Familien besonderes Augenmerk geschenkt, während Jackson sich auf die gegenwärtigen Interaktionen zwischen Familienmitgliedern konzentrierte. Als das MRI für ihren entwicklungsorientierten Ansatz nicht mehr den geeigneten Platz bot, gründete Satir ein paar Meilen südlich von Palo Alto ihr eigenes Institut. Jay Haley verließ das MRI, tat sich für einige Zeit mit Minuchin und Papp in Philadelphia zusammen und führte die Entwicklung strategischer Kurztherapie später gemeinsam mit Cloe Madanes an der Ostküste der Vereinigten Staaten fort, während sich am MRI jenes Modell problemorientierter Kurztherapie entwickelte, für das es die kommenden Jahre bekannt sein sollte.

4.2 Der problemorientierte Ansatz des MRI (Mental Research Institute)

Von Batesons Ideen (Bateson, 1979, 1981) und den Arbeiten der Palo Alto Gruppe ausgehend ist allen strategischen Therapiemodellen einiges gemeinsam. Sie richten ihr Augenmerk auf jene Interaktionsmuster, die problematisches oder symptomatisches Verhalten aufrechterhalten – sind also problemorientiert, systemisch (im ursprünglichen Sinn von interaktional), legen großes Augenmerk auf den Kontext von „krankhaftem" und problematischem Verhalten und zielen in ihren Interventionen zumeist (aber nicht ausschließlich) auf das Verhalten von KlientInnen ab. TherapeutInnen, die in diesen Modellen arbeiten, zeigen meist wenig oder gar kein Interesse an Familienstukturen, sie versuchen selten aktiv und während der Therapiestunde, Beziehungen zwischen Familienmitgliedern zu verändern, sondern wirken oft merkwürdig inaktiv, indem sie sich auf Fragen und das Verstehen der Antworten konzentrieren. Sprache ist für sie von großer Bedeutung und wird zum wichtigsten Mittel der Therapie (vgl. Weakland, 1993). Sie beginnen nicht, wie Minuchin in den Anfängen struktureller Familientherapie, auf einem sehr abstrakten Niveau, sondern gleich auf dem spezifischen Niveau konkreter Verhaltensweisen, wenn sie fragen: „Was ist das Problem, das Sie in Therapie bringt?" Und sie legen sich gezielte Interventionen zurecht, um KlientInnen bei der Lösung von Problemen zu helfen. Haley verwendete als erster den Begriff „strategisch", um diese Art therapeutischen Herangehens an Probleme zu beschreiben. Wenig später wurde er auch für die Arbeiten von Weakland, Watzlawick und Fisch (Weakland et al., 1974; Watzlawick et al., 1992; Fisch et al., 1987) verwendet.

Zu Beginn ihrer Therapien versuchen TherapeutInnen, die nach dem problemorientierten Ansatz des MRI arbeiten, eine möglichst konkrete Vorstellung in folgenden Punkten zu erlangen:

1. *Beschreibung des Problems* auf der konkreten Verhaltensebene („Wer tut was, wann?", „Wer reagiert wie?", „Wann tritt das Problem wie häufig auf?", „Wie genau ist es ein Problem, und für wen?", „Wer leidet am meisten darunter, wer leidet noch darunter?" …). In dieser

Phase des Gesprächs geht es der Therapeutin um eine Auswahl von Problemen („Welches Problem hätten Sie gerne als erstes gelöst?“, „Wo sollten wir Ihrer Meinung nach beginnen?“), um eine Einschätzung einzelner Probleme („Wieviel Prozent Ihres Leidens wären verschwunden, wenn es uns gelingt, dieses Problem zu lösen?“) und darum, ein möglichst klares, konkretes Bild der Interaktionsmuster rund um ‚das‘ Problem zu bekommen.

2. *Beschreibung der „versuchten Lösungen“* („Wer hat was versucht, um das Problem in den Griff zu kriegen?“, „Was hat nicht, oder nicht gut genug funktioniert?“). Auch dabei geht es um möglichst konkrete Beschreibungen aller Versuche der für das Problemsystem relevanten Personen (Eltern, Großeltern, LehrerInnen, ÄrztInnen, Psychologen, frühere TherapeutInnen ...). Die Antworten auf diese Fragen geben der Therapeutin zweierlei Informationen: Erstens weiß sie ab jetzt, in welcher Richtung ihre Vorschläge und Interventionen nicht gehen werden – in die, die bisher nicht gut genug funktioniert haben! Daran schließen sich Überlegungen an, in welcher Richtung neue Lösungsversuche gehen könnten.
3. *Die Position der KlientInnen*: Da wir ruhiger leben und schlafen, wenn wir uns die Dinge in unserem Leben erklären können, haben auch KlientInnen meist Erklärungen für jene Krankheiten, Symptome und Probleme, die sie in Psychotherapie bringen. Diese zu erfragen („Wie erklären Sie sich das Zustandekommen dieses Problems?“, „Welche Ideen haben andere über die Ursachen dieses Problems?“) gibt wichtige Informationen über den Standort, die „Position“ von KlientInnen.
4. *Therapieziele*: Gemeinsam mit der Familie werden mögliche Ziele für die Therapie formuliert. Auch dabei helfen Fragen („Woran würden Sie erkennen, daß wir erfolgreich zusammengearbeitet haben?“, „Was wäre dann anders?“), die oft auch als „Hausübung“ am Ende der ersten Stunde mitgegeben werden („Ich möchte, daß Sie bis zu unserer nächsten Stunde über folgende Frage nachdenken: Was wäre ein konkretes, erstes Zeichen, daß Ihnen sagt, wir sind in der richtigen Richtung unterwegs?“ Denken Sie bitte in möglichst kleinen, aber beobachtbaren Schritten“).

Die zentralen Ideen des problemorientierten Ansatzes lassen sich nun leicht erklären. Weakland und seine Kollegen sehen in den *„versuchten Lösungen“* das eigentliche Problem. Gerade durch diejenigen Verhaltensweisen, die sie beseitigen sollten, werden Symptome und Probleme aufrechterhalten. Darum versuchen sie möglichst genau jene Interaktionsmuster zu identifizieren, die sich rund um Symptome und Probleme ansiedeln.

Genau sie gilt es in der Therapie zu unterbrechen und durch neue, hilfreichere Interaktionen zu ersetzen oder sie zu ergänzen. Oft reicht es schon aus, das was nicht hilft, nicht mehr zu tun. Häufig findet sich der Therapeut aber in der Situation, neue Verhaltensweisen in Form von Vorschlägen, Experimenten oder Hausübungen anbieten zu müssen. Es ist nicht unbedingt notwendig (manchmal sogar Therapie hemmend), alle Familienmitglieder dabei zu haben, um eine Veränderung herbeizuführen. Diejenigen, die unter dem Problem leiden, sind oft am ehesten motiviert, Neues auszuprobieren. So kann es schon einmal passieren, daß die eigentlichen Symptomträger gar nicht, oder nur zum ersten Gespräch anwesend sind. Im strategischen Ansatz des MRI ist die Einheit, auf die sich der Fokus der Therapie richtet, nicht die Familie, sondern die Interaktionen rund um das Problem – daher auch die Bezeichnung „problemorientierte, systemische Therapie".

Weakland hat die „versuchten Lösungen" mit einer musikalischen Metapher beschrieben: Die Summe der Lösungsversuche ähneln meist einer Sonate von Mozart, mit einem Grundthema und vielen, bunten Variationen. Sieht man genau hin, sind sie aber doch alle nur Variationen ein und des selben Themas. Dieses Grundthema aller Lösungsversuche zu erkennen, erleichtert die Interventionsplanung. Denn seine Umkehrung legt Verhaltensmuster nahe, die die alten mit großer Wahrscheinlichkeit unterbrechen. *„180 Grad Interventionen"* heißen daher jene Interventionen, die dazu einladen, sich von den bisherigen, unfruchtbaren Lösungsversuchen zu verabschieden und statt dessen etwas anderes zu probieren. „Reframing"-Techniken, wie wir sie von Milton Erickson kennen, helfen strategischen TherapeutInnen und ihren KlientInnen, neue Sichtweisen der Problemsituation zu gewinnen und stellen so ein kognitives Gegengewicht zu den durchwegs verhaltensorientierten Interventionen dar.

Im Verlauf der Therapie werden Interventionen angepaßt und gemeinsam evaluiert. Beginnen Probleme sich aufzulösen oder Symptome zu verschwinden, versucht die Therapeutin mit der Familie Variationen der Lösungsmuster zu erarbeiten und die Beiträge aller Beteiligten festzuhalten („Was haben Sie noch anders gemacht?", „Was müßten Sie tun, um die Sache wieder zu verschlechtern?"). Werden keine neuen Probleme formuliert, sieht die strategische Therapeutin ihre Arbeit als beendet an. Sie hat nicht versucht, den Kontext des Problems näher zu untersuchen, als für dessen Lösung vonnöten war – ihr Blickwinkel war bewußt enger, als der anderer, systemischer TherapeutInnen. Sie hat sich zwar nach der Geschichte des Problems erkundigt, nicht aber nach der Geschichte der Ehe, der erweiterten Familie oder den Hintergründen kindlicher Entwicklungen. Auch hat sie nur wenige oder keine Vermutungen über die eventuelle Bedeutung des Symptoms im größeren Kontext der Familie angestellt. Einige dieser Aspekte dürften Lynn Hoffmann (1984) dazu verleitet haben, strategische TherapeutInnen als die MinimalistInnen unter den TherapeutInnen zu bezeichnen.

4.3 Haleys strategischer Ansatz

Am deutlichsten sichtbar wird Haleys strategische Seite in seinem Buch über die klinische Arbeit von Milton Erikson (Haley, 1978) sowie in einem amüsanten Band mit Essays unter dem Titel 'The Power Tactics of Jesus Christ' (Haley, 1986). Schon die Titel der Essays („Die Kunst schizophren zu sein", „Die Kunst ein schlechter Therapeut zu sein", „Die Verdrängung der Psychoanalyse", „Wie man eine fürchterliche Ehe führt" ...) weisen Jay Haley als wahren Meister der paradoxen Interventionen aus. Von Erickson beeinflußt entwickelte er Techniken, die unaufdringlich und tranceartig Widerstand auflösen. Die Schaffung der „Illusion von Alternativen" (z. B.: „Würden Sie lieber jetzt oder später in Trance gehen?"), die Schaffung einer „schlimmeren Alternative" oder der ‚Teufelspakt' (vgl. Brandl-Nebehay & Russinger, 1990), den Haley aus seinen Zeiten am MRI und der Arbeit mit Erikson mitnahm und verfeinerte, sind zu Markenzeichen für den strategischen Teil seiner Arbeit geworden.

Die Beschreibung der Konsultation in der Therapie mit einem sechsjährigen Jungen, der unter einer krankhaften Angst vor Hunden litt, macht Haleys feinfühliges, künstlerisches Herangehen an Probleme deutlich: Frühere Versuche, das Problem mit individueller Therapie zu behandeln, waren erfolglos geblieben. Als Berater für den Therapeuten schlug Haley vor, der Junge sollte einen Welpen finden, der Angst vor Menschen hat, und ihn „heilen". Der Inhalt dieses Lösungsversuchs entsprach genau dem Problem des Jungen, stellte ihn aber in die gegensätzliche Position. Wenn er den Anweisungen des Therapeuten folgen würde, mußte er aufhören, vor Hunden Angst zu haben. Und tatsächlich besiegte der Junge seine Furcht, als er dem Welpen beibrachte, ihn nicht zu fürchten. (Haley, 1980)

Gerade die Analyse dieser Fallgeschichte in seinem Buch „Direktive Familientherapie" (Haley, 1980) veranschaulicht Haleys zweite, eher strukturelle Seite, die er sich in seinen Jahren in Philadelphia erarbeitet hat. Für Lynn Hoffmann (1984) stellt Haley deshalb eine verbindende Gestalt zwischen der strategischen und der strukturellen Position dar. Haleys Interventionen zielen oft auf die Unterbrechung der Problemmuster und darüber hinaus auf eine strukturelle Verschiebung in der Organisation der Familie ab.

In „Leaving Home“ (dt.: „Ablösungsprobleme Jugendlicher“, Haley 1981), einem Buch über den Umgang mit Jugendlichen, die einen ersten psychotischen Zusammenbruch durchmachen, zeigt sich Haleys gelungene Kombination interaktionaler und struktureller Therapie, wenn er empfiehlt, die Eltern dieser Jugendlichen zu ermutigen, dem Verhalten des Heranwachsenden so gut es noch geht, Grenzen zu setzen. Die Stärkung der elterlichen Dyade verbindet sich mit einer Unterbrechung problemerhaltender, grenzenloser Lösungsversuche. Spätere Hinwendungen Haleys zum strategischen Modell bestätigten seine schon sehr früh begonnene Zick-Zack-Bewegung zwischen den beiden Positionen.

4.4 Neuere Entwicklungen

1968, im Todesjahr Don Jacksons, brachte eine Kinderanalytikerin aus Italien das Gedankengut der Batesongruppe von einem längeren Aufenthalt am MRI nach Europa mit. Mara Selvini Palazzoli gründete nach ihrer Rückkehr das Institut für Familienstudien in Mailand. Erst mit dem Sprung über den Atlantik und den Arbeiten der Mailänder Gruppe setzte sich auch der Begriff „systemisch“ durch, der aus sprachlichen Gründen in den USA bis heute kaum gebräuchlich ist.

In der strategischen Therapie scheinen sich heute zwei Entwicklungsrichtungen abzuzeichnen – einerseits die Entwicklung spezifischer Interventionsinventare für spezifische Probleme und Krankheitsbilder, andererseits die Integration problemorientierter und lösungsorientierter Therapiemodelle. So hat zum Beispiel Cloe Madanes Ansatz zur Arbeit mit Inzest und sexuellem Mißbrauch der Familientherapie in einem Bereich therapeutischen Arbeitens wieder Impulse gegeben, in dem sie lange Zeit angefeindet war. Während ihre Arbeit – ähnlich wie bei ihrem Ehemann Jay Haley – auf eine Reorganisation der Familienstruktur abzielt, liegt Giorgio Nardones Fokus klar auf der Unterbrechung problematischer Verhaltens- und Denkmuster, wenn er zum Beispiel KlientInnen auffordert, ihrem Zwang genau 6 mal, nicht öfter, aber auch nicht weniger oft nachzukommen – genau 6 mal, oder wenn er KlientInnen mit Agoraphobie zur Apotheke schickt, um ein wichtiges Medikament zu holen. Gemeinsam mit Paul Watzlawick (Nardone & Watzlawick, 1994) erstellte er spezifische Behandlungsmodelle für Phobien und Zwänge, die auf den Arbeiten von Erickson, Haley und der Palo Alto Gruppe aufbauen, und durch langjährige Studien in ihrer Effektivität abgesichert sind. Sein letztes Buch beschreibt im Detail die Zielsetzungen und Strategien der einzelnen Behandlungsphasen (Nardone, 1997).

Eine große Gruppe von PsychotherapeutInnen scheint der Trennung von Problem- und Lösungsfokus im therapeutischen Handeln müde geworden zu sein. Die Arbeiten der Gruppe am MRI (Watzlawick, Weakland, Fisch, Segal, Bodin) und der lösungsorientierte Ansatz von de Shazer und seinem Team in Milwaukee scheinen zwei Seiten der selben Münze zu sein. Während Weakland et al. versuchen, über möglichst konkrete Beschreibungen des Problemverhaltens und der „versuchten Lösungen" zu neuen Lösungen für ihre KlientInnen zu kommen, richtet de Shazer seine Aufmerksamkeit und die der „KundInnen" von Beginn an auf Ausnahmen und Lösungen. Die Integration beider Ansätze eröffnet mehr Möglichkeiten für TherapeutInnen und ein gezielteres Eingehen auf die Erwartungen und die persönliche ‚Geschwindigkeit' der einzelnen Familienmitglieder. Es reduziert sich damit die Gefahr, zu schnell ins Gespräch über Lösungen zu geraten und KlientInnen dabei zu „überfahren". Weltweit und in verschiedensten Arbeitsbereichen haben Systemische TherapeutInnen diese beiden Ansätze integriert und damit der systemisch-strategischen Therapie weitere Möglichkeiten geöffnet (vgl. Chang & Phillips, 1993; Eron & Lund, 1993; Furman, 1991, 1995; Geyerhofer & Komori, 1995; Todd & Selekman, 1991; Selekman, 1993).

5. Das Mailänder Modell

5.1 Geschichte und Leitideen

In den 60er Jahren schloß sich in Mailand eine Gruppe von PsychoanalytikerInnen zusammen, die unter der Leitung von Mara Selvini Palazzoli, einer Kinderanalytikerin, mit schwerst gestörten Kindern und Jugendlichen arbeitete. Die Orientierung war anfangs psychoanalytisch, ab 1972 ließ sich die Gruppe von dem Team um Gregory Bateson (Mental Research Institute) in Palo Alto inspirieren. Im Zuge dieser Neuorientierung spaltete sich das Team in die Kollegen, die weiterhin eher psychoanalytischem Gedankengut anhingen und in ein neues Team, bestehen aus Mara Selvini Palazzoli, Guiliana Prata, Luigi Boscolo und Gianfranco Ceccin, die das „Centro per lo studio della famiglia" gründeten. In „Paradoxon und Gegenparadoxon" (Selvini et al., 1977), das bald zum Bestseller wurde, beschreibt die Gruppe ihr neues Konzept, das sich als konsequent „systemisch" begreift und als innovativ, ja spektakulär empfunden wurde und bis heute eminent wichtig für die Entwicklung der systemischen Therapie geblieben ist.

Die Mailänder Gruppe versteht Familien als soziale Systeme, die im Laufe ihrer Geschichte – oft über Generationen – bestimmte Regeln entwickeln, die das Zusammenleben ihrer Mitglieder, die Art und Weise ihrer Interaktionen, sowie das Erleben und Verhalten der Individuen bestimmen. In diesen „Spielen" versucht jedes Familienmitglied einseitig das Verhalten jedes anderen zu kontrollieren; jede Veränderung wird als existentielle Bedrohung erlebt. Dieser Sachverhalt begründet ein therapeutisches Paradoxon („Ändert uns, ohne unsere Prämissen zu ändern"), dem die TherapeutIn mit einem Gegenparadoxon begegnen muß („Wir verstehen, warum es so wichtig ist, daß ihr so bleibt wie ihr seid").

Eine neuerliche Beschäftigung mit Bateson, vor allem mit der „Ökologie des Geistes", begünstigte weitere Entwicklungen und führte zur Veröffentlichung des sehr bekannt gewordenen Artikels „Hypothetisieren – Zirkularität – Neutralität: Drei Richtlinien für den Leiter einer Sitzung (Selvini et al. 1981).

- *Hypothetisieren* meint hier für die TherapeutInnen, in einem ständigen Prozeß der Hypothesenbildung über diese Familie zu stehen, vor allem zum Thema, warum es wichtig und passend ist, daß sich Familienmitglieder auf diese besondere (als symptomatisch oder leidvoll erlebten) Weise verhalten.
- Unter *Zirkularität* wird eine Art des Denkens und Fragens des Therapeuten verstanden, die nach Unterschieden sucht und sie im Dialog mit der Familie erzeugt. Dieses Bilden von „Unterschieden, die einen Unterschied machen" (Bateson) im Gespräch mit der Familie kann zu einer Veränderung der präsentierten Problemgeschichte führen, wenn es dadurch der Familie gelingt, das Problem etwas anders zu bewerten und zu beschreiben. Zirkularität ist die Fähigkeit des Therapeuten, sich selbst in seiner Befragung vom Feedback der Familie leiten zu lassen, und nicht unbeweglich an eigenen Hypothesen, die für die Familie nicht zur gewünschten Veränderung führen, festzuhalten. Theoretische Grundlage dieser Interviewtechnik ist die Annahme, daß lebende Systeme durch kreisförmige Prozesse und nicht durch lineare Folgen von Ursache und Wirkung gekennzeichnet sind.
- *Neutralität* meint, von den Familienmitgliedern nicht als Verbündete einer bestimmten Person erlebt zu werden, und sich vor allem aus dem Spiel der Familie herauszuhalten, das ja den Zweck verfolgt, die TherapeutInnen in das Spiel einzubeziehen, um drohende Veränderungen abzuwenden.

In einem späteren Artikel von Cecchin „Zum gegenwärtigen Stand von Hypothetisieren, Zirkularität und Neutralität. Eine Einladung zur Neugier“ (1988) wurden diese drei Grundaxiome des Mailänder Ansatzes um den Begriff der Neugier erweitert. *Neugier* ist hier nicht nur im alltagssprachlichen, sondern in einem erweiterten Sinn als eine Haltung des Therapeuten zu verstehen, die durch ein forschendes, die eigenen Hypothesen immer wieder in Frage stellendes Interesse gekennzeichnet ist.

5.2 Therapeutisches Vorgehen

In ihren therapeutischen Techniken griff die Gruppe einige der Methoden auf, die das MRI angebahnt hatte und erweiterte sie. Insbesondere der Aufbau der Sitzung gelangte zu oft kopierter Berühmtheit: Ein gemischtgeschlechtliches Paar interviewt die Familie, das andere Paar sitzt hinter dem *Einwegspiegel* und hilft der Therapeutin, sich nicht in die Dynamik der Familie verstricken zu lassen. Nach vierzigminütigem Interview planen die beiden Teams in einer Sitzungspause gemeinsam eine *Schlußintervention*. Die Abstände zwischen den Sitzungen wurden von einer Woche auf einen Monat verlängert, als man erkannte, daß dies ein geeigneter Abstand ist, in dem relevante Veränderungen im Familiensystem auftreten können.

Wichtige Grundprinzipien von therapeutischen Interventionen sind:

- *Positive Konnotationen* aller Verhaltensweisen (eine Darstellung, warum das problematische Verhalten des Indexpatienten in diesem Kontext logisch und sinnvoll ist)
- *Familienrituale* (Verhaltensvorschriften für die Familie, z. B. an bestimmten Tagen, zu bestimmten Zeiten eine bestimmte Handlung zu vollziehen, etwa das Verlesen eines Briefes, der von den Therapeuten verfaßt wurde)
- *Paradoxe Verschreibungen* (die Ermutigung, an den als problematisch erlebten Verhaltensweisen festzuhalten, solange es gute Gründe dafür gibt). Ein Beispiel: „Wir sind schwer beeindruckt, wie es ihre Tochter (identifizierte Patientin) geschafft hat, für den Zusammenhalt der Familie zu sorgen, indem sie sich entschlossen hat, nicht zu arbeiten und sich in ihrem Zimmer einzuschließen, weil sie glaubte, wenn sie ihr eigenes Leben aufbauen würde, würde die Familie zusammenbrechen ...“. Mit solchen Interventionen wird einerseits das Bedürfnis, das familiäre Gleichgewicht zu erhalten, respektiert, andererseits möglicher familiä-

rer Widerstand gegen eine therapeutisch induzierte Veränderung vermindert.
- *Zirkuläre Fragetechnik im Interview* (ein Familienmitglied wird gebeten, über die Beziehung zwischen zwei oder mehreren anderen Familienmitgliedern zu reflektieren).

5.3 Modifikationen des Mailänder Ansatzes

Die zur Beschreibung von „Familienspielen" verwendeten Begriffe wie „geheime Schlachten", „verleugnete Koalitionen", „Tricks" etc. lassen noch viel von einer therapeutischen Haltung erkennen, die Familien fast wie Gegner, die „ausgetrickst" werden müssen, beschreibt. Mit dem Paradigmenwechsel von der Kybernetik erster zur Kybernetik zweiter Ordnung, der eine andere therapeutische Haltung erfordert, trat der „strategische Interventionsstil", wie er sich in paradoxen Interventionen und der Verschreibung von Ritualen in den ersten Jähren geäußert hatte, weiter zurück.

Die von „den Mailändern" berichteten Erfolge und die spektakuläre und offenbar äußerst effektive Methode übte auf viele FamilientherapeutInnen enorme Faszination aus und fand große Verbreitung im gesamten Feld. Allerdings regte sich auch zunehmend Unzufriedenheit über die Art, wie Familien fehlerhaftes Verhalten, irrationales Denken und Widerstand gegen die Therapie, kurz wie ihr implizit Defizite unterstellt werden. Ein derartiges Vorgehen begründet eine Beziehung zwischen TherapeutInnen und KlientInnen, die ein starkes Gefälle erzeugt und den TherapeutInnen eine machtvolle Expertenrolle zuweist. Mit dieser oftmals als „abgehoben" erlebten Art, Therapie zu machen, konnten sich viele TherapeutInnen – vor dem Hintergrund der sich immer stärker durchsetzenden konstruktivistischen Epistemologie – immer weniger abfinden.

Zu betonen ist allerdings auch, daß gerade das Mailänder Modell in einem Übergangsbereich zwischen einer eher dem kritischen Rationalismus verbundenen Wissenschaftstheorie (Hypothesen bilden, falsifizieren) und einer radikal konstruktivistischen Wirklichkeitsauffassung – „die Wahrheit interessiert mich nicht, nur der Effekt" (Selvini, 1983) anzusiedeln ist. Es ist daher naheliegend, daß viele Ideen und Techniken ganz selbstverständlich in die aktuelleren Ansätze aus der Zeit nach der konstruktivistischen Wende Eingang gefunden haben. Die beiden männlichen Therapeuten des Mailänder Teams, Boscolo und Cecchin, wurden wesentliche Mitgestalter der konstruktivistischen Wende. Mara Selvini hingegen hat sich später wieder mehr mit Versuchen einer „objektiven Beschreibung" des „Familienspiels" beschäftigt.

6. Die konstruktivistische Wende

In den 70er Jahren erfuhren die familienhistorischen Ansätze, die Begegnungsmodelle der Familientherapie sowie die strategischen und strukturellen Modelle ihre größte Verbreitung (vgl. die Übersichtstabellen in Steiner et al., 1994). Zur gleichen Zeit beschäftigte man sich – ausgehend von den Prämissen der Double-Bind-Theorie in Zusammenhang mit der Entstehung von Psychosen – mit der Frage, ob spezifische Familienkonstellationen für spezifische Störungen verantwortlich seien (Spezifitätshypothese). Es stellte sich jedoch heraus, daß trotz intensivster Untersuchungen keine Belege für diese Spezifitätshypothese gefunden werden konnten, sondern vielmehr eine multifaktorielle Genese als Erklärung für klinische Symptome angenommen werden muß (Reiter, 1996a).

Diese Erkenntnis, verbunden mit der Frage des Nutzens defizitorientierter Sichtweisen im therapeutischen Prozeß (im Gegensatz etwa zu den ressourcenorientierten Erfahrungen und Vorgehensweisen von Virginia Satir oder des Hypnotherapeuten Milton H. Erickson) führte mit Beginn der 80er Jahre zu einer zunehmend kritischen Neubewertuung der Vorgangsweise in der systemischen Therapie, zumal aufgrund neuer Erkenntnisse in Philosophie, Kybernetik und Biologie das Objektivitätskriterium in Frage gestellt wurde.

Besonders die Arbeiten der beiden chilenischen Biologen Humberto Maturana und Francisco Varela (Maturana et al., 1982) über die Selbstreferenz lebender Systeme (*Autopoiesis*) wurden als naturwissenschaftliche Basis für eine neue Konzeptualisierung sozialer Phänomene herangezogen und führten im Verband mit Ernst von Glasersfelds Philosophie des radikalen Konstruktivismus (v. Glasersfeld, 1981) sowie Heinz von Foersters Arbeiten zur Kybernetik (v. Foerster, 1985) zu neuen Beurteilungen der Interaktion zwischen TherapeutInnen und KlientInnen. Unter dem Stichwort „Kybernetik 2. Ordnung" wurde im besonderen die Position der Therapeutin/des Therapeuten einer Neudefinition unterzogen. War man bislang davon ausgegangen, daß TherapeutInnen kraft ihrer fachlichen Kompetenz („Expertenschaft") Systemeigenschaften quasi objektiv von außen erkennen und entsprechend dazu passende Interventionen konstruieren konnten, so wurde nun der Fokus auf Prozesse wie Sprache, Erkenntnis und Bedeutungsgebung im Sinne innerer Phänomene des Auffassens und Verstehens von Zusammenhängen gelegt. Die TherapeutInnen waren in eine Beobachterrolle gewechselt, in der es immer weniger darum ging, Experte für bestimmte „objektive" Lösungen zu sein. Vielmehr sollte es mittels adäquater therapeutischer Haltungen (nicht zu rasches Verstehen, Neugier) gelingen, einen Raum für das Erkennen bisheriger und das Entstehen neuer Sichtweisen und Bewertungen von Situationen zu schaffen, aus dem der Klient als Konstrukteur seiner eigenen und daher nur ihm zugänglichen Realität die ihm entsprechenden Zielvorstellungen und Lösungsstrategien entwirft.

Durch diese „epistemologische Wende" (Buchholz, 1990) im Sinne einer Fokusverschiebung von äußeren zu inneren Prozessen, die sich zeitgleich mit der als „kognitive Wende" bezeichneten Veränderung in der Verhaltenstherapie vollzog, ergab sich ein neues Begegnungsfeld der systemischen Therapie mit psychotherapeutischen Schulen, die diesen inneren Vorgängen auf unterschiedlicher theoretischer Basis ihr Hauptaugenmerk gewidmet hatten. Gleichzeitig war durch die verstärkte Bezugnahme auf Maturanas und Varelas Arbeiten eine Verbindung des systemischen Paradigmas zu den neueren Leitwissenschaften Biologie und Neurophysiologie gegeben, wodurch eine neue Gewichtung im wissenschaftstheoretischen Überbau gewonnen werden konnte.

Ein weiterer wichtiger Aspekt im Hinblick auf die Veränderung des systemischen Paradigmas auf der Basis der Überlegungen Maturanas und Varelas ist die Betonung des stetigen Wandels im Sinne einer „Ordnung durch Fluktuation" in lebenden Systemen. Besondere Bedeutung erlangte in diesem Zusammenhang die Synergetik Hermann Hakens, die Lehre vom Wandel zwischen unterschiedlichen Ordnungszuständen in nichtbelebten und lebenden Systemen (Haken & Wunderlin, 1986).

Diese theoretische Neuorientierung hatte zur Folge, daß in Abkehr vom „Interventionismus" im Rahmen der Kybernetik 1. Ordnung („Stierkämpfer-Modell") nunmehr den stets vorhandenen Fluktuationen des Systems mehr Augenmerk zuteil wurde, um diese als Basis für Veränderungen nutzbar zu machen. So gesehen war es weniger notwendig, die entscheidende Intervention zu finden, als vielmehr die ständigen Veränderungen, die im Verlauf eines prozessualen Geschehens stattfinden, im Auge zu behalten und zu unterstützen. Die Betonung des Subjektiven im Zusammenhang klinischer Betrachtungen führte auch zu neuen Zugängen zu biographischen Aspekten in systemischen Therapien, etwa durch das Erfragen subjektiver Erfahrungen von KlientInnen im Zusammenhang mit familialen Entwicklungen. Dementsprechend wurde nun von „narrativen Ansätzen" in der systemischen Arbeit gesprochen.

Die oben skizzierten Konzepte und Annahmen führten in der systemischen Therapie in einem nahezu identischen Zeitrahmen zu unterschiedlichen, jedoch äußerst innovativen Auffassungen über die Art der Vorgangsweise im therapeutischen Handeln, welche im folgenden skizziert werden sollen.

6.1 Therapie als Dialog: Harry Goolishian

Harry Goolishian und sein Team am Galveston Family Therapy Institute, von dem im besonderen Harlene Anderson hervorzuheben ist, beschäftigten sich schon seit den 50er Jahren mit systemisch-familientherapeutischen Ansätzen, fanden jedoch erst im Zuge ihrer Arbeiten über das problemdeterminierte System (Anderson et al., 1986) größere Beachtung.

Goolishian war es, der sich mit der Frage eines neuen Systemverständnisses auseinanderzusetzen begann. Man war bislang davon ausgegangen, daß Systeme quasi objektiv durch die Zugehörigkeit von Personen zu einer bestimmten Konfiguration (z. B. Familie) definiert sind, wodurch auch bestimmte Probleme determiniert werden. Aufgrund der Infragestellung des Objektivitätsparadigmas durch Maturanas und Varelas Arbeiten und der Betonung des Aspekts der Realitätskonstruktion durch und in Sprache („Objektivität in Klammern") fand Goolishian, daß soziale Systeme über Kommunikationen zu einem Thema entstehen, d. h. eine Anzahl von Personen fühlt sich durch ein kommuniziertes Problem betroffen und macht sich durch Kommunikation über dieses Problem zum Mitglied eines „problemdeterminierten Systems".

Dementsprechend besteht ein problemdeterminiertes System nicht aus Personen, sondern aus Kommunikationen zu Verhaltensweisen, die von zumindest einem Beteiligten als veränderungsbedürftig und veränderungsfähig angesehen werden.

Aufgabe der Therapeutin/des Therapeuten ist in diesem Ansatz die Herstellung eines Dialogs, der neue Sichtweisen möglich macht, sodaß das Problem nicht länger zum Thema wird, oder aber, daß über das Problem in einer völlig neuen Art kommuniziert wird.

Goolishian befaßte sich in seinen späteren Arbeiten mit dem Konstruktionismus, den er im Sinne narrativer Methodik als Möglichkeit begriff, den therapeutischen Dialog zu analysieren. Goolishian verstand Therapie unter ästhetischen Gesichtspunkten als Kunst eines Dialogs, der KlientInnen bei der Veränderung ihrer Geschichte(n) begleitet. Dementsprechend wird die TherapeutIn als KünstlerIn oder ArchitektIn des therapeutischen

Dialogs stilisiert, die durch Öffnung neue Begegnungen mit sich selbst und anderen ermöglichen soll.

6.2 Therapie als Reflexion: Tom Andersen

Der fruchtbare Austausch zwischen amerikanischen und europäischen systemischen TherapeutInnen führte dazu, daß nach den entscheidenden Entwicklungen in Mailand gegen Ende der 70er Jahre etwa 10 Jahre später neuerlich eine europäische Innovation im Feld der systemischen Therapie große Beachtung fand. Tom Andersen, ein Psychiater und systemischer Therapeut aus Tromsö in Nordnorwegen, hatte durch seine Bekanntschaft mit Harold Goolishian und dessen Arbeit mit problemdeterminierten Systemen Überlegungen angestellt, wie er bei schwierigen Fällen im Rahmen von supervisorischen Konsultationen entscheidende Impulse setzen konnte, um neue Möglichkeiten des Dialogs zu eröffnen. Dabei konzipierte er ein Setting, das neben einem therapeutischen System, bestehend aus einem Interviewer und Klienten, auch ein reflektierendes System, bestehend aus einem oder mehreren TherapeutInnen, vorsah (Andersen, 1990). Dieses reflektierende System sollte als Unterstützung des Interviewers in Anwesenheit der Klienten über das im Rahmen des Interviews Wahrgenommene in einer durch spezifische Regeln bestimmten Art und Weise in Gedankenaustausch treten, um dadurch dem Interviewer wie auch den KlientInnen Ideen und Optionen für weitere Überlegungen und Vorgangsweisen zu liefern. Dieses Vorgehen, daß KlientInnen Reflexionen von TherapeutInnen beiwohnen und diese auch kommentieren konnten, stellte nicht nur eine technische, sondern auch eine beziehungsmäßige Innovation in Richtung einer eher partnerschaftlich orientierten, auf Offenheit und Transparenz ausgerichteten Haltung dar. Das „Reflecting Team" fand im Feld der systemischen Therapie rasche Verbreitung und bewies sowohl in Evaluationsstudien als auch in mehreren Modifikationen wie etwa in Form des „fokussierenden Teams" (Reiter, 1991) seine Relevanz.

6.3 Therapie als Lösungsgespräch: Steve de Shazer

Unter dem Einfluß des Hypnotherapeuten Milton H. Erickson und seinen ressourcenorientierten Ansätzen begannen Anfang der 70er Jahre fast zeitgleich und unabhängig voneinander zwei Therapeutenteams auf der Basis systemtheoretischer und konstruktivistischer Konzepte Ansätze zu entwickeln, die unter dem Begriff „systemische Kurztherapien" zusammengefaßt werden.

Milton H. Erickson hatte seit den 40er Jahren nicht zuletzt aufgrund persönlicher Erfahrungen (zweimalige Erkrankung an Kinderlähmung mit anschließender gravierender körperlicher Behinderung) ein therapeutisches Vorgehen entwickelt, welches unter Anwendung hypnotischer Phänomene wie Tranceinduktionen, Geschichten erzählen, Umdeutungen u. ä. vor allem die Ressourcen und Fähigkeiten von KlientInnen bewußt und damit nutzbar machen sollte und von ihm dementsprechend auch „Utilisation“ genannt wurde (Rossi, 1980).

Am Mental Research Institute in Palo Alto/Kalifornien war man schon durch anthroplogische Studien Gregory Batesons und Margaret Meads über schamanistische Trancephänomene bei asiatischen Naturvölkern mit Erickson in Erfahrungsaustausch getreten und intensivierte diesen Kontakt, um die ungemein kreativen und vielfältigen Ideen Ericksons im therapeutischen Handeln kennen- und anwenden zu lernen (Haley, 1985).

Ungefähr im gleichen Zeitraum beschäftigte sich eine Gruppe von TherapeutInnen um Steve de Shazer und Insoo Kim Berg am Brief Family Therapy Center in Milwaukee/Wisconsin mit der Frage, wodurch Kooperation im therapeutischen Kontext entsteht und wie diese Kooperation mit der Lösung von Problemen zusammenhängt (de Shazer, 1992). Im Gefolge dieser Arbeiten erstellten de Shazer und sein Team eine Beziehungstypologie (Visitor-, Complainant-, Customer-Beziehung), die den spezifischen Grad der Kooperation mit der TherapeutIn und daraufhin ausgerichtete „maßgeschneiderte“ Handlungsanleitungen (observing-, prediction-task) erfassen sollte (de Shazer, 1989b). In weiterer Folge entwarfen de Shazer und sein Team ein Konzept, welches auf der Annahme basiert, daß Beschwerden und Lösungen nicht notwendigerweise kausal zusammenhängen. Vielmehr geht es darum, in den Beschreibungen und Schilderungen von KlientInnen nach Situationen und Zuständen zu suchen, in denen das Problem nicht oder nur abgeschwächt auftritt („*Ausnahmen*“). Diese Ausnahmen, egal ob bewußt herbeigeführt oder zufällig auftretend, werden als Lösungsschlüssel aufgefaßt und dementsprechend fokussiert bzw. in Interventionen verwendet. Ziel des therapeutischen Gespräches ist es, die Problemschilderungen („*problem-talk*“) möglichst kurz und nur im Hinblick auf Bewältigungsstrategien zu fokussieren, um in ausführlicher Weise die angestrebten und erwarteten Veränderungen („*solution-talk*“) zu behandeln und vor allem bislang eingetretene Veränderungen entsprechend herauszuarbeiten (de Shazer, 1989a). Dementsprechend nennen de Shazer und sein Team ihre Methode „Solution Focused Brief Therapy“.

Die Gruppe um de Shazer hat eine Reihe von kreativen und pragmatischen Vorgangsweisen entwickelt, die inzwischen zum Standardrepertoire systemischer TherapeutInnen zählen. Beispielhaft seien die sogenannte „*Wunderfrage*", Fragen nach *Ausnahmen* vom Problem sowie *Skalierungsfragen* („Wenn 1 ihre Situation bezeichnen würde, als es Ihnen am schlechtesten gegangen ist, und 10 für das beschriebene Wunder stehen würde: Wo würden Sie sich heute zwischen 1 und 10 einschätzen?") zu nennen.

Die klare Konzeption und Überprüfbarkeit des Ansatzes von de Shazer und seinem Team haben zu einer enormen Verbreitung der lösungsorientierten Kurztherapie vor allem auch in Europa geführt. Der von de Shazer und Kim Berg geförderte Zusammenschluß der lösungsorientierten KurztherapeutInnen in der European Brief Therapy Association (EBTA) ist sichtbarer Ausdruck dieser Entwicklung, wobei neben einer intensiven Forschungs- und Publikationstätigkeit ein Zukunftsschwerpunkt die Verbreitung des lösungsorientierten Ansatzes in den osteuropäischen Ländern, etwa durch die Organisation von Konferenzen und Fortbildungsveranstaltungen in diesen Ländern, sein wird.

6.4 Therapie als System: Kurt Ludewig

Kurt Ludewig, gebürtiger Chilene, hat sich um die Übersetzung und Rezeption der Arbeiten von Maturana und Varela im deutschsprachigen Raum und deren Verknüpfung mit Niklas Luhmanns Systemtheorie verdient gemacht. In seinem Buch „Systemische Therapie" (Ludewig, 1982) stellt er erkenntnis- und systemtheoretische Grundlagen sowie seinen eigenen Beitrag zur klinischen Praxis systemischer Therapie dar.

Während Maturana als Biologe und Neurophysiologe soziale Systeme aus realen Menschen bestehen sieht, konstituieren sich für Luhmann (1990) soziale Systeme aus Kommunikationen und Handlungen, für die die psychischen Systeme und deren biologische Basis notwendige Umwelt sind. Einen Kompromiß zwischen Maturanas konkreter und Luhmanns abstrakter Fassung des Systembegriffs findet Ludewig (1988) mit dem Begriff der *Mitgliedschaft*. „Mitglied" ist definiert als sozial konstituierte Einheit, die als rekursiver Operator zu verstehen ist und den Kommunikationsprozeß prägt und festigt. Mitgliedschaften entstehen aus der Kommunikation, verändern sich laufend und wirken rekursiv auf sich selbst zurück. In Anknüpfung an den vom Team um Goolishian geprägten Begriff des problemdeterminierten Systems (Anderson et al., 1986) geht es in der Therapie darum, Menschen aus leidschaffenden, belastenden Mitgliedschaften in der Kommunikation über Probleme herauszuhelfen. „Die Unterscheidung zwischen Mensch und Mitglied befreit von der Annahme, die Therapie müsse Menschen verändern. Angestrebt wird vielmehr, leidvolle Mitgliedschaft in Problemsystemen zu beenden“ (Ludewig, 1992, S. 114).

Problemsysteme können sich durch die Einbeziehung von verschiedenen professionellen HelferInnen zu klinischen Systemen, Hilfssystemen bzw. therapeutischen Systemen erweitern.

Maturana schuf die konzeptionelle Basis, das aus Medizin und Sozialwissenschaft übernommene Konzept der Norm zu verabschieden und z. B. Familien als Systeme zu begreifen, die aufgrund ihrer inneren Struktur entscheiden, ob und wie therapeutische Interventionen auf sie wirken. An der (Wieder-)Einführung der Autonomie von Menschen und sozialen Systemen macht Ludewig auch den Übergang von der Familientherapie zur systemischen Therapie fest. Als Systemiker müsse man sich immer wieder klarmachen, daß Problemsysteme autopoietisch sind und selbst Sinn und Kausalität festlegen, d. h. daß bestimmte therapeutische Anregungen nur dann aufgenommen werden, wenn systemintern Anschlußfähigkeit besteht.

Das Menschenbild, das sich aus diesem Therapieverständnis ableiten läßt, beruht auf der Akzeptanz der Vielfalt menschlicher Welten und dem Respekt vor der Autonomie der Person.

Ludewig beschreibt in diesem Zusammenhang das „Therapeutendilemma“, gezielt handeln zu wollen, ohne den anderen „durchschauen“ zu können. Für die Suche nach Auswegen aus diesem Dilemma stellt Ludewig einige Wegweiser auf. So „soll sich die systemische Therapie an drei Postulaten orientieren: Nutzen als Ziel der Therapie, Respekt als Grundhaltung des Therapeuten und Schönheit als Gestaltungsprinzip der Interventionen“ (Ludewig, 1992, S. 129). Mit seinen „10 + 1 Leitsätzen“ (Ludewig, 1987) stellt er TherapeutInnen einen Leitfaden für die Gesprächsführung und Beziehungsgestaltung im therapeutischen System zur Verfügung. Systemische PraktikerInnen verdanken Ludewig weiters die Erfindung des „Familienbretts“ (Ludewig, 1983), eines Verfahrens, das familiäre Beziehungen mit Hilfe von Holzfiguren in ihrer jeweiligen Nähe und Distanz zueinander veranschaulicht.

7. Feministische systemische Therapie

Wie die meisten therapeutischen Modelle ist auch die Familientherapie in ihrer Theoriebildung eher männlich orientiert. Die überwiegende Zahl der Pioniere waren Männer, die meisten Institute wurden von Männern gegründet. Wenn Frauen in diesen Konzepten überhaupt besondere Beachtung fanden, dann geschah dies häufig in pathologisierender Form („*mother blaming*").

Unter den Gründerpersönlichkeiten der systemischen Familientherapie, vor allem aber in der zweiten Generation, findet sich jedoch auch eine Reihe von Frauen, die als Theoretikerinnen und Praktikerinnen weltweit Anerkennung gefunden haben. Dazu zählen u. a. Virginia Satir, Cloe Madanes, Lynn Hoffmann, Peggy Penn, Harlene Anderson, Insoo Kim Berg, Even Imber Black, Mara Selvini Palazzoli und Rosmarie Welter-Enderlin. Nicht alle von ihnen vertreten eine feministische Perspektive.

Der Diskurs über die Gender-Frage in der Familientherapie ging Ende der 70er Jahre von den USA aus, entfachte dort eine breite Diskussion und wurde erst ein Jahrzehnt später in Europa aufgegriffen (vgl. Gutman & Feierfeil, 1991; Welter-Enderlin, 1987). Feministinnen (Krüll, 1992; Goldner et al., 1992; Hare-Mustin, 1989) machten darauf aufmerksam, daß das Geschlecht (neben dem Alter) die wichtigste Dimension für Rollendefinitionen in Familien ist, jedoch in den verschiedenen familientherapeutischen Ansätzen keine oder zumindest keine zentrale Ebene der Betrachtung darstellt. Mit dem „Gender" (der sozialen Geschlechtszugehörigkeit) verbundene Themen wie ökonomische Abhängigkeit, ungleiche Machtverteilung und Benachteiligung von Frauen waren weitgehend ausgegrenzt. Erst in den letzten Jahren wurden lange vernachlässigte Themen wie sexueller Mißbrauch (Sheinberg, 1993; Klammer, 1993), Inzest und Gewalt in der Ehe (Goldner et al., 1992; Lipchik, 1993) aufgegriffen und bearbeitet.

7.1 Feministische Kritik an der Familientherapie

Frauenbewegte Therapeutinnen begannen mit der Blindheit für das „Genderthema" und dem sexistischen Sprachgebrauch in strukturellen und strategischen Ansätzen der Familientherapie aufzuräumen. Zunächst wurde die kybernetische Systemtheorie als Grundlage der Familientherapie aufgrund der darin zum Ausdruck kommenden abstrakten, ahistorischen und apolitischen Ansichten aufs Korn genommen; insbesondere wurde das Fehlen eines Konzepts von Macht kritisiert (Goldner et al., 1992). Indem sie versuche, die interne Funktionsweise von Familien zu ändern, ohne die sozialen, ökonomischen und politischen Kontextbedingungen zu berücksichtigen, gerate die Familientherapie in Komplizenschaft mit gesellschaftlichen Tendenzen, die die Benachteiligung der Frauen und die Familie als Institution aufrechterhalten wollen (Hare-Mustin, 1989).

Welter-Enderlin (1987) hat für die Neigung des systemtheoretischen Denkens, Therapie auf das „Guckloch" Familie einzugrenzen, den Begriff „Familismus" geprägt. „Die Situation ist paradox: Auf der einen Seite konzentrieren wir uns auf das „Guckloch", nehmen Familien als „fait social" an und untersuchen durch immer feinere Mikroanalysen ihren Binnenraum, auf der anderen Seite pathologisieren wir das, was wir durch das Guckloch beobachten – zum Beispiel die überbeschützenden Mütter, die peripheren Väter und ihre typischen Transaktionen miteinander und ihren Kindern – weil wir sie nicht vergleichen mit allgemeinen Entwicklungen im sozialen und politischen Kontext. Kein Wunder, daß auf diese Weise vor allem die Mütter ... rasch einmal „pathogen" wirkten" (S. 113). Weitere, sehr eindrucksvolle Beispiele für Sexismen in der Sprache der Familientherapie finden sich bei Walters et al. (1991).

Neben den ideologischen Grundlagen erscheinen einzelne Konzepte der Familientherapie – aus der Genderperspektive betrachtet – besonders fragwürdig. Ebbecke-Nohlen (1992) durchforstet systemtheoretische/kybernetische Begriffe aus der Geschichte der Familientherapie und unterzieht sie einer kritischen Revision: Grenzen, Delegation, Hierarchie, Triangulation, Familienregeln – in all diesen Konzepten bleibt ihre für Frauen und Männer jeweils unterschiedliche Bedeutung ausgespart. Auch die Mehrgenerationenperspektive wurde eher für die Beachtung der Generationen als zur Fokussierung der Geschlechter genutzt.

Weiters werden in der familientherapeutischen Literatur typisch weibliche Fähigkeiten – wie Verbundenheit, Fürsorge und Bezogensein auf andere – eher negativ bewertet und häufig als „Verstrickung", „emotionales Überengagement", „exzessive Nähe" etc. beschrieben. (Männliche) Autonomie wird demgegenüber als Ideal angesehen: Begriffe wie „Differenzierung", „klare Grenzen" etc. drücken aus, wie wichtig eine „gesunde Distanz" zu anderen Menschen sei. In der Folge gehe es in Therapien häufig viel stärker um Trennung und Ablösung als um Verbundensein und In-Beziehung-Stehen (Hare-Mustin, 1989).

Mit der Forderung nach Neutralität oder Allparteilichkeit von TherapeutInnen sind nach Ansicht feministischer Kritikerinnen ebenfalls Probleme verbunden. Erstens können wir nicht *geschlechtsneutral* sein; männliche und weibliche Therapeuten bringen unterschiedliche Sozialisationserfahrungen in die Therapie ein (Ebbecke-Nohlen, 1992). Zweitens wird argumentiert, daß bei einer ungleichen Ausgangslage hinsichtlich der Verteilung von Macht und Ressourcen in der Familie therapeutische Neutralität die bestehende Ungerechtigkeit perpetuiere (Goodrich et al., 1991).

7.2 Merkmale feministischer Familientherapie

Wesentliche Merkmale feministischer klinischer Arbeit sind die Anerkennung des Geschlechts als zentrale Kategorie in Theorie und Praxis sowie die Berücksichtigung der Benachteiligung von Frauen in unserer Gesellschaft. Hieraus ergibt sich eine besondere Sensibilität gegenüber der geschlechtsspezifisch unterschiedlichen Bedeutung von Interventionen (Walters et al., 1991). Feministische Familientherapie untersucht, wie Geschlechterrollen (1) jedes Individuum in der Familie, (2) die Beziehungen zwischen den Individuen, (3) die Beziehungen zwischen der Familie und der Gesellschaft und (4) die Beziehungen zwischen der Familie und dem Therapeuten/der Therapeutin beeinflussen (Goodrich et al., 1991).

Durch diesen ständigen Wechsel zwischen der persönlich-familiären und einer allgemein-gesellschaftlichen Ebene wird versucht, den Klientenfamilien die gesellschaftliche Determiniertheit ihres Rollenarrangements deutlich zu machen. Hierzu eignet sich die *Arbeit mit der Ursprungsfamilie* besonders gut: Gemeinsam mit den Beteiligten wird untersucht, welche Rollen von den Frauen und Männern in ihren Ursprungsfamilien verwirklicht wurden und was sie über Frausein und Mannsein gelernt haben. Oder es werden die Erfahrungen anderer Paare, Familien, Mütter, Töchter etc. angesprochen und *das Einzelne verallgemeinert*, z. B.: „Wie fast alle Mütter fühlen Sie sich schuldig für alles, was in der Familie schiefgeht" (Luepnitz, 1988). Oder es werden *eigene Erfahrungen* mit den Betroffenen *geteilt* (Welter-Enderlin, 1987).

Um Familien die Wertvorstellung, die ihrem Rollenarrangement zugrunde liegen, bewußt zu machen, sie herauszufordern bzw. Änderungen einzuleiten, gibt es eine Vielzahl von Möglichkeiten. Sehr häufig wird dabei die Technik des *Reframing* eingesetzt. Oft wird auch *direkt angesprochen*, was Buben und was Mädchen, was Männern und was Frauen erlaubt ist (Luepnitz, 1988). Es werden *Aufgaben* gestellt: Eine Frau erhält die Aufgabe, sich regelmäßig Zeit für sich zu nehmen, sich etwas zu gönnen (Goodrich et al., 1991), ihre Verfügbarkeit für die anderen Familienmitglieder einzuschränken (McGoldrick et al., 1991); *Coaching-Techniken* im Sinn eines Bestätigen und Förderns von Fähigkeiten werden genutzt (McGoldrick et al., 1991). Weibliche Autonomie wird zum Beispiel dadurch gefördert, daß TherapeutInnen sich verstärkt darum bemühen, der Frau in der Familie tatsächlich zuzuhören und besonders darauf achten, sie nicht zu unterbrechen (Hare-Mustin, 1989). Eine gute Möglichkeit, Wahlmöglichkeiten aufzuzeigen, ist ein *Splitting der Meinungen des Teams*: „Das Problem von Frau X hat zu einer Meinungsverschiedenheit im Team geführt: Einige Teammitglieder meinen ..., die anderen denken

...“. Häufig werden auch *Metaphern* eingesetzt. So werden beispielsweise die Partner gebeten, ein metaphorisches Bild ihrer Beziehung zu schildern, und mit diesen Bildern wird dann therapeutisch gearbeitet (Walters et al., 1991). Oder es werden *Rituale* therapeutisch genutzt. So machen etwa die täglichen Essensrituale in Familien männliche und weibliche Rollen besonders deutlich. TherapeutInnen können diese Themen aufgreifen und mit den Beteiligten Veränderungen dieser Rituale entwerfen, um rigide Geschlechtsrollenmuster aufzuweichen (Imber-Black, 1989).

7.3 Feministische Perspektiven für die systemische Therapie

Marianne Krüll (1992) stellt sich die Frage, ob und wie feministische Parteilichkeit mit dem Relativismus des systemischen Denkens zu vereinbaren sei, und ortet einige Gemeinsamkeiten beider Ansätze: „Feministinnen und Vertreter der systemischen Theorie üben fast gleichlautende Kritik am traditionellen wissenschaftlichen Erkenntnismodell und seinen zentralen Prämissen“ (S. 17). Gemeinsamkeiten beider Ansätze sind (1) die Rückbezüglichkeit der Erkenntnis auf die erkennende Person und (2) die Betonung der ethischen Verantwortung der Wissenschaftler/innen für die Ergebnisse ihrer Forschung in ihren Auswirkungen auf die Gesellschaft“ (S. 22).

Verdächtig erscheint Feministinnen allerdings Batesons und Maturanas Verzicht auf den Begriff der Macht, ohne den Feministinnen nicht auskommen wollen. „In feministischer Perspektive ist es auch auffällig, daß die (männlichen) Hauptvertreter des systemischen Ansatzes, wenn sie über die Rekursivität der Erkenntnis sprechen, niemals die eigene Geschlechtszugehörigkeit erwähnen, obwohl doch gerade die Abhängigkeit des Denkens vom Mann- bzw. Frau-Sein ein sehr treffendes Beispiel für Rekursivität wäre“ (S. 22/23).

Hare-Mustin (1994) beschreibt den Therapieraum als einen verspiegelten Raum, der die Diskurse, die von der Familie und vom Therapeuten in ihn hineingetragen werden, lediglich reflektieren kann. Der Inhalt therapeutischer Gespräche wird durch die dominanten Diskurse in der jeweiligen Sprachgemeinschaft und Kultur vorgegeben. In einer postmodernen Diskursanalyse macht Hare-Mustin deutlich, wie TherapeutInnen die dominanten Diskurse aufrechterhalten oder aber in Frage stellen können. An Hand von Fallbeispielen zeigt sie auf, wie das Bewußtsein für dominante Diskurse über die Beziehungen zwischen Mann und Frau geschärft und alternative Diskurse angeregt werden können.

Für die Praxis von Therapeutinnen wie von Therapeuten hat Ebbecke-Nohlen (1992) einige Leitlinien für „gender-sensitives" Verhalten entwickelt:

- „Einbeziehen des größeren Kontextes von Raum und Zeit
- Abbau von Macht durch Offenheit und Transparenz etwa in Form eines Dialogs zwischen gleichberechtigten PartnerInnen
- Aufwertung weiblicher Werte
- Verwendung einer Sprache mit weiblichen und männlichen Begriffen und Metaphern, also gleiche Repräsentation von Frauen und Männern
- geschlechterorientierte Nutzung der systemtheoretischen und konstruktivistischen Konzepte und Prämissen" (S. 181).

Es liegt in unserer Verantwortung, uns um therapeutische Zugänge zu bemühen, die systemisches Denken mit Sensibilität für die unterschiedlichen Lebenswelten von Männern und Frauen verbinden.

Wie erkenne ich? – Epistemiologische Grundlagen für systemische Therapie

Gerda Klammer und Sabine Klar

Jede Proposition in dem System ist falsch,
aber das Ganze ist ein großartiges Werk.

Ziel dieses Kapitels ist es, die grundlegende theoretische Fundierung systemischer Methodik zu skizzieren und einige Beispiele jener Theoriekonzepte zu präsentieren, die in Verbindung mit der aktuellen systemischen Praxis heute genannt werden.

Nach einer Beschreibung des historischen Kontextes systemischen Metatheorienbezugs im 1. Teil geht es im 2. Teil um das Erkannte, um jene Theorien der Ordnung, auf die in der systemischen Therapie Bezug genommen wurde. Im 3. Teil wird das Erkennen als Vorgang beschrieben, im 4. Teil die Korrespondenz zwischen Erkennen und Erkanntem unter Bezug auf erkenntnistheoretische Positionen behandelt. Im 5. Teil werden Möglichkeiten der gegenseitigen Beeinflussung von Erkennen und Erkanntem in den Theorien der Kommunikation und Intervention zusammengefaßt.

1. Historischer Kontext der systemischen Metatheoriekonzeptionen

„Wie kommt es zu der Frage nach dem Erkennen und dem Erkannten?"

Seit dem Beginn der 80er Jahre wurde in der Familientherapie zunehmend nicht nur die Familie als System fokussiert, sondern auch das sogenannte „Problemsystem", ein System von Kommunikationen, das sich in Bezug auf ein bestimmtes Problem als Thema bildet (Ludewig, 1992, S. 116). Durch die Tatsache, daß Probleme immer etwas subjektiv Wahrgenommenes und nicht objektiv Feststellbares sind, gewann die subjektiv-individuelle Seite zunehmend an Bedeutung. Diese Entwicklung kann auch vor dem Kontext der in den letzten 20 Jahren als „postmodern" beschriebenen westlichen Industriegesellschaft gesehen werden, in der Menschen in einer Vielfalt von sozialen Systemen mit sehr unterschiedlichen Erfordernissen und Weltbild- bzw. Sinnkonstrukten aufwachsen und leben. Diese Gesellschaft ist netzwerkartig organisiert, verschiedene Paarbildungs- und Familienformen existieren parallel, sodaß auch im Rahmen der Familientherapie Raum geschaffen werden mußte für die „Normalität" unterschiedlicher Lebensformen. TherapeutInnen konnten immer weniger als ExpertInnen „die Familie" von außen analysieren bzw. bestimmen, welche sozialen Faktoren sich bei der Bewältigung von Problemen als günstig bzw. ungünstig erweisen würden. Sie sahen sich (insbesondere im Setting der Mehrpersonentherapie) immer mehr als BeobachterInnen mit subjektiven Wahrnehmungen und Beschreibungen unterschiedlich miteinander kommunizierender Individuen konfrontiert, und stellten sich die Frage nach den Möglichkeiten der Respektierung und Nutzung dieser vielfältigen Sichtweisen und ihrer eigenen Subjektivität.

Es brauchte neue handlungsleitende Theorien und Konzepte, um danach therapeutisches Handeln zu begründen. Diese Theorien und Konzepte wurden ab den frühen 80er Jahren aus verschiedenen Wissensgebieten übernommen. Vor allem das konstruktivistische Gedankengebäude beeinflußte Haltungen und Methoden in der Praxis.

Derzeit gibt es unterschiedliche theoretische Konzeptionen, auf die sich SystemikerInnen beziehen. Ein einheitlicher Grundkonsens wurde, über die prinzipiell konstruktivistische Orientierung hinaus, nicht geschaffen.

2. Metatheoretische Grundlagen der systemischen Konzeption – die Theorien der Ordnung

„Wie ordnet es sich?"

Laut Kriz (1997) ist in der (abendländisch)-wissenschaftlichen Weltsicht die gegenwärtig vorfindliche Ordnung aus dem Urknall heraus entstanden mit der Perspektive, daß sie in Zukunft im Wärmetod der statistischen Gleichförmigkeit moderner Thermodynamik wieder verschwinden wird. Zwischenzeitlich steht sie im Kampf gegen die sie zersetzenden („dissipativen") Kräfte. Ordnung muß gegen diese Kräfte mühsam aufrechterhalten werden, da gemäß der Thermodynamik die Arbeit, mit der Ordnung geschaffen wird, grundsätzlich über den Energieverbrauch insgesamt mehr „Unordnung" (hin zum thermodynamischen Gleichgewicht) produziert. Umgang mit Ordnung gewinnt damit etwas Konservierendes – nur durch ständige Aufmerksamkeit und in fortwährendem Kampf können die Kräfte des Chaos in Schach gehalten werden (Kriz, 1997, S. 54). Gegen diese Vorstellung setzt Kriz die seit jeher vorhandene konkrete Erfahrung, daß sich Ordnungen selbstorganisiert entwickeln.

Grundlegende Arbeiten zu dem, was heute die mathematischen Grundlagen der Theorie nichtlinearer Systeme betrifft, sind bereits im 19. Jahrhundert bzw. gegen Ende des 1. Weltkriegs veröffentlicht, aber nur wenig beachtet worden (Henri Poincare, Pierre Fatou, Benoit Mandelbrot, Mitchell Feigenbaum).

Außer der Gestaltpsychologe Wolfgang Köhler und der Biologe Ludwig von Bertalanffy (der bereits 1932 das Konzept des „offenen Systems" einführte und als Begründer einer allgemeinen Systemtheorie gesehen werden kann) erhoffte man sich in den verschiedenen Wissenschaftszweigen jedoch eher analytisch-reduktionistische Lösungen (Kriz, 1997, S. 56f). Konzepte der Selbstorganisation von Ordnung entwickelten sich nach dem 2. Weltkrieg in den Bereichen Kybernetik, Biologie, Systemtheorie und schließlich Synergetik.

2.1 Ordnung als Fließgleichgewicht – Kybernetik erster und zweiter Ordnung

Der Begriff der Kybernetik (griech.: kybernetes = Steuermann) geht auf den Mathematiker Norbert Wiener (1948) zurück. Er versteht darunter „das gesamte Gebiet der Steuerungs-, Regelungs- und Nachrichtentheorie sowohl bei Maschinen als auch bei Lebewesen" (Wiener, 1968, S. 32). Der Kybernetik liegt die Annahme zugrunde, daß die Prozesse der Steuerung und Regelung bei Maschinen, Organismen oder sozialen Gebilden gleichen formalen Gesetzmäßigkeiten folgen. Der wesentliche Bestandteil eines kybernetischen Systems ist der Regelkreis, der aus einer zu regelnden Größe besteht und einem Regler, der diese über Stellglieder beeinflussen kann. Der Regler mißt über einen Meßfühler den Zustand der zu regelnden Größe und wird entweder von außen eingestellt oder ist mit anderen Systemen funktionell gekoppelt. In der Kybernetik spricht man von „negativer Rückkoppelung", wenn die vom Meßfühler festgestellten abweichenden Werte wieder auf den Sollwert hin ausgeglichen werden und von positiver Rückkoppelung, wenn die abweichenden Werte noch weiter in der gleichen Richtung verstärkt werden.

Die Idee des rückgekoppelten Regelkreises wurde von TheoretikerInnen der Familientherapie auf die Familie übertragen, die entsprechend als homöostatischer Mechanismus gesehen wurde, der stets darauf bedacht sei, nach Störungen das Gleichgewicht und den Status quo wiederzuerlangen (Böse & Schiepek, 1989, S. 99ff).

Heinz v. Foerster (1981) unterschied zwischen einer Kybernetik erster (im oben genannten Sinn) und einer Kybernetik zweiter Ordnung, die als „Kybernetik der Kybernetik" explizit den Prozeß der Wirklichkeitskonstruktion in ihr Programm miteinbeziehen sollte. Aus dieser Perspektive wurde die funktionale Organisation eines Systems (etwa der Familie), die im Bereich der Kybernetik 1. Ordnung von Interesse war, nicht mehr als objektiv beobachtbar gesehen, sondern als Produkt der Analyse (Wahrnehmung) des Beobachters. Anstelle von Theorien über Beobachtungsgegenstände wurden zunehmend Theorien des Beobachters bzw. der Beobachtung ausgearbeitet (Böse & Schiepek, 1989, S. 103).

2.2 Ordnung als System – Biologische und soziologische Ansätze in der Systemtheorie

Eine einheitliche Systemtheorie gibt es (lt. Böse & Schiepek, 1989, S. 218) nicht. Als einer der wichtigsten Gründungsväter neuerer systemtheoretischer Entwicklungen gilt der Biologe Ludwig von Bertalanffy, der erste Ansätze zum systemischen Denken bereits 1928 formulierte. Bis zum Ende der 40er Jahre entwickelte sich davon ausgehend die „allgemeine Systemtheorie" – eine Metatheorie, die versucht, verschiedene Wissensgebiete (Biologie, Physik, Chemie, Ökologie, Soziologie, Philosophie usw.) zu integrieren. Systemtheoretisches Denken grenzt sich von reduktionistischen, linear-kausalen und analytisch-zergliedernden Ansätzen ab. Im Zentrum der Aufmerksamkeit stehen nicht die Natur der beobachteten Phänomene, sondern die Beziehungen zwischen diesen Phänomenen (Böse & Schiepek, 1989, S. 218f).

Ganz allgemein werden Systeme als durch geordnete Strukturen und Prozesse charakterisiert angesehen (Systemgesetze: Ganzheit, Übersummation, Offenheit, operationale Geschlossenheit). Um ein solches Geordnetsein erhalten zu können, sind bestimmte Voraussetzungen nötig: Der Entropiesatz der Thermodynamik besagt, daß alles, was an Aufbau von Gesetzlichkeit gewonnen wird, der Umgebung des Systems durch Degradierung von Ordnung entzogen werden muß. Das bedeutet, daß Ordnungswachstum nur in offenen Systemen möglich ist. In keinem geschlossenen System kann fortgesetzt Ordnung entstehen, ohne daß ihm diese von außen zugeführt oder Unordnung nach außen abgeführt wird. Wo überall Ordnungsarten wachsen, werden Zustände der Materie zum Selbstbetrieb einverleibt und erst in degradierter Form wieder abgeschieden. Andererseits können sich Systeme nur erhalten, wenn sie nach außen abgegrenzt sind.

Der Sinn dieser Grenze liegt in einer Steigerung stabilisierbarer Unwahrscheinlichkeit: indem Grenzen definieren, was ausgeschlossen wird, definieren sie zugleich die Bedingungen, unter denen das Eingeschlossene auf sich selbst verwiesen ist. Dadurch entsteht die Möglichkeit einer partiellen Geschlossenheit eines Systems. Erhalten wird dabei nicht ein bestimmtes, unveränderliches System, sondern eine bestimmte Differenz zwischen System und Umwelt (Vester, 1983; Willke, 1987a).

Ausgangsbasis für die Theorie selbstreferentieller Systeme ist das von den Biologen Maturana und Varela entwickelte *Autopoiese-Konzept* (autos = selbst; poiein = machen), das ursprünglich eingeführt wurde, um die Organisation lebender Systeme (etwa der Zelle) zu erklären und jene Organisationsform zu beschreiben, die es ermöglicht, die besonderen Eigenschaften lebender Systeme hervorzubringen. „Eine lebende Zelle wird dabei als ein Netzwerk chemischer Reaktionen verstanden, das durch eben diese Reaktionen genau jene Teile und Prozesse erzeugt bzw. an ihnen rekursiv mitwirkt, die sich selbst erzeugen" (Kriz, 1997, S. 83).

Der Begriff „Autopoiese" wird – laut Kriz (1997, S. 85) in einer anderen Form – noch in einem zweiten Theoriengebäude, der Konzeption „sozialer Systeme" des Soziologen N. Luhmann verwendet, in dem dieser Gesellschaft, als System aller Kommunikationen, den beiden Systemen „Leben" (als Gesamtheit aller biologischen Vorgänge) und „Bewußtsein" (als Gesamtheit aller intrapsychischen kognitiven Vorgänge) gegenüberstellt. Alle drei Systeme sieht er als operational geschlossen, sie sind füreinander jeweils nur Umwelt (S. 85).

Unterschiede zwischen der Auffassung Luhmanns und Maturanas äußern sich einerseits darin, ob die Beziehungen in sozialen Systemen als „Strukturelle Koppelung" oder als „Kommunikation" gedeutet werden und andererseits, wie die Elemente, Grenzen und Relationen sozialer Systeme gesehen werden.

Während nach Maturana soziale Systeme darauf beruhen, daß Individuen ihre Autopoiese verwirklichen, daß also Menschen soziale Systeme bilden, weil sie aufgrund ihrer biologischen Struktur dazu bestimmt sind (Ludewig, 1992, S. 92), bestehen soziale Systeme nach Luhmann „nicht aus psychischen Systemen, geschweige denn aus leibhaftigen Menschen" (S. 346). Um das Autopoiesekonzept für seine Gesellschaftstheorie nutzen zu können, befreite er es aus dem rein biologischen Kontext und faßte biologische, psychische und soziale Systeme als Spielarten autopoietischer Systeme auf. Indem er soziale Systeme durch Kommunikation bestimmte, konnte Luhmann sie als autopoietisch deuten. „Wenn soziale Systeme auf Kommunikation beruhen, lassen sich die Relationen zwischen ihnen als „Anschlußbildung" definieren. Kommunikation selektiert diese „Anschlüsse" und bestätigt sich dadurch als Grundeinheit sozialer Systeme" (Ludewig, 1992, S. 94).

Personen können laut Willke als autopoietische (*psychische) Systeme* verstanden werden, weil das Nervensystem des Menschen Gedanken und Vorstellungen prozessiert und ein Bewußtsein erzeugt, dessen Konstitution – nicht dessen Inhalt! – ausschließlich aus der Organisationsweise und Struktur des neuronalen Systems folgt. Das psychische System arbeitet nicht mit „Abbildungen" realer Außenweltereignisse, sondern mit Relationierungen neuronaler Relationen (Willke, 1987a, S. 44). Niemand kann die Gedanken und Vorstellungen eines anderen „wissen", er kann sich nur seine eigenen Vorstellungen darüber bilden. *Soziale Systeme* bestehen nicht aus einer Ansammlung von Menschen, sondern aus dem Prozessieren von Kommunikationen (Luhmann, 1984, S. 192ff). Psychische Systeme stehen außerhalb der sozialen Systeme (sind deren „Innenwelt"; „Die Innenwelt umfaßt die Relationen des Systems mit seinen Mitgliedern" [Willke, 1987a, S. 40]).

Trotz der Annahme der operationalen Abgeschlossenheit sind autopoietische Systeme auch für Maturana nicht von ihrer Umwelt und deren Struktur unabhängig, sondern gehen mit ihr eine strukturelle Koppelung ein (Kriz, 1997, S. 83). In der Luhmannschen Systemtheorie wird betont, daß sich die operationale Geschlossenheit eines autopoietischen Systems nur auf die basale Zirkularität der Selbststeuerung der eigenen Reproduktion bezieht; „in anderen Hinsichten, insbesondere bezüglich der Aufnahme von Energie und Information (d. h. der Verarbeitung möglicher bedeutsamer Differenzen), ist es durchaus und notwendigerweise offen" (Willke, 1987a, S. 44). Man muß von „partieller Geschlossenheit und dadurch ermöglichter Offenheit ausgehen." (ebda).

Ausgehend davon können autopoietische Systeme zwar als autonom betrachtet werden, wenn sie, auf der Grundlage autopoietischer Selbststeuerung spezifische, durch ihre Leitdifferenz und ihren Operationsmodus vorgezeichnete Umweltbeziehungen unterhalten (Willke, 1987a, S. 49); sie sind unabhängig von ihrer Umwelt hinsichtlich der Tiefenstruktur ihrer Selbststeuerung und ihrer daraus folgenden rekursiven Operationsweisen. Hinsichtlich der Konstellationen und Ereignisse, aus denen sie Informationen und Bedeutungen ableiten können, welche die Selbstbezüglichkeit ihrer Operationen interpunktieren und anreichern, werden autopoietische Systeme als abhängig von ihrer Umwelt betrachtet (ebda) (siehe Teil 4 und 5).

2.3 Ordnung als Muster – Synergetik

In der von H. Haken begründeten Synergetik (Lehre vom Zusammenwirken, die sich mit dem spontanen Entstehen von Strukturen durch Selbstorganisation beschäftigt), werden Struktur- oder Musterbildungen in der unbelebten Natur unter folgenden Prämissen postuliert: Prozesse der Musterbildung finden in im thermischen Ungleichgewicht befindlichen, d. h. in offenen, mit einem stetigen Strom von Energie, Materie und Information versorgten Systemen statt.

Die zentralen Beobachtungen der Synergetik bestehen darin, daß viele Komponenten, aus denen ein komplexes System besteht, und die auf der „mikroskopischen" Ebene durchaus chaotischen Dynamiken unterliegen, bei Veränderung eines Kontrollparameters, das sehr unspezifisch sein kann (z. B. Temperaturdifferenz), spontan ein kooperatives Verhalten zeigen, das auf der „makroskopischen Ebene" als Strukturbildung wahrnehmbar ist und mit einer drastischen Reduzierung der Freiheitsgrade (Anm.: Komplexitätsreduktion) zusammenhängt. Der Prozeß muß als Selbstorganisation verstanden werden, weil eine unspezifische, kontinuierliche Veränderung der (die „Umgebungsbedingungen" repräsentierenden) Kontrollparameter zu einer diskontinuierlichen Veränderung des Systems führt (Emergenz bzw. Phasenübergang) (vgl. Kriz, 1997, S. 76f).

Die allgemeine Anwendbarkeit der Synergetik wurde bislang v. a. im Bereich der Physik, Chemie und Biologie gezeigt, zunehmend wird sie aber auch bei der Analyse „belebter" und „kognitiver" Systeme angewendet (Kriz, 1997, S. 68). Für den therapeutischen Bereich interessant ist die prinzipielle Ähnlichkeit zwischen synergetischer Musterbildung und Mustererkennung. Diese können dabei als zwei Seiten derselben Medaille angesehen werden. „Bei der Musterbildung emergieren aus Teilen des Systems die Muster („Ordnungsparameter") ... Bei der Mustererkennung werden aufgrund einiger Merkmale diese Ordnungsparameter aufgerufen, die dann ebenfalls in der weiteren Dynamik (und ebenfalls in Konkurrenz zu Alternativen) das Gesamtmuster komplettieren" (Kriz, 1997, S. 79). „Eigentlich ist die Synergetik damit „nur" für einfache physikalische Systeme präzisiert, worauf Gestalt- und viele andere Wahrnehmungspsychologen immer schon beim Menschen verwiesen haben: daß nämlich Wahrnehmung als (Muster-)Erkennung ein aktiver, konstruktiver Prozeß ist, in dem die Muster ... entsprechend den Gesamtbedingungen gebildet werden. Der Vorteil einer formalen Präzisierung durch die Synergetik aber liegt darin, daß nun z. B. gemäß den Algorithmen der Synergetik solche Mustererkennungsprozesse am Computer simuliert werden können" (Kriz, 1997, S. 81).

3. Der Vorgang des Erkennens – die Theorien des Wahrnehmens, Beobachtens und Beschreibens

„Wie ordnet sich das Erkennen?"

Allgemein beschäftigen sich Erkenntnistheorien mit der Leistungsfähigkeit des menschlichen Erkenntnisvermögens, mit den Fragen
- auf welche Weise Erkenntnisse gewonnen werden können,
- worauf die Geltung der Erkenntnisse beruht, wie weit sie reichen und was erkannt wird.

In diesem Teil soll es darum gehen, wie aus systemischer Sicht Ordnungen erkannt bzw. Geordnetes über komplexitätsreduzierendes Erkennen geschaffen wird. Die Frage nach der Geltung und Reichweite der Erkenntnisse leitet zur wirklichkeitstheoretischen Problematik über und wird im vierten Teil behandelt.

3.1 Erkennen als Unterscheidung eines autopoietisch organisierten Beobachters

Physiologisch betrachtet, verarbeitet das Nervensystem aus der Sicht autopoietischer Konzepte stets Unterschiede in den Relationen zwischen seinen Zuständen (Ludewig, 1992, S. 65). Da die Elemente des Nervensystems nur mit Eigenzuständen (oder den Relationen zwischen ihnen) operieren, können sie nicht zwischen internen und externen Auslösern unterscheiden. „Es gibt keinen neurophysiologischen Mechanismus, der die kognitive Differenz zwischen Illusion und Perzeption (intern und extern induzierter Kognition) ermöglichen könnte oder erklären ließ." (S. 71). Nichts existiert unabhängig von den Unterscheidungen, die ein Beobachter trifft (S. 46).

Im psychischen Bereich erlebt der Beobachter manche Unterschiede, die aus seinen organischen Funktionen resultieren, als „Erfahrung" (S. 65).

Mit dem Wort „Erfahrung" meint Maturana (1994, S. 40) die Sprachlichkeit des Erlebens. Der „Gegenstand" der Beobachtung wird für den Beobachter dann zu einer beobachtbaren Einheit, wenn er ihn bezeichnen und beschreiben kann. Bezeichnen heißt, die Einheit des Gegenstandes in Differenz zu allem anderen und zu sich selbst zu sehen. Beschreiben heißt „die tatsächlichen oder möglichen Interaktionen und Relationen des Gegenstandes aufzuzählen“ (S. 34), um daraus die interne Funktionslogik des Gegenstandes zu erschließen. Zu den Beschreibungen gehören einerseits die intern beschriebenen Erfahrungen – sie konstituieren die Elemente des psychischen Systems (Innenwelt) und erschließen die eigene Funktionslogik – und andererseits die kommunikativ mitgeteilten, die den sozialen Bereich gestalten (Ludewig, 1992, S. 65).

Manche Beschreibungen verbindet der Beobachter nach gewissen Regeln mit anderen, liefert also „Erklärungen“: „Alles Erklären beantwortet Fragen nach dem Warum, Wieso, Woher oder Wozu, die aus der Erfahrung stammen und erfordern, daß wir Beschreibungen ergänzen und verknüpfen“ (S. 75). „Erklärungen treffen Aussagen über Vorgänge oder Mechanismen, aus denen die zu erklärenden Erfahrungen resultieren können. Demnach bedeutet Erklären, Fragen nach dem „Warum?“ mit Prozessen oder Abläufen zu beantworten, die am Werk sein müßten, um die betreffende Erfahrung zu ermöglichen“ (Maturana, 1994, S. 41).

„Einheiten“ des Erkennens und Beschreibens existieren aus dieser Sicht zunächst nur im kognitiven Bereich dessen, der sie als Beobachter hervorbringt, sie sind subjektgebunden. Da alles, was der Beobachter beschreibt, erst in der Kommunikation überindividuelle Relevanz (Bedeutung) gewinnt, besteht die Welt von Beobachtern aus konsensuell akzeptierten Einheiten (Ludewig, 1992, S. 66) (siehe Teil 5).

3.2 Erkennen aus der Sicht des sozialen Konstruktionismus

Im sozialen Konstruktionismus wird die Welt der Erfahrungen als sozial konstruiert betrachtet. Symbolische Systeme (etwa die Sprache) setzen Punktuationen, organisieren Wahrnehmungen, die in rekursiver Weise die symbolischen Systeme selbst beeinflussen. Es wird angenommen, daß wir die Welt miteinander im Dialog konstruieren („As you speak with me, you create the world“ [Gergen, 1994]).

Daniel Stern, ein psychoanalytischer Entwicklungstheoretiker, hat in seinem Buch „The world of the infant“ (Stern, 1985) aufgezeigt, wie bereits der Säugling durch Interaktion und Kommunikation in einem Miteinander mit seinen Bezugspersonen seine Wahrnehmungswelt differenziert. Der Sozialpsychologe Gergen betont im Prozeß der Wahrnehmung in Anlehnung an Austins Sprechakttheorie nicht die Übereinstimmung, sondern die Bedeutung innerhalb des Ablaufes einer sozialen Interaktion.

Eine Beschreibung kann als ein Bild oder als ein Spiegel funktionieren, aber nur in einem lokalen Austausch, in dem sie eine bestimmte Funktion bekommt. Worte gewinnen Bedeutung innerhalb eines Beziehungsrituals, innerhalb der gemeinsam entworfenen Spielregeln (Gergen, 1994, S. 87).

John Shotter bezieht sich als Linguist auf den Suchprozeß von Begriffen und Wahrnehmungseinheiten. Er postuliert einen sogenannten „dritten Bereich von Wissen", ein Gewahrsein einer Verbindung der miteinander Sprechenden und Handelnden. In diesem Bereich haben die Aktionen des einen mit den Aktionen des anderen und den vielen sonst noch vorhandenen Bereichen des Wissens beider zu tun. Sie reagieren jeweils aufeinander. Als Beispiel erwähnt er das Spiel zwischen Mutter und Kind. In einem offenen Prozeß, ohne auf ein Ziel eindeutig gerichtet zu sein, können sich potentiell beide mit ihrem Erfahrungsschatz und ihren Handlungsdispositionen einbringen. Obwohl jeder für sich handelt und sich nicht notwendig auf den anderen bezieht, kann aus dem ungerichteten Nebeneinander ein teilweises Miteinander, ein Gemeinsames entstehen (Shotter, 1993).

3.3 Erkennen als Komplexitätsreduktion

„Erkenntnis" ist für Glasersfeld die Ordnung und Organisation von Erfahrungen in der Welt des Erlebens (Erlebtes wird zu einem zweiten Erlebnis in Beziehung gesetzt, die beiden werden miteinander verglichen, Gleichheit oder Verschiedenheit wird festgestellt. Als Ursache wird etwas identifiziert, wenn Elemente miteinander verbunden werden und etwas bereits Erlebtes zu einem zweiten Erlebnis in Beziehung gesetzt wird). Die Geschichte des Konstruierten selbst schränkt wiederum das ein, was noch konstruiert werden kann. Erkenntnis beruht auf Möglichkeiten innerhalb von Schranken und nicht auf Abbildung und Angleichung (Glasersfeld, 1985).

Nach Heinz von Foerster errechnet sich der Organismus durch diese Operationen eine stabile Realität (v. Foerster, 1993, S. 84). Dabei besteht die Tendenz (Anm.: wie schon aus der Wahrnehmungspsychologie bekannt), kontinuierliche Übergänge als klar abgetrennte Unterschiede zu registrieren. Dieses Verständnis deckt sich mit Batesons Sicht, daß Information als Neuigkeit eines Unterschiedes definiert wird. Man könnte sagen, daß das Gehirn Invarianten ausbildet, die dann als feste Objekte gesehen und einer objektiv erfahrenen Welt da draußen zugeschrieben werden. Wahrnehmung wird als Prozeß der Interpunktierung betrachtet.

Ganz in Übereinstimmung mit den Vorstellungen der Synergetik, die die ordnenden, Komplexität reduzierenden Tendenzen bereits in der unbelebten Natur im Rahmen einer physikalisch-mathematischen Konzeption thematisiert (Kriz, 1997, S. 137f), sieht Kriz im Phänomen des Ordnens eine Komplexitätsreduktion. „Erst durch solche Reduktion wird „Ordnung“ und „Regelmäßigkeit“ für uns erfahrbar.“ (S. 131) Das Programm des Lebens beruht darauf, Komplexität zu reduzieren (bzw. bestimmte Aspekte aus der Komplexität heraus zu abstrahieren) und damit Regelmäßigkeit zu schaffen. Diese Reduktion und Abstraktion ist gemäß Kriz keineswegs an Begriffe und Sprache gebunden – und somit primär eine menschliche Eigenschaft – sondern grundlegend für das Leben überhaupt (S. 132).

Für den Menschen ist unendliche Komplexität offenbar so bedrohlich, daß evolutionäre Programme faktisch vom ersten Lebenstag an greifen, um die Prozesse der erfahrbaren Welt nach möglichen „Regelmäßigkeiten“ abzusuchen (S. 133). Dabei wird wahrgenommenes Material über Komplettierungsdynamiken zu Attraktoren bzw. zu einer Attraktorenlandschaft verarbeitet, die als Sinn-Attraktoren bezeichnet werden können. Kriz hebt sogenannte „zentrale Attraktoren“ hervor, die in der frühen Kindheit gebildet wurden („Musterbildung“) und die dann später als Strukturierungsprinzipien in der Wahrnehmung und Verarbeitung von Reizmannigfaltigkeiten zu Welt-Bildern wirksam werden (Mustererkennung) (S. 141). Der Begriff der „Narrativierung“ (Julian Jaynes, 1993 in Kriz, 1997, S. 139) beschreibt einen Prozeß, in dem isolierte Teile der Wahrnehmung mit anderen isolierten Teilen sowie Gedächtnisstücken zu zusammenhängenden Geschichten narrativiert werden.

3.4 Erkennen ausgehend von Hypothesen, die komplexitätsreduzierende Prozesse anleiten

Nach Rupert Riedl ist Ordnung „Gesetz mal Anwendung“; einmalige Gesetzlichkeit wäre als Ordnung in der Welt gar nicht erkennbar. Da aber die meisten Wiederholungen nicht identisch sind, sondern nur ähnlich, entsteht die Notwendigkeit der Abstraktion (Riedl, 1986, S. 48). Dabei ist Abstraktion zunächst nicht viel mehr als die Wahrnehmung von Wiederholung oder Koinzidenz, konkreter das Heraussondern des Gleichen aus dem Ungleichen, der Ordnung, der Gesetzlichkeit und möglichen Prognostik aus dem Unvorhersehbaren (S. 23). Riedl geht davon aus, daß es im Erkenntnisapparat des Menschen sogenannte „Hypothesen“ gibt, die der Erwartung a priori zur Verfügung stehen und auf diese Weise die Erfahrungen prägen, beeinflussen, ordnen und klassifizieren (Riedl, 1980, S. 36).

Die Hypothese vom anscheinend Wahren „enthält die Erwartung, daß sich manche gemachte Erfahrung unter entsprechenden Bedingungen wahrscheinlich prognostizieren, also durch Wiedereintreten bestätigen lassen werde." (S. 53) Mittels dieser Wahrscheinlichkeitshypothese wird das Notwendige vom Zufälligen und innerhalb des Notwendigen aus der Ordnung dieser Welt das sich wiederholend Allgemeine, die Gesetzlichkeit herausgelöst. In der Abfolge von Bestätigung oder Enttäuschung der Erwartungen ist es einerlei, ob die Inhalte der Erwartungen simultan oder sukzedan (nebeneinander oder nacheinander) in Erscheinung treten. In der Praxis der Beobachtung wird die Gleichzeitigkeit koinzidierender Ereignisse als Merkmals-Reichtum oder Gestalt, die sukzedane Koinzidenz als Wiederholung oder Kausalität begriffen (S. 58).

Die „Hypothese vom Vergleich" enthält die Erwartung, daß das Ungleiche in der Wahrnehmung der Dinge ausgeglichen werden dürfe, und daß sich ähnliche Sachen, obwohl sie offenbar nicht dasselbe sind, auch in manchen noch nicht wahrgenommenen Eigenschaften als vergleichbar erweisen würden; sie läßt erwarten, daß Ähnliches die Voraussicht über weitere Ähnlichkeiten zuließe" (S. 93). In einem ersten Schritt werden ausgehend von dieser Hypothese die Zusammenhänge nur als ein „etwas" wahrgenommen (Figur-Hintergrund-Verhältnis) – in einem zweiten Schritt wird von den wahrgenommenen, zusammenhängenden Eigenschaften auf weitere Eigenschaften geschlossen, die sich zwar im Augenblick nicht zeigen, die aber aufgrund der Erfahrungen als mit den wahrgenommenen Eigenschaften interdependent verbunden erlebt werden. Auf dieser Ebene erfolgen Benennung und Bedeutungsgebung. (In weiterer Folge postuliert Riedl noch die Hypothese von der Ursache (Ähnliches hat dieselbe Ursache) und die Hypothese vom Zweck [Ähnliches hat einen ähnlichen Zweck]).

4. Zur Korrespondenz von Erkennen und Erkanntem – Erkenntnistheoretische Grundlagen der systemischen Konzeption

„(Wie) erkennt das sich ordnende Erkennen das sich ordnende Erkannte?"

Epistemiologie bezeichnet das Studium der Theorie des Wissens, den „Zweig der Philosophie, der Herkunft, Struktur, Methode und Gültigkeit des Wissens untersucht." (Dell, 1984, S. 148) Es kann dabei sowohl um Fragen nach der Korrespondenz der Wahrheit (wahr ist, wenn eine Proposition mit der Wirklichkeit übereinstimmt) als auch der Kohärenz der Wahrheit (wahr ist, wenn Sätze untereinander logisch verträglich sind) gehen. Nach Held und Pols (1992, S. 458) wurden in der systemischen Debatte unter dem Begriff „Epistemologie" weniger die Inhalte der Erkenntnis, des Wissens und die Abgrenzung z. B. zum Glauben, Irrtum oder Vorurteil diskutiert, sondern mehr der Frage nachgegangen, wie wir überhaupt wissen, wie wir erkennen können. Man beschäftigte sich (zum Teil ausgehend von den Überlegungen des Anthropologen G. Bateson zur Epistemiologie) mit erkenntnisthoretischen Positionen, die in unterschiedlicher Form die Erkenntnismöglichkeiten und damit die „Wirklichkeit" des Erkannten relativieren.

4.1 Konstruktivismus

Die philosophische Tradition des Konstruktivismus reicht von Vorsokratikern wie Parmenides und Zeon über Vico, Kant, Dilthey, Husserl und Wittgenstein. Die Physiker Heisenberg und Schrödinger sowie der Psychologe Piaget sind Väter des naturwissenschaftlichen Konstruktivismus. Die heutigen naturwissenschaftlichen Grundlagen des Konstruktivismus liegen vor allem in der Kybernetik 2. Ordnung (v. Foerster; s. o.) und den Autopoiesekonzepten von Maturana und Varela (s. o.). Mögliche Anknüpfungspunkte in den Sozialwissenschaften finden sich in der Systemtheorie N. Luhmanns (s. o.).

Der Konstruktivismus postuliert, daß die Welt und der Mensch (auch für sich selbst) nicht objektiv erkennbar sind, da jeder Versuch, etwas darüber zu erfahren, das mitkonstruiert, was der Erkennende zu erkennen glaubt. „Alles Gesagte wird von einem Beobachter gesagt" (v. Foerster, 1993, S. 84), es ist mehr eine Beschreibung von beobachtenden Systemen als von beobachteten Systemen. Erkennen bedeutet nicht, eine vom Erkennenden unabhängige Wahrheit gewinnen zu können. „Für Konstruktivisten ist alle Verständigung, alles Lernen und Verstehen stets Bau und Interpretation des erlebenden Subjekts." (v. Glasersfeld, 1985, S. 17).

Wissen *„paßt"*, d. h. es leistet den Dienst, den wir vom Wissen erhoffen. Regelmäßigkeiten, Faustregeln, Theorien erweisen sich im Lichte weiterer Erfahrungen als verläßlich oder nicht (S. 21). Glasersfeld stellt den Begriff des *Erlebens* in den Mittelpunkt: Die konstruierte Welt ist eine Welt der Erlebnisse, die aus Erlebtem besteht und keinen Anspruch auf „Wahrheit" im Sinne einer ontologischen Wirklichkeit erhebt (S. 28f). „Die Welt, die wir erleben, ist so und muß so sein, wie sie ist, weil wir sie so gemacht haben" (S. 29).

Maturana und Varela lieferten mit ihrer Theorie von Individuen als lebende Systeme, die wegen ihrer Strukturdeterminiertheit nicht linear von außen beeinflußt werden können und deren Ziel die Selbsterhaltung ihrer Organisation ist (s. o.), einen Erklärungspool für diese Auffassung der Konstruiertheit der Welt. „Objektivität" wird von ihnen in Klammern gesetzt, weil davon ausgegangen wird, daß der Mensch grundsätzlich nicht zwischen Wahrnehmung und Illusion unterscheiden kann. „Realität" wird durch das Handeln des Beobachters/der Beobachterin hervorgebracht. Ausgehend von Maturana ist die Logik der Beobachtung nicht die Logik des beobachteten Phänomens, sondern die Logik des beobachtenden Systems und seiner kognitiven Struktur (Maturana, 1982, S. 34).

Ludewig meint, daß Erkenntnisse – sind sie erst einmal entstanden und akzeptiert – den Charakter des Realen, „Objektiven" annehmen, unabhängig, ob sie auf der Basis objektivistischen oder konstruktivistischen Denkens gewonnen wurden. Die Entscheidung für die eine oder die andere Denkform wirkt sich deshalb weder in den Erkenntnissen selbst noch in ihren praktischen Konsequenzen aus, sondern nur darin, wie sie begründet werden. Was kognitiv entsteht, ist bis auf weiteres für alle praktischen Belange „objektiv" (Ludewig, 1992, S. 76f).

Für Glasersfeld sind die genannten neurophysiologischen Befunde v. a. für Empiriker interessant, für radikale Konstruktivisten jedoch lediglich eine erfreuliche Übereinstimmung. „Im Konstruktivismus gründet sich der autogene Aufbau der Erlebenswelt auf logische Argumente" (v. Glasersfeld, 1997, S. 15). „Aus kybernetischer ebenso wie aus konstruktivistischer Sicht ist Wissen also das Repertoire der Begriffe und Begriffsstrukturen, mit denen der aktiv Erlebende angesichts einer unaufhörlichen Folge von Perturbationen vorübergehendes Gleichgewicht schafft und zu erhalten versucht. Niemals kann es eine Erkenntnis jener unabhängigen Außenwelt sein, die wir aus alter Gewohnheit für die erlebten Perturbationen verantwortlich machen möchten ... als Konstruktivist bezieht man die Stellung des unbedingten ontischen Agnostizismus, ... und man bemüht sich, Modelle zu erdenken, die sich in Handeln und Denken in der Erlebniswelt als viabel (Anm.: gangbar, angemessen) erweisen" (S. 17).

4.2 Sozialer Konstruktionismus

Ausgehend von der Position des sozialen Konstruktionismus betrachten soziologisch, sozialpsychologisch und linguistisch orientierte TheoretikerInnen Erkenntnis als gemeinsam entwickeltes Geschehen, über das es Konsens, aber auch Dissens gibt. Erkenntnis ist keine von Personen abgrenzbare Entität, sondern existiert in einer miteinander verbundenen Gesellschaft, der lokalen Gemeinschaft. Diese entsteht im bzw. durch den Dialog. Die menschliche Wirklichkeit, einschließlich des sozialen Lebens wird als das Produkt von Konversationen oder Diskursen, die auch die Kräfte und das Vermögen der individuellen Personen bestimmen, gesehen (Zitterbarth, 1995, S. 248).

Die grundlegenden Ideen fanden sich erstmals gebündelt in dem Werk von Peter Berger und Thomas Luckmann aus dem Jahr 1967 („Die gesellschaftliche Konstruktion der Wirklichkeit“). Die sozialkonstruktionistische Bewegung basiert auf der Überwindung des Dualismus, auf der Sichtweise, daß der Mensch keine isolierte, unabhängige Entität ist, sondern konstitutiv in eine Gesellschaft, in eine Kultur hineingeboren und durch sie mitgestaltet, mitgeformt und sie mitgestaltend ist. Die Idee des einsamen singulären Individuums, so wie sie dem Hauptstrom der abendländischen Philosophie und dem Alltagsdenken zugrunde liegt, wird damit aufgehoben und der Blickwinkel auf die Interdependenz gelenkt.

4.3 Systemtheorie und Synergetik

Schiepek und Böse (1989) meinen, daß im Rahmen der systemtheoretischen Diskussion der Eindruck entstehen könne, daß mit der Beschreibung von Systemen konkrete Objekte der Realität bezeichnet werden sollen (Anm.: Aus konstruktivistischer Sicht sind Systeme demgegenüber beobachterabhängige Konstruktionen, Modelle, mit deren Hilfe die Gegenstände der Erkenntnis beschrieben werden) (vgl. Böse & Schiepek, 1989, S. 190f).

H. Willke (1987c, S. 121) meint, das Konzept eines selbstreferentiellen Beobachters, der ausschließlich an die eigenen Mittel des Beobachtens und Verstehens gebunden ist und deshalb den Gegenstand seiner Erkenntnis nicht „objektiv“ oder „real“ oder wirklich „wirklich“ ergründen kann, bedeute nicht, „daß das erkennende System einfach irgendwelche Phantasieprodukte erfinden und diese als richtige Erkenntnis ausgeben kann. Augenscheinlich ist zwischen Erklärung und Erklärtem zumindest eine plausible Relation erforderlich, eine Passung ..., ohne daß behauptet wäre, daß eine „passende“ Erklärung zugleich eine „wirkliche“ Erklärung sei“ (Willke, 1987c, S. 121). Er bezeichnet einen „reflektierten Rekonstruktivismus“ als angemessene erkenntnistheoretische Position. Nach Luhmann ergibt sich aus der Differenz von System und Umwelt, „daß es weder ein ausschließlich selbstreferentiell erzeugtes System noch ein System mit beliebiger Umwelt geben kann.“ Selbstreferenz kommt „nur als Modus des

Umgangs mit einer nichtbeliebig strukturierten Umwelt" vor (Luhmann, 1984, S. 31).

Auch in der Synergetik werden einerseits die beschriebenen Muster nicht als bloße Konstrukte von Beobachtern betrachtet. Kriz unterscheidet: Phänomene, bei denen zunächst im dynamischen System (auf der betrachteten Systemebene) keine Struktur vorhanden ist, sondern diese erst „entsteht" (Beispiel: Emergenz von typischen Mustern der Gruppendynamik bei neu zusammengesetzten Gruppen); Phänomene, bei denen die Strukturierungsprinzipien nur durch eine künstlich eingeführte Dynamisierung beobachtbar werden (Beispiel: typische Muster beim Stellen einer Familienskulptur) und Phänomene, die dem Modell einer bereits „bestehenden" dynamischen Struktur entsprechen, wobei aber die Struktur erst besser beobachtbar gemacht werden muß (Kriz, 1997, S. 162f). Es ist für ihn sinnvoll, zu unterscheiden, ob sich ein Attraktor in der beschriebenen Situation erst „bildet" (Emergenz), ob ein bereits gebildeter Attraktor einer Systemdynamik nur beobachtbar gemacht wird oder ob eher vorhandene Kräfte erst in einer künstlich eingeführten Dynamik ihre attrahierende Wirkung entfalten (S. 164).

Andererseits weist Kriz jede „System-Ontik" zurück (die Frage der System-Grenzen, System-Umwelt-Relation und operationaler Geschlossenheit sei etwas, was dem betrachtenden Gegenstand inhärent und damit aus ihm selbst begründbar wäre) (Kriz, 1997, S. 118). Er meint, die Entscheidung über die Wahl einer bestimmten Systemkonzeption müsse an die Frage geknüpft werden, welche Probleme überhaupt gelöst werden sollen (S. 119).

Stengers, eine Mitarbeiterin Prigogines, sieht im Akt der Beobachtung eine aktive Operation: sie wird durch Erwartungshaltungen des Beobachters und/oder der zu Beobachtenden in einer sozialen Handlung wechselseitig determiniert (nach Vogt, 1990, S. 88). Beobachtung ist dabei immer auch von einem Interesse an der Beobachtung begleitet. Der Akt der Beobachtung zur Befriedigung von Interesse ist demnach eine vermittelnde Operation und kann als Erkenntnisakt nicht isoliert von den Erwartungen des Erkennenden verstanden werden. (In Foersters Jargon: Beobachtung hat eine Rahmensetzung zur Voraussetzung). Kriz meint, daß die komplexitätsreduzierende Tendenz, die von den Sinnesorganen aufgenommenen und zu Teilmustern verarbeiteten Reizkonfigurationen im Sinne der Attraktoren zu vervollständigen, nur bedingt wünschenswert sei (Kriz, 1997, S. 140). „In den meisten Fällen bedeutet „vervollständigen" eine Konstruktions-Dynamik über etwas zu stülpen, das wir gar nicht genauer erfahren wollen – wobei wir uns des Konstruierens nicht bewußt werden, sondern unsere Konstruktionen als Eigenschaften der wahrgenommenen Außenwelt erleben“ (S. 140).

4.4 Evolutionäre Erkenntnistheorie

P. Graf (1994, S. 44ff) skizziert, gestützt auf den kritischen Rationalismus bzw. Realismus (teilweise auch „Hypothetischer Realismus“ genannt: Riedl [1980], Lorenz [1975], Vollmer [1987]) einen gemäßigten, auf die soziale Wirklichkeit beschränkten „Konstruktivismus“. Er behauptet, der entscheidende Unterschied zwischen radikalem Konstruktivismus und kritischem Realismus bestünde nur darin, ob die Wahrnehmungsinhalte vom erkennenden Subjekt alleine konstruiert, oder in der Interaktion mit der Außenwelt mit-konstruiert würden. Der Kritische Realismus geht davon aus, daß es eine wie immer geartete, reale Außenwelt gibt. Die äußeren Strukturen geben Informationen, welche entschlüsselbar sind. Konrad Lorenz drückt dies folgendermaßen aus: „Anpassung an eine Gegebenheit der Umwelt ist gleichbedeutend mit dem Erwerb von Information über diese Gegebenheit (Lorenz, 1979, in Glasersfeld, 1997, S. 14).

Mit der Annahme einer gewissen notwendigen Korrespondenz zwischen den Strukturen des Beobachteten und jenen des Beobachters ist jedoch gar nicht gemeint, daß die Wirklichkeit dieselbe Struktur hätte wie das Modell. Ausgehend von der evolutionären Erkenntnistheorie Riedls (1980) vollzieht sich Erkennen in einer Spirale aus (durch Erfahrung ermöglichter und veränderter) Erwartung und (durch Erwartung ermöglichter und veränderter) Erfahrung. Das, was in einer Spirale der Annäherung aus durch Erfahrung veränderter Erwartung und durch Erwartung veränderter Erfahrung über die Welt gelernt wird, kann zwar nicht völlig „falsch“ und „unpassend“ sein. (Wäre das durch Sinnesorgane und Nervensystem Erkannte völlig unpassend, und beispielsweise dem Überleben oder der Fortpflanzungsfähigkeit bzw. der Aufzucht von Nachkommenschaft eines Lebewesens abträglich, hätten sich diese Organe im Lauf der Evolution nicht durchsetzen können) (S. 26).

Die Welt wird jedoch nicht so erkannt wie sie ist, sondern wie sie für Überleben, Fortpflanzungsfähigkeit und Aufzucht der Nachkommenschaft im Zeitraum, in dem sich die Wahrnehmungs- und kognitiven Verarbeitungsmechanismen entwickelt haben, passend ist. Die Wahrnehmung einer Regelmäßigkeit oder eines Zusammenhangs ist nicht in erster Linie dazu da, diese abzubilden, sondern in optimaler (passender) Weise darauf reagieren bzw. mit ihr interagieren zu können. Dabei muß sowohl die Korrespondenz eines Systems mit seinem Milieu (das Prognostik zuläßt) als auch die Kohärenz, die Abstimmung seiner Teile und Funktionen untereinander (innere und äußere Selektion) gegeben sein (Riedl, 1986, S. 23f).

Auch die evolutionäre Erkenntnistheorie relativiert damit Erkennen. Versuche haben gezeigt, daß der sogenannte „ratiomorphe Apparat", also der gestalt- bzw. musterkonstruierende Mechanismus, Gesetzmäßigkeit und Zusammenhänge ungleich rascher für gewiß hält, als das logisch gerechtfertigt erscheint; er hat einen Hang zum Gesetzmäßigen, zur Gestalt. Auch ist es schwierig, einmal assoziativ gewonnene Einstellungen wieder aufzugeben, selbst wenn sie sich als unpassend erweisen. Es wird betont, daß der ratiomorphe Apparat ein Produkt der Evolution ist: die aus dem Selektionsbereich extrahierten Weltbilder werden innerhalb desselben passend sein, aber über den Selektionsbereich hinaus extrapoliert mit der größten Wahrscheinlichkeit falsch (Riedl, 1980, S. 73). Während in den Weltbild-Programmen keines Tieres der reine Unsinn enthalten sein kann (Thema Überleben), kann der Mensch ein Milieu sozialer Selbstverständlichkeiten und Tabus und in ihnen beliebige Konstruktionen über Zusammenhänge (Aberglauben!) wuchern lassen.

5. Zur gegenseitigen Beeinflussung von Erkennen und Erkanntem – Die Theorien des Veränderns und der Intervention

„(Wie) beeinflußt das sich ordnende Erkennen das sich ordnende Erkannte?"

Da KlientInnen in Beziehungen, Kontexten und „Realitäten" leben, die von anderen mitkonstruiert werden, teilweise im Konflikt zu ihren eigenen Konstruktionen stehen und verändert werden sollen, brauchten systemische TherapeutInnen Erklärungen und Theorien, wie Erkennen, Handeln und Verändern des Erkennens und Handelns im Leben miteinander gehandhabt und genützt werden können. Es geht um die Fragen der (mehr oder minder gezielten) Veränderung des Erkennens durch das Erkannte, des Erkannten durch das Erkennen bzw. um die Fragen der Veränderung durch das Kommunizieren des Erkannten und des Erkennens.

Die im folgenden zusammengefaßten Modelle weisen eine große Bandbreite auf und beziehen sich sowohl auf die gezielte Veränderung des Beobachters als auch des beobachteten Systems. Es gibt Positionen, die – fokussierend auf die Veränderung des beobachteten Systems – davon ausgehen, daß eine genaue Analyse der Funktionsweise eines Systems Voraussetzung für gezielte Intervention sei. Andere Auffassungen beziehen sich demgegenüber – sowohl auf das beobachtete System als auch auf den Beobachter ausgerichtet – auf eher unspezifische Verstörungen bzw. Verstärkungen systemimmanenter Fluktuationen.

5.1 Intervention als Musterbearbeitung

Die Frage der System-Umwelt-Relation wird in der Sprache der Synergetik über die Kontrollparameter formulierbar: „es handelt sich dabei um Größen innerhalb des Systems, deren kontinuierliche geringfügige Veränderung bei bestimmten Systemzuständen zu qualitativen Strukturänderungen in der Dynamik führen können (sog. Phasenübergänge)" (Kriz, 1997, S. 118). Ausgehend davon zeigen etwa „Symptome" nicht nur Dysfunktion auf, sie können auch als Vorboten eines Wechsels, einer Veränderung verstanden werden. Der Zufall rückt in seiner Unvorhersagbarkeit und Nutzbarkeit ins Zentrum der Aufmerksamkeit. Instabilität wird dem Gleichgewicht vorgezogen.

Selbstorganisation und Autonomie stehen nach Kriz keineswegs in prinzipiellem Widerspruch zu „Intervention" und „Planbarkeit". Das Konzept der „Trivialisierung" von Heinz von Foerster liefert laut Kriz ein gutes Beispiel dafür, wie Selbstorganisationskonzepte für das Verständnis von Dynamiken im humanwissenschaftlichen Bereich herangezogen werden können (zitiert in Kriz, 1997, S. 92). Es ist, wie schon gezeigt worden, schon bei viel einfacheren „Systemen" als Menschen oder Familien praktisch unmöglich, aus bestimmten „Input-Größen" die „Output-Größen" – d. h. irgendein Verhalten – vorherzusagen. Wäre jedoch das Verhalten der Mitmenschen gänzlich unvorhersehbar, „würden wir im kognitiven und interaktionellen Chaos zugrunde gehen. Gesellschaftliche Sozialisation dient gemäß Kriz (1997, S. 91) primär der Reduzierung von Alternativen. Über Trivialisierungen (Anm.: Komplexitätsreduktionen) wird Berechenbarkeit im kommunikativen Miteinander etabliert" (S. 92).

Ein solcher an sich selbst rückkoppelnder Prozeß kann Attraktoren (d. h. stabile Prozeß-Strukturen) entwickeln (in der Psychotherapie kann es vorkommen, daß KlientInnensysteme in einem allzu stabilen und reduzierenden Attraktor gefangen und damit das System zu stark trivialisiert, vorhersagbar und in seinen kreativen Möglichkeiten beschränkt ist). Handlungen werden in Familien oft weniger als „Anschluß" bzw. „adäquate Reaktion" auf von außen beobachtbare vorangegangene Handlungen verstanden, sondern vielmehr durch „innere Beobachter" in Form von Erwartungsstrukturen bestimmt. Handlungen des jeweils anderen werden gar nicht mehr differenziert wahrgenommen, sondern auf wenige Bedeutungskategorien reduziert. Reagiert wird nicht auf das, was gesagt wurde, sondern was dies (der eigenen Überzeugung nach) bedeutet (Kriz, 1997, S. 157f). Damit wird ein solches System auch unfähig, spontan auftretende Fluktuationen in den Handlungen zur Veränderung zu nutzen – denn diese werden durch die Deutungskategorien wieder nivelliert. Noch dazu ist ein großer Teil des Prozesses nicht so bewußt, daß darüber meta-kommuniziert werden könnte (S. 158).

Voraussetzung um sich einem, Komplexitätsreduktionen prinzipiell infragestellenden, neugierigen Reflektieren auf der Basis einer konstruktivistischen Haltung aussetzen zu können, ist die Schaffung geeigneter Rahmenbedingungen. An die Grenze des Explorierens und der konstruktivistischen Haltung stoßen TherapeutInnen und KlientInnen etwa dann, wenn die Notwendigkeit aufkommt, sich selbst oder andere zu schützen. Bedrohung macht Handlungsfähigkeit notwendig, deren Voraussetzung eine zumindest vorläufige Fixierung wahrgenommener Gestalten und Interdependenzen (Klassifizierung, Diagnose) sein kann (Klar & Wolf, 1995, S. 83).

Bezogen auf die systemische Praxis besteht Musterbearbeitung im therapeutischen Prozeß in der immer wieder neu durch KlientInnen und TherapeutInnen stattfindenden Beschreibung der Wahrnehmung von Zusammenhängen. Es ist hilfreich, wenn diese Beschreibung sich auf der Ebene der Hypothese vom Vergleich (Riedl, 1980, s. o.) bewegt und die Erklärungsebene (Hypothese von der Ursache und vom Zweck) nachordnet. Simplizität entsteht durch eine Beschreibung, die durch ihre Festschreibung einengt. Ein Begriff kann als integriertes Erfahrungswissen über definierte Zusammenhänge verstanden werden, die unter einem bestimmten Namen zusammengefaßt und als solches wieder abrufbar sind. Die Bedeutung wurde konsensuell festgelegt; der Prozeß der Bedeutungsbildung ist für den Augenblick abgeschlossen.

Begriffsbildung ist nur durch Integration verschiedener Sichtweisen über Zusammenhänge möglich. Integration bedeutet aber zugleich auch Komplexitätsreduktion, die unter bestimmten Bedingungen von Vorteil (z. B. wenn es um das Erlangen von Handlungsfähigkeit geht), unter anderen von Nachteil ist (etwa wenn Explorieren, Erfahren von Kontingenz, das Sammeln neuer Sichtweisen Ziel sein soll). Die Verdinglichung ist der am weitesten verbreitete Mechanismus zur Reduktion von Komplexität und Kategorisierung. Hier werden Prozesse und Phänomene durch Akte der Erkenntnis und Sprache zuerst erschaffen und dann faktisch als etwas „an-sich-Seiendes“ behandelt. (Im Gegensatz dazu kann unter der Haltung, die Einmaligkeit „der Welt“ erfahren zu wollen, sogar die Begegnung mit relativ zur menschlichen Veränderbarkeit und Lebensspanne konstanten Dingen (Beispiel: Stein) eher ein Prozeß werden, weil eben Wahrnehmung, Erkenntnis als Prozeß erfahrbar ist, der in Auseinandersetzung mit dem (relativ) konstanten „Gegenstand" veränderbare, neue, überraschende und kreative Aspekte bekommen kann) (Kriz, 1997, S. 137).

Typologische Diagnosen (im therapeutischen Bereich Metaphern, Geschichten, Konstrukte) sind demgegenüber Versuche einer Komplexitätsreduktion, die zu Annäherungen der möglichen typologischen „Passungen" führen können. Die Beschreibung von Zusammenhängen hat etwa bei einer Metapher vorläufigen Charakter. Alte Zusammenhänge werden mit neuen Worten beschrieben; die Bedeutungsgebung ist nicht abgeschlossen. Relevant ist nicht der Konsens, sondern die unterschiedlichen Sichtweisen der beteiligten Personen. Wenn Krankheitsbilder (die normalerweise begrifflich festgelegt sind) von systemischen Therapeuten wie Metaphern verwendet werden (Hinsch & Schörghofer, 1991), dann kommt die Begriffsbildung wieder in Gang; Unhinterfragtes wird wieder neu hinterfragt. Ein festgelegter Bedeutungszusammenhang wird wieder neu reflektierbar gemacht. Der Therapeut ist dann Anreger und Experte für das Zustandekommen einer Diagnoseoptimierung für Anwesende und Nichtanwesende.

Therapie kann damit als ein sich Bewegen im Feld geeigneter Komplexität gesehen werden. Es gibt systemische Methoden, die helfen, Komplexität zu reduzieren, ohne daß es zu einer Festlegung kommt, und andere, die dazu beitragen, Komplexität zu erweitern, ohne daß völlig Chaotisches hereinbricht. Viele systemische Methoden fördern eine Distanzierung von der Unmittelbarkeit der Prozesse des Erkennens und Kommunizierens und helfen eine Beobachterperspektive zu entwickeln, die Reflexion ermöglicht (Klar & Wolf, 1995, S. 83ff).

5.2 Intervention als Testung von Unterstellungen

Was tagtäglich und scheinbar völlig selbstverständlich zwischen psychischen und sozialen Systemen abläuft – nämlich Kommunikation – ist für den Systemtheoretiker Willke eigentlich etwas äußerst Unwahrscheinliches. Kommunikation setzt wechselseitiges „Verstehen" der mitgeteilten Informationen voraus. Jedes Verstehen ist notwendigerweise eine Operation des verstehenden Systems, also an dessen spezifische, innen-geleitete Operationsweise gebunden. Da für psychische und soziale Systeme Sinn die Ordnungsform ihrer Welten ist, impliziert die Entstehung eines neuen Systems in erster Linie „die Herstellung gleichsinniger und damit anschließbarer Kommunikationen" (Willke, 1987a, S. 49f). Nach der Auffassung Luhmanns (1984, S. 194ff) müssen stets drei verschiedene Selektionen zur Kongruenz gebracht werden, bevor Kommunikation entstehen kann: die Selektion einer Information, die Selektion einer Mitteilung dieser Information und das selektive Verstehen oder Mißverstehen dieser Mitteilung und ihrer Information. Keine der drei genannten Komponenten kann für sich alleine vorkommen, nur zusammen erzeugen sie Kommunikation.

Die selbstorganisierende und selbstreferentielle („autopoietische") Qualität sozialer Systeme läßt einfache Vorstellungen von Intervention und Strategie, von Implementation und Wirkung nicht sinnvoll erscheinen. Vor die einfache Frage: „Wie interveniere ich, wie therapiere ich?" ist die schwierigere Frage zu stellen: „Wie ist Intervention, wie ist Therapie möglich?" (Willke, 1983, S. 25) „Das intervenierte System gibt die Kriterien vor, unter denen es bereit ist, sich beeindrucken zu lassen" (Willke, 1987b, S. 334). Das Problem besteht darin, daß komplexe Systeme auf die Veränderung vieler Systemparameter bemerkenswert gering reagieren: hier sind Interventionen weitgehend bedeutungslos. Allerdings reagieren sie stark auf einige wenige Parameter oder Strukturveränderungen. Die Kunst der Intervention besteht nach Willke darin, „mittels geeigneter Instrumente die empfindlichen und kritischen Parameter und Prozesse eines Systems ausfindig zu machen" (Willke, 1983, S. 28). Sie muß sich die Frage stellen, was der Funktionszusammenhang eines Systems sei (S. 29), was seine Oberflächenprozesse steuert, was die basale Zirkularität des Systems ist und die Bedingungen seiner optimalen Integration (S. 35).

Jede Beeinflussung eines psychischen oder sozialen Systems setzt voraus, „daß Umweltereignisse als perzipierte Differenzen auf den Bahnen des Regelwerks der Selbststeuerung dieses Systems prozessiert werden". „Um bleibende Veränderungen zu bewirken, müssen die aus diesen Differenzen intern gewonnenen Informationen Veränderungen dieses Regelwerkes induzieren, ohne dabei den Zusammenhang des Regelwerkes als Netzwerk der Autopoiese des Systems zu zerstören" (Willke, 1987c, S. 113). Während „Codes" (als leitende Handlungsschemata, Leitdifferenzen eines Systems) nicht verändert werden können, ist dies bei „Programmen" (Formen, in welchen der jeweilige Code abgearbeitet werden kann) möglich. Eingriffe in die Codierung gefährden die Autopoiese, mithin die Existenz des Systems. Über die Beeinflussung von Programmen aber können veränderte Gewichtungen in der Operationsweise des Codes induziert werden" (S. 114).

In diesen Auffassungen Willkes über Intervention scheinen Systeme objektiv vorhanden und durch einen beobachtenden Experten analysierbar zu sein. Im Zusammenhang mit der Frage der Diagnose zeigt sich jedoch, daß auch er von der Meinung Maturanas ausgeht, daß die Logik der Beobachtung (und der aus der Beobachtung folgenden Beschreibung) die Logik des beobachtenden Systems und seiner kognitiven Struktur ist (Maturana, 1982, S. 64, in Willke, 1987c, S. 94).

Das intervenierende System kann nicht wirklich wissen, was die Kriterien sind, unter denen das intervenierte System bereit ist, sich beeindrucken zu lassen. „Bei der Frage nach der Möglichkeit therapeutischer Beobachtung geht er von der Nullhypothese einer „black-box-Interaktion“ zwischen beobachtendem und beobachtetem System aus (Willke, 1987c, S. 96ff). Das bedeutet, daß die Interaktion zwischen TherapeutIn und KlientInnen auf der Grundlage wechselseitiger Intransparenz abläuft. Hinzu kommt, daß das Bewußtsein als psychisches System nicht nur für andere, sondern auch für sich selbst weitgehend unzugänglich ist. Die Undurchdringlichkeit des anderen Bewußtseins kann beobachtet werden, weil auch das eigene Bewußtsein als intransparent erfahren wird. Voraussetzung ist die Fähigkeit, mit Unterstellungen arbeiten zu können.

Zwischen den beiden für sich wechselseitig intransparenten black boxes passiert über Interaktion der Aufbau einer dritten black box (therapeutisches System), welche die bisherigen beiden einschließt. „Das Innere der (Anm.: dieser) black box wird ‚weiß‘, weil Interaktionen rekursiv voraussetzen und bewirken, daß jedes teilnehmende System das andere beobachten und Hypothesen über dessen Operationsweise bilden muß. ... Es kommt schließlich zu wechselseitigen vorläufigen Beschreibungen, ... welche solange Geltung haben, wie sie das Verhalten des jeweils beobachteten und beschriebenen Systems brauchbar erklären können“ (Willke, 1987c, S. 107).

Willke meint, das besondere Geschick von Interventionsexperten bestünde darin, „ihre Diagnosen tatsächlich als präsumptive Konstruktionen zu behandeln und auf bestimmte Anzeichen hin zu revidieren – und dies so lange, bis sich jene besondere Qualität einer wechselseitig akzeptablen und brauchbaren Systemdiagnose herauskristallisiert, welche die Eigen-Operationen dieses Systems bezeichnet und generiert“ (Willke, 1987c, S. 109). Kommunikative Verständigung kann dabei auf Konsens zulaufen, noch mehr aber auf Dissens: „die iterative Annäherung aufeinander bezogener Fremdbeschreibungen oder Diagnosen wird über Negationen und Dissens prozessiert: indem ein Akteur oder System beobachtet, daß seine Beschreibung eines anderen Systems nicht paßt oder akzeptiert wird, sieht er sich zu Korrekturen und weiteren Tests veranlaßt" (S. 109). Der Vorteil externer Beobachter liegt darin, mittels alternativer Vorstellungen möglicher Selbstbeschreibungen der Organisation deren Operationsweise zu beobachten, „also dem Wirklichen das Mögliche gegenüberzustellen und aus dieser Differenz Informationen für Veränderungen abzuleiten" (S. 349). Die Kunst des Therapeuten besteht darin, „die bloße Gewalt des Dissenses produktiv zu wenden", also auf der Basis eines prinzipiellen Rahmenkonsenses über die Beschreibung des therapeutischen Systems insgesamt, über Dissens Veränderungsprozesse in Gang zu setzen (S. 111).

5.3 Intervention als Verstörung

Interaktion findet statt, wenn Individuen zusammentreffen und sich dabei wechselseitig strukturelle Veränderungen auslösen. „Durch Wiederholung oder Rekurrenz kommt es allmählich zur strukturellen Koppelung" (Ludewig, 1992, S. 72). Dabei nähern sich die sinnlichen (sensuellen) Strukturen zunehmend an, bilden also Bereiche der Konsensualität. Dieser Prozeß endet, wenn es zu Strukturveränderungen kommt, die den konsensuellen Bereich überschreiten und so keinen Anschluß ermöglichen.

Alle Lebewesen können ihr Verhalten mit dem anderer prinzipiell koordinieren – Maturana nennt das „primäre Verhaltenskoordination" und sieht darin ein Wesensmerkmal der biologischen Struktur. Wenn in menschlicher Interaktion neue Möglichkeiten erprobt werden, öffnet sich nach Ludewig zusätzlich ein Bereich der Verhaltenskoordination zweiter Ordnung: das „Linguieren". Dieses Phänomen tritt auf, „sofern im konsensuellen Miteinander durch Laute, Gesten usw. eine Form der Verhaltenskoordination (Sprachverhalten) entsteht, die sich auf andere Verhaltenskoordination bezieht und diese steuert oder gar ersetzt" (Ludewig, 1992, S. 73). Lebewesen sind grundsätzlich nicht instruierbar, sondern allenfalls „verstörbar". Sie lassen sich heteronom nicht bestimmen, doch sind sie durchaus beeinflußbar, wenn der „Einfluß" ihrer aktuellen Struktur entspricht.

Wer die Eigenart eines Lebewesens (oder einer Spezies) und seiner Umwelt kennt, kann erwünschte Verhaltensweisen „auslösen"; er stimmt die Funktionsweisen des Lebewesens und seiner Umwelt aufeinander ab, verstört das Lebewesen und veranlaßt es, in einen anderen Zustand überzugehen (S. 70). Es gibt somit keine instruktive Interaktion, Informationen können nicht direkt ins Gehirn anderer implantiert werden, sondern Informationsaufnahme koppelt mehr an dem bereits Gewußtem des Empfängers an als an die Information, die (neu) übermittelt werden sollte.

Varela (1979, S. 276) bezieht sich auf den konversationellen Bereich und spricht von einer Epistemologie der Partizipation, von einer Gemeinschaft der BeobachterInnen anstatt nur von einem Beobachter/einer Beobachterin. V. Foerster meint, daß alles Gesagte zu jemanden gesagt wird (1993, S. 85). Der/die BeobachterIn konstruiert eine Beschreibung, benützt Sprache, um die Beobachtung jemanden mitzuteilen, und es ist in diesem Prozeß möglich, daß andere ähnliche Reliefs wahrnehmen und die eigenen Wahrnehmungen bestätigen. Wahrnehmen und gemeinsam Entwickeln, Übereinstimmen und gemeinsam Suchen läßt Erkennen im Prozeß entstehen. Die Beschreibung einer gegebenen Anordnung von Gegenständen und andererseits das Anordnen gewisser Dinge entsprechend bestimmter Beschreibungen werden in einem rekursiven Zusammenhang gesehen. Erkennen im Foersterschen Sinn ist also einerseits die Beschreibung in einer gegebenen Anordnung (z. B. Schilderung des Problems) und andererseits die Beschreibung von Konsequenzen bestimmter Beschreibungen. Es ist prinzipiell möglich, Sprachen zu entwickeln, die besser zu den jeweiligen Umwelten passen, mehr an Ordnung einschließen oder die Umwelten in passenderer Weise verändern (v. Foerster, 1993, S. 168).

5.4 Intervention als Dialog

Laut Efran (1986, S. 82) repräsentieren die Begriffe „Änderung“ und „Zweck“, genauso wie „Ursache“ und „Wirkung“ nur Teilbeschreibungen von Ereignissen und Handlungen, aber nicht die Ereignisse oder Handlungen selbst. Erst im Rückblick kann etwas im Vergleich mit etwas anderem als Änderung gesehen werden. „Änderung ist eine schwer faßbare Abstraktion – eine Abgrenzung oder eine zusammenfassende Feststellung, die nur auf der Ebene der Sprache existiert“ (S. 83). Efran lädt KlientInnen ein, eine andere Sprache für ihre Beobachtungen zu entwickeln. „Der ganze Prozeß (der Therapie) ist schlicht eine Sache des Sehens, Beschreibens, Benennens“ (S. 85).

Für Sozialkonstruktionisten bedeuten Probleme, die in die Therapie führen, Knoten in der Kommunikations(fähigkeit) mit sich oder anderen zu haben. Ideen, Überzeugungen, Handlungen können nicht Ausdruck finden bzw. verstanden, eingeordnet, in den Dialog eingebracht werden. Ziel ist die Auflösung („dissolving“) dessen, was Bedenken bereitet. TherapeutIn und KlientInnen begeben sich auf die Suche, relevante Sprachen und Dialoge zu finden, Zugang zu Traditionen und Geschichten anderer zu bekommen. Sie treten miteinander in einen lokalen Diskurs. Die TherapeutIn sucht Anschluß an die relevanten Themen der KlientInnen, an deren

Überzeugungen und Werte und steigt in ihre Geschichten ein. Durch ihre Neugierde und ihr Interesse an dem, was die KlientInnen bewegt, lädt sie die KlientInnen zu einem neuen Dialog über für sie Relevantes ein.

TherapeutIn und KlientInnen überlegen, welche Themen wie und mit wem besprochen werden können/sollen, damit die Besorgnis sich erübrigen kann. Dazu kann es notwendig sein, nur mit dem Klienten/der Klientin gemeinsam nachzudenken oder mehrere am Problem Beteiligte zum gemeinsamen Gespräch einzuladen. Ziel ist es, eine Version, eine gemeinsame Geschichte entstehen zu lassen, in der jede Stimme ihren Platz erhält. Die sozialkonstruktionistisch orientierte TherapeutIn ist somit ExpertIn im Führen von Konversationen, in denen KlientInnen für sich Kohärenz mit der eigenen Geschichte und mit den Geschichten der für sie relevanten Anderen finden können.

5.5 Intervention als Förderung marginaler Diskurse

Die Familientherapeutin Goldner (1988) meinte, daß Familiensystemtheorien neben Alter und Hierarchie auch das Geschlecht in die grundlegendsten Analysen, wie Familien funktionieren, aufnehmen sollten. Sheinberg (1993, S. 25) betont, daß TherapeutInnen darauf vorbereitet sein müßten, zu stereotypen Erwartungen um das Thema Geschlecht, die in ungleichen Rechten und Privilegien für Männer und Frauen münden, Stellung zu beziehen (siehe auch der Übersichtsartikel von Gutmann und Feierfeil [1991] zum Thema Feminismus und Familientherapie).

FeministInnen argumentieren, daß nicht nur das, was wir wahrnehmen, denken und glauben, von unseren epistemologischen Perspektiven beeinflußt ist, sondern daß die Perspektiven selbst von höchst spezifischen soziopolitischen Bedingungen geformt sind. Es geht nicht nur um Geschlechterdifferenzen, sondern es werden gewohnte Denkweisen und Annahmen hinter diesen gewohnten Denkweisen grundsätzlich in Frage gestellt. Der gesellschaftlichen Debatte zugrundeliegende Werte, die die Therapie als Disziplin prägen und die Ziele der TherapeutInnen mitformen, gilt es herauszufinden und kritisch zu beleuchten (z. B. Cushmann, 1990; Christopher, 1996). Die Betrachtung eröffnet den Blick für unhinterfragte Annahmen über die Beziehung zwischen Mann und Frau und darüber hinaus auch für andere Beziehungsgestaltungen (Rollenstereotypien, Denken in Minoritäten und Majoritäten, Behinderungen usw.).

Die feministische Herausforderung besteht darin, die dominanten Diskurse einer Gesellschaft, einer Wissenschaft, einer Familie, eines Klienten, einer Klientin zu betrachten und auch die marginalen Stimmen der am

Problemsystem Beteiligten zu (be)merken, ihnen Gehör zu verschaffen und ihnen Platz zu geben. Es gilt, die Machtstrukturen, die dominanten und marginalen Diskurse zu erfassen und einzubeziehen: in die Stunden mit Klientenfamilien und in die Theorie und Praxis der systemischen Therapie.

In neueren feministischen Arbeiten (z. B. Braidotti, 1996) werden die Fokussierung auf Abgrenzung und Protest gegen die dominanten Diskurse, die Definition durch die Differenz zum anderen überwunden, und eigenständige, den dominanten Betrachtungsweisen nebengestellte weibliche Betrachtungsweisen entwickelt. Diese konstituieren sich nicht primär aus dem Vergleich mit männlichen Diskursen, sondern stellen das eigentlich Weibliche in seinem „Wesentlichen" in den Mittelpunkt.

6. Zusammenfassung

In diesem Kapitel wurden einige der wichtigsten und pointiertesten Antworten auf die Frage, wie TherapeutInnen und KlientInnen erkennen und davon ausgehend Veränderungen initiieren können, skizziert. Es zeigt sich, daß Erkennen nur möglich ist in Bezug auf in der Welt und in der eigenen Person wahrgenommene Ordnungen. Andererseits prägen die wahrgenommen Ordnungen das Erkennen. Erkennen ist Komplexitätsreduktion und schafft über Komplexitätsreduktion Ordnung. Erkennen kann aber zugleich nur an bereits vor-erkannte Komplexitätsreduktionen (Ordnungen) anschließen. Im vorliegenden Erkenntnismodell sind das erkennende Subjekt, das zu erkennende Objekt und das Erkennen als Prozeß untrennbar verknüpft.

Der *Konstruktivismus* – in welcher Form auch immer – weist darauf hin, daß alles Erkennen vom Beobachter/von der Beobachterin abhängig ist, daß der jeweilige Beobachtungsstandpunkt das Erkannte prägt und der/die Beobachtende immer Bestandteil der Beschreibung bleibt.

Die *evolutionäre Erkenntnistheorie* gibt Antworten auf die Frage, mittels welchen Hypothesen und Algorithmen der Prozeß des Erkennens und der Begriffsbildung (bzw. die Entwicklung der Erkenntnismechanismen im Lauf der Evolution) erfolgt (ist).

Der *soziale Konstruktionismus* hilft zu verstehen, daß sich Erkennen über Diskurs in sozialen Kontexten ereignet und daß daraus keine letzten Begründungszusammenhänge oder Wahrheiten, sondern nur Geschichten abgeleitet werden können.

Die *feministische Perspektive* macht darauf aufmerksam, daß es in diesen kulturellen, sozial vermittelten Welten dominante und marginale Diskurse gibt, die es mit zu bedenken gilt.

Die Beschäftigung mit Erfahrungen und Perspektiven, die sich zu Problemen verfestigt haben, und die Suche nach Veränderung derselben, verlangt nach Theorien darüber, wie eingeengte Erfahrungen und Perspektiven wieder aufgelöst werden und neue Sichtweisen entstehen können. Der Schwerpunkt für PraktikerInnen liegt hierbei nicht primär auf der Frage des Erkennens, sondern der Veränderbarkeit. Dazu liefern Ansätze, wie die Theorie der *Selbstorganisation*, die *Systemtheorie* und die *Synergetik* wesentliche Hilfestellungen. Durch kontextuelles Denken und die Verschiebbarkeit von Interpunktionen entstehen Interventionsmöglichkeiten, die einerseits eingeengte Verstehens-, Verhaltens- und Beziehungsmuster erweitern, andererseits geeignete Komplexitätsreduktionen (Metaphern, Geschichten) generieren helfen, an die kommunikativ angeschlossen werden kann.

Lösungsorientierte und narrative Ansätze in der systemischen Therapie

Gerhard Walter

Systemische Therapie folgt dem Anspruch, Theorien darüber zu entwickeln, wie Menschen in sozialen Systemen gemeinsam ihre Wirklichkeit erzeugen, wie sie jene kognitiven und emotionellen Grundlagen entwickeln, die ihr Denken, Fühlen und Handeln bestimmen. Vor allem aber will sie eine Praxis entwickeln, die Menschen dabei hilft, daß diese Wirklichkeiten eine für die Beteiligten befriedigendere Form annehmen können. Diese Entwicklungen in Theorie und Praxis der systemischen Therapie erfolgen stürmisch und rasant. Das Eindringen neuer erkenntnistheoretischer Ideen läßt sich als ein Übergang von modernem zu postmodernem Denken im Sinne Gergens (1996) beschreiben. Es läßt sich auch als Übergang zu einer Kybernetik 2. Ordnung beschreiben, die der Rolle des Beobachters im Prozeß des Erkennens zentrale Bedeutung beimißt und in enger Verbindung mit konstruktivistischen Erkenntnistheorien steht.

Lag in den 70er und frühen 80er Jahren der Schwerpunkt der Therapie auf dem Erkennen und Verstehen der gegenwärtigen Situation der Familie, mit dem Ziel der Korrektur von dysfunktionalen Mustern und Prozessen („Struktur-Prozeß-Modell“, Reiter 1996), wird systemische Therapie nun zunehmend als Dialog, Konversation oder Reflexion verstanden und von der Vorstellung abgegangen, menschliche Systeme könnten durch Interventionen zielgerichtet verändert werden.

Am Schnittpunkt dieses Überganges stand das Modell des Mailänder Teams. Dem „Struktur-Prozeß-Modell“ verpflichtet, kann dieser Ansatz doch als Vorläufer der im folgenden entwickelten Formen systemischer Therapie gesehen werden, da er durchaus konstruktivistische Elemente enthält.

Im Zuge der konstruktivistischen Wende im gesamten Feld orientierten sich systemische TherapeutInnen immer stärker an sogenannten lösungsorientierten und narrativen Ansätzen.

Es sind dies jene Ansätze, die gegenwärtig Theorie und Praxis der systemischen Therapie weitgehend bestimmen.

Dieses Kapitel wird sich daher mit den Leitideen, praktischen Vorgangsweisen und Implikationen für die Therapie bei folgenden Ansätzen beschäftigen:

1. Lösungsorientierte Kurzzeittherapie
2. Narrative Ansätze: Therapie als Konversation zur Auflösung eines Problemsystems
   Therapie als Reflexionsprozeß
   Therapie als Hervorbringung alternativer Geschichten

1. Lösungsorientierte Kurzzeittherapie

a) Leitideen

Seit Mitte der siebziger Jahre wurde von Steve de Shazer, Insoo Kim Berg und dem Team des „Brief Family Therapy Center“ (BFTC) in Milwaukee, USA, eine bestimmte Art des lösungsorientierten Vorgehens in Therapien entwickelt, das rasch große Verbreitung unter systemischen TherapeutInnen fand. Als Wurzeln dieses lösungsorientierten und kurztherapeutischen Stils kann die Arbeit des Hypnotherapeuten Milton Erickson gesehen werden, der schon in den fünfziger Jahren wesentliche Techniken der Kurztherapie beschrieb (de Shazer, 1989). Erickson entwickelte im Laufe seines Lebens eine Fülle kreativer Ideen zum Finden und Erfinden von Lösungen (z. B. Erickson & Rossi, 1981). Sein Werk beeinflußte maßgeblich die Therapeuten des „Mental research institute“ (MRI), wie z. B. Paul Watzlawick, John Weakland, Jay Haley und andere. Ihr Vorgehen zielte vor allem darauf ab, solche Lösungsversuche zu beenden, die das problematische Muster aufrechterhalten (Watzlawick et al., 1974).

De Shazer und das BFTC entwickelten einen lösungsorientierten und kurztherapeutischen Stil, der einerseits in der Tradition Milton Ericksons stand, andererseits von den Therapeuten des MRI befruchtet wurde und auf konstruktivistischen und poststrukturalistischen Erkenntnistheorien gründete (de Shazer, 1988, 1990).

Vor diesem Hintergrund folgt die Arbeitsweise konsequent einer Leitidee: Wenn es nicht möglich ist, irgendeine Wirklichkeit „hinter dem Gesagten“ zu erkennen, wird es sinnvoll sein, das zum Inhalt unserer therapeutischen Gespräche zu machen, worum es unseren Klienten und uns TherapeutInnen letztendlich geht – wir werden über Lösungen sprechen. Da auch die Annahme, Lösungen hätten irgendetwas mit Problemen zu tun, keinen Anspruch auf Gültigkeit haben kann, ist es auch nicht sinnvoll, über die präsentierten Probleme zu Lösungen zu kommen (de Shazer et al., 1986). Vielmehr geht es darum, den üblichen „problem talk“ in Therapien zu überwinden und den „solution talk“ zu ermöglichen: „Problem talk creates problems, solution talk creates solutions“ (de Shazer, 1989).

De Shazer dazu an einer anderen Stelle: „Pragmatisch gesehen, sollte das Hin und Her der Bedeutung, das von Therapeut und Klient entwickelt wird, auf ein Ziel gerichtet sein: nicht darauf, herauszufinden, was richtig oder wahr ist, sondern was für den Klienten hilfreich ist, eine Lösung zu konstruieren, die wert ist, beibehalten zu werden“ (de Shazer, 1990, S. 147). Der Kern der Kurztherapie besteht für de Shazer darin, das, was die Klienten mitbringen, nutzbar zu machen und ihnen zu helfen, es so einzusetzen, daß sie ihr Leben aus eigener Kraft befriedigender gestalten können (de Shazer et al., 1986).

De Shazer versteht den therapeutischen Prozeß als Hantieren mit zusammenhängenden, aber unterscheidbaren Sprachspielen im Sinne Wittgensteins (Wittgenstein, 1984).

Sprachspiele sind in dem Sinn vollständig, daß „du hast, was du hast, und mehr gibt es nicht“. Man muß nicht hinter sich oder rundherum schauen, da alles Nötige bereits verfügbar und sichtbar ist, nichts ist verborgen. Und da die Erfahrung lehrt, daß die Zukunft der Vergangenheit gleichen wird, sollte die Zukunft nach einer Therapie der erfolgreichen Lösung gleichen und so der Anfang eines neuen Lebens sein (de Shazer, 1990).

Das therapeutische System ist auf seine frühestmögliche Beendigung angelegt: „Alles was der Therapeut und der Klient wirklich wissen müssen ist im Grunde das, woran für beide erkenntlich wird, daß das Problem gelöst ist“ (de Shazer et al., 1986, S. 186).

b) Praktische Vorgangsweisen

Setting:

Gearbeitet wird mit den Personen, die im Raum sind; es gibt keine Notwendigkeit, weitere Personen als die Anwesenden einzuladen. Der Ablauf der Sitzungen ist äußerst strukturiert und ähnelt dem Vorgehen der Mailänder Gruppe: Ein Team beobachtet das Gespräch durch die Einwegscheibe, das Interview wird unterbrochen, das Team plant einen Schlußkommentar, meist verbunden mit einer Aufgabe. Diese Botschaft wird den Klienten nach der Pause mitgeteilt.

Es finden wenige Sitzungen statt (im Durchschnitt 4,2), das zeitliche Intervall zwischen den Sitzungen wird davon abhängig gemacht, was die Klienten in dieser Zeit „erledigen“ können (de Shazer, 1986).

Methodische Schwerpunkte:

- ***Einführung in die Arbeitsweise***

Den Klienten wird genau erklärt, was sie in der Therapie erwartet. Es wird damit vom ersten Moment an vermittelt, daß Klienten als „Kunden“ – das meint Kundige – gesehen werden, die sich für eine bestimmte Form einer unterstützenden Dienstleistung entschieden haben.

- ***Die Frage nach Veränderungen vor Therapiebeginn***

Bei vielen Klienten treten Veränderungen in der Zeit zwischen ihrer Anmeldung zur Therapie und dem ersten Gesprächstermin auf. Gezieltes Herausarbeiten dieser Veränderungen kann als Grundlage für mögliche Lösungen genützt werden.

- ***Fragen nach Ausnahmen***

Klienten fokussieren ihr Erleben und ihre Wahrnehmungen stark auf Probleme sowie auf mögliche Ursachen und Zusammenhänge dieser Probleme mit anderen Lebensumständen. In ihren Beschreibungen nimmt dieser Aspekt oft den größten Raum ein. Fragen nach Ausnahmen vom Problem wie z. B. „Wann, wo, wie oft, wie lange ist das Problem nicht aufgetreten“ oder „Wie ist es Ihnen gelungen, das Problem nicht auftreten zu lassen“, geben Raum für die oftmals verschüttete Erfahrung von Gelingen, Kompetenz und Lösungsmöglichkeiten im Leben der Klienten und sind die entscheidende Basis zur Entwicklung geeigneter Lösungen in der Therapie.

- ***Zielorientierung***

Die Festsetzung konkreter Ziele ist erforderlich, wenn man den Nutzen einer Therapie für den Klienten messen will. Konkrete Ziele helfen aber vor allem auch dabei, die Erwartung zu stärken, daß sich wirklich etwas verändern wird.

Lösungen und Lösungsansätze können eben nicht nur aus der Erfahrung der Klienten entwickelt werden, sondern werden auch „konstruiert“. Die Frage: „Nehmen Sie an, über Nacht passiert ein Wunder, und Ihr Problem ist verschwunden, wer würde das als erster bemerken und woran?“, gibt Klienten Raum, Lösungen freier zu erfinden und sich nicht gleich für die Realisierung dieser Lösungen verantwortlich fühlen zu müssen. Sie kann auch dabei helfen, zu sehen, daß die phantasierten Veränderungen nach dem Wunder durchaus im Bereich des „Menschenmöglichen" liegen bzw. teilweise auch jetzt schon realisiert sind. Diese als *Wunderfrage* bekannt gewordene Technik bietet auch die Möglichkeit, sehr konkret über Veränderungsziele zu sprechen („Was würden Sie als erstes anders machen, was danach") und über die Einbettung dieser Ziele in einen sozialen Kontext („Wer würde das noch bemerken, woran, wer wäre am meisten überrascht davon, wie würden andere darauf reagieren", etc.).

- ***Komplimente***
Abschlußkommentare werden immer mit anerkennenden und wertschätzenden Formulierungen in Bezug auf die von KlientInnen präsentierten Fähigkeiten bzw. erwähnten Lösungsansätze eröffnet. Damit wird zum Schluß der Sitzung noch einmal betont, worauf die Therapeuten den Fokus ihrer Gespräche richten, nämlich auf Ressourcen, Fähigkeiten und Lösungen oder Lösungsansätze.

- ***Aufgaben***
Für die Entwicklung von lösungsrelevanten Aufgaben, die den KlientInnen im Rahmen des Abschlußkommentares mitgeteilt werden, ist eine Unterscheidung in bezug auf die Art der Beziehung zwischen TherapeutInnen und KlientInnen maßgeblich. So werden sogenannten **Besuchern** (visitors) – gemeint sind KlientInnen, die weder ausdrücklich Beschwerden äußern, noch Veränderungsaufträge geben – im Abschlußkommentar ausschließlich Komplimente mitgegeben.

Für sogenannte **Klagende** (complainants) – Klienten, die zwar Beschwerden oder Probleme äußern, aber die Beziehung zur TherapeutIn nicht als für Veränderungen relevant definieren – werden Beobachtungsaufgaben entwickelt (z. B.: „Beobachten Sie bis zum nächsten Mal genau, was in Ihrem Leben sich auf keinen Fall verändern soll", oder „Ich möchte, daß Sie bis zum nächsten Mal beobachten, in welchen Situationen das Problem nicht auftritt").

Für sogenannte **Kunden** (customers) – Klienten, die von der Therapie Hilfe für Veränderung erhoffen – werden Verhaltensaufgaben entwickelt (z. B. „Bevor Sie das nächste Mal zu streiten beginnen, begeben Sie sich gemeinsam in die Küche", oder „Werfen Sie jeden Tag morgens eine Münze – je nachdem ob Kopf oder Zahl kommt, verhalten Sie sich an diesem Tag in der problematischen Situation genau wie immer oder so, als ob das Problem schon gelöst wäre").

Die Arbeit de Shazers und des BFTC hat breite Nachahmung gefunden und kreative Weiterentwicklung erfahren. Zu erwähnen ist der für seine ausgesprochen originellen und konsequent ressourcenorientierten Interventionen bekannte finnische Therapeut Ben Furman (Furman & Ahola, 1995) sowie der Erfinder der „Single session therapy", M. Talmon, der sich zu der radikalsten kurztherapeutischen Vorgangsweise bekennt: Telefonkontakt – eine Sitzung – telefonische Nachuntersuchung (Talmon, 1990).

Gegenwärtig läßt sich ein Trend erkennen, bei dem lösungsorientierte Ideen stärker mit therapeutischen Haltungen wie Anerkennung, Zuhören, Neugier und Reflexion verbunden werden. John Walter und Jane Peller stellen diese Kombination von narrativen und lösungsorientierten Vorgangsweisen dar (Walter & Peller, 1996).

c) Implikationen für die therapeutische Arbeit

Steve de Shazer, Insoo Berg und das Milwaukee Team haben einen Ansatz entwickelt, der durch seinen eleganten, kurzen, effektiven und zielführenden Stil besticht. Es ist dies eine Vorgangsweise, die konsequent auf aktuellen postmodernen und sprachphilosophischen Überlegungen gründet. Die minimalistische Sparsamkeit in der Themenauswahl und in der Interventionstechnik sowie die Kürze der gesamten Therapie entsprechen nicht unbedingt dem persönlichen Stil jedes Therapeuten/jeder Therapeutin. Die Beschränkung auf Ziel und Lösung wird von vielen auch als Verarmung erlebt, der uneingeschränkte Pragmatismus als Ausdruck einer auf die Spitze getriebenen „Amerikanisierung" von Therapie, und es wird angezweifelt, ob dieser Stil ohne weiteres in einen anderen kulturellen Kontext übernommen werden kann (Ahlers et al., 1991). Aber ist nicht gerade dieser Pragmatismus Ausdruck einer Haltung von großem Respekt gegenüber Klienten (Kunden!), einer Haltung, die sich in ihrer Bescheidenheit nicht hinter großartigen und dennoch immer fragwürdig bleibenden psychologischen und metapsychologischen, biologischen oder sonstigen Theorien verschanzt?

2. Narrative Ansätze

In dem Ausmaß, in dem konstruktivistische und poststrukturalistische – hier wieder insbesondere dekonstruktivistische Erkenntnistheorien – Eingang in Theorie und Praxis systemischer TherapeutInnen fanden, verlagerte sich das Interesse von Strukturen und Verhalten in familiären Systemen immer mehr zum Interesse an Ideen (Hoffman, 1996), an Bedeutungen (Goolishian & Anderson, 1988) und Geschichten (Sluzki, 1992). Demnach beruht unser soziales Leben auf Beschreibungen, die den Rahmen bilden, in dem wir uns unserer selbst und der anderen bewußt werden, Prioritäten setzen, Pflichten und Rechte beanspruchen oder ablehnen, Ereignisse zeitlich einordnen, etc. (Gergen, 1982). Es beruht auch auf Beschreibungen von Ereignissen, Ideen, Gefühlen, Geschichten und Erfahrungen; und eben diese Beschreibungen bilden das, was wir Realität nennen (Hoffman, 1996). Beschreibungen – *narrative Strukturen* – sind semantische Systeme, die eine Handlung („was"), Personen („wer") und einen Rahmen („wo und wann") enthalten. Die Bedeutungen dieser Komponenten der Erzählung sind gesteuert vom Wertesystem (Thema) der Geschichte. Dabei werden alternative Interpretationen wirkungsvoll abgeblockt (Gergen & Gergen, 1986). Aufgrund dieses rekursiven systemischen Zusammenwirkens geht jede nicht-triviale Änderung des Inhaltes der Geschichte mit Änderungen der Handlung, der Personen, des Rahmens und des Themas einher und verändert sich mit der Lebenserfahrung (Sluzki, 1992) bzw. verändert die Lebenserfahrung.

Im Rahmen des narrativen Ansatzes haben sich verschiedene therapeutische Richtungen herausgebildet.

2.1 Therapie als Auflösung eines Problemsystems

a) Leitideen

Es ist vor allem eine neue Auffassung von Systemen und von Therapie als System, die dieser Richtung zugrunde liegt. Im Verständnis von Harry Goolishian und Harlene Anderson sind menschliche Systeme sprach- und bedeutungserzeugende Systeme. Soziale Organisation ist daher eher das Produkt sozialer Kommunikation, als daß Kommunikation das Produkt von Organisation wäre (Goolishian & Anderson, 1988). Erzeugen bestimmte Systeme problematische Bedeutungen, kann man von sogenannten Problemsystemen sprechen. Probleme entstehen also nach dieser Auffassung im Rahmen einer bestimmten, problemerzeugenden Kommunikation mit sich selbst (individuelles System) oder mit anderen.

Das sich um die problemerzeugende Kommunikation organisierende System wird als *„problemdeterminiertes System"* oder kürzer als *Problemsystem* bezeichnet (Anderson et al., 1986). Dieses Problemsystem wird also durch alle Personen gebildet, die sich des Problems annehmen;

insofern ist natürlich auch der Therapeut Teil des Problemsystems. Ludewig (1992) spricht beim Hinzukommen einer KlinikerIn von einem „klinischen System".

In der Therapie geht es darum, ein dialogisches Gespräch zustande zu bringen und aufrecht zu halten, in dem ständig neue Bedeutungen entstehen, die auf die Auflösung des Problemsystems hinwirken (Goolishian & Anderson, 1988). Erst unter diesen Voraussetzungen kann man – wieder nach Ludewig – von einem therapeutischen System sprechen.

Ludewig ist es gelungen, eine Konzeption des Problemsystems zu entwickeln, die die biologischen Systemtheorien des Neurobiologen Humberto Maturana und die soziologischen Systemtheorien des Soziologen Luhmann integriert. Demnach sind Systeme kognitive Konstrukte (also nicht Modelle objektiver Sachverhalte). Nach diesem Verständnis bildet sich das Problemsystem nicht mehr aus Individuen, sondern aus Mitgliedern „einer Sequenz kommunikativer Interaktionen" (Ludewig, 1992). Ziel der Therapie ist es dann, die kommunikativen Mitgliedschaften am Problemsystem zu verändern und damit die „Problemkommunikation" aufzulösen.

b) Praktische Vorgangsweisen

Setting

Wenn gilt, daß nicht soziale Systeme Probleme erzeugen, sondern Problemsysteme sich rund um die Problemkommunikation bilden, liegt es nahe, von früheren Vorstellungen abzugehen, wonach es in die Kompetenz der Therapeutin fiel zu entscheiden, wer an der Therapie teilnehmen soll. Auch die Notwendigkeit der Teilnahme aller Familienmitglieder ist dann nicht mehr gegeben. Ebenso ist jede Informationsgewinnung vor Beginn der Therapie irrelevant.

Die Therapeutin beteiligt sich an der Konversation jener, die mit ihr das therapeutische System bilden – und zwar so lange, bis sich dieses System auflöst. Goolishian und Anderson weisen ausdrücklich darauf hin, daß in der Therapie eben nicht Probleme gelöst werden, sondern Problemsysteme aufgelöst werden. Themen, Ablauf und Dauer der Therapie werden als offener Prozeß betrachtet, über den das therapeutische System miteinander in Dialog tritt.

Methodische Schwerpunkte

Der Therapeut ist ein *teilnehmender Beobachter.* Er ist Mitglied des Beobachtersystems. Als solcher befindet er sich in einer gleichberechtigten und nicht hierarchisch höheren Funktion als die anderen Teilnehmer am Gespräch. Somit befindet er sich – bezüglich des Wissens um Lösungen oder psychologische und soziologische Konzepte über die Natur des Menschen – nicht in einer Expertenposition. Insofern nimmt er aktiv die Haltung des „*Nichtwissens*“ und der „grenzenlosen Neugier“ ein. Diese Position ist gekennzeichnet durch Respekt, Bescheidenheit und Gegenseitigkeit (Goolishian & Anderson,1988).

Der Therapeut ist ein *teilnehmender Manager* des Gespräches. Insofern bestehen seine Aufgaben darin, einen Raum für sozialen Austausch herzustellen, der den Kommunikationsfluß öffnet, so daß die Möglichkeit einer Veränderung sowohl für den Klienten als auch für den Therapeuten maximiert wird. Der Therapeut ist ein „Künstler des Gespräches“. Die Kunst besteht darin, ein dialogisches Gespräch in Fluß zu bringen, in dem mit mehreren Sichtweisen gleichzeitig gearbeitet wird. Diese Haltung ist mehr als Neutralität – sie bedeutet ein Parteiergreifen für alle Seiten. Die Therapeutin ist aber auch bereit und offen, dem Raum zu geben, was im Verständnis von Anderson und Goolishian eine „unendliche Ressource“ darstellt: dem *noch nicht Gesagten* (Goolishian & Anderson, 1988).

Der Therapeut muß mit seinen Fragen innerhalb des Problemraumes bleiben, den der Klient beschreibt, und zwar in einer Weise, die die Möglichkeiten für neue Bedeutungen erweitert. Dazu muß er Fragen stellen, deren Antworten weitere Fragen nach sich ziehen. Er bedient sich einer kooperativen Sprache, d. h. er muß die Sprache der Klienten erlernen.

Der Therapeut muß mit sich selbst ein dialogisches Gespräch führen. Er sollte – ebenso wie die anderen Mitglieder des Problemsystems – bereit sein, sich selbst zu verändern.

c) Implikationen für die therapeutische Arbeit

Anderson und Goolishian sprechen davon, daß es eine große Herausforderung für Theorie und Praxis von Therapie darstellt, davon auszugehen, daß menschliche Systeme in einem Reich der Sprache existieren, in einer Welt der Bedeutungen, des Verstehens und der Darstellung. Diese Sichtweise und die sich daraus ergebenden Folgerungen widersprechen zum Teil radikal den gängigen soziologischen und psychologischen Theorien und den darauf basierenden therapeutischen Praktiken, in denen Interaktionen Bedeutungen zugeschrieben werden und in denen Systeme und Ideen als Objekte betrachtet werden (Goolishian & Anderson, 1988).

Die Position des Nichtwissens ist heute in den meisten politischen, gesellschaftlichen und wissenschaftlichen Kontexten noch immer ein Wagnis. Therapeuten als erzählende Künstler, die sich im Problemsystem als Miterfinder neuer Geschichten betätigen, gibt es allerdings in immer größerer Zahl (Rössler, 1996). Die Faszination, die von diesen Ideen und dieser Praxis für systemische TherapeutInnen ausgehen, erscheint verständlich. Nie zuvor wurde systemisches Denken und radikal-konstruktivistische Erkenntnistheorie in einer derart radikalen Weise thematisiert und praktiziert. Der Ansatz spricht über Psychotherapie in einer Art und Weise, die großen Freiraum für TherapeutInnen eröffnet. Vieles wird möglich, und vieles, was ohnehin in Therapien geschieht, erhält einen attraktiven theoretischen Überbau.

Weiters zeichnet sich der Ansatz durch eine ethische Position aus, die viele TherapeutInnen anspricht: Respekt, Bescheidenheit, Neugier und Vertrauen in die Ressourcen von Klienten und in die Ressourcen des gleichberechtigten Dialoges sind Haltungen, die sich mit der Professionalität erfahrener TherapeutInnen gut verbinden.

Andererseits liegt gerade in der Allgemeinheit der Beschreibungen dieses therapeutischen Ansatzes eine Tendenz zur Unverbindlichkeit und Ungreifbarkeit. Geht es TherapeutInnen nämlich eher darum, aus den Beschreibungen eines therapeutischen Ansatzes Handwerkszeug, Richtlinien und konkrete Vorgangsweisen für ihre Arbeit zu entnehmen, werden sie sich bei dieser Art, Therapie zu konzeptualisieren, schwer tun. Insofern steht dieser Ansatz in krassem Gegensatz zum lösungsorientierten Ansatz Steve de Shazers: Wird dort die klare methodische Vorgangsweise manchmal als beengend empfunden, stellt sich hier oftmals die Frage, was TherapeutInnen nun konkret tun sollen.

2.2 Therapie als Reflexionsprozeß

a) Leitideen

Der therapeutische Ansatz des norwegischen Psychiaters und Therapeuten Tom Andersen ist als „Reflecting Team“ (Andersen, 1990) weltweit bekannt geworden. Sein zentrales Bemühen gilt der Herstellung eines gleichrangigen Dialogs zwischen TherapeutInnen und KlientInnen. Aus der Tradition des „Mailänder Modells“ kommend, war Andersen vertraut mit der Praxis der Interventionsplanung durch ExpertInnen hinter der Einwegscheibe. Im Zuge der konstruktivistischen Wende im gesamten Feld fand er eine Möglichkeit, die Expertenkommentare, die oft als ein „entweder-oder“ erlebt wurden („Wir als Experten sagen nun, wie es ist“) zu einem zusätzlichen Statement („zusätzlich zu dem, was die Klienten gesehen haben, sahen wir das") werden zu lassen. In diesem Zusammenhang entstand die Idee des „öffentlichen Sprechens". Was die Therapeuten zu sagen haben, sind Meinungen unter anderen, und sollten den Klienten als zusätzliche Information zugänglich gemacht werden. Dieses Vorgehen stellte eine spektakuläre Neuerung im gesamten Feld dar und wurde von Andersen und seinem Team zunächst nur zögernd in die Tat umgesetzt – zu groß war die Angst, KlientInnen zu verletzen, indem man alles öffentlich machte, was man sich „wirklich" dachte (Andersen, 1991). Schließlich wurde der Versuch doch gewagt, und es wurde vom Team rund um Tom Andersen als überraschend einfach erlebt, zu sprechen, ohne negativ zu konnotieren.

Durch dieses neue Vorgehen war der Weg dafür geebnet, unterschiedliche Ideen über das im therapeutischen Gespräch Gehörte auszutauschen und damit immer besser zu erkennen, daß jedes Ereignis unterschiedlich beschrieben und verstanden werden kann – abhängig von den Perspektiven, die als Basis für Verstehen und Beschreiben herangezogen werden.

In der Folge wurde auch dem Rhythmus zwischen Sprechen und Zuhören besondere Beachtung geschenkt. Andersen unterscheidet in diesem Zusammenhang zwischen einem „äußeren" Dialog, an dem der Teilnehmer durch sein Sprechen beteiligt ist, und einem „inneren" Dialog, der sich beim Zuhören ereignet. Dieser Wechsel vom äußeren zum inneren Dialog wird als „reflektierender Prozeß" bezeichnet (Andersen, 1991).

Auf der Grundlage der Konzeptualisierung von Therapie als problemdeterminiertem System (Anderson et al., 1986) entwickeln sich im therapeutischen Gespräch Themen. Diese Themen können von den KlientInnen, vom Therapeuten oder vom reflektierenden Team vorgeschlagen werden. Das Sprechen über bestimmte Themen wird von Andersen allerdings nicht nur als kognitive „Information" verstanden, sondern vielmehr auch als körperliche Aktivität (einatmen, sich anspannen, durch einen Luftstrom die Worte formen) und als „Loslassen von Emotionen". Dieser ganzheitliche Prozeß des „sich Ausdrückens" ist deshalb weit mehr als bloße Information – es ist auch Formung („Formation"). Klienten sollten daher so lange sprechen können, wie sie wollen, weil dieser Prozeß des Sprechens sowohl informierend als auch formierend ist (Andersen, 1991).

Wenn dieser Ansatz oftmals als „Technik" des Reflecting Teams mißverstanden wurde, so steht dies im Gegensatz zu Andersens Intentionen. Vielmehr geht er davon aus, daß alles, was wir in der Therapie miteinander tun oder zueinander sagen, in erster Linie ein Beitrag zur Gestaltung und Umgestaltung von Beziehung ist. Im Mittelpunkt sollte daher die

Frage stehen: „Paßt die Methode zu der Beziehung, die ich mit meinen Klienten aufbauen möchte?" (Andersen, 1991).

b) Praktische Vorgangsweisen

Setting

Das als „öffentliches Sprechen" gedachte „reflecting team" ist so organisiert, daß zuerst einer der Therapeuten mit den Klienten (das können Einzelpersonen, Paare, Familien sein) spricht, während das Team diesem Gespräch hinter dem Einwegspiegel folgt. Nach einiger Zeit bietet entweder das Team hinter dem Spiegel an, über seine Ideen zu sprechen oder die Klienten bzw. der Therapeut fragen nach den Ideen des Teams. Das Team tauscht dann seine Ideen über das Gehörte aus, während die Klienten und der Therapeut zuhören. Danach sprechen die Klienten mit dem Therapeuten über ihre Gedanken, die beim Zuhören entstanden sind (Andersen, 1987). Dieser Wechsel von der „Interviewebene" zur „Reflexionsebene" kann mehrmals während einer therapeutischen Sitzung erfolgen.

Später verstand Andersen seinen therapeutischen Ansatz immer mehr als „reflektierenden Prozeß", womit er den Wechsel zwischen Sprechen und Zuhören meint. Aus diesem Verständnis heraus lassen sich viele Wege finden, diesen Prozeß zu organisieren – der Einsatz eines Teams sowie eines Einwegspiegels sind nur zwei davon. Es bleibt der Kreativität der TherapeutInnen überlassen, abwechselnd zuhörende und sprechende Positionen zu ermöglichen. Beispielsweise könnte die Therapeutin ihren während des Zuhörens entstandenen „inneren Dialog" öffentlich machen.

Wer an den therapeutischen Gesprächen teilnimmt, ob die KlientInnen wiederkommen werden und in welchem Abstand, wird im therapeutischen System gemeinsam beschlossen.

Methodische Schwerpunkte

Soll sich die Themenauswahl aus dem therapeutischen System entwickeln, sind bestimmte Fragestellungen nützlich. So wird vorgeschlagen, die KlientInnen am Beginn der Sitzung zu fragen:

- Wie ist es zu diesem Treffen gekommen?
- Wer hatte als erster die Idee, zu diesem Treffen zu kommen?
- Wie haben die anderen auf diese Idee reagiert, als sie davon hörten?
- Wie wollen Sie dieses Treffen nutzen?

Den Antworten der am Gespräch am meisten Interessierten sollte besondere Beachtung geschenkt werden, da sie den Rahmen für die Konversation abstecken. Hier könnte weiter gefragt werden: „Welche Form sollte dieses Treffen haben?", und „Worüber möchten Sie heute sprechen?"

Nachdem sich bestimmte Themen entwickelt haben, kann es nützlich sein, danach zu fragen, mit wem die KlientInnen über dieses Thema noch gesprochen haben, bzw. mit wem sie gerne darüber reden würden. Diesem Aspekt wird deswegen große Bedeutung zugemessen, da dieses Sprechen mit mehreren, für die Klienten in dem Zusammenhang relevanten Personen, am ehesten das Finden neuer Beschreibungen und Sichtweisen ermöglicht.

Für das Reflektierende Team haben sich einige *Grundregeln* als nützlich erwiesen:

- Das Reflektieren sollte tatsächlich öffentliches Sprechen sein; interne Diskussionen des Teams während des Interviews würden wieder eine „geheime Ebene" einführen.
- Die Reflexionsrunde sollte mit anerkennenden und wertschätzenden Beschreibungen begonnen werden.
- Das Gesagte sollte aufeinander bezogen sein; einander innerhalb des Teams gegenseitig Fragen zu stellen, ist dabei oft sinnvoll. Die einzelnen Wortmeldungen sollten nicht zu lange gehalten sein und keineswegs als absolute Wahrheiten formuliert werden. Die Beschreibungen sollten „sowohl als auch"-Sichtweisen einführen und nicht einer „entweder-oder"-Logik folgen.
- Die Aussagen sollten als mögliche und niemals „tatsächliche" Beschreibungen formuliert werden und Neugier und Ungewißheit ausdrücken („mich würde interessieren ...", „könnte es sein, daß ...", etc.).
- Positive Formulierungen sollten negativen Beschreibungen vorgezogen werden.
- Die TherapeutInnen des Teams können auch ihre persönlichen Erfahrungen mitteilen.
- Aussagen sollten sich auf das im Interview Gesagte beziehen und nicht Spekulationen enthalten, die nicht unmittelbar mit dem Interview zusammenhängen.
- Sobald der Prozeß der Reflexion nichts Neues mehr erbringt, sollte er mit der Frage: „Es würde mich interessieren, was die Klienten darüber denken?" abgeschlossen werden.

Die Ideen Tom Andersens haben unter systemischen TherapeutInnen international weite Verbreitung gefunden. Eine Variation stellt beispielsweise das von Reiter und einem Team des Wiener Institutes für Ehe- und Familientherapie entwickelte „Fokussierende Team" (Reiter, 1991) dar. Dabei beschränkt sich das reflektierende Team auf zwei Personen, und die

KlientenInnen werden eingeladen, die Themen der Reflexion selbst auszuwählen („Fokus“).

c) Implikationen für die therapeutische Praxis

Die enorm große Verbreitung, die dieser Ansatz im gesamten Feld der systemischen TherapeutInnen gefunden hat, erklärt sich auch durch die methodisch relativ strukturierte Vorgehensweise, die einerseits Handwerkszeug für die therapeutischen Arbeit bietet und andererseits als konsequente Umsetzung konstruktivistischer Ideen in der Therapie gesehen wird.

Erleichternd für TherapeutInnen ist sicherlich auch der (nicht nur theoretisch) möglich gewordene Verzicht auf ExpertInnenpositionen. In der praktischen therapeutischen Arbeit wird bei dieser Vorgehensweise für KlientInnen und TherapeutInnen spürbar, daß die Meinungen und (Vor)Urteile der TherapeutIn eben auch nur Meinungen unter anderen sind. Damit wird Druck von der TherapeutIn genommen, und den KlientInnen wird Mitverantwortung für ihre Sichtweisen und Lösungen zurückgegeben. Im Sich-Beziehen auf jene Themen, die von KlientInnen als besprechbar definiert werden, liegt Respekt vor der Ernsthaftigkeit und dem Erwachsensein der KlientInnen, der Ausdruck einer zentralen therapeutischen Ethik ist (Friedlmayer 1996). Der Verzicht auf Expertentum, das „Sich-Eingliedern“ in ein System von gleichberechtigten „Bedeutungserzeugern“ mag andererseits auch ungewohnt und verunsichernd für TherapeutInnen sein und einige Übung und Erfahrung erfordern.

2.3 Therapie als Hervorbringung alternativer Geschichten

a) Leitideen

Die Arbeit der beiden Therapeuten und Autoren Michael White aus Adelaide in Australien und David Epston aus Neuseeland hat in den letzten Jahren international großes Aufsehen erregt und ist mittlerweile zu einer wesentlichen Richtung innerhalb der narrativen Ansätze in der systemischen Therapie geworden. Im Mittelpunkt ihrer Arbeit steht die Bedeutung von Geschichten für das Leben der KlientInnen.

Angeregt durch die Ideen Batesons und Bruners beschäftigte sich White mit der sozialwissenschaftlich verstandenen Form der „interpretativen Methode“. Dabei geht es um jene Prozesse, mittels derer wir „der Welt einen Sinn geben", da wir die objektive Realität nicht kennen können und somit das gesamte Wissen einer Interpretation bedarf (White & Epston, 1990). Diese Interpretationen – also Aussagen, die einen Sinn postulieren – finden in einem Bereich statt, den man als unseren interpretativen Rahmen bezeichnen kann und der durch unsere Landkarten oder Analogien bzw. die Geschichten, die wir über uns und die Welt erzählen, abgesteckt ist.

In dem Bemühen, seinem Leben einen Sinn zu geben, sieht sich der Mensch vor die Aufgabe gestellt, seine Wahrnehmung von Ereignissen, von „gelebter Erfahrung" in eine zeitliche Abfolge zu bringen, sodaß er einen kohärenten Bericht über sich und seine Umwelt erhält. Spezielle Erfahrungen von Ereignissen in der Vergangenheit und Gegenwart und solchen, die für die Zukunft vorausgesagt werden, müssen für einen solchen Bericht linear verbunden werden (White & Epston, 1990). Man kann diesen Bericht nach Gergen als eine Geschichte oder Erzählung über sich selbst bezeichnen (Gergen & Gergen, 1984). Auf diese Art und Weise verleihen Menschen ihrem Leben die Erfahrung von Kontinuität und Bedeutung, mit deren Hilfe sie Alltag organisieren und zukünftige Erfahrung interpretieren, und so werden ihre Erfahrungen von eben diesen Geschichten geformt.

Diese Geschichten sind literarischen Texten vergleichbar (Textanalogie). Demnach ließe sich die Beziehung zwischen Klienten und ihren „Texten" mit der von Autoren und Lesern vergleichen; damit ergibt sich auch ein neues Verständnis für die Art und Weise, wie Menschen ihr Leben nach bestimmten Geschichten über ihre Probleme ausrichten.

Die zentrale Frage in der Therapie wird dann sein: „Welchen Geschichten erlaubst du dein Leben zu regieren?" (White, 1989). Es wird um die Frage gehen, nach welchen Bedeutungen im Rahmen welcher Geschichten, Menschen unabsichtlich zum Überleben des Problems beitragen (White, 1986a).

White schlägt die Idee des *Externalisierens* von Problemen als einen Mechanismus vor, der den Familienmitgliedern und somit der ganzen Familie hilft, sich von „problembefrachteten" Beschreibungen ihres Lebens und ihrer Beziehungen zu lösen (White & Epston, 1990). Dabei versucht der Therapeut, als bedrückend empfundene Probleme zu objektivieren und manchmal auch zu personifizieren. Während dieses Prozesses verselbständigt sich das Problem und löst sich damit von den Menschen oder den Beziehungen, die als Problem beschrieben wurden, ab.

In seinen Überlegungen, auf welche Weise bestimmte Geschichten Macht im Leben von Klienten erlangen, stützt sich White auf Arbeiten des

Philosophen Foucault. Demnach sind wir der „Macht“ aufgrund „normierender Wahrheiten“ unterworfen, die unser Leben und unsere Beziehungen formen (Foucault, 1980). So wird im Prozeß der Gesellschaftsentwicklung die Gültigkeit dominierender Wahrheiten herausgebildet und damit Macht erzeugt; Macht auch darüber, nach welchen Normierungen und Wertgebungen individuelle Geschichten erzählt werden. Dabei wird alternatives Wissen unterdrückt, Wissen, das einen zusätzlichen oder neuen Beitrag zum Verstehen bestimmter Zusammenhänge und Sachverhalte bereitstellen könnte.

Ähnliches ereignet sich auch in der Entwicklung des „Textes“, der für das Wissen von Individuen und Familien gültig ist: alternatives Wissen, konkret Wissen um Ressourcen, um andere Aspekte gelebter Erfahrung, die dabei helfen könnten, nicht mehr mit dem Problem zu „kooperieren“, sind verschüttet, unterdrückt und können damit zur Neuorientierung nicht nutzbar gemacht werden. In der Therapie wird es daher wichtig sein, Raum zu öffnen für dieses verschüttete Wissen, für alternative Geschichten, für die Befreiung von problembelasteten dominanten Geschichten. Dies kann nur in kleinen Schritten gelingen; dann nämlich, wenn die TherapeutIn explizit nach Ereignissen fragt, die sich mit der dominanten Geschichte nicht in Einklang bringen lassen (Fragen nach „einmaligen Ereignisfolgen“).

Man kann das erfolgreiche Ergebnis einer Therapie daran erkennen, daß Klienten ermöglicht wurde, neue Geschichten über ihr Leben zu erzählen; Geschichten, die ihr Leben weniger problembestimmt, freier und glücklicher machen. Die Aufgabe der TherapeutIn besteht darin, bei der Hervorbringung alternativer Geschichten unterstützend zu wirken.

b) Praktische Vorgangsweisen

Setting

Die Arbeit Whites und Epstons beschäftigt sich in erster Linie mit inhaltlichen Fragen der Therapie. Die Grundprinzipien ihres Denkens und ihrer therapeutischen Praxis sind nicht an bestimmte Klientenkonstellationen gebunden. So wurde in diesem Ansatz ein breites Repertoire an möglichen Fragen und Methoden entwickelt, die sich sowohl für Einzelsitzungen als auch für Sitzungen mit mehreren Personen eignen.

Eine Besonderheit stellt die Abfassung von Briefen und schriftlichen Texten im Rahmen der Therapie dar. Die Schriftform wird als wesentliche Hilfe angesehen, wenn es darum geht, Dokumente des Erfolges (Urkunden etc.), Einladungen an Klienten, Kommentare und Sichtweisen in der Therapie zum Ausdruck zu bringen (White & Epston, 1990).

Methodische Schwerpunkte

- **Externalisieren**

Die TherapeutIn bemüht sich darum, Klient und Problem voneinander zu trennen und den Einfluß, den das Problem auf den Klienten ausübt, bzw. den Einfluß, den der Klient auf das Problem hat, zu erforschen. Dieses Vorgehen kann den Betroffenen auf vielfache Weise nützen:

- Beendigung unproduktiver Diskussionen über Schuld und Ursachen von Problemen
- Abschwächung des Gefühles von Versagen angesichts der vergeblichen Lösungsversuche
- Möglichkeiten einer neuen Zusammenarbeit aller Beteiligten: der Kampf gilt nun dem Problem, und es geht darum sich zusammenzuschließen
- Eröffnung neuer Möglichkeiten, das Leben und die Beziehungen aktiv vom Problem und dessen Einfluß auf alle Beteiligten zu befreien.

White schlägt folgende Schritte zur Externalisierung vor:

- Bestimmung des zu externalisierenden Problems und Trennung von Person und Problem. Fragen könnten sein: „Haben Sie einen Namen für das Problem?“ „Seit wann begleitet Sie das Problem schon?“ „Wie würden Sie das Problem metaphorisch beschreiben, zeichnen etc.?“
- Erforschung des relativen Einflusses des Problems auf die KlientInnen. Einige Fragen dazu sind: „Wie beeinflußt das Problem Ihren Mann, wenn es darum geht, gewisse Dinge im Haushalt zu reparieren?“ „Wie beeinflußt das Problem Ihre Art und Weise, wie Sie in der Familie miteinander umgehen?“ „Wie beeinflußt das Problem Ihr Denken über die Zukunft?“
- Erforschung des relativen Einflusses der KlientInnen auf das Problem. Dazu passen Fragen wie: „Wann ist es Ihnen das letzte Mal gelungen, sich nicht vom Problem beeinflussen zu lassen?“ „Wie erklären Sie sich das?“ „Wann hat es das Problem zuletzt nicht geschafft, Ihnen zu vermitteln, daß Sie eine schlechte Mutter sind?“ „Konnten Sie schon einmal die Einladung des Problems, sich als Opfer zu fühlen, ausschlagen?“
- Die Ausnahmen therapeutisch bedeutsam machen. Fragen könnten sein: „Was sagt Ihnen das über Ihre Fähigkeiten, daß es Ihnen immer wieder einmal gelungen ist, dem Problem zu entkommen?“ „Was be-

deutet es für Ihre Zukunft, immer öfter die Erfahrung zu machen, nicht mit dem Problem kooperieren zu müssen?"

- **Entwicklung alternativer Lebensgeschichten**
  Für die Bemühung, Klienten dabei zu helfen, alternative Geschichten zu entwickeln, schlägt White wiederum bestimmte Schritte vor. Konnten im Rahmen der Externalisierung sogenannte „einmalige Ereignisse" oder einmalige Ereignisfolgen („unique outcomes") erarbeitet werden – also solche Ereignisse, die für die Familie ein „Rätsel" darstellen und im Widerspruch zur dominanten Geschichte stehen – so können diese nun als Basis zur Entwicklung alternativer Lebensgeschichten genutzt werden. Dazu ist es nützlich:

- Das einmalige Ereignis in den Rahmen eines „Ereignismusters" zu stellen, das sich von der dominanten Geschichte unterscheidet und damit die Grundlage für eine „einmalige Interpretation" darstellt. Fragen dazu wären z. B.: „Können Sie sich vorstellen, warum meine Kollegen diese Leistung als Wendepunkt betrachten?" „Wenn dieses Ereignis tatsächlich einen Wendepunkt in Ihrem Leben darstellt, in welche Richtung geht dann der Kurs?"
- Aus diesen „einmaligen Interpretationen" einmalige Neubeschreibungen des Selbst, der Anderen und der Beziehungen abzuleiten und somit alternative Geschichten zu entwickeln. Fragen dazu könnten sein: „Was sagen Ihnen diese gelungenen Bemühungen, nicht mit dem Problem zu kooperieren, über Sie selbst, über das Bild, das andere über Sie haben?" „Was ändert dieses neue Selbstbild daran, wie Sie sich selbst als Person behandeln, wie Sie auf andere zugehen, wie Sie auf andere wirken?"
- Aus den alternativen Geschichten Möglichkeiten für die Zukunft abzuleiten. Dazu dienen Fragen wie: „Wie wird es sich auf Ihre Zukunftspläne auswirken, daß Ihnen dieses neue Bild Ihrer Beziehung gefällt und bestimmender in ihrem Leben wird?" „Wie wird sich Ihr neues Selbstverständnis in ihrer Beziehung zu John auswirken?"

c) Implikationen für die therapeutische Arbeit

Michael White und David Epston haben einen Ansatz entwickelt, der viele Vorzüge systemischen, konstruktivistischen und narrativen Denkens vereint. Für TherapeutInnen, die sich auf diesen Ansatz einlassen, wird nun wieder die Beschäftigung mit Geschichte und Geschichten möglich – auch vor dem Hintergrund eines systemischen Weltbildes, ja gerade innerhalb dieser systemisch-konstruktivistischen Denkweise. Es wird erfahrbar, daß eben diese konstruktivistischen Ideen einen völlig neuen, für die Therapie äußerst effektiven Zugang zu der altehrwürdigen Beschäftigung mit Biographien in der Therapie ermöglichen – einen Zugang, der sowohl für Klienten, als auch für ihre TherapeutInnen, ausgesprochen befreiend sein kann.

Vielleicht werden TherapeutInnen auch etwas „Uneuropäisches“ entdecken: jene optimistische Haltung der TherapeutIn, die gänzlich unbelastet von Vorstellungen ist, wonach KlientInnen ihrer Veränderung und der Lösung ihrer Probleme ambivalent gegenüberstehen könnten.

Gesundheit und Krankheit aus systemischer Sicht

Harry Merl

Einleitung

Die Definition von Gesundheit bzw. Krankheit, unter dem Aspekt der psychosozialen Medizin (Heim, 1986, S. 286) lautet:

„Im Zustand der Gesundheit befinden sich die biologischen und psychologischen Systeme eines Individuum in einem harmonischen Gleichgewicht, das auch den Austausch mit den ökologischen Systemen (physikalisch, biologisch, psychisch und sozial) gewährleistet. Das gesunde Individuum verfügt über Reserven und Ressourcen („Potential"), die es ihm erlauben, ein gestörtes Gleichgewicht innerhalb der erwähnten Systeme wieder herzustellen.

Dem ausgeglichenen Gleichgewichtszustand dieser Systeme steht ein gestörter gegenüber, der dann als Krankheit zu bezeichnen ist, wenn notwendige Funktionen nicht mehr erbracht werden können und/oder bestimmte Strukturen in ihrer Integrität geschädigt sind."

Damit wird mit Gesundheit ein dynamisches Gleichgewicht beschrieben, das in jedem Augenblick jedes Menschen aufrecht erhalten werden muß, bzw. durch Rückgriff auf Reserven und Ressourcen, d. h. Ausnützen der „Potentials", kompensiert werden muß. Dies ist ein autonomes autopoietisches Geschehen des Organismus mit der Tendenz zu optimaler Energieregulation. Da er und seine Umwelt sich fortlaufend verändern, muß dieses Gleichgewicht auch den Veränderungen folgen, d. h. vom Organismus durch die Fähigkeit zur Anpassung sowohl an seine eigene Entwicklung als auch an die Veränderung seiner Umwelt erhalten bleiben. Krankheit bedeutet dann das Verlorengehen der Fähigkeit, dieses Gleichgewicht aufrechtzuerhalten, auch, weil das Potential nicht (mehr) ausreicht. Das führt dann zur mehr oder weniger ausgedehnten Beschränkung, das Leben den eigenen Fähigkeiten, Möglichkeiten und Lebensalter gemäß zu meistern.

Sowohl Gesundheit als auch Krankheit sind individuell-organismische und als solche vom Betroffenen wahrnehm- und von außen beobachtbare Zustände. Das erwähnte Wechselspiel und die daraus entstehende Wechselwirkung mit den ökologischen Systemen wird nur sehr allmählich als Faktor der Erhaltung von Gesundheit bzw. Entstehung von Krankheit beschrieben und für die Diagnose bzw. Behandlung herangezogen, am ehesten bei Erkrankungen, deren Ausdruck und Genese offensichtlich mit diesem Wechselspiel zu tun haben, z. B. für den körperlichen Bereich Berufserkrankungen oder Erkrankungen im Zusammenhang mit Umwelteinflüssen, für den psychischen Bereich Erkrankungen, die mit Schock, Gewalt, etc. (s. u.) zu tun haben. In solchen Fällen wird dieser Einfluß meist als „Ursache" angesehen, wie dies unserer Denktradition d. h. auch der der Medizin entspricht, wobei bei entsprechend massivem Einfluß dieser Eindruck entstehen kann[1]. Tatsächlich geht es aber nicht um die „Verursachung", sondern um den Anteil jedes Systems am Wechselspiel der Entstehung und Aufrechterhaltung eines Krankheitszustands, d. h. dem „Bedingungsgewicht in den verschiedenen Systemen"[2], das System „Organismus" eingeschlossen, in dessen Verlauf es „Krankheit" entwickelt.

Dabei geht es für die folgenden Überlegungen besonders um die Bedeutung sozialer Systeme für die Erhaltung und Wiederherstellung von Gesundheit und Krankheit, in der Hoffnung, daß es möglich ist, bei Krankheit durch Veränderung dieses Anteils am Bedingungsgewicht von diesem Bereich aus zur Besserung bis Wiederherstellung von Gesundheit Einfluß nehmen zu können. Das ist das Anliegen systemischer Therapie. Da Therapie immer in Hinblick auf eine Diagnose erfolgen sollte, die aber bisher nur den individuell erlebten und vom Behandler wahrgenommenen Zustand „Krankheit" kennzeichnet und es eine Unzahl von Krankheiten gibt, stellt sich für die systemische Therapie auch die Frage, ob und wie spezielle systemische Einflüsse im Zusammenhang mit speziellen Erkrankungen stehen und in weiterer Folge die nach einer systemischen Diagnostik, um entsprechend behandeln zu können.[3] Um Antworten darauf zu bekommen, sind einige Bereiche genauer zu untersuchen.

---

1 Einen guten Eindruck vom systemischen Wechselspiel bei Gewalt gegenüber Frauen und Kindern vermittelt eine Untersuchung von Löw & Fröschl, 1992.

2 ... in Analogie zum „Synapsengewicht" der Neurophysiologie (Spitzer, S. 21ff).

3 Daß es gravierende Einflüsse gibt, wird bereits „offiziell" zunehmend wahrgenommen, nicht nur wenn es um Fragen physikalischer Umwelteinflüsse geht, sondern auch um soziale Einflüsse, etwa im Fall von „Mobbing".

1. Soziale Systeme als Ökosysteme

Ökologie ist die Lehre von den Bedingungen des Zusammen-Lebens unter Nutzung des Austauschs und der vorhandenen und gemeinsam geschaffenen Ressourcen. Öko-System bezeichnet die Organisation des Zusammen-Lebens in nicht flüchtigen Beziehungen. Bei sozialen Systemen handelt es sich um Öko-Systeme im vertrautesten Sinn, d. h. solche, die sich aus Menschen zusammensetzen, durch deren jeweilige Funktion in ihnen, d. h. durch deren Einstellungen und daraus folgendem Verhalten sie Mitglieder des Systems sind und diesen Systemen Bestand, Eigenart und Entwicklung ermöglichen. Damit gleichzeitig trachten Menschen auch, ihren Lebensbedarf zu decken und erlernen dabei die notwendigen und dem jeweiligen System entsprechenden Strategien für diese Bedarfsdeckung im Umgang mit sich selbst und den anderen.

Soziale Systeme ent- und bestehen und entwickeln sich durch den Austausch von Informationen[4] = Kommunikation, durch den Existenz, Entwicklung und Systemfunktion des einzelnen bzw. Existenz und Entwicklung des Systems und seine Rückwirkung auf den einzelnen in ihrer Spezifität und Qualität bestimmt werden. Daher geht es bei jedem Systemmitglied als Person und in seiner jeweiligen Funktion besonders um die Deckung des informationsökologischen Bedarfs, d. h. um die Zufuhr von *für Existenz und Entwicklung in Gesundheit zuträglichen Informationen*, durch welche die *Lebensqualität im System* für ihn bestimmt wird. Solche Informationen werden über die Psyche aufgenommen und wirken persönlich unmittelbar fühl- und von außen beobachtbar in ihr und über sie auf den Organismus und fördern und regeln die Energien des Organismus in spürbarer Weise. Sie geben Hoffnung und ermutigen zu experimentierendem Handeln und damit zu Veränderung. Es sind dies Informationen, die oft in komplexen vor allem zeitlichen komplexen Mustern vermittelt werden, aber deren Wirkung auf den Organismus das Entscheidende ist[5]. Sie müssen grundsätzlich eindeutig sein und Anerkennung, Zuneigung, aber

4 Information ist ein Zeichen, das dadurch, daß ihm Bedeutung verliehen wird, wirksam wird. Die Spezifität der Wirkung versetzt den, der die Bedeutung gibt, in eine bestimmte energetische „Form". Unter diesem Aspekt ist jede Information pragmatische Information.

5 Diese persönliche, eigentlich biologische Zuträglichkeit ist das letztlich Entscheidende, das in der systemischen Therapie zuwenig Beachtung gefunden hat. Die Wirkung eines „guten Wortes" auf den Organismus sollte angesichts des deutlichen Effekts z. B. biochemisch untersucht werden.

auch Zutrauen von Verantwortung, Vermittlung von Regeln und Grenzen, etc. vermitteln[6].

Bsp.: Eine junge Frau war von Kindheit an gewohnt, daß ihr Wert für andere in widerspruchslosem Leisten besteht, und floh daher aus ihrer Beziehung, weil sie ihren Wert für ihren Partner nicht erkennen konnte, Sie hatte von ihren Besuchen bei ihm eine Einladung zur Rückkehr erhofft, eröffnet ihm aber schließlich in der Therapie, erschöpft und deprimiert, daß sie nicht wisse, ob ihm ihre Anwesenheit überhaupt erwünscht sei, da er sie erst dann zu bleiben bitte, wenn vorher die kleine Tochter sie dazu aufgefordert hat. Er lade sie nicht schon vorher dazu ein.

Unter diesem Gesichtspunkt sind bestimmte soziale Systeme von besonderer Bedeutung:

An erster Stelle die Familie, der wegen ihrer hohen ökologischen Bedeutung für Existenz, Wachstum und Entwicklung zweifellos der höchste Stellenwert zukommt, geht es doch hier um die Deckung intimsten Bedarfs im Zusammenleben verschiedener Generationen. Die Deckung dieses Bedarfs steuert die Entwicklung und lehrt gleichzeitig die Grundfähigkeiten, d. h. Werte, Normen und Strategien für das Zusammenleben auch in anderen Bereichen, und ist für die Erhaltung von Gesundheit in Autonomie bzw. das Entstehen von Krankheit in allen Bereichen von Bedeutung. Weiters bedeutsam sind alle Systeme, in denen ein Mensch im Laufe seines Alltags normalerweise eingebunden ist und einen Großteil der außerfamiliären Zeit verlebt, z. B., die Ausbildungs- und Berufssysteme, Peersysteme der Freizeit und Nachbarschaft als das unmittelbare Umfeld der Familie.

Was jemand *als Person* d. h. als spezieller Mensch für sich und *in seiner Funktion* in den verschiedenen Systemen d. h. durch Abhängigkeiten, welche Wichtigkeit vermitteln, und Verpflichtungen – insbes. Loyalitäten –, deren gute Erfüllung man bestätigt oder wenigstens bestätigt zu erhalten hofft, an zuträglichen Informationen entsprechend seiner Lebensphase und -situation bekommt, ergibt den ökologischen Nettogewinn (s. u. TGS).

6 Es handelt sich dabei um Zeichen, die vom Gehirn aufnehmbar und entsprechend interpretiert werden können, d. h. Bedeutung verliehen bekommen. Wie wichtig daher die Eindeutigkeit dieser Zeichen ist, zeigt sich daran, daß bei Mehrdeutigkeit das Gehirn bzw. die Psyche Interpretationslösungen von „passender Eindeutigkeit“ finden muß. Auf dieses Weise wird Eindeutigkeit kreiert, wenn Verwirrung vermieden werden soll. Dies wird auch therapeutisch genutzt und v. Keeney & Ross, 1984 ausführlich dargestellt. Diese Möglichkeit wird auch in der Hypnotherapie genutzt.

Daraus ergibt sich aber auch eine erste Möglichkeit, ökologische Unzuträglichkeit zu verstehen:

z. B. unzureichende Zufuhr, d. h. Mangel, bei gleichzeitigem Wunsch hohe Erwartungen erfüllen zu wollen oder zu müssen, wobei zu hohe Erwartungen und/oder deren nicht ausreichende Quittierung dafür eine weitere Erschwernis bilden; Zufuhr von Lebensphasen-inadäquaten Informationen, auch wieder komplizierbar durch den Wunsch, Lebensphasen-inadäquate Erwartungen erfüllen zu wollen oder zu müssen, die wieder nicht quittiert werden, usw. – alles immer im Umgang mit der eigenen Person und den anderen. Solche Umstände lassen sich durch entsprechende systemische Exploration in Erfahrung bringen, eine Typologie dafür wäre noch zu erstellen[7].

Für das Öko-System „Familie" beschreiben Kantor und Lehr (1975) sogenannte „Grundziele" (targets), nämlich liebevolle Zuwendung (affect), Macht i. S. von Kompetenz (power) und Sinnhaftigkeit (meaning), die von jedem angestrebt werden sollen und sogenannte Zugangsdimensionen, nämlich Raum, Zeit und (sozialer, d. h. im Austausch zu gewinnender und einsetzbarer) Energie, die das Gewinnen dieser Grundziele mit Hilfe von im Zusammenleben entwickelten Strategien erreich- und erkennbar machen, und welche Zugangsmethoden dafür dienlich bzw. hinderlich sind[8]. Was hier für die Familie beschrieben wird, gilt zweifellos auch in den anderen Feldern, wenn auch mit anderen Gewichtungen.

Klar ist, daß bei ökologischem Gewinn, ebenso wie bei Mangel ein persönliches „Entgegenkommen" eine wichtige und symptombestimmende Rolle spielen kann[9], das durch viele Faktoren des Organismus gegeben sein kann, etwa den Zustand der Organe und Organsysteme, körperliche Behinderungen, Temperament, und schließlich durch die Psyche, insbesonders Intelligenz, Kreativität, Wert-, Norm- und Zielvorstellungen, der persönlichen Lerngeschichte, z. B. Entscheidungen, etwa, wenn jemand sich

7 S. hierzu Richter (1963), der diese Verhältnisse in einer ersten Typologie der kindlichen inadäquaten Funktion beschrieben hat.

8 H. E. Richter hat 1970 bestimmte Familientypen beschrieben und deren Strategien beschrieben, und unter dem Titel „familiäre Charakterneurosen" typologisiert.

9 Selbst in so extremen Situationen ökologischen Mangels wie jener des Konzentrationslagers, zeigt Frankl (1982) am eigenen Beispiel die Möglichkeit auf, das persönliche Entgegenkommen zu verändern.

entscheidet „niemals wie seine Mutter zu sein“, usw.[10], das sich sowohl positiv als auch negativ auswirken kann.

Beides zeigt sich daran, daß im Zusammenleben bestimmte Strategien angewandt werden, die sich innerhalb des jeweiligen Lebensraums als mehr oder weniger brauchbar erweisen, wobei die weniger brauchbaren Strategien in der individuellen Diagnostik als Ausdruck individueller Psychopathologie beschrieben werden (s. die Kategorie F60-69 im ICD 10).

2. Individuum und Psyche

Eine wichtige Voraussetzung für das Verstehen der Erhaltung von Gesundheit bzw. der Entstehung von Krankheit ist das Verständnis der Funktion der Psyche. Nach den vielen Versuchen, ihre Funktion zu beschreiben und all den Schwierigkeiten, sie in eine ganzheitliche Sicht zu integrieren[11] (man denke hier nur an den Begriff „Psychosomatik“, s. hierzu das Stichwort „Psychosomatische Medizin“ bei Grubitzsch & Rexilius, S. 665-669), erlaubt die Kenntnis von Systemen, von Vernetzung und Informationsverarbeitung, die Psyche pragmatisch als das dem Organismus „mitgegebene“ interne Informationsverarbeitungs- und Steuerungssystem des Organismus für Existenz und Entwicklung in der Welt und im Umgang mit ihr zu definieren. Es hat die Funktion, Informationen von innen, d. h. vom Funktionszustand der Organe und Organsysteme, und von allen Systemen außen aufzunehmen, zu be- und verarbeiten und schließlich Meldung und Anweisungen zu geben, was zu geschehen hat. Es reguliert den Umgang eines Menschen mit sich selbst und seiner Umwelt, um die möglichst beste Lage des Organismus zu erreichen und auch seine Gesundheit zu erhalten. Dabei hat es die Fähigkeit, Erklärungen zu finden, welche die Anweisungen, und in der Folge auch deren Erfolg oder Mißerfolg begründen.

Es sind dies aber grundsätzlich und reflexartig erstellte „kausale“ Erklärungen, da das System „Psyche“ die Komplexität eines Beziehungsgefü-

---

10 Wie sehr solche Entscheidungen auch in nichtfamiliären Systemen von Bedeutung sind, zeigt sich etwa an der Austragung von Konflikten mit dem Firmenchef, der wie der eigene Vater gesehen wird. Das ist von der Psychoanalyse her als neurotische Übertragung bekannt.

11 So findet sich etwa im Lehrbuch der Psychologie v. Zimbardo (1995) und im Handbuch „Psychologische Grundbegriffe“ v. Grubitzsch & Rexilius (1994) kein Stichwort „Psyche“ im Index, trotz der vielfältigen Verwendung der Vorsilbe „Psycho-“.

ges und damit des Informationsaustauschs im Alltag nicht so schnell zu erfassen vermag. Eine wichtige Funktion dieses Systems, der auch die Erklärungen dienen, ist, sobald wie möglich die inneren und äußeren Umstände es erlauben, Gelegenheiten für die Realisierung des Lebens bzw. Lösungen für Probleme auf dem Weg durch das Leben zu finden, dabei zu lernen, und das dabei Erlernte im Bewältigungsstrategie-Repertoire für neu auftauchende Probleme zu speichern. Die Möglichkeiten seiner Kreativität bestehen darin, daß es nicht nur vorgefundene Gegebenheiten nutzen kann, sondern sowohl im Inneren seiner selbst – in der erlebten Innenwelt des Individuums – als auch in der Außenwelt neue Gegebenheiten schaffen kann. Es kann Sinn und Ziele und Absichten generieren und Prioritäten setzen, und steht der Realisierung von all dem zur Verfügung, um die persönliche Lage in den verschiedenen Systemen und die Gesundheit des Organismus dabei soweit wie möglich in Einklang zu halten. Dadurch steuert es auch dessen Autonomie, d. h. trachtet, sie soweit wie möglich zu erhalten und nur im Dienst seiner Absichten zu reduzieren, wie dies etwa der Fall ist, wenn ein Helfer aufgesucht wird.

Dabei kann das System mit seinen eigenen Funktionen in Diskrepanz kommen, etwa wenn es um bestimmter Ziele willen oder aus bestimmten Rücksichten, oder wegen herrschender Zwänge seine eigenen Warnsignale zu ernst nimmt oder aber auch ignoriert.

Ein besonderer und ständig präsenter Ausdruck der Steuerungsfunktion der Psyche ist das, was ich als Traum vom gelungenen Selbst (TGS) bezeichne (Merl, 1993) – dem Bestreben nach *positiver Selbst-Definition und -repräsentation*, d. h. sich in den eigenen Augen und denen der anderen in seiner Ich-Identität – wie immer sie ist – positiv bestätigt und angenommen zu sehen (über diese Problematik s. Kapitel „Traum vom gelungenen Selbst") und, wann immer das gelingt, es als Gefühl von Selbstwert und Selbstbewußtsein „mit Befriedigung" als begleitendem Gefühlssignal wahrzunehmen[12].

So ist der TGS quasi die Speerspitze individuellen Lebens, mit der es sich in Systemen seinen Platz zu schaffen trachtet.

Als Teil der Selbstorganisation des Organismus von diesem generiert und in diesen integriert, bringt das System Psyche nicht nur individuelle Stärken und Schwächen mit, sondern ist selbst von der Ökologie, die es für den Organismus verwerten soll, abhängig.[13] Das alles geht in die Ver-

12 Intaktes Selbst und Selbstwert werden für die Erklärung individueller Pathologie immer wieder herangezogen. (s. Kaslow, 1995)

arbeitungs- und Steuerungsfunktion mit ein und gestaltet sie entsprechend. Die Verarbeitung berücksichtigt in ihrer Gesetzmäßigkeit auch die Erfahrungen in den sozialen Systemen im Verlauf des Lebens und bezieht daraus auch „Metaprodukte“ wie Normen, Werte und Rücksichten etc., die wieder in die Entwicklung der Anweisungen an den Organismus eingehen.

Als informationsverarbeitendes System ist es durch Information zugänglich und beeinflußbar. Es hat Zugang zum „Öko-Fühler“ des Organismus und beurteilt Zuträglichkeit oder Abträglichkeit von Informationen in Hinblick auf den Organismus, d. h. auf Existenz, Gedeihen und Entwicklung.

So ist die Funktion der Psyche ganz leicht daran zu beurteilen, wie oft man in einem Gespräch, einem Vortrag oder wo man sich sonst sitzend aufhält, die Haltung wechseln muß, um sich weiter dort aufhalten zu können, dazu auch, wie das Aufgenommene laufend bearbeitet wird, indem die Gedanken plötzlich wegwandern, dann wieder sich dem „Thema“ zuwenden, was dazu geführt hat, usw. Dabei wird auch die ständig laufende Energieregelung deutlich.

Im Zusammenleben mit anderen in sozialen Systemen entscheidet daher die Psyche mit all ihrer Verarbeitung über die Teilnahme und die Lage, d. h. über die Zu- oder Abträglichkeit der Lage und Absichten des Organismus im jeweiligen System, genauer über die Zu- und Abträglichkeit der ankommenden Informationen für Lage und Absichten und wie darauf zu antworten ist. Dadurch ist sie auch Fühler für die Informationsökologie aus der Warte des beteiligten Individuums.

Schließlich ist sie die ständige und als solche ständig präsente Verbindung zwischen sozialen Umständen, d. h. den sozialen Systemen und individuellem Entgegenkommen. Das macht die Beurteilung beider Seiten und ihres Zusammenspiels zu Gesundheit und Krankheit unabdingbar.

Als solche ist „Psyche“ die Repräsentanz der individuellen Dynamik eines Menschen, mit der dieser mit der Dynamik der Systeme seines Lebensraums in Verbindung tritt. Es entsteht daraus eine Dynamik zweier Dynamiken, eine „Metadynamik“, welche die Lebensqualität jedes einzelnen bestimmt.

---

13 Darin besteht die Bedeutung der Pädagogik, bzw. wie sie im Elternhaus, aber auch in Bildungsinstitutionen angewandt wird.

3. Individuum im sozialen System

Als Lebensraum sind soziale Systeme Orte der Lebenserfahrung. Jeder Mensch macht in der „Metadynamik" durch seine Existenz und Entwicklung seine Erfahrungen als Person mit seinem TGS und ist als Funktionsträger Mitgestalter der Regeln, die sich im Zusammenleben ausbilden und auch ihn gestalten. Diese Regeln bestimmen die persönliche Autonomie der Beteiligten in Relation zum System, lassen jeden von ihnen Struktur wahrnehmen und zeigen sich an den Interaktionsmustern (s. u.), die jeder von seiner Warte aus wahrnehmen und beschreiben kann und für ihn „seine Realität" repräsentieren. Das alles geschieht über den ständigen Informationsaustausch. Jeder ist so mit allen auf vielfache Weise vernetzt und von jedem Punkt des Systems aus, wenn auch nicht von allen Punkten gleich schnell, erreichbar.[14] In dieser Vernetzung sind zu jedem Zeitpunkt manche „Nachrichtenbahnen" stärker benützt als andere, während andere stillgelegt erscheinen. Das trägt zum Eindruck von Struktur bei[15]. Aber auch die „stillgelegten" Bahnen können jederzeit je nach Bedarf aktiviert werden.

Durch seine Teilnahme als Gestalter wie Gestalteter wird die Fülle der Bewegungsmöglichkeiten jedes Teammitglieds reduziert und seine Position, in der er seine Funktion erfüllt, *ambivalent*, da sie zwischen „so bleiben" und prinzipiell auch „anders sein können" festgehalten ist. Diese *Ambivalenz* ist Ausdruck der Autonomieregelung. Sie besteht immer und wird durch die Lebensqualität seiner Lage bestimmt, die sich aus dem ökologischen Nettogewinn ergibt, d. h. je schlechter die Lebensqualität, desto stärker wird der Wunsch nach Veränderung und umgekehrt. Es liegt daher nicht daran , daß jemand für den Impuls zu einer Veränderung nicht ansprechbar wäre (sofern er diesbezüglich angesprochen wird), sondern an seiner persönlichen Beurteilung des Verhältnisses zwischen Gewinn aus der bestehenden Lage und einem zu erwartenden Gewinn, ob jemand sich entschließt, seine Lage zu verändern. Hinderlich für den Entschluß ist nicht nur ein unsicherer Gewinn, sondern noch davor die grundsätzliche Unbekanntheit einer Veränderung, die Angst vor dem Risiko. Daher wird

---

14 Dies ermöglicht auch die systemische Einzeltherapie.

15 So wie etwa eine Familie sich in ihrem Lebensraum verteilt oder im Therapieraum Platz nimmt, zeigt etwas von den – in diesem Kontext – bevorzugten „Nachrichtenbahnen".

das Beibehalten des Bestehenden, Gewohnten, auch wenn es schwer zu ertragen ist, diesem Risiko oft vorgezogen.[16]

Bsp.: Eine Familie, mit einem immer wieder wegen einer schizophrenen Psychose behandelten ca. 30jährigen Sohn, kommt nur sehr selten zur Familientherapie und das immer nur kurz nach der letzten Hospitalisierung, um nach dieser oder bestenfalls folgenden Sitzung die Therapie zu unterbrechen – dies trotz immer wieder geäußerter Angst, daß die Situation wegen des zunehmenden Alters der Eltern nicht mehr lange auszuhalten sei. Beide Eltern und der Sohn finden aber jedesmal jede Sitzung interessant und aufschlußreich. Dieser Sohn ist in der Familie der, der die für die sehr pflichtbewußte Mutter nicht auslebbare „Irrationalität" mit seinen künstlerischen aber erfolglosen Höhenflügen auslebt und ihr daher sehr nahe steht. Er verkörpert aber auch die Eigenschaften, die der Vater an sich und die Mutter am Vater negativ sieht und erlaubt es der Mutter, das an ihm, statt am Vater zu kritisieren, ohne daran etwas zu verändern. Wenn die Mutter es sich gestattet, eine Woche „auf Urlaub" zu fahren, sorgt der Sohn für den Vater fürsorglich, etwas, was dieser genießt. In diesen Zeiten gibt es, anders als wenn die Mutter da ist, keine Reibungen zwischen den beiden Männern.

Die Sitzungen beginnen mit dem stereotypen Muster, daß die Mutter den Sohn dafür Vorwürfe macht, daß er nicht selbständig werden wolle und zu Hause nicht mithelfe, auf die der Sohn mit vagen Ausreden und Erklärungen antwortet. Versucht der Vater, die Mutter dabei zu unterstützen, findet die Mutter eine Erklärung, warum es dem Sohn wohl nicht möglich sein werde, oder daß es ihm ohnehin nicht gelingen werde, worauf der Vater sich in Schweigen zurückzieht.

Es ist aber auch diese Ambivalenz, die in der „organisierten Komplexität" systemischen Geschehens (s. Willke, 1987, S. 60ff; Merl, 1987, S. 59ff) bei jeder Lösung neue Probleme schafft, und die „Metadynamik" immer wieder aktiviert, da jede Lösung nur solange ein Problem besteht, zustandekommt, – gleichsam durch „innere Mehrheitsentscheidung" der Beteiligten i. S. der Ökologie als Person und in ihrer Funktion. Weil aber das Leben weitergeht und dies neue Behinderungen und Gelegenheiten, schafft, können diese jeden Beteiligten *unvorhergesehen* zur Veränderung veranlassen, weil sie seine Lebensqualität verbessern bzw. verschlechtern und dafür Verbesserungen in Aussicht stellen, usw. Dieser Dynamik bedient sich auch die Therapie.

16 Im Zustand der Verliebtheit zweier Menschen ist deren Ambivalenz weitgehend reduziert, wird aber stärker, wenn sie beginnen, in dauerhafter Beziehung zu leben und darin ihren TGS zu entwickeln. Dies führt zu Auseinandersetzungen, in denen, wenn sie nicht für den TGS befriedigend gelöst werden, – ausgesprochen oder nicht –, der Trennungsgedanke als Konfliktlösung immer wieder auftritt.

4. Das Persönliche Referenzmodell und Muster

Da jeder Mensch immer gleichzeitig irgendwie Teil eines sozialen Systems ist, zieht er seine Erfahrungen zur Orientierung in sozialen Systemen heran, die ihren Niederschlag in der Konstruktion eines persönlichen Modells der Welt haben (Merl, 1987, S. 145ff), das eine schnelle Orientierung in bezug auf Wahrnehmung und Handeln erlaubt, d. h. Strategien zur Verfügung hält, und auch zur Extrapolation bei der Einschätzung der persönlichen Lage in der Welt und der Welt überhaupt herangezogen wird. Es ist das Persönliche Referenzmodell (PRM) für den Umgang mit der eigenen Person und Welt und damit der Autonomieregelung in Relation zu jedem System, welches der Realisierung des TGS als Instrumentar zur Verfügung steht (s. Kasten, nächste Seite). Das Schema erlaubt im Interview an Hand der Fragen das PRM kennenzulernen. Das PRM ist eine Schöpfung der informationsverarbeitenden Funktion der Psyche und hat Zugang zu Erinnerung, Sprache und zum „Ökofühler" der Wahrnehmung der Lage und des Befindens in der Welt, aber durch den „persönlichen Standort" in seinen Aussagen beschränkt. Von Seiten der Psyche besteht das Bestreben, es „stimmig" zu halten, d. h. inhärente Widersprüche – wenn sie die Einheitlichkeit des Erlebens bedrohen – möglichst aufzuheben.[17]

Die Stimmigkeit nicht erhalten zu können wirkt bedrohlich, was als „außer sich sein" vom Betreffenden und seiner Umwelt ausgedrückt wird.

Das PRM schafft die „persönliche Geschichte" und erzählt sie in der Sprache des Systems, in dem es sich entwickelt hat.

---

17 Es gibt auch die Möglichkeit, inhärente Widersprüche als Teil des PRM zu akzeptieren, so daß ihre Widersprüchlichkeit „toleriert" wird – etwa mit dem Hinweis „Ich bin eben so widersprüchlich".

Persönliches Referenz Modell

1. Taktik – Wie arrangiere ich unter den gegebenen Umständen den Weg zum Ziel?
2. Strategie – Welchen Weg gehe ich grundsätzlich zum Ziel?
3. Was sind meine Ziele – in bezug auf mich und andere?
4. Wie sehe ich meine Zukunft?

Einstellungen

5. Wie sehe ich mich selbst und wie sehe ich andere in einer gegebenen Situation?
6. Wie sehe ich mich selbst und wie sehen mich andere im allgemeinen?
7. Was glaube ich in bezug auf mich und andere?
8. Was sind meine Gewohnheiten (Muster) in bezug auf mich und andere?
9. Was sind meine Überzeugungen: Leitsätze, – allgemeine Glaubenssätze, typische Sprichwörter?
10. Was sind meine Werte – Was ist für den (die) Menschen, für mich, für andere, das Wichtigste, Beste, Ärgste?
11. Was sind meine Normen – Was tut man bzw. tut man nicht?

Vorgeschichte

12. Welche persönlichen Entscheidungen habe ich wann getroffen?
13. Welche persönlichen Erfahrungen habe ich in welchen Systemen gemacht? – „Ich erinnere mich“ – kognitiv-affektiv
14. In welchem System habe ich was wie zu verstehen gelernt – mein Übersetzer für Information?

Kontakt zur Lebensbasis

15. Wie wirkte und wirkt jetzt was auf mich? – Zugang zu den Gefühlen als Meldung über den Zustand durch den **Ökofühler**.

Grundtendenz

16. Stimmt alles? – **Kontrolle der Modellstimmigkeit – So bin ich jetzt!**

PRM (mit „Entgegenkommen") kann positive ökol. Information (+ Ök. I) nicht wahrnehmen, hat zuwenig positive ökol. Information (+ Ök. I) und/oder zuviel negative ökol. Information (- Ök. I): Lebensqualität (LQ) nimmt ab, Probleme (P) nehmen zu. PRM hat keine Lösungsstrategien und/oder keine system. Unterstützung f. Lösung: Ambivalenz (A) nimmt zu, Dilemma zwischen „So bleiben" und Veränderung nimmt zu. Ohne Lösungsmöglichkeit (Ł): Fortsetzung dieses Prozesses. Wenn weiter keine Lösungsmöglichkeit: Krankheit

Meta-dynamische Bindung Individuum – System

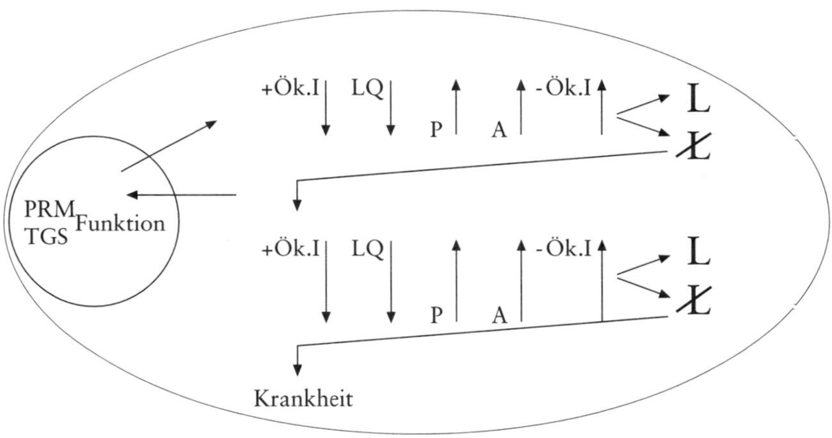

Hilflosigkeit gegenüber dem Zustand und/oder system. primärer und sekundärer Krankheitsgewinn = System. „Entgegenkommen"

Aus persönlichen Erfahrungen, d. h. aus Informationen geschaffen, ist es auch durch Informationen veränderbar.[18] Durch seine Referenzfunktion im alltäglichen Leben wird es nur ungern verändert, da jeder neue Einfluß Verunsicherung der Wahrnehmungs- und Handlungsmöglichkeit bringt, solange die neue Information nicht wieder so integriert ist, daß die Verläßlichkeit wieder hergestellt ist. Es besteht daher die Tendenz, dieses PRM durch die laufenden Erfahrungen eher zu bestätigen, als zu erweitern,

18 Da das PRM die Lebensgeschichte „schreibt", ist es auch der Angriffspunkt der „narrativen Therapie", die nach anderen Erfahrungen sucht und danach trachtet, damit eine andere, erfolgreichere Lebensgeschichte schreiben zu helfen.

(Watzlawick, 1978, S. 41), es sei denn, die gemachten Erfahrungen stellen, entsprechend dem „Unterschied, der einen Unterschied ausmacht", die Anwendbarkeit des PRM drastisch in Frage (Bateson, 1973, S. 273f).

Welche Informationen machen den Unterschied aus, der eine Veränderung bewirkt?

E. v. Weizsäcker (1974, S. 82–113) führt im Zusammenhang mit der Darstellung pragmatischer Information zwei Begriffe ein, welche ihre Wirksamkeit charakterisieren können.

Demnach enthält jede Information Anteile von „Erstmaligkeit" und „Bestätigung", die in ihr in einem bestimmten Verhältnis zueinander stehen.

„Erstmaligkeit" bezeichnet Information mit Neuigkeitswert, stimuliert das Bedürfnis, damit umzugehen, sich damit vertraut zu machen. Je nach Ausmaß und Kontext ist „Erstmaligkeit" auf- und anregend, und als solche immer wieder gesucht; oft aber ist sie auch beängstigend und beunruhigend[19].

„Bestätigung" bezeichnet die in einer Information enthaltene Vertrautheit, die Erinnerungen an Bekanntes und die Möglichkeiten, damit umzugehen, auslöst. Dies entspricht auch der Erkenntnis der Hirnforschung, daß Vertrautes in cerebralen Mustern im neuronalen Netzwerk des Gehirns abläuft, die bei „Anklingen" von Vertrautheit Erkennen ermöglichen (Mind Revolution, 1996; Spitzer, 1996)[20]. Als solche wirkt sie beruhigend bis langweilig.

Beides, „Erstmaligkeit" wie „Bestätigung" sind also systembezogene Qualitäten der Information.

Es besteht demnach im allgemeinen das Bestreben, ein höheres, speziell beunruhigendes Ausmaß an „Erstmaligkeit" in „Bestätigung" umzuwandeln, und es so vertraut zu machen[21].

---

19 Wenn im folgenden von „Erstmaligkeit" gesprochen wird, dann steht es abkürzend für Information, die einen höheren Anteil an „Erstmaligkeit" enthält.

20 S. Freud (1905) spricht in diesem Zusammenhang davon, daß jedes Erkennen eigentlich ein Wiedererkennen ist, das lustvoll ist. Ob es aber lustvoll ist, hängt wohl vom Wiedererkannten ab.

21 Das bedeutet nicht, daß manchmal nicht auch ein beunruhigendes Ausmaß an „Erstmaligkeit" aufgesucht wird, etwa, wenn jemand eine Expedition in unerforschtes Gebiet unternimmt oder „das Abenteuer sucht". Es ist wohl die bewußte Entscheidung und die dafür unternommene Planung, welche das „Beunruhigende" reizvoll und erstrebenswert macht.

Dies ist das Dilemma bei der Veränderung des PRM. Es ist erträglicher, eine Situation, auch wenn sie unangenehm ist, als mehr oder weniger vertraut anzusehen. Dabei kann ein bestimmtes Ausmaß an „Erstmaligkeit" „gelöscht" werden. „Der Unterschied, der einen Unterschied macht" (Bateson, 1972, S. 286), stellt aber ein Ausmaß an „Erstmaligkeit" dar, das nicht mehr ignoriert werden kann. Er erzwingt Auseinandersetzung und Bearbeitung solange, bis die „Erstmaligkeit" verarbeitet und in das PRM „eingearbeitet" und dieses dadurch verändert ist.

Dabei lassen sich verschiedene Arten von „Erstmaligkeit" unterscheiden:

- die natürliche „Erstmaligkeit", d. h. all das Neue, das der Tag und das Leben an Überraschungen bringt.
- die künstlich und beabsichtigt eingebrachte bzw. im System dadurch generierte „Erstmaligkeit", wie dies etwa durch gezielte, z. B. therapeutische Beeinflussung geschieht.

An beiden Arten läßt sich leicht annehmbare von schwer annehmbarer „Erstmaligkeit" unterscheiden.

Leicht annehmbar ist alles, was aus dem System selbst kommt, besonders wenn es in positiver Weise überrascht, oder aber den Regeln des Zusammenlebens nicht allzu fremd ist, schwer annehmbar ist systemfremde, befremdliche oder aufoktroyierte „Erstmaligkeit" (s. Merl, 1987, S. 229)[22].

Dies zeigt sich etwa an der Schwierigkeit, einen wohlmeinenden Rat oder eine ungewohnte, wenn auch von seiten dessen, der sie äußert, berechtigt erscheinende Meinung anzunehmen[23].

Die Bedeutung der „Bestätigung" kommt auch in den Beschreibungen von Menschen über die Verhältnisse und ihre Lage im System in Form von *Interaktionsmustern*[24] zum Ausdruck. Sie beschreiben sie in charakteristischer Weise: Immer (meistens, jedesmal, nie), wenn ..., dann ...

Hinter dem generalisierenden Umstandswort wird ein bestimmter Kontext angegeben, und danach ein Verhalten angeführt, welche als in diesem

---

22 Bateson (a. a. O., S. 250–279) hat dies in seiner Hierarchie des Lernens beschrieben und Piaget (1970) spricht von Adaptation bei der Anwendung von Wahrnehmungs- bzw. Handlungsschemata. Assimilation liegt vor, wenn Schemata unter Ignorieren abweichender Wahrnehmung noch anwendbar sind, Akkommodation, wenn die Abweichung nicht mehr ignoriert werden kann und das jeweilige Schema verändert.

23 Dies kann dann gezielt als Provokation etwa in Form eines Kommentars oder einer Verschreibung in der Therapie verwendet werden.

24 In der Folge kurz „Muster" genannt.

Kontext repetitiv wahrgenommen werden. Die Wahrnehmung erfolgt vom Standpunkt des PRM und beschreibt damit die Realität, auf die der Betreffende sich bezieht.

„Immer wenn ich nach Hause komme, bist du unfreundlich zu mir“.

Dabei kann der Kontext gelöscht werden, so daß nur mehr die Generalisierung besteht.

„Du bist immer unfreundlich zu mir“.

Die Frage nach Ausnahmen macht auf die Löschung aufmerksam und stellt zumindest den Kontext wieder her, kann aber darüber hinaus auch weitere Löschungen aufheben:[25]

„Manchmal wenn ich nach Hause komme, warst Du auch freundlich zu mir“.

Muster sind ein Zeichen der Wahrnehmung von Redundanz aus persönlicher Sicht. Die Fähigkeit dazu hat Überlebensbedeutung, da sie Sicherheit in der Wahrnehmung der Welt schafft. Ohne sie, würde jeder Anteil von „Erstmaligkeit“ zur Verunsicherung führen und die Fähigkeit, sich auf die Lage schnell einzustellen, wäre nicht mehr gegeben. Da sie komplexe Informationen sind, die auf den einzelnen wirken, sind sie auch die Beschreibung der subjektiven Realität, auf die sich der Betreffende einstellt. Es ist notwendig, die Muster, über die ein Erkrankter erzählt in bezug auf ihre ökologische Nützlichkeit bzw. Schädlichkeit für ihn und seine Lebenssysteme zu überprüfen.

Da auch Helfer die Verhältnisse in Mustern beschreiben, ist hier größte Vorsicht geboten, nicht in die Falle der eigenen Wahrnehmung zu gehen. (s. u.)

5. Das PRM in Gesundheit und Krankheit

Es ist das PRM mit seinen Mitteln, welches einerseits den TGS jedes Systemmitglieds, andererseits aber auch dessen Funktion im System zu realisieren trachtet, und dies durch dessen Einstellungen und Teilnahme an den Mustern ausdrückt. Kann es diese beiden Funktionen unter den gegebenen Umständen auch unter Heranziehen aller seiner Möglichkeiten nicht in Einklang bringen, und kommt vom System keine Hilfe, oder sogar noch

25 Sabetti (1992) weist auf die Wichtigkeit hin, bewußt die Aufmerksamkeit auf etwas, in diesem Fall auf die Aufnahmen, zu richten, da bewußtes Hinwenden von Aufmerksamkeit die Energie darauf richtet, die sonst davon abgelenkt, auf das Muster gerichtet ist und die Realität oder auch die Welt in diesem Lichte sehen läßt.

Kritik, Tadel bis Gewalt, dann entsteht eine Situation, welche die Ambivalenz der persönlichen Lage des Betreffenden im System anspricht, die diesem als Dilemma zwischen „so bleiben" und „sich verändern wollen" und immer deutlicher als innerer Konflikt spürbar wird, der sich zunehmend durch das Vernetztsein im System immer mehr in alle Lebensbereiche hineinzieht und nach Lösung drängt. Dieses Lösung muß die Psyche mit den Mitteln, die sie aktuell zur Verfügung hat bzw. schaffen kann, so gut sie kann zustande bringen. Das Dilemma (bzw. der Konflikt) mit allen Folgen, der Mangel an Lösungsmöglichkeiten, das persönliche Entgegenkommen des Betroffenen und wie diese in das System einfließen und auf den Betroffenen wieder zurückwirken und wie das alles die Informationsökologie beeinflußt, sind die Umstände, die dem Entstehen von Krankheit förderlich sind. Dabei dominiert, je länger diese Situation und der dadurch gegebene Streß besteht, die emotionale Situation aller und des Betroffenen in besonderer Weise und blockiert zusätzlich kognitive Lösungsmöglichkeiten, da sie alle Energie auf sich zieht, ohne eine Lösung zu finden. So kann die Psyche ihre gesundheitserhaltende Funktion nicht mehr erfüllen.

Betrachten wir jetzt nochmals zusammenfassend das, was wir als System ansehen, so ist es das Wechselspiel nicht von Personen, sondern von deren PRM, und den aus dem Zusammenleben daraus hervorgebrachten Einstellungen. Diese sind ebenso der Ausdruck der Regeln, die jeder mitgestaltet, wie der Regeln, die das je persönliche PRM gestalten und als Muster von jedem Beteiligten von seiner Warte aus wahrnehmbar sind. Jede Person benützt dabei das Instrumentar ihres PRM, um ihren TGS im Rahmen des Systems umzusetzen und steht dadurch im Austausch mit den anderen, vorzüglich im Informationsaustausch, und bewertet – zwar mit Hilfe des Öko-Fühlers seines Organismus – auf seine Weise alle zufließenden Informationen auf ihre Zuträglichkeit. Daraus ergibt sich die Bewertung von mehr oder weniger ausreichendem ökologischen Gewinn bzw. Mangel, die beide jeweils in bezug zu Erkrankung zu beurteilen sind.

6. Krankheit und System

Nach diesen Überlegungen ist Krankheit der vordergründige und bereits bestehende Ausdruck – der durch Symptome eine Diagnose erlaubt und zur Entwicklung einer Nosologie herausfordert – dafür, daß im Hintergrund im Wechselspiel PRM mit entsprechendem Entgegenkommen im Dienste des TGS mit dem System das Leben eines oder mehrerer Menschen in einem wichtigen Abschnitt zu mißlingen droht – als zumindest förderliche Bedingung für das Entstehen von Krankheit.

Wie aber kommt es zum Ausbruch von Krankheit? Erst das Verständnis für die Dynamik eines Systems kann das verdeutlichen. Dazu sei folgende Modellvorstellung vorgeschlagen: Da ist zunächst der Beginn der Interaktion, welche von dem Individuum, das erkranken wird, als unbefriedigend wahrgenommen wird. Seine Lebensqualität verschlechtert sich. Seine Wahrnehmung davon erfolgt über sein PRM und dieses hat auch Zugang zu seinem persönlichen „Entgegenkommen".

Die daraus kommende Antwort geht in die systemische Dynamik ein und wird vom System entsprechend beantwortet. Diese Antwort ist trotz aller Spezifität durch bestimmte, zumindest folgende Kennzeichen geprägt:

1. Von den Erwartungen an den Betreffenden, seine Funktion im System weiter auszufüllen.
2. Von einem eventuellen Nutzen der Störung für den Betroffenen und andere, die darin Gelegenheiten für ihren TGS sehen[26].
3. Von der Irritation durch seine Antwort und den Wunsch, diese Irritation möglichst schnell zu beseitigen, dies i. S. einer Problemlösung für das Problem, das er für das System bildet, so daß alles wieder „funktioniert" – dies entspricht einem negativem Feedback. Dies wird durch eine Ambivalenz zwischen Nutzen und Irritation beeinflußt.
4. Von dem Wunsch nach Beseitigung aller durch die Irritation ausgelösten Sekundärirritationen in verschiedenen Bereichen und bei den verschiedenen Systemmitgliedern, aber auch nach deren Erhaltung, je nach „systemischem Krankheitsgewinn". *Hier beginnt ein „Entgegenkommen" des Systems.*

Diese Antworten verstärken eher die vom Betreffenden wahrgenommene Störung, er beginnt dementsprechend seine persönlichen organismischen Möglichkeiten damit umzugehen, zu mobilisieren. Er setzt verschiedene, ihm zur Verfügung stehende oder annehmbare empfohlene Strate-

---

26 Der Nutzen für den Betroffenen entspricht dem, was S. Freud 1905 als „primärer Krankheitsgewinn" bezeichnet hat, nämlich durch die Erkrankung einer Entscheidung enthoben zu sein. Der „sekundäre Krankheitsgewinn" wäre das, was er dafür an Zuwendung bekommt. Alles, was sich für das System an Nutzen der Erkrankung ergibt, entspräche einem „primären systemischen Krankheitsgewinn", da es dadurch auch einer Veränderung enthoben ist. Es erhält aber auch sekundären Krankheitsgewinn z. B. durch die Anerkennung der Opfer, die für die Erkrankung gebracht werden.
Simonton, Matthews-Simonton und Creighton (1982, S. 161ff) beschreiben dies für die Krebserkrankung als „Vorteile des Krankseins" und als Hindernis bei der Therapie.

gien ein, in der Hoffnung, daß sie dies Störung beseitigen. Hier kommen verschiedene Mittel aber auch schon die Medizin ins Spiel, um die „Unpäßlichkeit“ zu beheben. Dies ist die Zeit, in der im System – noch – von Problemen gesprochen wird.

Gelingt es mit Hilfe einer dieser Möglichkeiten die Störung zu „beheben“, dann funktioniert alles wie gehabt. Dies bedeutet nicht Stillstand, sondern wieder Umgang aller Beteiligten mit der „Erstmaligkeit“, die ohnehin jeden Tag zu bewältigen ist, ohne daß das System dabei beängstigend gefährdet ist.

Gelingt es nicht, dann gewinnt die Störung ihre Eigendynamik insofern, als das System „Organismus“ innerhalb der „Meta-Dynamik“ auf einer oder mehrerer seiner Funktionsebenen, z. B. somatisch, psychiatrisch, usw., seine Störung *auf seine Weise* entwickelt und sie über entsprechende Symptome zum Ausdruck bringt. Damit wird – als Ausdruck seiner Dynamik innerhalb der „Meta-Dynamik“ – die Störung als individuelle *Erkrankung* vom System (an)erkannt und als solche zunehmend „diagnostizierbar“, wobei diese losgelöst von systemischen Einflüssen erscheint und dieser Eindruck durch die medizinische Diagnose verfestigt wird.

Dieses Geschehen läßt tatsächlich nur dann, wenn traumatische Ereignisse eingetreten sind, einen Anfang der Krankheit erkennen, sonst aber ist es ein zirkuläres Geschehen, dessen Beginn nicht mehr oder nur sehr schwer festgestellt werden kann.[27]

Auch kann zunächst nur gesagt werden, daß das persönliche Entgegenkommen des Erkrankten der systemischen Dynamik unter bestimmten Umständen den Anfang der Erkrankung gesetzt hat.[28]

Der Ausbruch der Erkrankung ist die 1. Stufe der Entwicklung, wird aber als Information in das Nachrichtennetz des Systems eingespielt und wird pragmatisch als „Erstmaligkeit“ wirksam, die verarbeitet werden muß, d. h. das System wird dadurch neu organisiert. Daher wird jedes Leiden und jede Erkrankung das System in neuer Weise organisieren, sofern

27 Weber & Retzer (1995, S. 227f) stellen diese Entwicklung für Psychosen dar und gleichzeitig, wie diesen Einflüssen in der Therapie entgegengewirkt werden muß.

28 So berichten manche Eltern, daß ihr Kind, daß an einer schizophrenen Psychose erkrankt ist, von Anfang an sehr leicht erziehbar gewesen sei und „keine Trotzphase“ gehabt habe. Wie ist dieses Kind dem Erziehungsstil der Eltern entgegengekommen bzw. umgekehrt, wie hat der Erziehungsstil der Eltern die individuelle Entwicklung des Kindes beeinflußt?

die Erkrankung eine gewisse Intensität überschreitet. Sobald dies eingetreten ist, stellen sich die Fragen:

1. Wie organisiert dieses Leiden das System?
2. Welchen Gewinn bringt es für das System?
4. Welche Einbußen an Lebensqualität bringt es für das System?
5. Was ist trotz oder gerade wegen der Erkrankung dennoch möglich?

Die Antworten auf diese Fragen zeigen, daß es um Informationsverarbeitung innerhalb der „organisierten Komplexität“ (Willke, a. a. O.) des systemischen Netzwerks geht, deren Eigenheit es ist, aus jeder Information gewisser Intensität neue Hindernisse und Möglichkeiten zu schaffen, nur daß es hier Leiden und Krankheit sind, die organisierend wirken.

7. Individuelle und systemische Diagnostik

Während das medizinische Modell schon lange erlaubt, Krankheit systematisch zu diagnostizieren, fehlt bis jetzt eine vereinbarte und allgemein akzeptierte und verbindliche systemische Diagnostik, welche die systemischen Verhältnisse charakterisiert, die eine bestimmte Krankheit umgeben, vor allem wenn es darum geht, bestimmte Erkrankungen bestimmten systemischen Verhältnissen zuzuordnen, auch wenn es eine Reihe von Versuchen in dieser Richtung (s. Kaslow, 1995; Weber & Retzer, Simon, 1994) bzw. Anleitungen dazu gibt (Cierpka, 1996). Um eine solche kombinierte Diagnostik zu entwickeln ist eine „biopsychosoziale“ Sichtweise (Uexküll & Wesiack, 1995) angezeigt und auch den Verhältnissen entsprechend, da diese feststellt, daß diese 3 Ebenen in sich gemäß ihren je eigenen Gesetzmäßigkeiten systemisch organisiert sind und ihre jeweilige Eigendynamik dementsprechend davon geprägt ist, aber daß sie auch interagieren. So beeinflussen sie gleichzeitig die jeweils anderen Ebenen „aufwärts und abwärts“, d. h. daß etwa soziale Einflüsse auf die psychische und biologische Ebene einwirken und diese Einwirkungen auf diese Ebenen gemäß deren Dynamik verarbeitet und in deren „Sprache“ mitgeteilt werden.

Weitere Schwierigkeiten bei der Erstellung einer kombinierten individuell-systemischen Diagnostik ergeben sich daraus, daß die medizinische Diagnostik aufgrund von Krankheitserscheinungen diagnostiziert, und nur dann Hinweis auf systemische Verhältnisse enthält, wenn deren Einfluß offensichtlich ist, wie bei Umwelteinflüssen im Lebens- und Arbeitsraum oder familiären Verhältnissen, in denen Gewalt oder sexueller Mißbrauch herrschen (s. o ICD 10)[29].

Weiters müßte eine systemische Diagnostik die Zirkularität systemischer Interaktion berücksichtigen und zwischen primären, d. h. am Anfang der Störung stehenden und sekundären d. h. sich in der Folge durch die Zirkularität systemischer Dynamik entwickelnden Bedingungen differenzieren, um Einwirkung von Auswirkung zu unterscheiden, d. h. das „Entgegenkommen" des Systems genauer zu differenzieren und charakterisieren, etwas, was um so schwerer ist, je weniger offensichtlich solche Bedingungen sind, außer sie entschließt sich, die bestehende systemische Interaktion nur zu beschreiben, und nur als beteiligt, nicht aber als kausal zu werten.

Außerdem ist jede Diagnose eine extreme Verkürzung der Faktenlage nach gründlicher Untersuchung der bestehenden Verhältnisse. Macht das schon für die individuelle Diagnose Schwierigkeiten, d. h. von der Diagnose ausgehend alle relevanten Fakten und Bedingungen für Entstehung, Verlauf und Therapie – um die es ja letztlich geht – zu erfassen, so würde das für eine systemische Diagnose eine noch viel weitreichendere Schwierigkeit darstellen. Die individuelle Diagnose ist nicht unmöglich, verlangt aber eine gewissenhafte Exploration und Untersuchung aller sie begründenden Bedingungen.

Schließlich erfordert jede Diagnose, individuell oder systemisch, Einordnung nach Kriterien durch den, der diese Einordnung vornehmen soll. Während schon die individuellen Kriterien für die Erstellung einer Diagnose bei weitem nicht so sicher sind, wie es die Klassifikationsmodelle erscheinen lassen, ist dies bei einer systemischen Diagnose noch viel schwerer, da die Kriterien viel schwerer erfaßbar und festlegbar sind. Jedenfalls müßten es *ökologische* Kriterien sein, solche, die, wie oben angedeutet, auf den Zusammenhang zwischen der Wirkung von Informationen auf den Organismus im Informationsaustausch des Zusammenlebens in Hinblick auf Gesundheit und die Entstehung von Krankheit hinweisen.

Dazu kommt, daß jede Diagnose auch auf einer Gewichtung von Kriterien beruht, d. h. die Notwendigkeit zur Einordnung stellt eine Aufforderung dar, bestimmte Daten als relevanter als andere anzusehen und letztere u. U. zu löschen, um zu einer Diagnose zu kommen.

---

29 Interessant ist, daß die Zuweisung zur Psychotherapie auf der Psychiatrie dann eher erfolgt, wenn für den Zuweisenden offensichtlich störende und seinen Patienten belastende familiäre Verhältnisse vorliegen.

Daß aber ein grundsätzlicher Zusammenhang zwischen individuellen und systemischen Verhältnissen besteht, ist unleugbar und es ist zweckmäßig, einen Vorschlag von Reiss (1995) zur Differenzierung in Betracht zu ziehen, der 4 Kategorien von Verbindungen zu unterscheiden versucht, bei denen individuelle mit systemischen Bedingungen in verschiedener Gewichtung kombiniert sind, die aber nur ein sehr vager erster Versuch zu einer individuell systemischen Diagnostik aufgrund des derzeitig vorhandenen Wissens sein können:

1. Wohlabgegrenzte systemische Störungen als Verursacher von Krankheit und Leiden, auf deren Veränderung sich die therapeutischen Bemühungen richten, wie bei Gewalt und sexuellem Mißbrauch. Dem wird auch im ICD 10, wenn auch sehr undeutlich (Denton, 1995), Rechnung getragen, z. B. als Zusätze zur Kategorie F, mit den Punkten X93, 99, Y00 – 07, und ab Z55-65
2. Wohlabgegrenzte systemische Störungen bei schwererer individueller Pathologie, deren Auftreten im Zusammenhang mit den systemischen Störungen stehen, sodaß die Veränderung der Verhältnisse Fokus der Therapie ist, etwa bei der Therapie der Depression durch Ehetherapie.
3. Überwiegen individueller Pathologie bei bestehenden systemischen Störungen, deren Bedeutung für die Behandlung geklärt werden muß, wie dies etwa bei Verhaltensstörungen von Kindern der Fall ist, die durch die elterlichen Verhältnisse beeinflußt werden.
4. Eindeutig individuelle Störungen, etwa die Gruppe der Schizophrenien, deren Auslösung, Verlauf und Behandlung durch systemische Faktoren stark beeinflußt werden.

8. Grundsätzliches zu systemischer Diagnostik und Therapie

Fassen wir zusammen, was sich nach allen Überlegungen für Diagnostik und Therapie aus systemischer Sicht ergibt.

1. Gesundheit ist angelegt und zu erwarten, wenn die Ökologie im Wechselspiel zwischen Organismus mit all seinen Eigenheiten und kreativen Möglichkeiten und seinen Ökosystemen „stimmt“, insbesonders, was die Informationsökologie betrifft.
2. Krankheit ist das Ergebnis einer „Unstimmigkeit“ in diesem Wechselspiel, die nicht mehr ausgeglichen werden kann und ihre Eigendynamik individuell und systemisch entwickelt.
3. Diese Situation stellt sich zur „Diagnose“ – individuell und systemisch.
4. Die Diagnose muß die Beurteilung der Informationsökologie als den Bereich, der den Organismus besonders berührt, im Auge behalten und

zwar nicht nur in Hinblick auf den krankheitsfördernden bzw. erhaltenden Aspekt der Informationsökologie sondern auch in Hinblick auf die Frage: welche zuträglichen Informationen zirkulieren – noch! – im individuellen und dem Ökosystem und dem Wechselspiel zwischen beiden, welche „Erstmaligkeit" wird wie aufgenommen und wieviel ist annehmbar und wie steht es mit der Ambivalenz der Beteiligung in Richtung Veränderung.

Danach stellt sich die Frage für den/die Therapeuten:

Wie kann ich als Therapeut von meinem PRM aus, in das mein Behandlungsmodell integriert ist, die Ambivalenz des Systems und damit seine Eigendynamik stimulieren und verschiedenen Quellen für Zufuhr an „Erstmaligkeit" nützen; und wie kreativ bin ich, um solche Quellen zu entdecken?

9. Die Lage des Therapeuten

Der Begriff „System" ist eine Sehhilfe für einen Beobachter, um die Gleichzeitigkeit von fortlaufenden („ongoing") Beziehungen in einem ihm bestimmten Ausschnitt zu erfassen. Schließlich ist es der Therapeut, der von „System" spricht, wenn er solche Beziehungen meint. Er ist es aber auch, der den Ausschnitt wählt, der für ihn „System" ist.

Gleichzeitig suggeriert dieser Begriff Stabilität und trübt den Blick dafür, daß jedes System durch die Regeln, welche den Ablauf der Beziehungen bestimmen, zum Zeitpunkt der Beobachtung charakterisiert ist, d. h. ein bestimmtes System ist, daß aber diese Regeln die relativ stabilen Elemente in einer fortlaufenden Bewegung sind und als solche die Unendlichkeit der durch die von allen Seiten einströmenden „Erstmaligkeit" und die dadurch möglichen Wirkungen eindämmen.

Was der Beobachter feststellt, ist durch sein PRM und je nach dem, welche Absicht er hat, durch seinen TGS bestimmt. Auch er nimmt nur das wahr, was redundant ist, reduziert dadurch die Komplexität des Beobachteten und macht sich „sein Bild" von diesem bestimmten System, von dem er, je nachdem welche Absicht er hat, für sein Handeln ausgeht. In das PRM des Therapeuten ist sein therapeutische Modell integriert und reduziert zusätzlich seine Sicht.

Gibt es also Stabilität? Ja, wenn er seine Wahrnehmung an Hand der Redundanzwahrnehmung der Mitglieder des Systems, bestätigen kann – etwa wenn jedes Mitglied von seinem Standpunkt über die Muster, die es beobachtet, berichtet.

Nein, wenn er nach Ausnahmen fragt und das Bewußtsein der Mitglieder darauf richtet oder als Helfer (Therapeut) Ausnahmen arrangiert.

Mit den Begriffen „Erstmaligkeit“ und „Bestätigung“ ausgedrückt, nimmt er in den von ihm aufgenommenen Informationen die „Bestätigung“ auf, die ihm sein Bild vermittelt und bestätigt sie durch die „Bestätigung“ in der Wahrnehmung der Systemmitglieder.

Dies führt nicht nur zu einem Eindruck von Stabilität, sondern führt durch das uns innewohnende Bestreben, etwas zu „verstehen“ und zu „erklären“ auch zu Erklärungen, „warum es so ist“.[30]

Erst mit der Frage nach Ausnahmen wird „gelöschte“ „Erstmaligkeit“ zugänglich und zwar nicht nur für ihn, sondern auch für die Systemmitglieder und kann, wenn das Augenmerk darauf gelenkt wird, als Information die PRM der Mitglieder in Richtung Veränderung ihrer Sichtweise beeinflussen.

Was durch die Wahrnehmung von „Bestätigung“ ebenfalls verloren geht, ist das Bewußtsein für die Ambivalenz jedes Mitglieds in seiner Position, die je nach ökologischer Lage mehr oder weniger stark ansprechbar ist und den bestehenden und vom Beobachter wahrgenommenen Zustand jederzeit ins Wanken bringen kann.

Schließlich kann ihm entgehen, daß er durch seine Einstellung zu dem System, das er beobachtet, es auch beeinflußt, sobald er mit ihm in Beziehung tritt, was als „Kybernetik zweiter Ordnung“ (v. Foerster, 1992) wohl bekannt ist.[31]

---

30 Diese Annahme der Stabilität und das Bestreben nach Erklärungen hat in der Psychotherapie Tradition, vor allem in der Psychoanalyse. Diese Tradition wird aber durch die sogenannten „Familienrekonstruktionen“ fortgesetzt, die den Zustand eines Menschen „erklären“, mit der meiner Meinung zuwenig beachteten Gefahr, daß er sein Verhalten oder Leiden nur aufgrund der Vergangenheit versteht, aber nicht im Zusammenhang mit der aktuellen Situation in seinem Ökosystem. Dadurch werden Menschen auf die Vergangenheit fixiert.

31 Dies zeigt sich ganz besonders deutlich in der Supervision, etwa bei Therapeuten, die das Gefühl haben „nicht weitergekommen zu sein“. Die Aufforderung, die Situation als „Skulptur“ zu stellen oder zu zeichnen, ergibt ein Bild, in dem sie selbst in einer Position sind, die nicht nur ökologisch ungünstig ist, sondern auch nicht mehr der ihrer Absicht und Aufgabe entspricht. Sie sind dementsprechend emotional, insbesondere negativ, beteiligt. De Shazer (1994, S. 65–90) zeigt die Auswirkung der Einstellung auf den therapeutischen Dialog sehr deutlich auf.

10. Grundlegendes zur Systemischen Therapie

Während systemische Diagnostik es notwendig macht, den Zustand des Erkrankten und den Einfluß des Systems soweit auseinanderzuhalten, daß die individuelle Diagnostizierbarkeit erhalten bleibt und eine systemische Diagnostik überhaupt möglich wird, bedeutet Therapie, in die Zirkularität systemischer Interaktion – genauer: in die „Meta-Dynamik" – so einzugreifen, daß eine allgemeine Verbesserung der Ökologie den bisherigen systemischen Einfluß auf den individuellen Zustand des Erkrankten nicht nur minimiert, sondern ihn in positiver Weise möglichst optimiert. Dies kann nur unter Berücksichtigung der Autonomie des Systems erfolgen, d. h. das System selbst muß die Anstöße des Therapeuten in Richtung Minimierung des negativen Einflusses bzw. Optimierung des Positiven aufnehmen und so seine Ökologie verbessern und zu einer anderen Regelung kommen. Das bedeutet für den Therapeuten, daß er alle Anwesenden so ansprechen können muß, daß sie ihre Einstellungen zu sich selbst und zu einander verändern und besser miteinander umgehen können, d. h. daß sich die Informationsökologie positiv wandelt.

Hindernisse dabei sind:

- die Demütigung der Betroffenen durch die Erkrankung, die durch die dem System zur Verfügung stehenden Mittel nicht beseitigt werden konnte,
- die bestehende „Problemtrance" und das dadurch immer mehr eingeschränkte Wissen von einander und von neuen Möglichkeiten,
- ein höherer primärer und sekundärer Krankheitsgewinn des Erkrankten und des Systems (s. Fußnote 28),
- Die Angst vor einem Schuldspruch durch den (Therapeuten-) „Richter" („Was haben wir falsch gemacht? ...").
- Die Vertrautheit des bestehenden Zustands, auch wenn er belastend ist, und die Angst vor Veränderung, deren Art und Ausmaß unbekannt sind, die ein noch nicht erfaßbares Quantum an „Erstmaligkeit" darstellen, für dessen Bewältigung dem System und zunächst auch dem Therapeuten noch keine Strategien zur Verfügung stehen.
- Eine eventuelle ideologische, sei es persönliche sei es methodische, Voreingenommenheit des Therapeuten, der dann das System unter einem bestimmten Blickwinkel sieht und entsprechend „behandelt".
- Eine vorwiegend problem- und vergangenheitssorientierte Einstellung des Therapeuten.

Der Therapie förderlich sind:
- Der bestehende ökologische Mangel, da in Systemen, in denen eine Erkrankung eines Mitglieds auftritt, ein Mangel an gesundheitszuträglichen Informationen besteht.
- Die Hoffnung auf „Erlösung" aus diesem Zustand.
- Die Ambivalenz aller Mitglieder zu ihrer Position im Austausch.
- Die naturgemäß gegebene Ansprechbarkeit auf „Erstmaligkeit" in Form von „Unklarheit" oder „neuen" Informationen (Keeney & Ross, 1984) bzw. der „Zwang", sie in „Bestätigung" umzuwandeln („Zirkuläres Fragen").
- Die Attraktivität von dem TGS zuträglichen Informationen („Komplimente", de Shazer, 1988).
- Eine ideologische Unvoreingenommenheit des Therapeuten, der sein therapeutisches Modell nicht als einzig möglichen Zugang sieht, sondern als einen unter vielen, dessen Brauchbarkeit sich jedesmal erweisen muß.
- Eine hoffnungsvolle, ressourcen- und lösungsorientierte Einstellung des Therapeuten.

Wichtig ist dabei, einerseits, das „gekränkte Leben" und dessen „Schrei nach Gesundheit" aller Beteiligten, besonders aber des Erkrankten zu erkennen, – dafür leistet das Wissen um den TGS sehr gute Dienste, andererseits aber zu wissen, daß Systeme durch das Zusammenleben in ihren Kommunikationswegen oft durch die lange Zeit ihres Zusammenlebens und Leidens gewohnt sind[32], so zu leben, daß es für sie einen Krankheitsgewinn als „Trost" geben kann; und daß das ihre Realität bis zum Zeitpunkt der Therapie war, jetzt verschärft durch die Problemtrance und die Hilflosigkeit.

Als Therapeut ist es wichtig zu wissen, daß es tatsächlich von verschiedenen Autoren nicht nur Hinweise auf den Zusammenhang zwischen Erkrankung und systemischer Interaktion gibt, (z. B. bei schizophrenen, manisch-depressiven und schizo-affektiven Erkrankungen, Weber & Retzer, 1995, S. 214–257), ohne daß der Zusammenhang so wünschenswert offensichtlich ist, und daß es für die Beteiligten einem „über den eigenen Schatten springen" gleichkommt, zu beginnen, sich trotz aller Einsicht an-

32 Ich habe bei Familien dafür die Bezeichnung „Wahnsinn hinter der Wohnungstür" gewählt, da das, was sich im Alltag von Familien abspielt, dem Therapeuten oft unerträglich erscheint, und doch selbstverständliche Realität ist. Er ahnt nichts davon, wenn eine Gruppe sauberer, freundlicher Menschen kommt, und erfährt es erst im Zusammenhang mit der Therapie.

ders zu verhalten – ist doch die Macht der Muster eine ständige Mahnung, nichts anderes zu erhoffen, als das, was man schon kennt und daß sie jetzt hautnah die Schwierigkeit erleben, die sich so leichthin als Widerstand gegen Veränderung oder Unwillen etc. bezeichnen ließe – so hautnah, daß sie es auch erleiden. Der Therapeut muß also Gelegenheiten schaffen, die den „Sprung über den Schatten" als rettenden Sprung schmackhaft machen – etwa i. S. eines therapeutischen „double bind" – oder zu diesem Sprung herausfordern oder die Absurdität des bestehenden Miteinander vor Augen führen, wie etwa mit der „Verschreibung der geraden und ungeraden Tage" – er muß „Erstmaligkeit" im System generieren[33].

Bsp.: Ein junger Mann J., zweimal wegen einer schizophrenen Psychose zuletzt vor 7 Jahren stationär behandelt, kommt depressiv zur ambulanten Familientherapie. Er ist in dem Dilemma zwischen seinen Verpflichtungen gegenüber seinem behinderten Bruder, der Firma seines Vaters, von dem er keine Anerkennung für das, was er dabei leistet, bekommt, und der Mutter, die sich in ihrer Enttäuschung darüber, daß der Vater nur am Geschäft Interesse hat, an diesen Sohn klammert; und seinem Wunsch, etwas eigenes auf seine Weise zu tun. Der behandelnde Nervenarzt hatte darüber hinaus J. gesagt, er sei unheilbar und sollte sich überlegen, in ein Pflegeheim „für solche Kranke" zu gehen, was der Vater als Auslöser für J.s derzeitigen Zustand ansieht.

Die Familie, die den Rückzug J.s. und das Nachlassen seines Interesses am Leben und der Arbeit merkt, steht ratlos vor J.s Depression. J.s Selbstwert sollte wieder aufgebaut werden, meint der Vater.

In dieser ersten Sitzung aufgefordert, alle Entscheidungen, die er treffen müßte, mit Sesseln aufzustellen, versucht J. zunächst 2 Sesseln, einen für „aus dem Haus gehen" und einen für „zu Hause bleiben", aufeinander zu stellen, stutzt plötzlich und sagt dann „Das geht doch gar nicht". Erst jetzt ist die Familie auf das Dilemma aufmerksam. Der Aufforderung des Therapeuten an J., jetzt keine Entscheidung zu treffen, stimmt J. von ganzem Herzen zu, aber auch die übrigen Anwesenden sind dafür.

---

33 Ein schönes Beispiel für die Anwendung der Intervention der alternierenden Tage findet sich bei Weber & Retzer (S. 237) „Sie versuchen unseres Erachtens etwas fast unmögliches. Da Sie merken, wie sehr ihrer Mutter der Mann und die Eltern fehlen versuchen Sie, gleichzeitig Mutters Mutter, Mann, Partner und Sonnenschein-Sohn zu sein, und außerdem wollen Sie noch erfolgreich studieren und sich womöglich verlieben. Damit sie das alles unter einen Hut kriegen, schlagen wir Ihnen folgendes Experiment vor. In den nächsten vier Wochen machen Sie es so, daß sie sich montags ganz als Mutters Mutter, dienstags als ihr Mann und Partner, mittwochs als ihr Sonnenschein-Sohn und donnerstags als ein guter Student zeigen. Sie können die Tage auch tauschen, sollten sich aber immer an einem Tag besonders einer Aufgabe widmen. Freitags haben sie frei und können tun, was Sie wollen und an den Wochenenden machen Sie es wie bisher".

Was die Möglichkeiten für Interventionen betrifft, so haben viele Autoren viele Ideen publiziert, zwar aus *ihrer* Erfahrung, aber diese Fülle ist eine ständige Referenzmöglichkeit, um darauf zurückzugreifen und die dort angewandten Ideen auf die eigene Arbeit abzustimmen.

Und schließlich muß der Therapeut bereit sein, die Anerkennung für alles, was gelungen ist, denen zu geben, die es zuwege gebracht haben.

Selbstkonzepte in der Systemischen Therapie

Corina Ahlers und Harry Merl

1. Einleitung

Ausgehend vom Menschenbild verschiedener Psychotherapierichtungen oder orientiert an der Erfahrung des „Selbst" des angehenden Therapeuten, wird das Konzept des Selbst heute in allen Psychotherapieschulen in Österreich neu diskutiert (vgl. Psychotherapieforum 4/96 zum Thema Selbsterfahrung). Dem entspricht in der systemischen Therapie die Bewußtwerdung, daß das „Selbst" auch in diesem bisher rein interpersonell ausgerichteten Grundverständnis von Therapie einen Platz erwerben muß (Ahlers, 1994b). Parallel dazu scheint es – interessanterweise seit dem Erscheinen von Daniel Sterns Theorien zur Säuglingsforschung – Befruchtungen anderer Psychotherapiemethoden durch eine interaktionelle Sichtweise zu geben. Sterns „Rigs" (Repräsentationen von generalisierten Interaktionen) und die Erkenntnis, daß kompetente, präsymbolische Interaktion zwischen Säugling und seiner Umwelt existiert, geben die notwendigen Hinweise, um eine Integration von intrapsychischen und interpersonellen Prozessen im Subjekt zu begründen (Stern, 1996). In diesem Sinn ist das „Selbst" als interaktionelle Repräsentanz in der Person lokalisierbar.

Was heißt das nun konkret für ein Konzept des Selbst in systemischem Verständnis?

Wir möchten versuchen, das „Selbst" als hilfreiches systemisches Konstrukt für die Praxis und für die Theorieentwicklung zu etablieren, ohne die erkenntnistheoretischen und praktischen Vorteile einer konstruktivistischen Therapieform hinter uns lassen zu müssen.

2. Thesen zum Selbstkonzept Sytemischer Therapie

1. Das Selbst ist lokalisierbar in einer Person, auch wenn es interaktionell entsteht und seine „persönlichen Kostüme" nach situativen Bedarf einrichten kann (Ahlers, 1994a). Hiermit wird die Bedeutsamkeit von Interaktion dahingehend eingeschränkt, daß wir es im psychotherapeutischen System mit Personen zu tun haben, die wohl alle von Aufträgen und Rollenerwartungen wichtiger „anderer" mitbestimmt werden, aber diese Information als Subjekte auf eine spezifische Weise verarbeiten.

Allerdings bleibt die Verarbeitung, im Gegensatz zu früheren Persönlichkeitstheorien, konstruktiv und wir können in der Therapie dementsprechend die „optimale Erfindung“ für unser nächstes Handeln konstruieren. Die Erfindung muß im Rahmen der bisherigen Biografie kongruent bleiben.

2. Über die Relevanz eines bestimmten überdauernden Selbstkonzeptes kann nur die Person bestimmen, in der es lokalisiert wird. Es gibt keine universelle Theorie des menschlichen Handelns, des Verhaltens und der Entwicklung, sondern es gibt Begriffe wie „Konsistenz, Kontinuität und Kohärenz“ der Erzählung des Subjekts (Anderson & Goolishian, 1992; Ahlers, 1994b), die für die passende Konstruktion garantieren, wenn das Ziel derselben klar ist. Das Selbsterleben steht in enger Verbindung zur Frage: Wofür oder für wen erlebe ich mich? Die Handlungsrelevanz jeder Konstruktion ist zu prüfen und in einen interaktionellen Zusammenhang mit den wichtigen Bezugspersonen im Umfeld dieser Person zu stellen. Bezogenheit mit anderen und das Erleben von Gemeinsamkeit sind Teile des Selbst (Gergen, 1990).
3. Das Selbst als überdauernde Funktion einer Person hat eine historische Komponente: Die Erzählungen zum erlebten Selbst entspringen biographisch bedeutsamen Erfahrungen in der Lebensgeschichte. Der Kindheit und der Herkunftsfamilie wird dabei ein prägendes Gewicht zugeordnet, allerdings kein prioritätes gegenüber anderen lebensgestaltenden Momenten (Heirat, Kinder, Trennung, Beruf, usw.), die im Lebenszyklus der Person zum heutigen Lebensentwurf beitragen. Hierbei wird wieder auf die interaktionelle Einbindung des Subjekts in seine Umwelt geachtet, insofern als das Subjekt durch Themen, Problemsysteme, aber auch unveränderbare äußere Fakten mitdefiniert wird.
4. Die konstellative Gestaltung des Selbsterlebens durch die Umwelt und die Funktionalität der gezeigten Selbstteile in ihrer sozialen Einbettung wird mit dem Subjekt im Therapieprozeß reflektiert. Es geht darum, Möglichkeiten und Grenzen der Therapie abzustecken und zu klären, was die therapeutische Dyade (oder Triade bzw. das Mehrpersonensystem) in Unterscheidung zu anderen möglichen Dyaden (Triaden, Mehrpersonensystemen) für das Individuum bedeuten, um den Leidenszustand im therapeutischen Raum verändern zu können. Es wird davon ausgegangen, daß eine im therapeutischen Prozeß veränderte Erzählung der Person über sich selbst deren Selbstbild erweitert und neue Handlungsräume schafft.

Im folgenden Exkurs stellt Harry Merl sein Konzept des „Traums vom gelungenen Selbst“ vor, um einige kontinuitätsgebende Konstrukte zur Lebensgeschichte des Subjekts zu etablieren.

3. Der Traum vom gelungenen Selbst

Das Selbst als im Dialog mit der eigenen Person und anderen Menschen faß- und ansprechbares Konstrukt mit Entwicklungsgeschichte hat einen quasi biologischen Hintergrund, der seine Entwicklung antreibt und an der Steuerung des Lebensschicksals mitbeteiligt ist.

Es geht um das *Bestreben* nach *positiver Selbstdefinition und -repräsentation.*

Quasi biologisch deshalb, weil ein Selbst für jedes Lebewesen postuliert werden muß, macht es dieses doch zu einem distinkten Lebewesen seiner Gattung und Art, macht auch seinen speziellen Charakter aus und begründet seine eigene Geschichte (Uexküll & Wesiack, 1995, S. 26).

Was nichtmenschliche Lebewesen betrifft, wissen wir davon nur aus Beobachtung und können – umso mehr bei niedrigeren Arten – feststellen, daß dieses Selbst instinktgesteuert und als solches programmiert ist. Diese Programmierung führt dazu, daß ein Lebewesen sagen könnte: Ich bin eine Ameise, ein Hund, ein Wolf, etc. Es gibt eine Kraft, die sich in Gestalt, Entwicklung und Verhalten zu jedem Zeitpunkt in der Vernetzung mit der Umwelt manifestiert und sich in der Anlage cerebraler Strukturen ausdrückt, deren Entwicklung im Wechselspiel mit der Umwelt die Identität jedes Lebewesens unverwechselbar hervorbringt.

Wir müssen für unsere Entwicklung als Menschen nicht nur das gleiche annehmen, sondern können durch Beobachtung und Introspektion von uns selbst erfahren, wie unser Wesen angelegt wird. In der Begegnung mit uns selbst und anderen können wir eine solche Kraft annehmen, die sich als Antrieb zur Entwicklung ebenso zeigt, wie als Wunsch nach Korrektur, wenn diese Entwicklung zu verunglücken droht. Dieses Bestreben sei *Traum vom gelungenen Selbst (TGS)* genannt.

Was ist der TGS? Er ist der Traum jedes Menschen im Umgang mit sich selbst und der Umwelt, sich in jeder Situation und zu allen Zeiten als ein Selbst zu erkennen und seine individuelle Identität durch alle Lebensphasen so zu bestätigen, daß das wahrgenommene Gefühl entsteht: *Ich bin jemand*, d. h. vor allem: ich bin autonom, liebenswert und liebesfähig, *und kann etwas*, d. h. bin kreativ in Gedanken und Handeln, *und das in meinen und deinen/euren Augen, und bin als der, der ich bin, wichtig, wie immer ich bin.*

Da der TGS in den Lebensräumen, in denen wir existieren und uns entwickeln, realisiert wird, lassen sich für die verschiedenen Bereiche „Unterträume“ abgrenzen, mit denen der TGS im jeweiligen speziellen Bereich seinen Ausdruck findet.

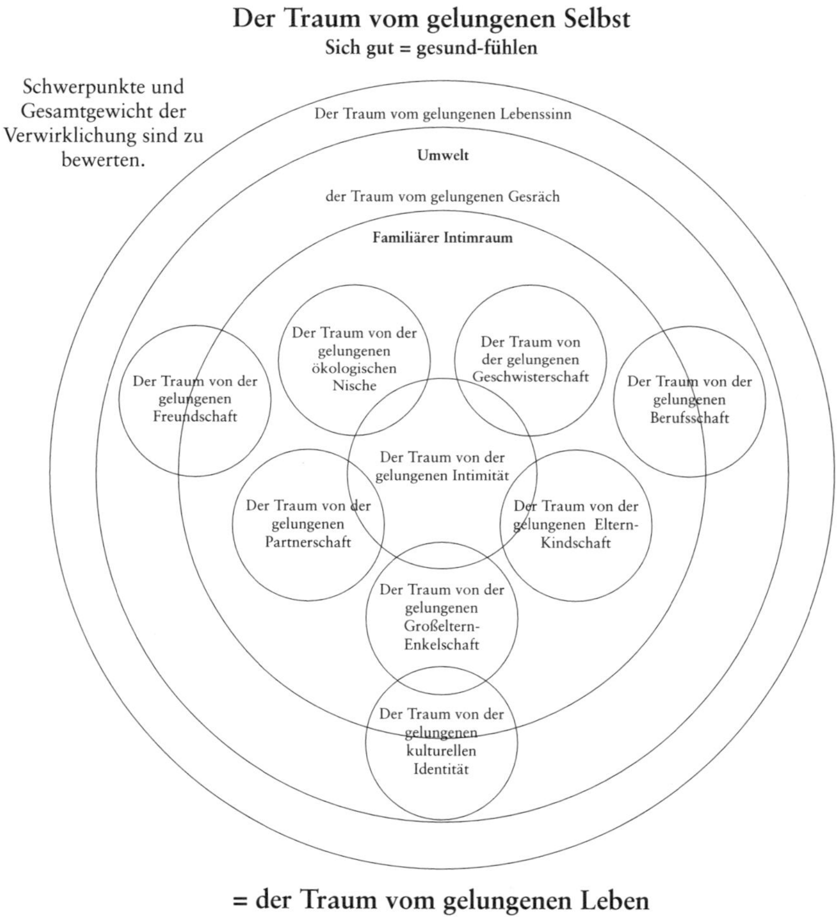

Der Traum von der gelungenen Partnerschaft: „Ich und du werden einander unterstützen, um im Zusammenleben den TGS zu realisieren. Ich bin in meinen und in deinen Augen ein guter Partner und kann dich glücklich machen.“

Sein Mißlingen durch Trennung oder Scheidung hat schwerwiegende Auswirkungen für den Selbstwert der Beteiligten. Sein Scheitern belastet stark die beiden folgenden Träume.

Der Traum von der gelungenen Elternschaft: „Ich bin in meinen und deinen Augen, Partner, und deinen Augen, Kind, ein guter Vater bzw. eine gute Mutter und kann dich zum Gedeihen bringen.“ Dieser Traum wird gleichsam kompensatorisch benützt und spielt bei den Besuchsrechtskämpfen getrennter/geschiedener Eltern eine große Rolle. Er beeinflußt stark den

Traum von der gelungenen Kindschaft: „Ich bin in meinen und in deinen Augen, Vater und Mutter, bzw. euren Augen Eltern so wie ich bin, ein guter Sohn/eine gute Tochter.“

Dieser Traum führt bei Kindern zu großen Anstrengungen, für ihre Eltern verschiedene Funktionen zu übernehmen, oder auch, ihnen „keine Schande“ zu machen, etwas, was z. B. bei Schülerselbstmorden nach Schulversagen eine große Rolle spielen dürfte. Bei Trennungen bzw. Scheidungen der Eltern bewirkt dieser „Untertraum“ den bis weit in das Erwachsenenalter anhaltenden Wunsch, die Eltern wieder zu versöhnen.

Der Traum von der gelungenen Geschwisterschaft: „Ich bin in meinen und in deinen Augen, Schwester/Bruder, bzw. euren Augen, Geschwister, so wie ich bin, angenommen. Ich gehöre zu euch und stehe zu euch und ihr zu mir. Wir halten als Geschwister zusammen.“

Dieser „Untertraum“ macht sich z. B. in Familientherapien mit jugendlichen Patienten bemerkbar, wenn die „gesunden Geschwister“ die Szene einerseits zum Tribunal gegen die Eltern machen wollen, und andererseits bereit sind, sich für den Erkrankten einzusetzen, wenn es um Hilfestellungen in Richtung des TGS des Betroffenen geht.

Der Traum von der gelungenen Großelternschaft: „Ich bin in meinen und euren Augen, Eltern, und deinen Augen, Enkelkind, ein guter Großelternteil.“

Dabei wird dem Urteil des Enkelkinder oft höherer Wert zugemessen als dem Urteil der Eltern des Kindes. Dieser „Untertraum“ macht sich z. B. dann bemerkbar, wenn Kinder nach Trennung oder Scheidung ihrer Eltern Hilfe brauchen.

Der Traum von der gelungenen Enkelkindschaft: „Ich bin in meinen und in euren Augen, Eltern, und Großeltern ein gutes Enkelkind.“

Dabei können Kinder in einen Loyalitätskonflikt zu ihren Eltern geraten und die Bedeutung ihrer Großeltern für sie verbergen, wenn die Einstellung der Eltern zu den Großeltern negativ ist.

Der Traum von der gelungenen ökologischen Nische: „Ich habe in meinen und in deinen Augen das Recht auf Stimme und auf einen Platz in unserem physikalischen und ideellen Raum, d. h. unserem gemeinsamen Lebensraum bzw. in deinem Herzen und deinen Gedanken“ – etwas, was sich auch in einer Therapie realisieren muß.

Der Traum von der gelungenen Intimität: „Ich bin in meinen und deinen Augen in den verschiedenen Bereichen unseres Zusammenlebens vertrauenswürdig und kann dir und du kannst mir vertrauen. Wir haben voreinander Respekt und trachten in dem, was wir miteinander tun, nach der für jeden von uns passenden Nähe bzw. Distanz und können uns aufeinander verlassen.“

Dieser „Untertraum“ geht bei Paarbeziehungen häufig verloren, sodaß das Gefühl des nebeneinanderher-Lebens entsteht. Er mißlingt oft im Gespräch zwischen Eltern und Kindern, sodaß beide Seiten darüber klagen, daß sie nicht miteinander reden und sich verständlich machen können.

Der Traum von der gelungenen Freundschaft: „Ich bin in meinen Augen und in deinen Augen, Freund, ich bin angenommen und für dich wichtig, und daher dein Freund.“

Die Sorge von Eltern um falsche Freunde übersieht, daß diese Freunde für den TGS mehr bieten, als sie selbst, auch wenn diese Einflüsse zu schädlichen Folgen führen.

Der Traum von der gelungenen Berufschaft: „Ich bin in meinen und in deinen Augen fähig, etwas in meinen Arbeitsbereich oder Beruf zustande zu bringen.“

Dieser „Untertraum“ realisiert sich in einem Bereich abseits von der Familie und dient daher der Selbstwertzufuhr durch Leistung und als solcher als ökologischer Fluchtpunkt bei Mißlingen der Realisierung des TGS in anderen Bereichen. „Wenigstens“ der Beruf gelingt. Dieser Traum gilt natürlich auch für alle Helfer und damit auch für das hier behandelte Thema. Er hat besondere Bedeutung bei Berufsunfähigkeit und Arbeitsplatzverlust mit allen seinen Folgen und ist bei der Rehabilitation besonders zu berücksichtigen.

Der Traum vom gelungenen Gespräch: „Ich kann mit dir und du mit mir so reden, daß wir einander nicht erniedrigen, mundtot machen oder erschlagen müssen, um als der, der ich bin, respektiert zu werden.“ Das Mißlingen dieses „Untertraums“ zeigt sich als Schweigen, das ausbricht und über das Menschen bei anderen und besonders in der Therapie klagen. „Wir können nicht mehr miteinander reden ...“, was in der Folge zu Gewaltausbrüchen führen kann.

Der Traum von der gelungenen kulturellen Identität: „Ich bin ein guter ... (Österreicher, Türke, Amerikaner ...) in meinen und euren Augen.“

Dieser Traum hat etwa für die Arbeit mit Gastarbeiterfamilien große Bedeutung, vor allem in Hinblick auf die Verschiedenheit dieses Traums bei Eltern und ihren hier geborenen und heranwachsenden Kindern, aber auch in Hinblick auf Schwierigkeiten verschieden-kultureller Partnerschaften.

Der Traum vom gelungenen Lebenssinn: „Ich bin mit mir und euch einig, daß ich in meinem Traum vom gelungenen Selbst auf dem richtigen Weg bin".

Es ist der Traum von der gelungenen Lebens-, Zwischen- bzw. Endbilanz. Daß es auf die Verwirklichung des TGS in „meinen *und* deinen/euren Augen" ankommt, macht deutlich, daß das Erlebnis des Gelingens nicht nur vom sozialen Raum abhängt, sondern auch von den Möglichkeiten des Umgangs mit der eigenen Person, d. h. ob der TGS als gelingend erlebt wird, und welche Ressourcen tatsächlich bestehen, welche wahrgenommen und wie sie genützt werden und welche geschaffen werden können, alles das sowohl vom einzelnen als zusammen mit den Personen, die einerseits in den TGS eingebunden sind und dabei gleichzeitig ihren eigenen TGS realisieren. Das charakterisiert besonders, was im intimen Lebensraum „Familie" geschieht und ihn zum System macht (Merl, 1993).

Die Problematik, die sich daraus ergeben kann, besteht darin, daß jede Veränderung, jeder Entwicklungsschritt, dem TGS zur Bestätigung vorgelegt werden muß. Dies löst inneren Zwiespalt aus, wenn etwa eine in bestimmten Bereichen erwünschte Veränderung nicht dem TGS entspricht. So kam eine Frau zur Therapie mit der Bitte, ich möge ihr helfen so zu werden, wie ihr Mann sie haben möchte. Er halte sie nämlich für zu empfindlich gegenüber den Angriffen, die in ihrem Arbeitsbereich gegen sie gerichtet wurden, weil sie sich gewehrt hatte, eine finanzielle Manipulation ihres Vorgesetzten zu unterstützen. Mit seiner Kritik suchte der Mann seine Frau, die ihn wegen seines erheblichen Alkoholmißbrauchs tadelte, im Sinne seines TGS „zur Räson" zu bringen.

Es ergibt sich so eine Reihe von Bereichen, die alle ihren Teil zum TGS beitragen und miteinander vernetzt sind, wobei sich jeweils entscheidet, welche Bereiche jeweils für andere einspringen können. In gewisser Weise entscheidet einerseits das „Gesamtgewicht" das Gelingen, andererseits das Reservoir an Selbstwert bzw. die Fähigkeit, dieses Reservoir auch aus eigenem aufzufüllen, d. h. den TGS bei Mangel aus intrapsychischen Quellen zu speisen. Darin liegt die Fähigkeit, im Hinblick auf ein Ziel durchzuhalten, auch wenn die erwünschte Bestätigung weder von innen noch von außen kommt.

Die beste Form des Gelingens ergibt sich in einem Miteinander, das allen Seiten Gewinn bringt – eine Win-Win Situation in der Terminologie der Spieltheorie. Gelingt der TGS auf diese Weise nicht, so können sich unterschiedliche Konsequenzen ergeben:

1. Gewalt und Ausbeutung bzw. erzwungene Unterwerfung als häufigste und zunehmend gängige Form: Win-Lose, ohne Rücksicht auf den Verlierer.
2. Dazu komplementär ist die erzwungene Unterwerfung: Lose-Win. Ohne Möglichkeit zu entkommen, läßt sie extremen Selbstwertverlust erleben, Zweifel an der eigenen Person und Zuteilung einer Sinnhaftigkeit bis hin zur Identifikation mit dem Aggressor. Sie schwächt den allgemeinen Gesundheitszutand und fördert so das Entstehen von Krankheit, wie etwa die Situation in ihrer Beziehung chronisch mißhandelter Frauen zeigt (Löw & Fröschl, 1992).
3. Suizidalität, um den TGS ins Jenseits hinüber zu retten, weil er in „diesem Leben" nicht realisierbar erscheint. Das „Drüben" wird zum Lebensraum, in dem man wieder hoffen kann.

Da der TGS bei allen Menschen zu finden ist, und bei seinem Scheitern im günstigsten Fall Hilfe gesucht wird, stellt sich die Frage danach, wie er am ehesten ansprechbar ist.

Dabei zeigen sich fünf Grundbotschaften als nützlich, die ein Helfer an jeden einzelnen bzw. alle, die sich an ihn wenden, richten kann:

1. Du bist/ihr seid bei mir nicht verloren (eine wichtige Botschaft seitens einer ambivalent gesehenen, oft auch gefürchteten Autorität).
2. Du bist jemand und als solcher wichtig. Das bedeutet auch Anerkennung als Mensch, der sich artikulieren will und darf.
3. Du kannst etwas und hast sicher auch schon etwas zuwege gebracht.
4. Ich helfe dir, wenn du Hilfe willst, um deinetwillen.
5. Ich meine es ehrlich und bin verläßlich: diese Botschaft sichert Vertrauenswürdigkeit zu und bestätigt sich in der Zeit.

4. Bedeutung für die praktische Arbeit mit Systemen

Die Arbeit mit diesem Konzept erlaubt davon auszugehen, daß jeder in einer Therapie Anwesende von seinem TGS angetrieben ist, besonders dort, wo er ihm am wenigsten gelingt und zuwenig Kompensation oder „Gesamtgewicht" besteht. Dem entspricht die Erfahrung, daß dort wenig Interesse an einer Veränderung der Verhältnisse besteht, wo fehlende Bereiche des TGS durch andere kompensiert sind bzw. ein ausreichendes „Gesamtgewicht" besteht. Dies trifft in der Familientherapie häufig auf Angehörige zu, die wenig Interesse an einer Teilnahme zeigen, oder fürchten, daß ihr TGS, so wie er besteht, verletzt werden könnte.

Das Konzept des TGS ermöglicht, jeden einzelnen auf seinen Traum anzusprechen, ihm den Wunsch und auch das Recht auf dessen Verwirklichung zuzugestehen und wenn möglich in Aussicht zu stellen.

Therapeutische Systeme – Therapeutische Beziehung/Haltung

Margarete Scholze

Als therapeutisches System wird das Zusammenwirken von KlientInnen und TherapeutInnenen in dem Bemühen, KlientInnen einen Weg aus Krankheit und Leiden zu eröffnen, bezeichnet.

1. Die Anfangsjahre: Der Therapeut als Experte

Bis vor ca. 15 Jahren betrachteten sich TherapeutInnen als Experten für Funktionalität im System Familie. Die historischen Ansätze der Familientherapie entwarfen unterschiedliche Modelle von Funktionalität und Dysfunktionalität in menschlichen Systemen und setzten Schwerpunkte für Interventionen entweder struktur- (Grenzen, Hierarchien etc.) oder prozeßorientiert (Muster, Homöostase etc.). Diese speziell für den strategischen und strukturellen Ansatz gültigen Vorannahmen verlangten eine aktive und oft auch konfrontierende Vorgangsweise der TherapeutInnen, welche mittels gezielter Interventionen die Dysfunktionalität wieder zu korrigieren trachteten.

FamilientherapeutInnen postulierten, daß solche „Ursachen" von Dysfunktionalität unabhängig von der Person der Beschreibenden – also der TherapeutInnen – existieren.

2. Die konstruktivistische Wende: Der Klient ist Experte

Die Erfahrungen in der Praxis zeigten, daß unterschiedliche ExpertInnen unterschiedliche Ursachen für Dysfunktionalität bemerkten, abhängig von ihren Vorstellungen von der Entstehung, Aufrechterhaltung und Beseitigung von Problemen. (Alles Gesagte wird von einem Beobachter gesagt, Maturana, 1982). Das innere Modell der TherapeutInnen wurde zur Diskussion gestellt – ihre Vorannahmen und ihre Haltungen. Außerdem wurde beobachtet, daß die Wirkung einer Intervention der TherapeutInnen nur sehr begrenzt vorhersehbar und das daraus resultierende Verhalten der KlientInnen nicht vorhersagbar ist. Das Expertentum der KlientInnen für ihre Lebenswelt rückte in den Vordergrund und wurde Leitlinie für therapeutisches Vorgehen.

Die erkenntnistheoretische Position des radikalen Konstruktivismus (Glasersfeld, Heinz von Förster) und die Forschungen des Humanbiologen Humberto Maturana (vgl. Maturana & Varela, 1987) bieten Erklärungsmöglichkeiten für diese Phänomene.

Ausgehend von der Annahme, daß jede Sichtweise ein Konstrukt des Beobachtenden ist, werden Probleme der KlientInnen als eine für die Beteiligten im Augenblick passende Beschreibung der problematischen Situation gesehen. Es ist Aufgabe der TherapeutInnen, gemeinsam mit den KlientInnen eine andere Beschreibung zu finden. Die Behandlungseinheit ist nun nicht mehr ein „pathologisches System", sondern ein Ideensystem mit seiner Bedeutungsgebung.

Mara Selvini-Palazzoli, Giuliana Prata, Luigi Boscolo und Gianfranco Cecchin, bekannt als die Mailänder Gruppe, setzten sich eingehend mit der Haltung der TherapeutInnen und deren Auswirkungen auf den therapeutischen Prozeß auseinander. Sie favorisieren eine Haltung der Neutralität, Zirkularität und des Hypothetisierens. Neutralität meint, die Sichtweise jedes einzelnen als mögliche Beschreibung anzuerkennen. Zirkularität beachtet die kontinuierlich ablaufenden Prozesse, sowohl in dem „System Familie" als auch zwischen TherapeutInnen und KlientInnen. Unter Hypothetisieren verstehen sie eine systemische Beschreibung der problematischen Situation, welche die TherapeutInnen entwerfen und die sie im Kontakt mit den KlientInnen überprüfen und revidieren (vgl. Selvini-Palazzoli et al., 1981; Boscolo et al., 1988).

G. Cecchin fügte 1988 diesem Konzept noch die Haltung der „Neugier" hinzu, die sich nicht mit einer Hypothese begnügt. In seinem Buch „Respektlosigkeit" (Cecchin et al., 1993) ermutigt er zum spielerischen Verwerfen aller Theorien und Beschreibungen, um Raum für die Vielfalt aller möglichen Beschreibungen im therapeutischen System zu eröffnen. „Lösung" verlagert sich somit auf die sprachliche Ebene, auf die Ebene von Bedeutungs- und Sinngebungen.

Am konsequentesten wurde dieses Konversationsmodell von Tom Andersen und Harry Goolishian in ihrer Praxis umgesetzt. Sie legen den Schwerpunkt auf den gemeinsamen Konstruktionsprozeß von Wirklichkeit in Sprache. Familien erschaffen ihre Wirklichkeit in Sprache, und durch Sprache kann diese in einer therapeutischen Begegnung verändert werden. Ihrem Anspruch nach sollen sich TherapeutInnen in den Prozeß der Konversation ohne jede Hypothese ihrerseits einlassen. Tom Andersen setzt diesen Gedanken in seinem „reflektierenden Team" fort (Andersen

T., 1990). Harry Goolishian entwickelte gemeinsam mit Harlene Anderson das Konzept des problemdeterminierten Systems. Sie meinen, daß nicht das System das Problem erschafft, sondern das Problem in Sprache ein System kreiert (vgl. Goolishian u. a., 1988; Anderson u. a., 1992). Sie bezeichnen menschliche Systeme als „spracherzeugend und zugleich sinnstiftend". Erzählte „Geschichten" über die Vergangenheit, Gegenwart und Zukunft können durch eine respektvolle und wertschätzende Konversation erweitert und verändert werden.

3. Die systemisch konstruktionistische Perspektive: Der Therapeut als Begleiter

„Der Geist ist am meisten von den Gründen überzeugt,
die er selbst entdecken kann."
(Paul Watzlawick in Lynn Hoffmann, 1996, S. 157)

Wenn wir uns an der Theorie der sozialen Konstruktion (Gergen, 1984) orientieren, gibt es keine unumstößlichen Wahrheiten, sondern Geschichten über die Welt, welche in Interaktion mit anderen Menschen entstehen und sich verändern.

Deshalb können alle TeilnehmerInnen am therapeutischen System als „ExpertenInnen" betrachtet werden, womit der Begriff „ExpertIn" sich erübrigt und durch „Wissender" bzw. „Verantwortlicher" ersetzt werden kann. KlientInnen sind verantwortlich für ihr Leben und für jeden Prozeß der Veränderung, TherapeutInnen tragen die Hauptverantwortung für das Aufrechterhalten und die Gestaltung der therapeutischen Konversation als einen „reflexiven Diskurs" (Pearce & Cronen, 1980). Sie haben in jedem Moment des Gesprächs die Entscheidung darüber zu treffen, welche *Ebenen der Darstellung* der KlientInnen sie ansprechen:

- die Ebene des Sprechaktes
- die Ebene der Episode
- die Ebene der Beziehungen
- die Ebene des Lebensdrehbuches
- die Ebene des Familienmythos und
- die Ebene des kulturellen Programms

(Pearce & Cronen, 1980).

Das Herausgreifen eine dieser Ebenen markiert einen Kontext für das Problem und beeinflußt die Richtung der therapeutischen Konversation. Es soll begründbar sein im Hinblick auf das angestrebte Ziel.

Die Auswahl der Interaktionsbeiträge der TherapeutInnen, die sich auf eine oder mehrere der vorher beschriebenen Ebenen in bestimmter Absicht richten, orientiert sich am inneren fachlichen und persönlichen Modell der TherapeutInnen, am Stadium der Therapie und an den Möglichkeiten der gemeinsamen therapeutischen Beziehung.

3.1 Das innere Modell der TherapeutInnen

Als TherapeutInnen nehmen wir das Bild von KlientInnen aufgrund unserer Erfahrungen, unserer Wahrnehmung, unserer Bewertungen und Unterscheidungen von Wesentlichem und Unwesentlichem – in Zusammenhang mit unserem inneren Modell – wahr. Unsere Wahrnehmung gleicht einem Teleskop, das je nach Stellung, Art und Schärfe der Optik unterschiedliche Phänomenbereiche erfaßt und andere ausblendet. Die Auswahl dessen, was wir beschreiben und ansprechen, sagt nicht nur etwas aus über unser Modell der Welt, bestimmt unsere Blickrichtung und Sichtweise, sondern erzeugt auch spezifische Themen und Schwerpunkte im therapeutischen System. Interpretationen der TherapeutInnen schaffen somit auch Fakten. Der innere Dialog der TherapeutInnen, welche der angebotenen Themen auf welcher Ebene sie aufgreifen sollen, begleitet den gesamten therapeutischen Prozeß.

3.2 Das Stadium der Therapie

Die Beiträge der TherapeutInnen bewegen sich zwischen bestätigenden (beziehungserhaltend und -stiftend) und mehr oder weniger verstörenden Äußerungen (Ludewig, 1992). Am Anfang der Therapie werden bestätigende bzw. neutrale Gesprächsbeiträge überwiegen; je gefestigter die vertrauensvolle Beziehung zu den KlientInnen scheint, umso mehr Anstöße, das vertraute Bild der Wirklichkeit zu hinterfragen, können angeboten werden. Eine vertrauensvolle Beziehung bedingt seitens der KlientInnen den Eindruck, daß TherapeutInnen ihnen mit engagierter Anteilnahme und Neugier begegnen und daß sie die Beschreibung ihrer Lebenswelt, ihre Bedeutungen, die sie bestimmten Situationen zuschreiben, respektieren und akzeptieren, ohne sie unbedingt zu teilen. Eine KlientIn erzählt den TherapeutInnen die für sie möglicherweise intimsten und schmerzlichsten Erfahrungen und erwartet Hilfe in einer Form, wie es ihren Vorstellungen vom Helfen und Geholfenwerden entspricht. Es liegt in der Verantwortung der TherapeutInnen, diese Erwartungen abzuklären und aus dem Anliegen der KlientInnen einen therapeutischen Auftrag an sie herauszufiltern, einen Auftrag, der realistisch auch erfüllbar ist. TherapeutInnen können etwa nicht einen Ehepartner oder ein Kind verändern, sondern mit den KlientInnen Möglichkeiten erarbeiten, wie sie sich verhalten können, daß von ihnen gewünschte Veränderungen stattfinden.

3.3 Die Möglichkeiten der Beziehung

Das Alter, Geschlecht, Aussehen und Auftreten der TherapeutInnen bergen eine Einladung zur Zuschreibung einer bestimmten Rolle und Funktion im therapeutischen System, z. B. eine der Unterstützung des rebellierenden Jugendlichen oder der geplagten Eltern oder der leidenden Ehefrau. Nehmen TherapeutInnen diese Einladung[1] an, stabilisieren sie damit den bestehenden Zustand. Sie haben sich der Konstruktion von Wirklichkeit der Familie angeschlossen. Ein Signal ist möglicherweise, daß TherapeutInnen ihre Neugier verlieren. Ärger, Frust und Ohnmachtsgefühle stellen sich in Reaktion darauf ein.

Die Beiträge der TherapeutInnen implizieren *eine bestimmte Absicht*, die sich am inneren Modell, welcher Kontext Veränderungen ermöglicht, orientieren.

Mögliche Leitlinien sind:

- Erkennen sowie Einsicht in Zusammenhänge fördern
- Veränderungsmöglichkeiten aufzeigen, etwa durch Transfer von Lösungsideen aus Erfahrungen aus anderen Kontexten (mittels zirkulärer und reflexiver Fragen) oder durch Kommentare, die das Geschehen in einen anderen sinnvollen Zusammenhang stellen
- Ambivalenzen deutlich werden lassen (etwa ein sowohl – als auch von „Autonomie und Bezogensein" bzw. „Stabilität und Veränderung")
- Nutzen der Beziehungsgestaltung im therapeutischen System als Modell: auf einer Metaebene kann die gegenwärtige Beziehungsgestaltung reflektiert werden. Kreative, die Lebenspraxis erweiternde Aspekte der Beziehungsgestaltung können auf ihre Integrierbarkeit in die Lebenswirklichkeit der KlientInnen überprüft werden.

Die Bandbreite derzeitiger systemtherapeutischer Praxis bewegt sich zwischen dem Gespräch über die problematische Situation und über die

---

[1] Diese Einladung wirkt in besonderer Weise im Setting der systemischen Einzeltherapie. In der Intimität des einzeltherapeutischen Settings ist es oft schwierig, das Beziehungsangebot der KlientInnen zurückzuweisen, ohne die gesamte Beziehung zu gefährden.

mögliche Lösung. Ansätze, die ausschließlich die Lösung fokussieren (de Shazer, 1988) entsprechen meiner Erfahrung nach oft nicht den Bedürfnissen der KlientInnen, über ihr Leiden zu sprechen. Eine ressourcenorientierte Grundhaltung, welche konsequenterweise Gesundheit, Kompetenz, Stärken und Entwicklung in jeder beschriebenen Situation wahrnimmt, ermöglicht den Kontext der Veränderung, falls dem Problem in ausreichendem Maße Raum gegeben wird. Das Annehmen oder Ablehnen der Beiträge der TherapeutInnen wird als Information betrachtet und als Leitlinie für ihren nächsten Beitrag. Wenn jede Reaktion der KlientInnen, selbst eine als herausfordernd oder feindselig empfundene, als Information, als interaktionales Geschehen gesehen wird, erübrigt sich das Konzept des „Widerstandes". So werden in der therapeutischen Konversation Impulse zur Veränderung der vertrauten Sichtweisen gesetzt („zumutbare Verstörung", Ludewig, 1992). Die angestrebte Veränderung selbst – das Entwickeln und Erproben alternativer Verhaltensweisen, Kommunikations- und Handlungsmuster, ist ein eigener Prozeß in der Lebenswelt der KlientInnen und für TherapeutInnen nicht vorhersagbar. Die Erfahrungen damit werden in den folgenden Sitzungen miteinbezogen.

4. Feministische Perspektive: TherapeutInnen stellen Werte in Frage

Im letzten Jahrzehnt setzen sich sowohl amerikanische als auch europäische Familientherapeutinnen mit der patriarchal bestimmten Perspektive in der systemischen Therapie auseinander. Werte wie Unabhängigkeit, Autonomie und Kontrolle waren und sind wichtige Aspekte in der Ideenwelt systemischer Praktiker und entstammen vor allem der männlichen Perspektive. Die Wortwahl bei der Beschreibung dysfunktionaler Systeme wie z. B. „Strategien", „Taktiken", „überlegen" oder „unterlegen" sein, spiegelt ein maskulines Wertesystem der Macht und Kontrolle wider. Weiblich attribuierte Werte wie z. B. Beziehung, Fürsorglichkeit, Verletzlichkeit und Vertrauen spielten über längere Zeit eine eher untergeordnete Rolle. Bezeichnungen wie „überfürsorgliche Mütter" und „periphere Väter" stigmatisieren und schränken die Handlungsmöglichkeiten ein.

Kritik wird auch an der konstruktivistischen Sichtweise – alle Sichtweisen und Perspektiven als „gleich-gültig" zu betrachten – und an der speziell von den Mailändern vertretenen Haltung der Neutralität geübt. Zementiert sie doch bestehende tradierte (oft patriarchal dominierte) Familienbilder und auch Machtungleichheiten geschlechtsspezifischer, sozialer und kultureller Art ein und verschleiert Mißstände wie z. B. Gewalt in der Familie.

In Reaktion darauf setzten sich feministische Ansätze für die Wertschätzung und die Rechte der „weiblichen Perspektive“ ein. Sie fordern ein verändertes praktisches Vorgehen, welches die Benachteiligung der Frauen offenlegt und zur Diskussion stellt (Hoffmann & Lynn, 1996; McGoldrick et al., 1991). In letzter Zeit ist der Ausdruck „Gendersensibilität“ gebräuchlicher, welcher die Gleichwertigkeit und auch die Wahlmöglichkeit der Lebensgestaltung (Rollen, Verantwortlichkeiten usw.) von Männer und Frauen in den Vordergrund stellt.

5. Ethische Aspekte

Vier ethische Grundpositionen systemischer Therapie:

1) Denke und handle ökologisch valide (oder: „Es gibt immer einen größeren Kontext“)
2) Achte auf die Definitionen und Bewertungen, die du vornimmst (oder: „Es könnte auch alles ganz anders sein“)
3) Besinne dich auf deine persönliche Verantwortung (oder: „Es gibt kein Richtig oder Falsch, aber du bist Teil des Kontextes und alles, was du tust, hat Konsequenzen!“)
4) Achte darauf, in respektvoller Weise Unterschiede zu schaffen (oder: „Füge dem Bild des/der Klienten etwas Neues hinzu“) – (von Schlippe, 1991, S. 371)

Aus dem vorher beschriebenen geht hervor, daß aus systemisch-konstruktionistischer Sicht die Ethik der systemischen TherapeutInnen als Beziehungsethik, als relationale Ethik gesehen wird. Eine wertschätzende, respektvolle Haltung gegenüber der Person der KlientIn ist Grundlage für die therapeutische Konversation. Dies bedingt, daß KlientInnen auch Zugang zum Denken desjenigen Menschen, den sie um Hilfe bitten, haben sollen, und schließt ein Machtgefälle, wie etwa ein Expertenwissen des professionellen Helfers über das Leben des anderen, aus. Es verpflichtet uns TherapeutInnen, unser eigenes Wertsystem, unsere inneren Konstrukte im Diskurs mit anderen transparent zu machen und kontinuierlich zu hinterfragen. Die Suche nach Authentizität, nach Übereinstimmung zwischen dem, was wir sagen und dem, was wir tun, wird uns immer wieder mit eigenen Inkongruenzen und auch unseren Grenzen konfrontieren. Diese auch anzuerkennen und ev. Konsequenzen daraus zu ziehen, gehört für mich zum respektvollen Umgang mit mir selbst und den sich mir anvertrauenden KlientInnen.

Als Überbegriff für das psychotherapeutische Handeln möchte ich mich Karl Tomm anschließen (mündl. Mitteilung, 1996), der den englischen Begriff des „Caring", für den ich im Deutschen keinen vergleichbaren Begriff finden konnte, an die Stelle des „Behandelns" setzt.

Zur Theorie von Intervention

Konrad Grossmann,
unter Mitarbeit von Ilse Gschwend und Elfriede Waas

Man könnte sich vorstellen, daß gewisse Sätze von der Form der Erfahrungssätze erstarrt wären und als Leitung für die nicht erstarrten, flüssigen Erfahrungssätze funktionierten; und daß sich dies Verhältnis mit der Zeit änderte, indem flüssige Sätze erstarrten und feste flüssig würden.

Die Mythologie kann wieder in Fluß geraten, das Flußbett der Gedanken sich verschieben. Aber ich unterscheide zwischen der Bewegung des Wassers im Flußbett und der Verschiebung dieses; obwohl es eine scharfe Trennung der beiden nicht gibt (Wittgenstein, Über Gewißheit, S. 140).

„Intervenire" steht für „dazwischenkommen": als Metapher im Kontext psychotherapeutischer Sprachspiele bezeichnet „Intervention" kommunikative Sequenzen eines therapeutischen Dialogs, innerhalb dessen (gewohnte) „Wellenbewegungen" oder „Flußläufe" des Denkens, Handelns und Interagierens von Klienten, Klientensystemen und Therapiesystemen in Zusammenhang mit Problemen und Lebensschwierigkeiten eine wesentliche und bedeutungsvolle Wandlung erfahren.

Der Begriff „Intervention" bietet sich als Verdinglichung eines komplexen prozessualen kommunikativen Geschehens an: in seiner Semantik schwingt mit, daß hier einander einer, der „interveniert" (Therapeut) und einer, der „Gegenstand" von „Intervention" ist (Klient/Klientensystem), gegenüberstehen.

Wie ein Ausflug in die Geschichte der „Interventionstheorie" zeigen wird, ist diese lineare „Optik" entlang der Unterscheidung „aktiv" – „passiv" nur eine unter anderen. Gleiches gilt für die Vielgestaltigkeit all jener kommunikativen Sequenzen, die wir als „Intervention" rekonstruieren – sie gleichen Stifters „Bunten Steinen"; nicht immer sind die schillerndsten auch die wertvollsten. Manche Interventionen beeindrucken durch ihren Glanz, die Dramatik ihrer Inszenierung, die Komplexität ihrer Struktur – aber wesentlicher für den Alltag des therapeutischen Dialogs sind wohl die eher unscheinbaren, bescheidenen, oft kaum wahrzunehmenden – jene kleinen und unspektakulären Steine und Kiesel, die dem Verlauf eines Flusses nach und nach eine andere Richtung geben.

In welches Gewand sich „Interventionen“ auch kleiden: ihr Wert besteht darin, hilfreiche Unterschiede zu produzieren – Geglaubtes, Gewohntes zu erschüttern oder zu verflüssigen und neue Möglichkeiten des Denkens, Handelns, Erzählens zu eröffnen, die ein Weiterbestehen von Problemen erschweren oder verunmöglichen.

Was folgt, ist als Einladung zu einer Wanderung durch die Flußlandschaft „Intervention“ gedacht – zu einer Untersuchung von Unterschieden hinsichtlich „interventiver“ Medien, möglicher interventiver Orientierungen, möglicher „Bezugs-Räume“ und Foki von „Intervention“. Dem folgt eine Beschreibung der Einbettung von „Interventionen“ – ihr „Passen“, ihre Dramaturgie, ihr „experimenteller“ Charakter, ihre Zielbezogenheit, ihre Nicht-Trivialität – verbunden mit Ausflügen in die Geschichte der Flußlandschaft, um – schon gegen die Mündung hin – zu einem Theorieverständnis von „Intervention“ im Kontext gegenwärtiger systemtheoretischer Modellbildung zu gelangen.

Mögliche Unterscheidungen

Für den ersten Abschnitt dieser Wanderung empfiehlt sich der Gebrauch einer Intervention, die de Shazer unter der Markierung „so tun, als ob“ insbesonders für sogenannte Abschlußinterventionen konzeptionalisiert hat (deShazer, 1985): der Klient wird in Zusammenhang mit einem abschließenden Kommentar dazu aufgefordert, das von ihm gewünschte Verhalten in einer spezifizierten Situation zu zeigen, auch wenn seine innerliche Befindlichkeit der Aktualisierung dieses Verhaltens nicht entspricht[1].

Das Treffen möglicher Unterscheidungen von „Intervention“ kann leichter fallen, wenn wir so tun, als ob „Interventionen“ spezifische Handlungen und Handlungsunterlassungen von Therapeuten bezeichnen würden, statt sie als von Klientensystem und Therapeut gemeinsam kreierte Dialogsequenzen zu betrachten. So gesehen würden sich „Interventionen“ als „Verpackungen“ („Wrapping“) (Zeig, 1997, pers. Mitt.) verstehen lassen, innerhalb welcher der Therapeut zentrale Ideen in den Dialog einbringt.

1 Zuweilen wird diese Empfehlung mit dem Zusatz der „Geheimhaltung“ und/oder einer Beobachtungsaufgabe für den Klienten oder einer wichtigen sozialen Anderen verknüpft.

Medien von Intervention

Auf diesem Hintergrund lassen sich unterschiedliche „Medien" von „Intervention" unterscheiden – etwa „Interventionen vermittels Sprache" und „Interventionen vermittels Handlungen".

Die Landschaft „sprachliche Interventionen" umfaßt dabei die Gesamtheit der Provinzen des Fragens, des Kommentierens, des Reframings und der positiven/negativen Konnotation, der Aufforderung zu Skulpturierungen, des Empfehlens und des Erteilens von Ratschlägen, des Erfindens von Ritualen ebenso wie des Gebrauchs therapeutischer Geschichten, der Utilisation von Metaphern und externalisierter Beschreibungen, der Verwendung therapeutischer Briefe und Dokumente bis hin zu jener sprachlicher „Fragmente" der Zustimmung, Verneinung, Infragestellung usf.

Als „sprachliche Interventionen" lassen sich auch jene interventiven Handlungen verstehen, die als „Mikrointerventionen" zusammengefaßt werden können. In ihrem Zentrum steht die Einführung einer alternativen Pragmatik des Beschreibens, Erklärens und Bewertens in bezug auf die vom Klienten erzählte Wirklichkeit – etwa durch Auflösung von Substantivierungen, Einführung des Wandel betonenden Konjunktivs anstelle des stabilitätsbezogenen Indikativs, Wechsel von Zeitperspektiven, Übergänge von Ein- zu Mehrdeutigkeit, Aufweichung „erstarrter" Erfahrungssätze mit Hilfe kontextualisierender Zusätze, Einschränkung von Generalisierungen, Fokussierung von Kompetenzen, Lösungen, Ausnahmen, Unterschieden vom Problem anstelle von Defiziten, Problemen und Hindernissen (Sluzki, 1992; Penn & Frankfurt, 1994; Grossmann, 1997).

Der Landstrich „Interventionen vermittels Handlungen" umfaßt die nichtsprachlichen Verhaltensweisen des Therapeuten – seine Mimik, die Sprache seiner Augen, seine Gestik und Bewegungen. Jenseits ihrer Fähigkeit der Vermittlung von Zustimmung, Verneinung, Infragestellung in bezug auf das, was ein Klient äußert oder tut, können nichtsprachliche Interventionen kommunikative und selbstreflexive Prozesse in spezifischer Weise „induzieren", unterstützen oder behindern. So vermag etwa ein Zusammenführen der Hände die „Integration" von (metaphorisch komponierten) „Teilen" oder „Aspekten" eines Systems anregen oder nahelegen, so können Haltungsänderungen des Therapeuten und Veränderungen seiner Blickorientierung den Klienten dazu anregen/dabei behindern, alternative Befindlichkeiten zu repräsentieren.

Interventive Orientierungen

Betrachtet man „Interventionen" unter dem Blickwinkel des „als ob", als Formen „instruktiver Interaktion", lassen sich verschiedene Orientierungen interventiven Handelns unterscheiden.

1. Handlungsbezogene Interventionen

Therapeutische Interventionen können primär auf den Vollzug oder die Unterlassung von Handlungen abzielen, sei es in der Absicht, spezifische Handlungen bzw. deren Ausführung zu problematisieren oder zu inhibitieren (paradoxe Intention, paradoxe Intervention, Ordeal), sei es in der Absicht, den Vollzug problemunterbrechender oder lösungsbezogener Handlungen zu unterstützen und zu fördern. Zielt eine Intervention auf die Aktualisierung von Handlungen in der Therapiesituation ab, kommt Handlungsvollzügen der Charakter des „Probehandelns" zu – als gleichsam „weicher" erster Schritt in die Welt alternativen Handelns und Interagierens.

Häufiger finden sich „handlungsbezogene Interventionen" in Abschlußinterventionen, die dazu genutzt werden, Klienten zur Aktualisierung spezifischer Handlungen „in vivo" zu ermutigen/anzuregen. Je nach Besonderheit der kontextuellen Bedingungen, je nach Qualität der kooperativen Beziehung zwischen Klient und Therapeut und unter Bezugnahme auf die Ressourcen des Klienten/Klientensystems knüpfen Abschluß-Interventionen häufig die Thematik und den Wandlungsprozeß des therapeutischen Dialogs fort – in Form von Empfehlungen, „so zu tun, als ob", in der Aufforderung zu Experimenten, in Geheimaufträgen ebenso wie Dokumentations-, Voraussage- und Beobachtungsaufgaben[2].

2. Erlebensbezogene Interventionen

Im Zentrum „erlebensbezogener Interventionen" steht die Schnittstelle von Erleben und Handeln, an welcher „die Produktion von Affekt sinnvoll verortbar zu sein (scheint)" (Retzer, 1995, S. 211).

2 Hierbei wird Fragen der Motivation des Klienten ebenso wie Fragen von „Ambivalenz" in bezug auf Stabilität und Wandel durch verschiedene Zusätze Rechnung getragen – etwa in der Empfehlung, den Vollzug alternativen Handelns auf ungerade Tage zu beschränken, die Wahl alternativer Verhaltensweisen von Zufällen – etwa einer Würfelentscheidung – abhängig zu machen usf.

Hier treffen einander die Landstriche/Phänomenbereiche „erlebtes" und „erzähltes Leben". „Erlebtes Leben" läßt sich konzeptionalisieren als Landstrich des Beschreibens, des Bewertens und des Erklärens, als Phänomenbereich der Vorstellung und des psychischen Prozessierens. „Erzähltes Leben" umfaßt das, was in die Kommunikation zwischen Menschen eintritt: „... all das, was hervorgebracht wird und von einem Beobachter als Zeichen beschrieben und mit Bedeutung versehen werden kann. ... die Bestandteile des erzählten Lebens sind kommunikative Akte" (Retzer, 1995, S. 212).

„Erlebensbezogene Interventionen" zielen auf die Herstellung spezifischen affektiven und emotionalen Erlebens. In der Regel werden Erfahrungen fokussiert, die einen affektiven Unterschied zu mit dem Problem assoziierten Erfahrungen „versprechen". Sie ermöglichen alternative Befindlichkeit im Kontext einer inneren oder äußeren, eher konkreten oder mehr symbolisierten Repräsentation von Wandel, Unterschied oder Lösung – sei es in Form von Vorstellung (Imagination, das Explorieren von Lösung vermittels „Wunderfragen", das Visionieren einer guten Lösung in einer gedachten Kristallkugel, die die Zukunft nach der Auflösung des Problems offenbart usf.), sei es in der Aktualisierung von Handlungen oder Handlungsfragmenten (Symbolisierungen von Zielbildern, Skulpturierungen, Lösungsentwürfe auf dem Familienbrett usf.).

Spezifisch für „erlebensbezogene Interventionen" ist die Thematisierung und das Raumgeben für die mit der Lösung/dem Wandel assoziierten emotionalen Erlebnisinhalte des Klienten.

3. Erzählungsbezogene Interventionen

Im Kontext „erzählungsbezogener Interventionen" zielt der Therapeut auf einen Wandel von Beschreibungs – und Erklärungsprozessen des Klienten/des Klientensystems ab. Er beabsichtigt, die bisherige Erzählung des Klienten, seine bestehende Sicht und Bedeutungskonstruktion relevanter Wirklichkeitsausschnitte aufzuweichen, „flüssig" zu machen und die um das Problem/die Lebensschwierigkeit angeordnete „Lebenserzählung" zu erweitern. Lebenserzählungen lassen sich analog zu Problemerzählungen als komplexitätsreduzierende Narrative verstehen, mit Hilfe welcher wir Ereignisse und Erfahrungen kognitiv wie emotional organisieren. Sie ermöglichen zum einen die Stiftung von Sinn, Kohärenz und Kontinuität in bezug auf „Wirklichkeit" und relevante Ausschnitte wie „Selbst", „wichtige soziale Andere", „Problem", „Lösung" usf. Sie bergen zugleich den Preis, niemals den gesamten Reichtum von Erfahrung widerspiegeln zu können. Lebens- wie Problemerzählungen implizieren Auslassungen, Vereinfachungen, Abstriche und Einschränkungen, den Ausschluß all jener Erfahrungen, die nicht in die Erzählung passen. Als dominante Texte, als vorherrschende Narrative blockieren sie andere mögliche Erzählungen, verhindern sie alternative Wirklichkeitsbeschreibungen, andere Erklärungszusammenhänge, andere Bewertungsprozesse. „Erzählungsbezogene Interventionen" verdichten sich in zweierlei Möglichkeiten: sie können eine „dominante Erzählung" behindern, einschränken, ihr soziales wie selbstreferentielles Zirkulieren unterbrechen – oder alternative, bislang ausgelassene Lebens- und Problemerzählungen/Lösungserzählungen (re-)aktualisieren, ihnen Gewicht und Bedeutung geben, ihnen eine Stimme geben und Gehör verschaffen.

Dieser Wandel vollzieht sich etwa vermittels reflexiver Fragen, mit der Fokussierung von Ausnahmen, vermittels zirkulärer Erkundung von Unterschieden der Sichtweisen in einem sozialen System, vermittels umdeutender Kommentare ebenso wie durch den Gebrauch öffnender Metaphern, durch die Multiperspektivität eines Reflektierenden Teams und vieles andere mehr.

„Bezugs-Räume" von „Intervention"

Zuletzt sei davon die Rede, worauf „Intervention" sich beziehen kann: in der Regel stellen erzählte Inhalte und in der Therapiestunde aktualisierte Handlungen/Kommunikationen eines Klientensystems den zentralen „Bezugs-Raum" von „Interventionen" dar.[3]

---

3 Systemische Familientherapie fokussierte über lange Zeit hinweg nahezu ausschließlich „familiären Raum" – sei es unter der Prämisse der Problemgenerierung, sei es unter jener der Problemaufrechterhaltung. Auf diesem Hintergrund wurde die Transformation familiärer Interaktionen zentraler „Bezugs-Raum" von Intervention, wobei die therapeutischen Ambitionen zwischen bescheideneren, gleichsam lokal um das berichtete Problem gruppierten Ansprüchen und mehr gesamtpädagogischen, oft normativ orientierten familiären „Reorganisationsvorgaben" schwankten.
Erst nach und nach hat sich dieser Fokus anderen Räumen zugewendet – erweiterten sozialen Umwelten, beruflicher und schulischer Lebenswelt, involvierten Helfersystemen usf., was sowohl die Flexibilität systemischer Therapeuten in der Wahl des Settings („Helferkonferenz", „Konsultation" ...) als auch in der interventiven Arbeitsweise erweitert hat.
Die praktische wie theoretische Auflösung der Gleichsetzung von Familientherapie und systemischer Therapie hat zudem dafür gesorgt, daß der Klient als einzelne Person, seine Handlungstraditionen, sein Lebensstil, sein Erzählen über sich, seine

Zuweilen – oft am Anfang und Ende von Therapien oder in Momenten der Irritation – richtet sich der „interventive" Fokus auf den „Bezugs-Raum" Therapiesystem: metakommunikative Sequenzen – „Consulting your Consultant" (Epston & White, 1992) sowie „Supervision durch den Klienten" (Retzer, 1995, pers. Mitt.) u. ä. – dienen dann zum einen der (Wieder-)Herstellung therapeutischer Kooperation, zum anderen im Sinne von „Systemähnlichkeit" (Schiepek, 1991) der Absicht, im Kontext des Therapiesystems „eingestreute" Veränderungsideen auf das Klientensystem und dessen Kommunikation/Prozessieren zu übertragen[4].

Einen dritten möglichen „Bezugs-Raum" therapeutischer „Interventionen" stellt der kontextuelle Rahmen sowohl des Therapie- als auch des Klientensystems zur Verfügung: hierbei kommt Vereinbarungen darüber, wer wann zu welchem Thema in welchem Zusammenhang am therapeutischen Gespräch teilnimmt, Fragen der Mitteilung und Geheimhaltung über den Therapiedialog, Fragen der Zeitorganisation usf. möglicherweise wesentliche „interventive" Bedeutung zu.[5]

Rahmensetzungen

Der zweite Abschnitt der Wanderung birgt die Einladung, einen Blick auf den Rahmen der Flußlandschaft „interventiver" Prozeßsequenzen, auf

---

grundlegenden Wertannahmen in ihrer Vernetztheit zueinander zu einem zentralen „Bezugs-Raum" von interventivem Handeln wurde.
Damit verband sich auch eine Bewegung von „außen" nach „innen" – ein wesentlicher Fokus gegenwärtiger systemischer Therapie gilt der Frage, wie Klienten ihre Wirklichkeitsannahmen „versprachlichen" und wie der Gebrauch von Sprache in Therapie Wirklichkeitskonstrukte „erhärtet" oder „verflüssigt". Diese Bewegung schenkt der Pragmatik des Sprachgebrauchs und des „therapeutischen Sprachspiels" (Fischer, 1991) wesentliche Aufmerksamkeit. Dieser Wandel läßt sich auch konzeptionalisieren als „Ende der großen (Therapie-)Entwürfe", an Stelle derer die Idee von Therapie als Bewegung der vielen kleinen Schritte tritt – dem entspricht auch die Beurteilung von „Therapie nicht als der große einmalige Wurf, sondern als Folge von Mikrointerventionen" (Schiepek, 1995, S. 104).

4 So kann etwa der Gebrauch von Komplimenten, Anerkennung, positiver Konnotation durch den Therapeuten im Kontext „Therapiesystem" im Sinne einer „Systemanalogie" Unterschiede im Kommunikationsverhalten eines Paares auch außerhalb des therapeutischen Systems anregen.

5 Eine eigentliche Unterscheidung, inwieweit „Interventionen" mehr dem Ziel als dem Weg und inwieweit sie mehr dem Weg als dem Ziel dienen, scheint sich im Zuge des Gehens immer wieder zugunsten einer „sowohl – als auch"-Logik aufzuweichen.

ihre Einbettung in die Gesamtlandschaft „Therapie“ wie auf immanente ökologische Zusammenhänge zu werfen.

Der als „Land ringsum“ gedachte Rahmen enthält mehrerlei markante Bezugspunkte, die im folgenden auch in ihrem historischen Bezug beleuchtet werden. Eine mögliche Skizze bietet K. Tomms Beschreibung des Mailänder „interventiven“ Ansatzes:

> „Die Interventionen der Mailänder Gruppe bestehen entweder aus der Umdeutung eines systemischen Zusammenhanges oder aus der Verschreibung eines Rituals. Mit beiden versucht das Team etwas Neues und Unerwartetes einzuführen. Vermuten die Teammitglieder allerdings, daß die Familie Umattribuierungen oder ein Ritual geradezu erwartet, können sie kurzentschlossen auf eine Intervention auch ganz verzichten. Neuigkeit reicht aber als Kriterium für die Wahl einer Intervention nicht aus. Sie muß auch mit dem systemischen Verständnis der augenblicklichen Familiendynamik in Einklang gebracht werden können. Inhaltlich darf die Intervention nicht trivial sein, sondern muß auftretende Probleme ansprechen, besonders solche, von denen die Familie im Tiefsten berührt wird. Als nützliches Indiz für die Wahl einer bestimmten Intervention gilt der intuitive Eindruck des Therapeuten, daß die Intervention „paßt“ und Wirkung haben wird. Interventionen, bei denen man eine negative Wirkung vorhersehen kann, werden verworfen, andere, die möglicherweise wirkungslos sein werden oder zu Komplikationen führen könnten, werden überprüft und entsprechend abgeändert“ (Tomm, 1984, S. 49).

Diese Landschaftsskizze birgt deskriptive und präskriptive Beschreibungen/Bezugspunkte, die in vielem gegenwärtig bedeutsame Bedingungen interventiven Handelns vorwegnehmen; zugleich läßt sie auch sichtbar werden, welche Veränderungen interventive Konzepte durchlebt haben.

Einen der markanten Bezugspunkte von „Interventionen“ bilden therapeutische „Ziele“: jedwede „Intervention“, jedwede „Verpackung“ einer therapeutischen Idee dient – wiederum in der angenommenen Optik der Linearität – der absichtsvollen **zielorientierten Herstellung von Unterschieden**. „Das entscheidende Merkmal therapeutisch effektiven Erzählens ist formal gesehen die Produktion von Unterschieden: von Unterschieden zur problemproduzierenden Erzählung des Klienten“ (Retzer, 1996, S. 151). Von Zielen, von der Absicht der Annäherung her – ob sie nun prozessual (Goolishian, 1988) oder inhaltlich gezeichnet sind – beziehen „Interventionen“ ihren Wert, ihre Bedeutung und ihren Sinn.

Vor der Entdeckung der „Kundenorientierung“ in der systemischen Therapie wurde die Frage, was mit Hilfe von „Interventionen“ bewirkt werden sollte, aus dem therapeutischen Dialog weitgehend ausgespart. Gegenwärtig wird die Verhandlung von Zielen im Rahmen des Therapiesystems und seinem klinischen/nicht-klinischen Vorfeld zunehmend zentraler Bestandteil des Gesprächs. Die Ziel- und Wegvorstellungen von Klienten werden wichtiger als möglicherweise unausgesprochene „Expertenmeinungen“ von Therapeuten über „gute“ Ziele und somit zur zentralen Leitdifferenz dafür, was Therapeuten wie zu bewirken suchen[6].

Einen zweiten wesentlichen Bezugspunkt bildet der **vorläufige und experimentelle Charakter** von Interventionen[7]. Die konkrete Ausgestaltung von Interventionen erweist sich im Gehen und in der Rückkoppelung des Dialogs und kommunikativen Handeln.[8]

Wie eine zirkuläre Frage formuliert wird, was sie fokussiert, ob sie auf die Herstellung von Differenz oder Analogie abzielt, ob sie behutsam oder konfrontativ gestellt ist, ist ebenso eine Frage des „Tayloring“/der individuellen „Maßschneiderung“ interventiven Handelns wie jene, ob wir im Kontext von Skulpturierungen assoziierte oder dissoziierte Zugänge wählen, welche Medien wir nützen, welche metaphorischen Bezugsdimensionen („Nähe – Distanz“, „Hierarchie“, „Grenzen“ ...) wir für welche Frage ins Zentrum stellen, ob wir in die skulpturierende Repräsentation „Probleme“ oder „Lösungen“ als externalisierte Entitäten einfügen usf.

„Vorläufiger und experimenteller Charakter“ bezeichnet eine therapeutische Haltung, innerhalb welcher der Therapeut bereit ist, die Wirkung seines Handelns unter komplexen Gesichtspunkten zu reflektieren und be-

---

6 „Ziel-ungebundene“ Interventionen gleichen inhaltsleeren Verpackungen oder solchen, die Beliebiges enthalten, selbst wenn sie eine bestechende Ästhetik entfalten mögen.

7 Wie aus der Beschreibung des Mailänder Arbeitsansatzes hervorgeht, komponierte K. Tomm Interventionen als von anderen therapeutischen Handlungen – etwa dem Herstellen und Absichern therapeutischer Kooperation oder diagnostischen, der „Systemerkenntnis“ und „-erkundung“ gewidmeten therapeutischen Handlungen – deutlich abgrenzbare und unterscheidbare Handlungssequenzen. Dementsprechend führte er im Konzept des „interventiven Interviews“ eine Differenzierung von „Fragen mit Orientierungsabsicht“ und „Fragen mit beeinflussender Absicht“ ein (Tomm, 1988).
In diesem Denkmodell kam nur zweiteren „interventiver“ Charakter zu, wiewohl sie ohne die ersteren als nicht sinnvoll formulierbar erachtet wurden. Tomm selbst hat diese Unterscheidung später durch die Stellungnahme, „man kann nicht nicht intervenieren“ (Tomm, 1988, pers. Mitt.) aufgeweicht – unter dem „systemischen Interview als Intervention (wird) eine Haltung verstanden, bei der alles, was der Gesprächsleiter tut und sagt und nicht tut und nicht sagt, als eine Intervention aufgefaßt wird, die therapeutisch, nicht therapeutisch oder therapiewidrig sein kann“ (Tomm, 1994, S. 119).

8 Radikal gedacht, wird in jeder Therapiestunde „interventives“ Handeln je neu erfunden.

ständig zu reorganisieren. In diesem Lernprozeß ist er fortwährend auf sich selbst zurückverwiesen und dazu aufgefordert, seine Fragen zu reformulieren, seinen Fokus zu wechseln, seine Ideen zu revidieren, seine Vorschläge umzubauen, sodaß „Passen" in bezug auf inhaltliche Lösungen, therapeutische Kooperation, therapeutischen Kontext, Zeit und Raum entsteht.

Einen bedeutsamen Bezugspunkt von „Intervention" bilden der Anspruch des „Neuen" und „Unerwarteten": die Idee der **„Erstmaligkeit"** impliziert, daß der Therapeut „etwas" einführt, was dem bisherigen Prozessieren des Klientensystems widerspricht oder entgegenläuft bzw. – bescheidener – was die Chance birgt, vom Klienten als Störung des Bestehenden, als „verstörend" erfahren und erlebt zu werden.

Dieses Bemühen birgt das Dilemma, daß der Therapeut über kein gesichertes Wissen darüber verfügt, wie ein Klient/Klientensystem „Neues" von „Altem", „Erstmaliges" von „Mehrmaligem" unterscheidet.

Interventionstheorie kann sich damit behelfen, diese Ungewißheit durch Konzepte/Attribuierungen wie „Muster", „Systemregeln", „Spielzüge" u. ä. zu reduzieren – indem Therapeuten spezifische problemgenerierende oder – aufrechterhaltende Handlungen und Interaktionen als wiederkehrende Muster konstruieren und somit Komplexität einschränken, ermöglichen sie sich selbst eine zumindest annäherungsweise Differenzierung von „vertraut" und „fremd".

Wenn wir uns in der Nachfolge von Lyotard Prozesse wie Denken und Emotionieren als flüchtig und nichtstationär vorstellen, so stößt die Konzeptionalisierung von „Mustern" und in der Folge auch unsere Unterscheidung von „neu" und „alt" in bezug auf Prozesse eines Klientensystems an seine Grenzen.

Zur Markierung dieser Unterscheidung scheint in diesem Fall der von Epston und White in Anlehnung an Foucault geprägte Begriff des „dominanten Wissens" bzw. der „dominanten Erzählung" – im Unterschied zu „alternativem Wissen"/„alternativer Erzählung" – besser geeignet (White & Epston, 1992).

Ihre Unterscheidung gründet auf der Annahme, daß Probleme u. a. durch ihre Einbettung in eine (kulturell) vorherrschende Tradition der Bedeutungsgebung und durch „verfestigte" Praktiken des Handelns aufrechterhalten werden. Alternative Bedeutungsgebungen, Erzählungen, andere Möglichkeiten des Handelns werden aus dem sozialen Diskurs und dem kommunikativen Vollzug ausgeschlossen – sie sind jedoch potentiell aktualisierbar.

Die „interventive" Leitdifferenz besteht für den Therapeuten darin, alternatives „Wissen" wieder einzuführen. Seine Interventionen erfinden somit nichts Neues, sie finden vielmehr „Altes", bereits vom Klienten ansatzweise Gedachtes und Gelebtes wieder.

Diese Modellierung hebt die Unterscheidung „neuer Therapeut" – „altes Klientensystem" mit all seinen mitschwingenden Implikationen auf und wertet Klienten zu Experten ihres eigenen Lebens auf, was wesentliche Implikationen für Fragen der therapeutischen Kooperation und möglichen „Widerstands" birgt. Darüber hinaus vermag sie mehr der angesprochenen „Flüchtigkeit" psychischen wie sozialen Prozessierens zu entsprechen[9].

Im oben angesprochenen Begriff des **„Passens"** findet sich ein weiterer Bezugspunkt: „Interventionen" bedürfen der **Stimmigkeit**.

Der Begriff des „Passens" birgt ähnliche Ungewißheit wie jener der „Erstmaligkeit". Gleichwohl beinhaltet die Aneinanderreihung von „unerwartet" und „passen" den Versuch eines „sowohl – als auch": zum einen sollten Interventionen „Fremdes" bergen, zum andern „Vertrautes"[10].

---

9 Eine poetische Analogie findet sich in Salman Rushdies „Meer der Geschichten": er beschreibt in seiner Einleitung, wie Erzählungen vom Grunde eines Meers von Geschichten an die Oberfläche driften, sich vermengen und wieder auflösen, um nach und nach wieder auf den Grund zu sinken. Eine sprachphilosophische Analogie findet sich bei Goodman im Konzept der fortwährenden „Komposition" und „Dekomposition" von Geschichten (Goodman, 1990).

10 Eine Annäherung an beides birgt das Konzept des „semantischen Hofes" von Begriffen, auf welches sich u. a. de Shazer bezieht (de Shazer, 1992). Im Rahmen dieser Modellierung lassen sich Begriffe als von einem kulturell, sozial und individuell je spezifischen Bedeutungsrahmen umgeben denken. Dieser Bedeutungsrahmen markiert die „Grenze" eines Begriffes gegenüber anderen; er macht eine Unterscheidung im Sinne von „Ähnlichkeit" (Passen) – dort, wo Semantiken einander überschneiden – und „Unähnlichkeit" (Nicht-Passen) – dort, wo Semantiken einander nicht oder geringfügig überschneiden – möglich.

Eine Reformulierung, die ein Therapeut im Lauf eines Gespräches in bezug auf eine Beschreibung eines Klienten macht – etwa die Umbenennung von „Angst" ins „sich unsicher fühlen" – kann eine sein, die innerhalb des „semantischen Hofes" von „Angst" liegt. Somit würde sie die Bedingungen von „Passen" zumindest in semantischer Hinsicht erfüllen.

Eine alternative Umbenennung von Angst in sich „unsicher verhalten" könnte möglicherweise die gedachte Grenze des semantischen Hofes bereits überschreiten, wenn die Semantik von „sich verhalten" Konzepte wie „Aktivität", „Absicht" u. ä. beinhaltet, während „Angst" mit gegensätzlichen Begriffen wie „Erleiden" und „Widerfahren" assoziiert wäre.

Vollends überschritten wäre diese „Grenze" möglicherweise, falls der Therapeut „Angst" als „Kontrollverhalten dem Partner gegenüber" reformulieren würde – mit impliziten Bedeutungen wie „Absichtlichkeit", „Macht", „Gezieltheit" usf. Hiermit könnte die Bedingung des „Unerwarteten" durchaus gewährleistet sein – möglicherweise mit unerwarteten Folgen für die therapeutische Beziehung.

Einfacher scheint es festzuhalten, was „Passen“ nicht bezeichnet, nämlich eine Übereinstimmung mit einer als wahr gedachten Wirklichkeit. Von Glasersfeld unterscheidet eine strukturalistische Bedeutungsgebung von „Passen“ von einer pragmatischen und drückt diesen Unterschied durch die beiden Begriffe „to match“ und „to fit“ aus:

„The metaphysical realist looks for knowledge that matches reality (with) ... some kind of „homomorphismn“ which is to say an equivalence of relations, a sequence, or a characteristic structure – something, in other words, that he can consider the same. ... If we say that something fits, we have in mind a different relation. A key fits if it opens the lock. The fit describes a capacity of the key, not of the lock“(Von Glasersfeld, 1984, S. 21).

Ein „sowohl – als auch“ von „Erstmaligkeit“ und „Passen“, von „Fremdheit“ und „Vertrautheit“ kommt denjenigen Interventionen zu, die gleichsam die „Ränder“ von Bedeutungsgebungen, von Handlungs- und Interaktionsspielräumen eines Klientensystems berühren – sie können sich als zugleich annehmbar, passend und „verstörend“ erweisen und eröffnen einen mittleren Weg zwischen Respekt und Respektlosigkeit.

„Passen“ bezieht sich vorrangig auf die angenommene Selbstorganisation des Klienten/des Klientensystems: auf seine Sprache, seine Begrifflichkeit und Metaphorik, auf die ihm zur Verfügung stehenden Ressourcen, auf seine Motivation und mögliche „Ambivalenz“, auf sein soziales, psychologisches, logisches und zeit-räumliches Prozessieren, auf seine ethischen Prämissen, seine gesellschaftlichen wie materiellen Bedingungen usf.

„Passen“ zielt aber ebenso auf das Umfeld des Klienten/Klientensystems ab: es soll mitgedacht und nach Möglichkeit mitutilisiert werden – in seinen Dimensionen möglicher Unterstützung/Kooperation und „Widerstand“, in seiner Potentialität als Ressourcenraum, in seiner möglichen Fähigkeit, Wandel zu authentizitieren oder zu behindern, in seiner „ökologischen“ Betroffenheit wie in seinen ethischen Implikationen und möglichen Dilemmata.

„Passen“ bezeichnet auch therapeutisches „Wissen“/Lernen um „passende“ Zeitpunkte. Eine mögliche Modellbildung bietet etwa das Konzept des SIFT („Set up“/„Intervention“/„Follow Through“) von Jeffrey Zeig (Zeig, 1997, pers. Mitt.), das die Einbindung interventiven Handelns in eine prozessuale Gestaltung von Therapie skizziert. „Prozeß“ läßt sich dabei verstehen als „dramatische Inszenierung“ des therapeutischen Dialogs, der sich in einer spezifischen „Zeitlinie“ ausfaltet: auf ein behutsames Beginnen („Set-up“), innerhalb dessen Fragen der Thematik, des Ziels, der Motivation und therapeutischen Kooperation im Vordergrund stehen, folgt eine Phase „eigentlicher“ Intervention, innerhalb welcher der Therapeut Veränderungsideen „sät“ („seeding“) bzw. Veränderung-fokussierende Dialogsequenzen verdichtet und kontinuierlich intensiviert, die in eine „Hauptintervention“ („main-intervention“) münden. Der Spannungsbogen schließt sich in einer „Auslaufphase“ („Follow-Through“), die der „Verankerung“/Sicherung von Veränderung dient und u. a. Fragen zur Ressourcenutilisation, zur Stabilität von Wandel, zum Umgang mit „Vorfällen“ und „Rückfällen“ beinhaltet.

„Passen“ impliziert weiters, daß der Therapeut seine „Interventionen“ so komponiert, daß sie den kontextuellen Rahmen des therapeutischen Systems entsprechen und miteinbeziehen: Therapie in Überweisungszusammenhängen oder „unter Anordnung“ erfordert häufig ein langsameres und behutsameres „Set up“. Interventionen fokussieren vor allem und zuerst die kontextuellen Rahmenbedingungen und Fragen therapeutischer Kooperation, ehe erzählte oder aktualisierte Inhalte des Klienten/Klientensystems in den Vordergrund treten.

„Passen“ bezieht sich weiters auf das therapeutische System und die Art und Weise der Beziehungskonstruktion zwischen Klient/Klientensystem und Therapeut. Der Therapeut wird diejenigen „Interventionen“ wählen, die der Art der therapeutischen Beziehung zu einem bestimmten Zeitpunkt des Gesprächs angemessen sind: dies impliziert, daß er auf „interventive“ Möglichkeiten verzichtet, wenn sie einen zu diesem Zeitpunkt und in diesem Beziehungsrahmen unangemessenen Unterschied herstellen würden – etwa indem sie die Gefahr der Beschämung, der Bloßstellung, der Kränkung, der unangemessenen Bestätigung und Solidarisierung, des Neutralitätsverlustes, der Herstellung oder auch Auflösung von Hierarchie oder der Aufweichung von „Grenzen“ im therapeutischen System usf. bergen.

„Passen“ beinhaltet – last but not least – eine Stimmigkeit zur (angenommenen) Selbstorganisation und kontextuellen Arbeitssituation des Therapeuten. Auch wenn „Authentizität“ und „personale Kongruenz“ keine ideologischen Leitfiguren systemischer Therapie bilden, ist davon auszugehen, daß die „Wirksamkeit“ interventiven Handelns mit der Leichtigkeit einhergeht, mit welcher ein Therapeut sie aktualisieren kann. Eine „heilsame“ Selbst- wie Alltagserfahrung des Fragens und Dialogisierens wird Therapeuten eher zu eben diesen Handlungen ermutigen und ihm Sicherheit und Flexibilität ermöglichen. Ähnliches gilt für den Einsatz eines Reflektierenden Teams, für die Utilisation von „Time-Lines“, für den Gebrauch von Metaphern und anderes mehr. Diese „Authentizität“ erreicht dort ihre Grenzen, wo der Therapeut seine interventiven „Möglichkeiten als einzig gangbaren Weg konstruiert und aus einer ideologischen

„Erhärtung“ heraus alternative Wege von Wandel für den Klienten wie für sich selbst verschließt.

Als letzter Bezugspunkt der untersuchten Flußlandschaft sei jener der **„Nicht-Trivialität“** genannt: Interventionen sollten einen Moment der Berührung bergen.

Wiederum birgt dieser Anspruch die Schwierigkeit der Bestimmung: was für ein Klientensystem trivial/nicht-trivial ist, entzieht sich dem Wissen des Therapeuten und erweist sich als ausschließliche Bestimmungsfrage seitens des Klientensystems.

Im Sinne einer kooperativen Therapie ist es sinnvoll, daß Klientensystem und Therapeut darüber verhandeln, was im Therapiesystem thematisiert und was ausgelassen wird. Es liegt nahe, daß das Klientensystem definiert, was das therapeutische Gespräch beinhaltet, auch wenn sich dies nicht mit der Einschätzung des Therapeuten darüber, was bedeutsam ist, deckt. Seine Einschätzung kann dem Klienten im besten Fall eine Anregung bieten, seine ursprüngliche Definition zu erweitern, einzuschränken oder Gewichtungen zu verschieben.

„Nicht-Trivialität“ und „Berührung“ bergen aber noch eine andere Semantik – jene der Unterscheidung, wann der beste Zeitpunkt gekommen ist, nichts zu tun oder zu sagen, die emotionale Berührtheit eines Klienten mit ihm zu teilen oder sie gemeinsam mit ihm herzustellen. Die „fünfte Provinz“ der irischen Mythologie – der interventive Raum, „wo sogar die gewöhnlichsten Dinge in einem ungewöhnlichen Licht erscheinen“, der neutrale Boden, wo „die Dinge sich von jeglicher Partei und Meinungszugehörigkeit befreien können“ (Hederman & Kearney, 1982, S. 10) – hat ebenso seine Grenzen wie die realen Provinzen des Lebens.

Zur Wirkung von „Intervention“

Die bisherige Wanderung durch unsere Flußlandschaft machte möglicherweise deutlich, daß sich die ursprüngliche Semantik von „Intervention“ in vielem bedeutsam gewandelt hat. Analoges gilt für ein Wirkungsverständnis von „Intervention“.

Der Wandel des Interventionsverständnisses steht in Zusammenhang mit mehreren Entwicklungen: zum einen hat sich innerhalb des letzten Jahrzehntes die Sichtweise der Qualität und Dynamik menschlicher Systeme radikal verändert. Gegenwärtige Systemtheorien gehen überwiegend davon aus, daß wesentliche Aspekte menschlicher Systeme – Vorstellungen, Wirklichkeitskonstrukte, Denkabläufe, Affekte – direkter Beobachtung nicht zugänglich sind. In ihrer Intransparenz sind sie nicht „harter", sondern „weicher" Wirklichkeit zuordenbar – nicht durch objektive Beobachtung, sondern durch konsensuelle Herstellung von Wirklichkeitsbeschreibungen innerhalb menschlicher Systeme bestimmbar.

Das Verhalten von Systemen wird als im wesentlichen variabel bzw. nichtstationär und darüberhinaus als komplex bedingt gedacht. Menschliche Systeme können sich selbstreflexiv verhalten, sich selbst zum Gegenstand von Beobachtung machen und dementsprechend alternativ handeln (Dörner, 1983; Schiepek, 1991; Willke, 1988).

Diese Eigenschaften der Intransparenz, Variabilität, Komplexität und Selbstreflexivität bedingen eine Eigendynamizität menschlicher Systeme, die sich Steuerungs- und Beeinflussungsmechanismen, -ideen und -techniken weitgehend entzieht.

Zum anderen hat der konstruktivistische Paradigmenwechsel in der Systemtheorie dazu geführt, daß sich der therapeutische Beobachtungsstandort und Blickwinkel – hier von außen „aktiv" „intervenierender" Therapeut, dort „passives" „interveniertes" Klientensystem – mit all seinen interaktionellen Implikationen sowie dem inkludierten Anspruch und Mythos therapeutischer Macht verschoben hat.

Gegenwärtige Systemtheorien gehen zumeist davon aus, daß in einer kommunikativen Situation – sei es eine des Alltags, sei es eine des therapeutischen Dialogs – keine Einseitigkeit von „Intervention" besteht. Klientensystem und Therapeut sind miteinander im Therapiesystem als jeweils füreinander bedeutsame „Umwelten" verbunden: ihr Einfluß ist wechselseitig. Der Therapeut ist nicht nur Ausgangspunkt/„Sender", sondern auch „Empfänger" von Veränderungsanregungen/„Interventionen" – wie dies gleichermaßen für den Klienten zutrifft.

Unter Zugrundelegung des Konzeptes der Systemautonomie ist davon auszugehen, daß jedes Klientensystem gemäß seiner Eigendynamizität entscheidet, ob, welche und wie es „Information" aus welcher seiner Umwelten aufnimmt, bewertet und integriert.

Das Klientensystem entscheidet, was es als „Intervention" aufnimmt, ob und wie es dies in sein Denken, Handeln und Kommunizieren einbaut – oder präziser: das Klientensystem konstruiert auf dem Hintergrund der Anregungen des Therapeuten seine eigenen „Interventionen". Diese Konstruktion kann – muß sich jedoch nicht – mit der interventiven Absicht des Therapeuten decken. Darüber hinaus kann das Klientensystem Handlungen, Handlungssequenzen oder Unterlassungen des Therapeuten, die nicht „interventiv" beabsichtigt sind, durchaus als möglicherweise zentrale „Interventionen" und bedeutsame Anregungen „aufnehmen"/rekonstruieren.

Noch eine weitere Bewegung hat wesentlich zu einer „Verflüssigung" des Interventionsbegriffes beigetragen – die zunehmende Infragestellung „systemischer Diagnostik". Bedingt der konstruktivistische Paradigmenwechsel eine Verabschiedung von der Idee des Therapeuten als außenstehenden Beobachter, so macht die Pragmatik von Therapie zugleich deutlich, daß jeder „diagnostische" Handlungsakt immer auch eine „interventive" Wirkung birgt – häufig eine, die dem Erreichen therapeutischer Ziele entgegenwirkt.

Diese Bewegung geht auch mit einer alternativen Zeitorganisation von „Intervention" einher: der Therapeut erkundet nicht erst sorgsam das Terrain, um nach gründlicher Reflexion und Hypothesenbildung die eine entscheidende „Intervention" einzubringen; vielmehr beginnt „Intervention" bereits mit oder „vor" dem ersten Kontakt mit dem Klienten.[11]

In dieser therapeutischen Tradition bietet der Therapeut dem Klientensystem von Anbeginn an Neues und Unerwartetes an, das in seiner summativen Wirkung eine Fülle von Veränderungsanregungen birgt, die in der Regel um bestimmte Ideen kreisen.

Gleichsam im Vorübergehen „verschieben" Interventionen den Fokus des therapeutischen Dialogs vom Problem zur Lösung, von Hindernissen zu Ressourcen, vom Scheitern zum Bewältigen, von Defizit und Pathologie zu Kompetenz, von der Vergangenheit zur Zukunft. Der Therapeut webt ein dichtes Netz vieler kleiner, sich gegenseitig verstärkender und generierender Unterschiede, von denen er hofft, daß sie eine „Umwelt" für das Klientensystem darstellen, die Wandlung zum gewünschten Ziel hin anregt.

Mit diesem bescheidenen Konzept von „Intervention" hat sich auch der Anspruch an interventives Handeln verändert – es geht nicht (mehr) darum, den einen bedeutsamen Wandel in der einen richtigen Weise zu ini-

---

11 Diese ungewohnte Utilisation von Zeit zeigt sich etwa, wenn der Therapeut das Gespräch mit der Frage beginnt, was sich in der letzten Woche vor dem Erstkontakt zum Besseren gewandelt hat. Mit dieser Anregung werden Unterschiede in Bereichen konstruiert, die der Therapie vorausgehen. Das Klientensystem – so die implizite Annahme und zugleich suggerierte „Erzählung" – hat mit der Veränderung bereits begonnen.

tiieren; vielmehr versteht interventives Handeln sich als Impulsgeber und „kooperiert" mit den vielen, je verschiedenen Zugängen, Wegen, Ressourcen des Klientensystems.[12]

Die Idee der „richtigen" Intervention hat dem Verständnis Platz gemacht, daß Problemlösung und Wandel sich seinen Weg über verschiedenste „Interventionen" bahnen kann – manchmal kann es die beste Intervention sein, „Intervention" bzw. „Therapie" zu unterlassen.

Angesichts der angeführten Qualität von Systemen – Autonomie, Eigendynamizität, Nicht-Vorhersagbarkeit, Komplexität – stellt sich die Frage, wie der Therapeut Sicherheit für sein Handeln gewinnen kann. Systemische Forscher und Therapeuten haben eine Vielzahl „interventiver Leitlinien" entwickelt (Ludewig, 1984, 1993; Goolishian & Anderson, 1988; de Shazer, 1991, 1994; Retzer, 1994; Selvini Palazzoli, 1988), in denen sich konturenhaft Gemeinsamkeiten feststellen lassen: Orientierung an der Zielsetzung, dem Bedarf, der Motivation des Klientensystems, Einbeziehung der System-Umwelt in interventive Überlegungen und Handlungen, Fokussierung von Bedeutungsgebungen, Hervorheben Klienten-eigener Ressourcen unter Verzicht auf Defizit- und Pathologiezuschreibungen, Bemühen um eine kooperative therapeutische Beziehung, ein mittlerer Weg zwischen Respekt und Respektlosigkeit.

Gegen die Flußmündung hin bleibt die Frage, ob der Interventionsbegriff in seiner ursprünglichen Semantik von Steuerung, außeninduzierter Veränderung, Planbarkeit, seinem Beigeschmack „instruktiver Interaktion" weiterhin ein zentrales Konstrukt systemischer Therapie bleiben wird. Gegenwärtige systemische Terminologie scheint in der Nachfolge

---

12 Dieser Wandel hat auch seinen Preis: beeindruckte Familientherapie einstmals durch auf Konzepten wie „Homoöstase", „Strukturen", „Verstrickung" usf. fußenden großen Erzählungen, die gleichsam als „Gegengeschichten" zu analytischen oder sonstigen Erzähltraditionen komponiert waren, so wirken gegenwärtige systemische Therapie-Erzählungen vergleichsweise fragmentarisch, karg, unvollständig. Frühere Leitthemen von Therapie-Erzählungen – der mühsame Weg, die Überwindung von „Fallstricken", Widerstand und geheime Barrieren – sind in den Hintergrund getreten; statt dessen werden häufig kleine Wegsequenzen von Dialog dokumentiert.
Das gute Ende scheint oft klein, vorläufig, umgrenzt. Die einst wesentliche Unterscheidung zwischen „Weg" und „Ziel" löst sich zunehmend auf: „Leben heißt, ständig an neuen Geweben von Bedeutungen zu stricken. Uns geht es ... um Bedeutungen, wie sie sich kleinräumig, vor Ort im Gespräch ergeben"(Anderson & Goolishian, 1992).

von Goolishian, Anderson und anderen zunehmend ohne die Idee und konsequenterweise ohne den Terminus „Intervention" auszukommen, während Begriffe wie „Konversation", „Dialog", „Diskurs", „Erzählung", „Ko-Autorenschaft" an seine Stelle treten[13].

Gerade die Erfahrung systemischer Therapiepraxis macht unter Bezug auf die Sprachphilosophie Wittgensteins deutlich, daß die Bedeutung von Begriffen nicht feststehend ist. Die Verbindung von Zeichen und Bezeichnetem ist nicht naturgegeben, sondern eine Frage der Pragmatik und der kulturellen Tradition.

So bleibt offen, ob wir den Interventionsbegriff im Rahmen einer sich verändernden Epistemologie weiterhin für die Entwicklung und Validierung neuer Veränderungs-Anregungen nutzen, und in welcher Pragmatik und ethischen Haltung wir dies tun.

Es macht Sinn, davon ausgehen, daß „Therapie ... als Kommunikation nicht planbar ist" (Ludewig, 1993, S. 129); und uns von Ideen von Beeinflussung, von Planbarkeit und therapeutischer Macht zu verabschieden. Es macht zugleich Sinn, als Pragmatiker „so zu tun, als ob" wir durch unsere Koppelung in therapeutischen Systemen verändernde Anregungen gleichsam linear bereits stellen könnten.

An der Flußmündung spricht viel dafür, möglichst viele interventive Ideen – ob originär systemisch oder nicht – in einem systemischen Denkverständnis zu utilisieren; und uns bei diesem Versuch der Nutzbarmachung nicht von Zweckgerichtetheit und bewährter Erfahrung allein leiten zu lassen, sondern vor allem auch von Respekt vor unseren Klienten wie von der Leitidee einer poetischen Gestaltung von Therapie.

---

13 Zum Spannungsfeld „dialogischer" und „interventiver" Therapie nimmt u. a. K. Ludewig Stellung: „Die einander ausschließende Polarisierung von Intervention und Konversation (beinhaltet) einen nicht einlösbaren Anspruch auf Wahrheit und so einen überflüssigen Verzicht auf Vielfalt" (Ludewig, 1988, S. 248).

II. Methoden

Kontrakt

Brigitte Roschger-Stadlmayr und Juliane Kleibel-Arbeithuber

Wer den Hafen nicht kennt, in den er segeln möchte,
für den ist kein Wind ein günstiger.
Seneca

1. Ziel der Psychotherapie

Im systemischen Verständnis wird Psychotherapie als therapeutische Konversation, als gemeinsames Suchen und Erarbeiten von kreativen Lösungen aufgefaßt. In den Beziehungen zwischen PsychotherapeutIn und Klientensystemen (Individuum, Familie oder Gruppe) kommen die Besonderheiten des Interaktionsverhältnisses zwischen nicht-trivialen, autonomen Humansystemen deutlich zum Ausdruck. TherapeutInnen können nicht wie MechanikerInnen in das Klientensystem hineinsehen und nach einer klaren Vorgabe einen bestimmten erwünschten Zustand herstellen. Therapeutische Interventionen können zur Veränderung anstoßen, es gibt jedoch keine instruktive Intervention (Maturana, 1987). Die PsychotherapeutIn als intervenierende AkteurIn initiiert Anstöße zur Selbständerung, sie wirkt gleichsam als VermittlerIn oder MediatorIn in einem Selbständerungsprozeß (Willke, 1994).

Dies definiert Expertentum in einer neuen Weise: die TherapeutIn soll nicht mehr ExpertIn für Handlungsanweisungen und Lösungen sein, sondern ExpertIn für Entwicklungsprozesse (Satir, 1990) und für die Gestaltung der therapeutischen Konversation in einem reflexiven Diskurs (Andersen & Goolishian, 1992). Gemeinsam mit den Betroffenen wird mit Wertschätzung und Neugier ein therapeutisches Setting gestaltet, das die Ressourcen der KlientInnen in einer Weise herausfordert, die zu Lösungen führen. Andersen & Goolishian (1992) beschreiben diese Haltung der TherapeutIn als eine Haltung des „Nicht-Wissens" und meinen damit, daß Psychotherapie nicht „fertige Lösungen" anbieten kann und soll – dies würde der Komplexität und Verschiedenheit der Menschen nicht gerecht. Erst in der therapeutischen Kommunikation, im Dialog entwickelt sich aus der Problemgeschichte als einer Geschichte der Defizite eine Geschichte von Ressourcen, die Wahrnehmungs- und Handlungsmöglichkeiten erweitert und dadurch alternative Lösungsmöglichkeiten schafft.

Man könnte in diesem Sinne das Ziel der Psychotherapie folgendermaßen definieren:

Psychotherapie wird in Anspruch genommen von Personen, die ihre Balance zwischen Problembelastung und Bewältigungsressourcen verloren haben, und dementsprechend ist es das therapeutische Ziel, wieder Balance zu finden.

Diese sehr weite Definition fokussiert auf Ressourcen des Klientensystems, birgt aber auch mehrere Gefahren. Eine kann darin bestehen, Psychotherapie zu einer lebenslangen Begleitung auszuweiten (Ludewig, 1992), weil menschliches Leben, menschliche Entwicklung kein statischer, problemloser Gleichgewichtszustand ist. Eine weitere Schwierigkeit kann sich ergeben, wenn die PsychotherapeutIn eine Hierarchie der Probleme oder Lösungen entwirft, die möglicherweise den Erwartungen der überweisenden Person entspricht, jedoch im Gesamtkontext der KlientInnen nicht adäquat ist. Um hier einen sinnvollen Konsens innerhalb vieler Möglichkeiten zu erreichen, werden Erwartungen und Zieldefinitionen in der systemischen Therapie sehr sorgfältig geprüft und hinterfragt. Dies bildet auch die Basis für die Kriterien, nach denen der Therapieverlauf (für die TherapeutIn und für die KlientInnen) evaluierbar wird.

2. Vom Anliegen zum Ziel

Psychische Beschwerden und Probleme werden von den Betroffenen oft als weniger klar definierbar erlebt als z. B. ein schmerzender Zahn oder ein gebrochenes Bein. Die professionelle Beziehung zwischen TherapeutIn und KlientIn ist immer zumindest implizit zielgerichtet: durch die Therapie soll Leid vermindert bzw. Gesundheit „verstärkt“ werden. Verbindet man diese allgemeinen Zielformulierungen mit dem Erleben, den Bedürfnissen und Vorstellungen der KlientInnen, so werden diese individualisiert und konkretisiert. Selbst bei scheinbar gleichen Problemen sind die Bedeutungsgebungen individuell meist sehr unterschiedlich. Depression kann für eine Person „geschont werden und nicht kämpfen müssen“, für eine andere das Gegenteil bedeuten: „Jeder Tag ist ein endloser Kampf gegen die Schwere“. Sind keine Ziele definiert, so gibt es keine Kriterien, nach denen Erfolg und Mißerfolg unterscheidbar werden, und der Therapieprozeß wird nur aus der jeweiligen Stimmung heraus interpretiert.

Fallskizze 1: Ein Psychiater überweist einen Mann mit der Diagnose Depression zur Psychotherapie. Im Erstgespräch klagt Herr M. immer wieder, wie unverständlich es für ihn sei, Depressionen zu haben: in seinem Leben war immer alles in Ordnung, er ist beruflich sehr erfolgreich, bei Vorgesetzten, KollegInnen und KundInnen beliebt, und auch in seiner Familie geht es ihm gut.

Sein „Auftrag" an die Therapeutin ist, ihn von diesem Symptom, das ihn völlig hilflos macht, zu befreien. Beim Auftauchen von depressiven Stimmungen hat er versucht, mit seinem Erfolgsmuster „Leistung" zu einer Lösung zu kommen. Sein Auftrag an die Therapeutin – ihn von der Depression zu befreien – ist so klar wie unerfüllbar. Mit Hilfe von zirkulären und hypothetischen Fragen wird für Herrn M. deutlich, daß er an sich nur Erfolg und Leistung akzeptiert und keine „Schattenseiten" und Grenzen duldet. Es entsteht im therapeutischen Dialog eine neue Bedeutung des Symptoms und ein neues Interesse: Herr M. möchte Überforderung frühzeitiger wahrnehmen und seinen „Gleichgewichtspunkt" finden.

Von den geschilderten Problemen ausgehend, werden durch Fragen und Interpretationsangebote die relevanten Zusammenhänge und Beziehungen erforscht, die verschiedene Anliegen und Erwartungen der Systemmitglieder verdeutlichen. Hinter dem meist geäußerten gemeinsamen Anliegen, das „Problem aufzulösen", stehen eine Vielzahl von damit verknüpften individuellen Bedeutungen, von unterschiedlichen Erwartungen, Befürchtungen und konkreten Handlungsmustern. Selbst die Definition dessen, was als Problem angesehen wird, kann innerhalb einer Familie sehr unterschiedlich sein, wie das folgende Beispiel veranschaulichen soll.

Fallskizze 2: Eine Familie, beide Eltern um die 55 und ihre 28jährige Tochter Eva kommen mit dem Anliegen, ein Problem aufzulösen, „das eigentlich keines sein sollte" (Sichtweise des Vaters). In der Familie gibt es drei erwachsene Töchter, alle haben eine eigene Familie und mindestens zwei Kinder. Die Eltern finanzieren jedes Jahr einen Großfamilienurlaub. Seit zwei Jahren weigert sich Eva, mit ihrer Familie an diesem Urlaub teilzunehmen. Für Herrn S. liegt das Problem bei Evas Mann, dieser würde seine Tochter gegen die Familie aufhetzen, er lasse Eva und die Kinder nicht mitfahren und als Künstler mangle es ihm überhaupt an Familiensinn. Frau S. erklärt als Problem, daß ihre Tochter sich gegen ihren Mann nicht durchsetzen könne. Eva erlebt die größte Schwierigkeit darin, daß ihre Eltern nicht verstehen wollen, daß sie nicht mehr in dieser Großfamiliensituation Urlaub machen möchte, die Kontakt- und Besuchsbedürfnisse ihrer Eltern ihr zu viel seien, und sie außerdem den Eindruck habe, sie sei ohnehin nur als Begleiterin der Enkelkinder willkommen.

Das Definieren von konkreten, realistischen persönlichen Zielen ist für viele KlientInnen vor allem dadurch erschwert, daß sie (zumindest am Beginn eines Therapieprozesses) in ihrer Selbstwahrnehmung sehr defizitorientiert sind, sie erleben sich deshalb schwach und machtlos und sehen die Veränderungschancen vor allem außerhalb ihrer Person: der Partner, die Kinder, die Firma, etc. soll sich ändern. Das obige Fallbeispiel zeigt dies deutlich: die Problemdefinition enthält implizit folgende Anliegen und Zielvorstellungen: der Vater möchte den Schwiegersohn ändern, die Mutter die Tochter und die Tochter ihre Eltern. Da es naturgemäß nicht in der Macht eines Menschen liegt, andere zu ändern, steht die Therapeutin vor der Herausforderung, mit ihren Hypothesen und Fragen die Ressourcen der KlientInnen so anzusprechen, daß diese Lösungs- und Zielvorstellungen finden, die auch in ihrer Macht und Kompetenz liegen. In diesem Fall gelang dies mit folgenden Fragen: Angenommen, Herr S., Ihr Schwiegersohn ändert sich nicht, was würden Sie dann tun? Angenommen, Frau S., Ihre Tochter wird sich nicht ändern, was würden Sie dann tun? usw. Herr S. und Eva beschrieben als Konsequenz, sie würden dann die Kontakte völlig abbrechen. Frau S. würde nach anderen Lösungen suchen, wüßte jedoch noch nicht wie. Auf die Frage an Herrn S. und Eva, wie lange sie ohne jeglichen Kontakt bleiben wollten, meinten beide, besser nicht für immer und ewig, sondern eine Zeitlang. – „Und dann?“ Dann würden sie vielleicht auch andere Lösungsmöglichkeiten suchen wollen. Nun kann, auf der Grundlage dieser neuen und offeneren Zielbildung, die Konkretisierung sowohl der Ziele als auch der Erwartungen an die Psychotherapie und an die Psychotherapeutin weiter exploriert werden.

3. Methoden der Zielfindung

Eine spezifische Formulierung und Konkretisierung der Ziele beeinflußt wesentlich die Erfolgschancen der Therapie (vgl. Watzlawick, 1979). Für diesen Prozeß kann es hilfreich sein, Leitlinien zur Formulierung erreichbarer Ziele (vgl. Kim Berg, 1992) zu beachten:

1. Ziele sollten einfach und realistisch formuliert sein
2. Ziele sollen eine positive Alternative anbieten
3. Ziele sollen für die KlientInnen wichtig sein
4. Ziele sollen als Beginn neuer und nicht als Ende alter Muster formuliert sein

5. Ziele sollen in der Veränderungskompetenz des therapeutischen Systems sein
6. Ziele der KlientInnen und der TherapeutInnen sollen übereinstimmen
7. Ziele sollen hypothetisch in ihren Auswirkungen überprüft werden.

Zu Beginn der Therapie sind die Ziele und häufig auch der erste Kontrakt noch allgemein und vage definiert, es soll ein erster Konsens sein, der die Richtung anzeigt, in die TherapeutIn und Klientensystem gemeinsam gehen wollen. In Anlehnung an das bekannte Zitat „the map is not the territory" könnte man sagen, es ist das Entwerfen einer ersten Skizze, die definiert in welches Gebiet (z. B. Thema, Erfahrungshintergrund) man sich gemeinsam begibt. Das bedeutet auch, daß andere Gebiete vorerst ausgegrenzt sind, und es einer neuen Vereinbarung bedarf, wenn Grenzen neu gezogen werden sollen. Im Verlauf der Therapie wird diese Skizze mehr und mehr differenziert, die Ziele und Kontrakte werden genauer und eindeutiger definiert.

Selbst im günstigsten Fall, wenn die KlientInnen selbst zu einer Veränderung bereit sind, muß die TherapeutIn immer wieder mit (un)beabsichtigten Mechanismen des Selbstschutzes und Angst vor Veränderung rechnen. Ihre Rolle und Aufgabe ist es, in einer Atmosphäre der Wertschätzung diesen Prozeß explizit zu machen, so daß die KlientInnen zu Bildern, zu Gefühlen und Beschreibungen finden, die ihnen Freiräume des Erkennens und Handelns ermöglichen. Die Selbstakzeptanz der KlientInnen kann unterstützt werden, indem eine Unterscheidung eingeführt wird zwischen Verhalten und den dahinterliegenden positiven Absichten. Im Konsens werden Teilkontrakte oder neue Kontrakte formuliert, die als Orientierungspunkte im gemeinsamen „Driften" (Maturana, 1987) dienen. Auf diese Art und Weise gewinnt die gemeinsame Expedition „Psychotherapie" ein gutes Maß an Sicherheit für alle Beteiligten.

Von den in der systemischen Therapie verwendeten Methoden, Zielarbeit zu machen, möchten wir exemplarisch folgende Techniken kurz darstellen:

Zielsymbol

Die KlientInnen suchen ein Symbol (im Therapieraum, in der Natur oder zu Hause). Sie bringen diese Dinge mit und nützen die emotionalen und intuitiven Informationen, die dieses Symbol für sie enthält, zur Definition von Zielen.

Zielmetapher

Manche KlientInnen verwenden spontan sprachliche Metaphern bei der Zieldefinition. Anderen ist es hilfreich, gemeinsam mit der TherapeutIn nach Bildern und Metaphern zu suchen.

Zielbilder
Zielbilder können in der Vorstellung entworfen und sprachlich beschrieben werden. Ist dies zu wenig plastisch, so kann konkret mit Farbe und Papier gearbeitet werden. Aus diesen Bildern entstehen manchmal auch beeindruckende Zielgeschichten.
Zielskulpturen
Die KlientInnen können eine Zielskulptur aufstellen oder auch von einer Problemskulptur ausgehen und mit Hilfe der TherapeutIn erste Schritte in Richtung einer Zielskulptur sichtbar und erlebbar machen. Verschiedene Medien für Skulpturen bieten sich dabei an: von Münzskulpturen über das Familienbrett bis hin zu Skulpturen mit Sesseln oder Gegenständen.

Welche Methode der Zielarbeit man auch wählt, die sprachliche Ausformulierung der im Prozeß der Zielfindung gewonnenen Information stellt den nächsten wichtigen Schritt dar und führt zur Verdichtung und Konkretisierung.

Ist ein Ziel definiert, kommt als wichtiger nächster Schritt die Überprüfung dieses Ziels in seinen Auswirkungen (s. Fragetechniken, zirkuläre Fragen etc.). Unter Umständen sind die Auswirkungen nicht akzeptabel und es müssen, wie in den folgenden Beispielen, die Ziele modifiziert werden.

Fallskizze 3: Eine 28jährige Frau leidet unter Panikattacken, sie kämpft erfolglos dagegen an. Ihre Angst sei ihrem Freund nicht länger zuzumuten, sie fürchtet, er könnte sie deshalb verlassen. Sie stellt mit Sesseln eine Problemskulptur, die Angst steht zwischen ihr und ihrem Freund. Im ersten Zielbild stellt sie die Angst weit weg, in eine Ecke des Raums. Erstaunt stellt sie bei der Zielprüfung fest, daß sie sich weder auf ihrem eigenen Sessel noch auf dem ihres Freundes wohlfühlt. Nach längerem Experimentieren geht es ihr am besten, wenn sie ihrer Angst vorerst mehr zugewandt ist. Es scheint für ein erstes Ziel passender, wenn sie ihr Symptom nicht wegschiebt, sondern sich damit auseinandersetzt.
Fallskizze 4: Eine 35jährige Frau hat den Eindruck, sie sei zu wenig selbständig, sie fühlt sich vor allem zu sehr unter dem Einfluß ihrer Mutter. Diese unterstützt sie und hilft ihr bei den Kindern und im Haushalt. Sie entwirft ein Zielbild von sich als selbständiger Frau mit eigener Meinung, sie kann sich der Mutter gegenüber abgrenzen und die Kinder und den Haushalt allein übernehmen. Auf die Frage, welche Auswirkungen diese

Tab. 1: *Kriterien für eindeutig definierte Ziele (Walter & Peller, 1994)*

Kriterium	Schlüsselwort	Musterfrage
1. positiv	„statt dessen“	Was werden Sie statt dessen tun?
2. prozeßhaft	„wie“, Verbform	Wie werden Sie das tun?
3. Hier und Jetzt	auf dem Weg sein	Wenn Sie heute hier weggehen und auf dem Weg zu ihrem Ziel sind, was genau werden Sie anders machen, oder wie anders werden Sie zu sich sprechen?
4. spezifisch	„spezifisch“	Wie werden Sie das im einzelnen tun?
5. Im Kontrollbereich der KlientInnen	„Sie“	Was werden Sie tun, wenn das eintritt?
6. In der Sprache der KlientInnen	Worte der KlientInnen	

Veränderung auf die Beziehung zu ihrem Mann hätte, wird ihr bewußt, daß sie sich auch ihrem Mann gegenüber nicht eigenständig fühlt und große Angst vor Konflikten hat. Ihr Mann hatte einen Herzinfarkt und darf sich nicht aufregen, dies verstärkt ihre Angst und ihre Überzeugung, in ihrer Beziehung zu ihrem Mann dürfe sich nichts ändern. Ihr erstes Ziel ist nun, mit Hilfe der Therapeutin herauszufinden, wie sie im Konflikt zwischen Veränderungsbedürfnis und Angst vor Veränderung ihren Weg finden kann.

4. Aufträge

Parallel zur Zielarbeit achtet die TherapeutIn auf die expliziten und impliziten Aufträge der KlientInnen und widmet sich deren Klärung. Die Metapher „Auftrag“ weist darauf hin, daß in der Vielfalt und Komplexität der Erwartungen an die TherapeutIn eine Abklärung und Reduktion notwendig ist. Selbst wenn die KlientInnen ihre Ziele in der Arbeit mit der TherapeutIn festgelegt haben, bleiben die Erwartungen an die TherapeutIn jedoch meist allgemein und vage, oft indirekt und nicht selten widersprüchlich. Aufträge wie „Mach mich gesund! Sag mir, was ich tun soll! Verändere meinen Partner oder meine Kinder! Gib mir recht! Hilf mir gegen ...!" sind häufig verdeckt oder nicht bewußt und dann auch nicht immer im voraus abzuklären. Es kann hilfreich sein, am Beginn der Therapie anzusprechen, was die TherapeutIn sicher nicht kann, sozusagen explizit bestimmte unerfüllbare Aufträge auszuschließen.

Kontext

Nicht nur anwesende Personen haben Wünsche und Erwartungen, sondern auch deren nicht anwesende Familienmitglieder oder überweisende Institutionen und Personen wie z. B. Jugendamt, Frauenhaus, Bewährungshilfe und Schulpsychologie. Das gleiche gilt für andere ÜberweiserInnen: ÄrztInnen, RichterInnen, SozialarbeiterInnen, LehrerInnen usw. Im Rahmen der Auftragsabklärung gilt es, deren Erwartungen zirkulär zu erfragen, um sich im größeren Überweisungskontext kundig zu machen. Häufig sind diese Aufträge allerdings verdeckt, besonders wenn mehrere, verschiedene HelferInnen mit der Familie zu tun haben. Eine Möglichkeit hier zu mehr Klarheit zu kommen, bietet das Auftragskarussell (Schlippe & Schweitzer, 1996) als Methode in der Supervision oder gegebenenfalls auch in der Selbstsupervision. Alle beteiligten Helfer werden im Raum mit Sesseln oder anderen Symbolen dargestellt. Die TherapeutIn geht mit jedem einzelnen von ihnen in Kontakt, indem sie sich auf den jeweiligen Sessel setzt und sich mit dieser Person identifiziert. Sie fragt sich dann, was genau möchte ich als diese Person, welchen Auftrag habe ich an die TherapeutIn? Sie versucht die Antwort so präzise wie möglich, am besten in einem Satz, zu formulieren. Dann geht sie in die Rolle des nächsten Helfers. Je präziser die Formulierung der Antworten gelingt, umso hilfreicher ist die Supervision.

Nicht zuletzt spielen auch die expliziten und impliziten Aufträge des Arbeitgebers der TherapeutIn eine Rolle, z. B. hinsichtlich der Therapiedauer und der Zielgruppe. Es macht einen Unterschied, ob die Therapie in der Psychosomatischen Ambulanz, in der Krisenintervention, in einer Erziehungsberatung oder z. B. in einem Gefangenenhaus stattfindet.

5. Ebenen des Kontraktes

Ziele und Aufträge existieren nicht an sich, sondern sie werden im rekursiven Prozeß des „contracting" innerhalb des therapeutischen Systems konsensuell konstruiert. Anders ausgedrückt: wenn die TherapeutIn sich dem Ziel der KlientInnen anschließt und deren Aufträge annehmen kann, dann kommt es zu einem ersten Kontrakt, der Vereinbarung, die dem gemeinsamen Projekt Psychotherapie zugrunde liegt. Diese Vereinbarung beinhaltet ein Überprüfen und gegebenenfalls neu Aushandeln von weiteren Kontrakten – sowohl TherapeutIn als auch KlientInnen übernehmen hier eine Verantwortungs- und Kontrollfunktion. Kommt ein therapeutischer Prozeß ins Stocken oder in eine Sackgasse, ist die Überprüfung des Prozesses anhand des Kontraktes hilfreich, um die therapeutische Arbeit wieder in Fluß zu bringen.

Das bei der Klärung der Erwartungen und Ziele erarbeitete Thema wird im Kontrakt noch einmal formuliert und festgehalten, ebenso der Modus der Zusammenarbeit im oft eher impliziten Beziehungskontrakt. Das gleiche gilt für den Rahmenkontrakt – Psychotherapie findet in einem gewissen Rahmen statt, der unterschiedliche Bedingungen setzt: Setting, Ort, Zeit und Kosten, Terminabsagen, Erreichbarkeit, Schweigepflicht, Modus der Verrechnung mit den Kassen werden mit den KlientInnen explizit vereinbart.

Der Kontrakt als Definition des therapeutischen Handlungsraums

Man kann sich den Therapieprozeß als koevolutionäre Handlung in einem vieldimensionalen Raum vorstellen. Jede Interaktion – sprachlich oder nonverbal – wirkt auf unterschiedlichen Ebenen bedeutungsgebend. Um Komplexität zu reduzieren und den Prozeß überschaubarer zu machen, bieten sich Orientierungspunkte an.

Der Kontrakt skizziert relevante Punkte der strukturellen Koppelung im Therapieprozeß, er legt fest, wo wir uns bewegen werden. Das folgende Modell stellt exemplarisch wichtige Themen dar, wo implizite und explizite Kontrakte Orientierungspunkte bilden. Diese Orientierungspunkte gilt es auf dem gemeinsamen Weg zum Therapieziel immer wieder im Blick zu haben, auch wenn in verschiedenen Phasen der Therapie unterschiedliche Punkte mehr im Vordergrund stehen und andere in den Hintergrund treten. Diese einzelnen Elemente stehen zueinander und in ihren Auswirkungen aufeinander in einer nicht-linearen, dynamischen und vernetzten Beziehung.

Abb. 1: *Kontrakt als Definition des therapeutischen Handlungsraumes*

Prozessuale Ziel-, Auftrags- und Kontrakt-Evaluation

Es erscheint uns unerläßlich im Prozeß der Psychotherapie, das therapeutische Vorgehen und die Effizienz immer wieder durch die KlientInnen evaluieren zu lassen, zu überprüfen, ob der urprüngliche Auftrag noch gilt oder eine Neudefinition angebracht ist (vgl. Ludewig, 1992). Zukunftsfragen, hypothetische Fragen und Skalierungsfragen unterstützen die KlientInnen dabei, Therapieziele zu definieren und den Therapieverlauf zu bewerten, Position zu beziehen und Eigenverantwortung zu übernehmen. Eine offene und sinnvolle Bewertung setzt voraus, daß die TherapeutIn auch passive Kritikfähigkeit entwickelt hat und ihr Selbstwert nicht linear an die Zufriedenheit und den Erfolg der KlientInnen gebunden ist.

Jede Beziehung, auch die therapeutische Beziehung, birgt die Chance der gelungenen Koevolution und Zufriedenheit sowie das Risiko des Mißlingens und der Enttäuschung. Nicht nur bei KlientInnen, sondern auch bei den TherapeutInnen gibt es Erwartungen, Ressourcen und Grenzen. Kontrakte ermöglichen einen respektvollen und ressourcenorientierten Umgang mit den Möglichkeiten und Grenzen und helfen dadurch, unnötige Enttäuschung zu reduzieren und die Chancen für das Gelingen zu optimieren.

Kontrakte sind zudem eine Möglichkeit, die strukturelle Koppelung im therapeutischen Prozeß ziel- und lösungsfokussierend einzusetzen. In therapeutischen Beziehungen gibt es auch Prozesse im Sinne des Driftens (Maturana, 1987), d. h. es gibt in jedem therapeutischen Prozeß auch Phasen von Verunsicherung, die gekennzeichnet sind von Zweifeln, von der Suche nach neuen Orientierungspunkten, nach neuen Möglichkeiten. Auch Kontrakte sind nicht der sichere Hafen, sie gleichen eher Inseln, die im Fluß der Beziehung liegen.

Systemisches Denken beinhaltet immer auch die Gegenposition: Obwohl wir überzeugt sind, daß Kontrakte ein wichtiges Werkzeug zur Erreichung höherer Effizienz in der therapeutischen Arbeit darstellen, gibt es immer wieder auch – weil soviel Verbindlichkeit und Klarheit nicht erwünscht oder nicht erreichbar ist – Therapieerfolge, die ohne explizite Kontraktformulierungen auskommen (müssen).

Allgemeine therapeutische Techniken in der systemischen Familientherapie

Billie Rauscher-Gföhler

1. Fragen in der systemischen Therapie

Die systemische Therapie bezieht ihr methodisches Selbstverständnis vor allem daraus, Fragen zu stellen.

Fragen zu stellen bedeutet in der Therapie, aufeinander zuzugehen, sich gegenseitig zu erforschen und zugleich eine Ko-Kreation von Wirklichkeit vorzunehmen. Zu den bekanntesten Arten, Fragen zu stellen, zählt das sogenannte *zirkuläre Fragen.*

1.1 Die Kunst des Zirkulären Fragens

Diese spezielle Interviewmethode, die vom Mailänder Team um Mara Selvini Palazzoli (1977) entwickelt wurde, ermöglicht in besonderer Weise, die innere Logik („Spielregeln") von Interaktionssystemen oder eines Individuums zu erforschen. Indem die TherapeutIn sich vom Feedback einer Familie leiten läßt, werden Fragen gestellt, die einen Unterschied oder eine Äquivalenz einführen, um Information über Beziehungsunterschiede dieses Systems zu erhalten. Unter Feedback sind dabei einerseits verbale, anderseits aber auch nonverbale (Körperhaltung, Ausdrucksbewegungen) und paraverbale Äußerungen (Tonfall, Schnelligkeit, Langsamkeit, Pausen, Seufzen, Lachen ...) gemeint – „Verhalten jedweder Art".[1]

Das Mailänder Team definiert den Begriff „Unterschied" als „Beziehungsunterschied".

---

1 Watzlawick et al. (1969) weisen in diesem Zusammenhang darauf hin, daß es unmöglich ist, sich nicht zu verhalten. Jedes Handeln/Nichthandeln wird vom Gegenüber mit Bedeutung versehen und hat Mitteilungscharakter, es wird als Botschaft verstanden und beeinflußt andere in ihrem Handeln. Indem nach bestimmten Unterschieden und Äquivalenzen gefragt wird, wurde vorher bereits eine Auswahl getroffen, welche neuen Informationen in die Familie eingeführt werden.

Peggy Penn (1983) faßt Kategorien zirkulärer Fragen auf der Basis des Mailänder Modells zusamen, Simon (1993) erweitert und verdeutlicht diese:

1. Während einer familientherapeutischen Sitzung erhält die Therapeutin *verbale und analoge Informationen* einer Familie. Im verbalen Bereich sollte auf *Schlüsselwörter* der Familie geachtet werden; diese sollten in Aussagen über Beziehungen und Beziehungsunterschiede übersetzt werden (z. B. „Wegen ihres Verhaltens hat Inge Angst um sie" – „Wer außer Inge hat noch Angst um sie?"). Zugleich beobachtet die Therapeutin auch das analoge Verhalten der Familie (Blickkontakt, Tonfall, Haltung, Haltungsänderungen, Unterbrechungen ...) und vergleicht dieses mit den verbalen Aussagen. In der Kommunikation über diese Unterschiede entwickelt sich ein bestimmtes „Familienprofil".
   In dieser ersten Phase des Interviews werden auch Fragen des Überweisungskontextes geklärt („Wer hatte die Idee, hierher zu kommen? Wer war eher skeptisch? ...").
2. Die Frage: „Was ist jetzt das Problem in der Familie?" schafft die Möglichkeit der *Unterscheidung von Beziehungsrealitäten*, während und nach dem Auftreten des Problems. Zugleich wird eine geschichtliche und zeitliche Perspektive eingeführt (z. B. „Wann hat ihr Sohn beschlossen, seine Fähigkeit, Probleme zu lösen, nicht mehr anzuwenden?").
3. Ist das Problem definiert, wird nach den bestehenden *Koalitionen um das Problem* Ausschau gehalten. Fragen wie: „Wer bemerkt zuerst, daß das Problem auftritt?" – „Wer fühlt sich hilfloser, wenn das Problem auftritt?" machen Koalitionen deutlich, da die Beantwortung dieser Fragen eine Beziehungsdefinition vornimmt. In diesem Kontext kann außerdem die bisherige Absolutheit und Verdinglichung vermeintlicher Eigenschaften aufgelöst werden.
4. *Fragen nach dem Tun* der einzelnen Familienmitglieder beim Auftreten des Problems erweitern allmählich das Beobachtungsfeld. Beim Eingehen auf Sequenzen des familiären Spiels (Muster) wird vor allem auf das Ende der Mitteilungen geachtet, aus denen ersichtlich wird, was Familienmitglieder zusammenhält. Auf diese Weise wird es auch möglich, *offene und heimliche Koalitionen* mit nicht anwesenden Personen in der Gegenwart oder Vergangenheit und deren Veränderungen zu erfassen.
   Ein Beispiel mag dies veranschaulichen: Eine Frau fühlt sich lustlos, nachdem sie in ihrem Beruf eine Niederlage erlitten hat. Sie erzählt ihrem Mann davon, will sich aber nicht trösten lassen, aus Angst, dies

könnte zu Intimitäten führen. Diese wären gefährlich, weil sie zu einer gefühlsmäßigen Störung ihrer engen Verbindung zur 3000 km entfernt lebenden Mutter geführt hätten.

5. *Klassifikationsfragen und Vergleichsfragen*: Diese dienen vor allem dazu, Hypothesen über Veränderungen familiärer Beziehungsmuster zu überprüfen (z. B. „Wer versteht sich am besten mit Vater? Wer am zweitbesten, wer am drittbesten?" „Wem gelingt es besser, die Tochter vom Lernen abzuhalten? Dem Hund oder ihrem Bruder?"). Es kann auch auf eine zeitliche Dimension hin abgefragt werden: „War das immer so? War es jemals anders?"
6. *Übereinstimmungsfragen* ermöglichen es der Therapeutin, Koalitionen nach ihrer Stärke und Vorrangigkeit zu ordnen und bieten Ansatzpunkte für weiterführende Hypothesenbildungen (z. B.: „Wer in der Familie ist noch der Ansicht, daß Sie und Ihr Vater sich näher sind als Sie und Ihre Mutter?").
7. *Subsystemvergleich*: Durch „Klatsch in Anwesenheit" (Selvini, 1980) erhält man Informationen über Außenperspektiven einer Beziehung zwischen zwei oder mehreren Personen (z. B. „Wie siehst du die Beziehung zwischen deinem Vater und deinem Bruder?").
   Auch kann nach der Intensität, in der verschiedene Familienmitglieder ein Verhalten zeigen, gefragt werden (am meisten/wenigsten besorgt); nach *Unterschieden in bezug auf die Quantität oder Qualität* (mehr oder weniger, so oder so, ...); und nach *Zeitpunkten* (vorher/nachher). Weiters kann man nach *Übereinstimmungen/Nichtübereinstimmungen* zwischen den Familienmitgliedern und danach, welche *interaktionellen Wirkungen* bestimmte Lebensereignisse innerhalb der Familie haben, fragen (z. B. „Was hat die Geburt deines Bruders in der Beziehung deiner Eltern verändert?").
8. *Erklärungsfragen* dienen zur Erhellung früherer bzw. vergangener Beziehungen in der Familie. Sie können *Problemdefinitionen, Vergleiche, Übereinstimmung* oder einen *Subsystemvergleich* betreffen („Wie erklären Sie sich, daß ...").
9. Statische Eigenschaften können verflüssigt in ihre Verhaltensdimension zurückversetzt werden (z. B. „Welches Verhalten muß Ihre Tochter zeigen, damit ihr Mann wieder glaubt, sie sei psychotisch?").
10. *Gegenseitige Bedingungen* werden verdeutlicht: Indem jeder als Handelnder vorausgesetzt wird, wird eine Opfer/Täter-Rollenverteilung mitsamt ihren Prämissen in Frage gestellt (z. B. „Gesetzt den Fall, Sie wollten, daß Ihre Eltern auch weiterhin glauben, daß Sie krank sind, wie müßten Sie sich verhalten, damit diese das glauben?").

11. Außerdem können noch *Unterschiede* bezüglich der *Glaubenssysteme und Theorien* einzelner Familienmitglieder erfragt werden (z. B. „Wie erklären Sie sich, daß Ihre Tochter sich in diesem Moment nackt auszieht?"). Ebenso kann sich die TherapeutIn bezüglich der *Regeln und Wertsysteme*, bezüglich der vorhandenen familiären *Mythen, Hypothesen* und *alternativen Wirklichkeiten* kundig machen (z. B. „Gesetzt den Fall, Ihr Problem würde noch wachsen, wie würde die Familie dann in zwei Jahren aussehen?").

1.2 Die Kunst des linealen, strategischen und reflexiven Fragens

Karl Tomm (1993) unterscheidet neben den bereits angeführten zirkulären Fragen drei weitere Kategorien von Fragen: *Lineale Fragen, Strategische Fragen, Reflexive Fragen.*

Lineale Fragen wendet die TherapeutIn vor allem an, um sich über die Situation des Klienten zu informieren. Die Absicht hinter diesen Fragen ist vor allem eine untersuchende. Die grundlegenden Fragen lauten: „Wer tat was, wann, wo, wie und warum?" Lineales Fragen birgt das Risiko einer negativ wertenden Haltung. Dies provoziert oft Scham- und Schuldgefühle, auch Abwehrhaltungen bei den Klienten. Andererseits kommen Familienmitglieder meist mit einer linealen Erklärung ihres Problems, und es scheint angebracht, zu Beginn einer Therapie lineale Informations- und Ordnungsfragen zu verwenden.

Strategische Fragen werden von TherapeutInnen vor allem dazu angewendet, Klientinnen in einer bestimmten Art und Weise zu beeinflussen. Ihre Absicht ist vor allem eine korrektive. Die TherapeutIn verhält sich wie eine LehrerIn oder wie ein RichterIn. Durch strategische Fragen wird versucht, die Familie zu einer Änderung zu bewegen, d. h. sich so zu verhalten, wie die Therapeutinnen es für angemessen halten. Die Steuerung kann über Inhalt, Kontext, Zeitpunkt und den Ton einer Aussage erfolgen. Es kann sein, daß die Optionen der Familie damit auch auf das nach Meinung der TherapeutIn „Angemessene" reduziert werden. Somit neigen diese Fragen eher zu Manipulation und Kontrolle. Andererseits können gelegentlich eingesetzte, sorgfältig formulierte strategische Fragen die KlientInnen durchaus mit Beschränkungen, Zwängen und Widersprüchen innerhalb ihrer eigenen Wertsysteme konfrontieren und damit zu Veränderungen veranlassen. Manchmal ist es auch günstig, Klienten sehr direkt eine offensichtliche Lösung erkennen zu lassen. Es kann aber auch sein, daß Familien sich angegriffen fühlen.

Typische Beispiele für strategische Fragen sind: „Was würde passieren, wenn Sie Ihren Mann nächste Woche jeden Tag um acht Uhr wecken und zur Arbeit begleiten würden?" Oder: „Können Sie erkennen, wie sehr Ihre Äußerung Ihre Frau enttäuscht und beleidigt?" Oder: „Merken Sie dann, was das verursacht?"

Reflexive Fragen sollen KlientInnen auf indirekte und allgemeine Art beeinflussen. Sie beruhen auf Annahmen über die Art der Prozesse, die sich innerhalb des therapeutischen Systems vollziehen. Ihre Absicht ist eine fördernde, die Selbstheilungskräfte der KlientInnen sollen mobilisiert werden. Die TherapeutInnen verhalten sich eher wie BeraterInnen oder TrainerInnen; die Fragen beruhen auf der Annahme, daß das therapeutische System als ko-evolutionär anzusehen ist und daß die Aufgabe der TherapeutInnen darin besteht, innerhalb des vorhandenen Wertsystems einer Familie eine reflexive Aktivität auszulösen. Sie sollen Familienmitglieder dazu bringen, über die Implikationen ihrer derzeitigen Wahrnehmungen und Handlungen nachzudenken, neue Möglichkeiten zu entwickeln oder in Betracht zu ziehen. Reflexive Fragen besitzen einen neutraleren Charakter als strategische Fragen, da sie Autonomie stärker berücksichtigen.

KlientInnen sollen neue Möglichkeiten erkennen und sich aus eigenem Antrieb heraus freier entfalten können (z. B.: „Wenn dieser Schmerz verschwindet, was wäre dann anders? Wenn Sie beschließen sollten, weiter miteinander zu leben, wer würde dann den ersten Schritt machen?").

Ein Nachteil reflexiver Fragen kann sein, daß sie Unsicherheit und Verwirrung begünstigen. Die Vielzahl neuer Möglichkeiten wirkt dann verwirrend, wenn es versäumt wurde, für eine angemessene Orientierung zu sorgen.

Reflexive Fragen können nach Tomm (1994) in folgende Gruppen unterteilt werden:

- Zukunftsorientierte Fragen, die besonders wichtig sind, wenn KlientInnen zu sehr mit momentanen Schwierigkeiten oder Problemen in der Vergangenheit beschäftigt sind. Diese Fragen können auch den Bereich der individuellen und familiären Ziele und deren mögliche Umsetzung beinhalten.
- Fragen aus der Beobachterperspektive sollen KlientInnen dazu verhelfen, Fähigkeiten, Verhaltensweisen, Ereignisse und Muster bei sich und bei anderen besser unterscheiden und deren Bedeutung besser erkennen zu können.
- Fragen zu unerwarteten Kontextveränderungen.

- Eingebettete Suggestionsfragen: Innerhalb dieser Fragen können sowohl alternative Handlungen, wie auch bestimmte Eigenschaften (Willenskraft, Ausdauer), bestimmte Prozeßschritte (Entschuldigungen, Vergebung) und Umformulierungen eingebettet sein.
- Fragen zum normativen Vergleich („Meistens fühlen sich Mädchen in diesem Alter mehr zu ihren Müttern hingezogen. Was bindet Ihre Tochter so an ihren Vater?").
- Fragen, die Hypothesen einleiten („Wenn er gezwungen wäre, sich seinen eigenen Anteil an Ihren Depressionen einzugestehen, wie könnte er Ihrer Meinung nach damit umgehen?").
- Fragen, die einen Prozeß unterbrechen („Haben sie schon einmal darüber nachgedacht, daß eine Weiterführung der Therapie ihre eigenen Fähigkeiten, ein Problem zu lösen, beeinträchtigen könnte?").

2. Die positive Konnotation

ist eine besonders von den Mitgliedern des Mailänder Teams häufig verwendete Intervention. Sie stellt Probleme und problematische Abläufe in ein Licht, das sie als sozial sinnvoll und funktional erscheinen läßt. Die TherapeutIn läßt sich von der Familie Zusammenhänge und das Wirken der Symptomatik schildern und entwickelt Hypothesen über die Wichtigkeit des Symptoms für dieses Beziehungsgefüge. Diese teilt er/sie der Familie mit. Eventuell wird diese positive Konnotation mit der Verschreibung zur „Nichtveränderung" oder einer Beobachtungsaufgabe gekoppelt.

3. Umdeuten/Umetikettieren

Diese im Englischen mit dem Begriff Reframing bezeichnete Intervention zählt zu den effektivsten Interventionen im Bereich der Psychotherapie. Es wird von der Annahme ausgegangen, daß alle menschlichen Verhaltensweisen ihre Bedeutung erst durch den Rahmen (Kontext) erhalten, innerhalb dessen sie wahrgenommen, erlebt oder beurteilt werden. Wird dieser Rahmen nun durch einen anderen ersetzt, ändert sich die Gesamtbedeutung der Handlung, obwohl diese an und für sich gleich bleibt. Eine alternative Wirklichkeit wird geschaffen. Das wohl bekannteste Beispiel dazu ist das Glas, das zur Hälfte mit Wasser gefüllt ist, und alternativ als halb voll oder als halb leer bezeichnet werden kann.

Der Idee des Umdeutens liegen Prämissen zugrunde:

- Jedes Verhalten macht Sinn, wenn man es in seinem Kontext kennt;

- Es gibt keine Eigenschaften einer Person, die von ihrem Kontext losgelöst betrachtet werden könnten;
- Jedes Verhalten macht Sinn für den inneren Zusammenhalt eines Systems;
- Es gibt nur Fähigkeiten. Probleme entstehen dadurch, daß der unpassende Kontext für ein Verhalten gewählt wurde;
- Jeder scheinbare Nachteil ist an einem anderen Punkt ein Vorteil.

Ein anderes Vorgehen, das auch als inhaltliches Reframing beschrieben werden könnte, ist das sogenannte Umetikettieren:

Bei diesem Vorgehen wird das der Person oder dem Problem anhaftende Etikett verändert, ohne daß dabei notwendigerweise der Bezugsrahmen mitverändert wird z. B.: Von der Bezeichnung „Schizophrenie" zu „der Versuch einer Problemlösung ohne das Risiko der Kränkung anderer".

Umetikettieren ist eine kreative und komplexe therapeutische Methode, die aus mehreren Gründen Wandel bewirkt. Es ändern sich phänomenologische Perspektiven, neue Gedanken und Gefühle gegenüber dem Problemverhalten werden möglich. Infolge einer Umetikettierung eines Verhaltenssystems kann sich nicht nur die Wahrnehmung des Problems durch den Symptomträger, sondern auch die Wahrnehmung des Symptomträgers durch das System verändern.

Umetikettierungen von Symptomen geben Klienten häufig ein Gefühl größerer Selbstkontrolle, und damit entsteht Raum für die Übernahme von mehr Selbstverantwortung. Landfield z. B. (1975) etikettierte „Verwirrung" als „Beginn von Wandel", als Schritt einer beginnenden Veränderung.

Selvini-Palazzoli und Mitarbeiter (1978) etikettieren Symptome von Paaren so um, daß sie zum Nutzen und zum Vorteil eines Paares gereichen und das Streben nach Zusammenhalt und Stabilität betonen. Symptome sind Zeichen von Liebe, Fürsorge und einer beschützenden Haltung. Weeks (1977) schlägt folgende Umetikettierungen vor:

Statt „umherirren": alle vorhandenen Möglichkeiten ausschöpfen;

Statt „kontrollieren wollen": Struktur und Überblick in seine Umwelt bringen wollen;

Statt „gefühllos sein": sich vor Verletzungen schützen;

Statt „unterwürfig sein": Autorität und Führung suchen, um sich selbst zu finden;

Statt „auf Distanz gehen": sich um sich selbst kümmern;

Statt „abgeschieden leben und kontaktarm sein": sein eigenes Bewußtsein genau erforschen;

Statt „überempfindlich sein“: sehr lebendig, bewußt und intensiv auf andere Menschen eingestellt sein.

Umetikettierungen besitzen in der Regel einen positiven Beiklang und sollen neue Möglichkeiten eröffnen, die sich deutlich von den bisherigen unterschieden.

L‘Abate (1985) erweitert noch und gibt „positiven“ Verhaltensweisen einen „negativen“ Beiklang, indem er weitere, oft nicht fokussierte Auswirkungen aufzeigt. Er sagt z. B. einem Paar, daß „sie sich so sehr lieben und beschützen, daß sie alles Erdenkliche tun, um Konflikte und Konfrontationen und somit auch Vertrautheit zu vermeiden“.

Andolfi (1978) benennt Umdeuten und Umetikettierung zusammen als „Neudefinition“.

4. Schlußinterventionen

Unter Schlußinterventionen versteht man aus therapeutischer Sicht all jene Interventionen, die am Ende eines Gesprächs in Form eines Resümees/Kommentares der Familie eine Möglichkeit zu einer anderen Sicht ihrer Probleme und/oder Anregung zu einem anderen Handeln mit auf den Weg geben. Dabei sind sie zum einen Kommentar, anderseits fassen sie auch Eindrücke und Hypothesen pointiert zusammen und geben (auch) Handlungsvorschläge und Aufgabenstellungen mit.

Schlußinterventionen erfolgen meist verbal (zuweilen auch in Form von Briefen oder schriftlichen Dokumenten) und sollen ein ausgewogenes, für die Familie annehmbares Ausmaß an Bestätigung und Verstörung enthalten (Simon, 1983). Sie sollten möglichst das, worüber in der Stunde gesprochen wurde, das was wahrnehmbar war sowie die Metaphorik der KlientInnen aufgreifen. Sie sollten Bekanntes, Neues und Verwirrendes miteinander kombinieren, deutlich und anschaulich sein und Handlungsvorschläge zeitlich begrenzen.

Resümees und Kommentare können alle systemischen Techniken wie Umformulierungen, positive Konnotationen, Anmerkungen, Splitting usw. enthalten. Sie können Anerkennung der Leistungen der Familie bei ihrem Handeln zur Problemlösung ebenso wie Umdeutungen bzw. Verwirrungen durch z. B. eine Geschichte enthalten, die nichts mit dem geschildertem Problem zu tun hat. Handlungsvorschläge können paradox oder linear formuliert sein. Das Heidelberger Team unterscheidet drei mögliche Formen von Aufträgen: „Tu mehr desselben“, „Unterlasse etwas“ und „Probiere etwas Neues aus“ (Retzer, 1993).

Es hat sich gezeigt, daß durch Einlegen einer kurzen Pause vor der eigentlichen Schlußintervention ein positiver Effekt insofern auftritt, als diese meist Erwartung und Aufmerksamkeit auf das Folgende provoziert. Andererseits gibt diese Pause auch die Möglichkeit zum „verdauen“ der bisherigen Information, und um Platz zu schaffen für neue Inputs.

Schlußinterventionen sollen im Prozeß der Therapie dem System durch einen Input von Verstörendem dazu verhelfen, durch eine Phase von Instabilität und Irritation hindurch aus den gewohnten Bahnen ausbrechen zu können; dadurch, daß die Familienmitglieder füreinander unvorhersagbar geworden sind, ist eine Voraussetzung für Veränderung gegeben.[2]

---

2 Ich danke Fr. Marlies Lenglachner für ihre Unterstützung.

Spezielle therapeutische Techniken in der systemischen Familientherapie

Billie Rauscher-Gföhler, unter Mitarbeit von Ulrike Russinger und Helmut de Waal

Im folgenden wird eine Zusammenfassung von häufig verwendeten Techniken der systemischen Familientherapie angeboten. Es handelt sich dabei um eine subjektive, unvollständige Auswahl.

1. Genogramme

Das Erstellen von Genogrammen ist eine praktische Methode, um einerseits Fakten und Strukturen, die am Anfang einer Therapie zu Tage treten, übersichtlich darzustellen und um anderseits Informationen über Beziehungen der KlientInnen zu Verwandten aus der eigenen sowie der vorangegangenen und der nachkommenden Generation an Hand von grafischen Symbolen darzustellen. Genogramme ermöglichen somit einen raschen Überblick über komplexe Familien- und Beziehungsstrukturen und bilden eine reichhaltige Quelle für Hypothesenbildung, sowohl über den möglichen Zusammenhang des Symptoms mit den familiären Wirklichkeiten wie der möglichen Verbindung zwischen Ereignissen und deren Bedeutung in Lebensgeschichten.

Zugleich kann das Bild der Familie klar umrissen, aber auch jederzeit ergänzt und/oder aktualisiert werden. Es erleichtert KlientInnen und TherapeutInnen auch, Mitglieder der Familie, Ereignisse und deren Bedeutung sowie Besonderheiten der Familienmitglieder in Erinnerung zu behalten.

Es gibt bis heute keine standardisierte Methode, Genogramme zu erstellen und keine allgemeine Verbindlichkeit, was quantitativ abzufragen ist, wie Informationen zu interpretieren sind und wann die Anwendung auf jeden Fall gegeben erscheint. Üblicherweise wird ein Genogramm im Rahmen eines umfassenden Erstgespräches erstellt.

Durch das Erfragen aktueller familiärer Kontexte werden dem Therapeuten Informationen über das Eingebundensein der „Mitspieler“ und über die vorhandenen Stärken und Schwächen einer Familie zugänglich. Verhalten und Problemsichten der Familienmitglieder können im Genogramm aus mehreren Blickwinkeln betrachtet werden. Genogramme können Klienten dabei behilflich sein, sich selbst und die eigene Position in der Familie (auf neue Weise) wahrzunehmen. Auch kann die Person mit dem präsentierten Symptom im Kontext mehrerer Subsysteme gesehen werden (z. B. als Kind eines Paares, in der Geschwisterreihe, in Beziehungsdreiecken, im Verhältnis zum übergeordneten Metasystem sowie eines soziokulturellen oder religiösen Kontextes. Durch historisch orientiertes Abfragen und Suche nach früheren Mustern der Bewältigung von Krisen- und Übergangsstadien lassen sich möglicherweise aktuelle Probleme im Kontext der Entwicklungsmuster der jeweiligen Familie einordnen. Die Nachfrage nach Mythen, Regeln und früheren Problemen zeigt häufig repetitive Familienmuster über Generationen. Muster zurückliegender Krankheiten oder Verschiebungen, die aufgrund von Wandel in der Familienstruktur zustande kamen, können aufgespürt werden und sie können als Grundlage für Hypothesenbildungen, was in dieser Familie zu Veränderung führen mag, verwendet werden.

Das Erstellen von Genogrammen (McGoldrick & Gerson, 1990):
Die Familienstruktur und die Familienbeziehungen werden grafisch durch folgende Symbole dargestellt:

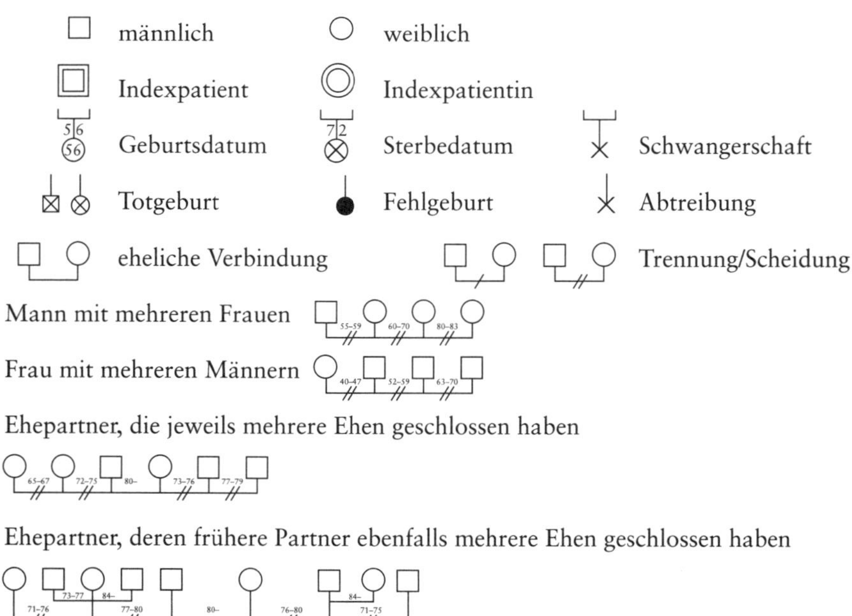

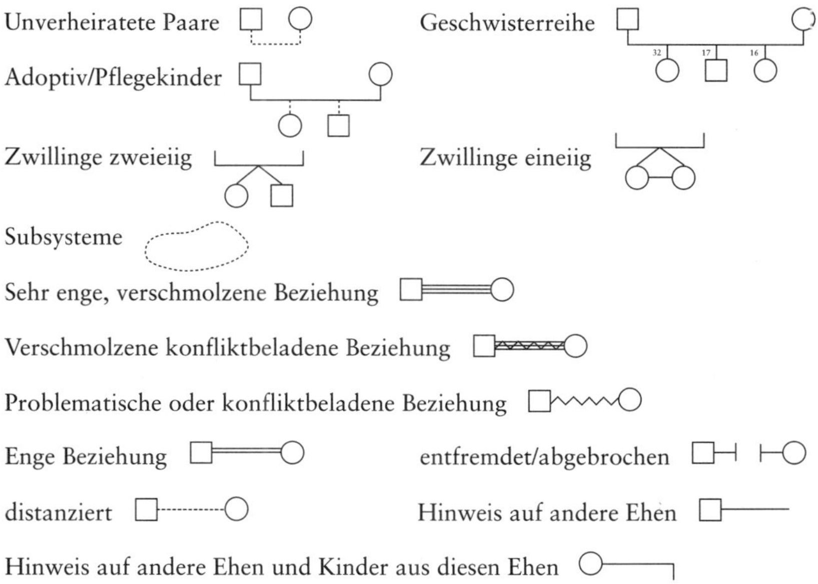

Der erstellten Grafik können wichtige Familieninformationen angefügt werden. Dabei wird vor allem auf demografische Informationen (Alter, Geburts- Heirats- und Sterbedaten, Wohnort, Beruf, Ausbildungsstand ...), kritische Ereignisse (Verluste, Erfolge, Verschiebungen) sowie gesundheitliche, emotionale und verhaltensbezogene Besonderheiten Wert gelegt.

Diese Informationen können im Genogramm direkt, an dessen Rand oder auf einem zusätzlichen Blatt zusammengestellt werden. Es kann auch bezüglich kritischer Ereignisse eine Familienchronologie angelegt werden.

Familiengenogramme werden vor allem in der Familientherapie und Familienmedizin angewendet. Sie haben den Effekt der Mobilisierung der gesamten Familie, der Befreiung eines Systems von Blockierungen, der Klärung von Familienmustern, der „Entgiftung" (Mc Goldrick, 1990)[1] sowie der Neuformulierung von Familienthemen im familiären Kontext.

2. Das Familienbrett

Das Familienbrett, ein 1978 von Kurt Ludewig entworfenes und im Rahmen mehrerer Forschungsprojekte erprobtes Verfahren, wird in der

1 Mc Goldrick meint damit das Besprechen von Themen, die eine Atmosphäre von z. B. Haß, Anfeindung, Neid, der bisher noch nie Aufmerksamkeit gewidmet wurde, ermöglicht.

systemischen Therapie zur Darstellung von Familienstrukturen und Familienbeziehungen verwendet. Es ähnelt in gewisser Weise dem Verfahren der Familienskulptur (Simon, 1972; Schweitzer & Weber, 1982; Duhl, 1981), nur auf kleinerem Raum dargestellt.

Das Familienbrett ist ein 50 mal 50 cm großes Brett, um das im Abstand von 5 cm ein Rand gezeichnet ist. Dazu gehören Holzfiguren in zwei Formen (eckig und rund) und zwei Größen (7 und 10 cm). Die Figuren haben nur ein angedeutetes Gesicht und sind geringfügig strukturiert. Dies soll die Konzentration des Klienten auf die Darstellung von Beziehungsmustern anstatt auf persönliche Eigenschaften lenken.

In der Therapie legen TherapeutInnen ihre Aufmerksamkeit vor allem auf folgende Merkmale:

- Entfernung zwischen den Figuren,
- Blickrichtung der jeweiligen dargestellten Person,
- Plazierung auf dem Brett,
- Größe und Form der ausgewählten Figuren,
- Reihenfolge der Aufstellung auf dem Brett und
- die Gestalt der Anordnung (Ludewig, 1978).

Einer kreisförmigen Anordnung kommt dabei die Bedeutung von hoher gegenseitiger Bezogenheit, Gleichberechtigung und Veränderungsresistenz zu, dem Halbkreis wird Flexibilität und Anpassungsfähigkeit zugeschrieben, die elliptische Anordnung wird als Tendenz zu Ablösung und das Dreieck als Indikator für Triangulierung (Bowen, 1973) gesehen.

Die Brettmerkmale sind jedoch nur im Kontext der Gesamtordnung zu interpretieren. Die Anordnung als solche ist ohne entsprechendes zirkuläres Nachfragen (Selvini et al., 1981) nicht sinnvoll zu interpretieren (Pflieger, 1980; Ludewig & Pflieger, 1982).

Zugleich wird aber auch deutlich, wie die Familie mit der Aufgabenstellung umgeht. Familienmitglieder verleihen durch das Aufstellen ihrer jeweiligen Sicht der Familie der Darstellung eine konkrete Gestalt. Diese Gestalt bietet allen Beteiligten dieselbe Perspektive eines Gesamtbildes und eröffnet dadurch Raum für unterschiedliche Bedeutungsgebungen. Der Familie und den TherapeutInnen wird Metakommunikation (Kommunikation über die Sichtweisen einzelner) möglich. Das Familienbrett wird zum Medium der Mitteilung.

Es zeigte sich (Ludewig, 1978), daß das Familienbrett ein leicht utilisierbares Medium für Klienten darstellt, und daß Familien innerhalb kurzer Zeit zu einer Darstellung ihrer Familie gelangen. Zwischen den abgebildeten Personen und den Figuren manifestiert sich eine deutliche Identifikation.

Zugleich ermöglicht diese Form der Darstellung auch eine Distanzierung von zu starker Betroffenheit.

Zur Vorgangsweise

Die Methode ist eine sehr offene. So können TherapeutInnen außer der Aufforderung, ein Bild der Familie zu stellen und dabei die vorhandenen Figuren und das Brett zu benützen, keine weitere Anweisung geben. Sie können aber auch die Darstellung der Familien in bestimmten Situationen, zu bestimmten Zeitpunkten (wann das symptomatische Verhalten wieder als sinnvoll erscheinen könnte ..., zu bestimmten Zeitpunkten in Vergangenheit und Zukunft, als Sie die Wahrnehmung machten ...), und im Zusammenhang mit bestimmten Vorstellungen (Lösungsbilder, verschlechterter Zustand) angeregt werden. Ebenso ist es möglich, Problem- und Zielbilder in einer Reihenfolge hintereinander darzustellen oder ein Familienmitglied aus dem Verband herauszunehmen.

3. Die Familienskulptur

Die Familienskulptur als Technik der Familientherapie fand seit ihrer Entwicklung durch David Kantor, Fred Duhl und Bonny Duhl (1973) rege Verbreitung. Besonders Virginia Satir und Peggy Papp (Papp, 1973, 1976) präsentierten und beschrieben deren Anwendung. Satir (1972) gab vor allem dem affektiven Erleben im „Hier und Jetzt" und dem offenen Dialog über Wünsche und Bedürfnisse in der Beziehung in der Skulptur Raum.

Ursprünglich wurden Familienskulpturen im Psychodrama – basierend auf der Idee des sozialen Atoms von Moreno – entwickelt. Weiter zurückliegende Situationen sollten intensiv erlebbar gemacht und aus einer neuen Perspektive betrachtet werden können.

Jochen Schweitzer und Gunthard Weber (1982) betonen die Möglichkeit, mit der Technik der Skulptur Komplexität von Familiensystemen darzustellen. Da Systeme Prozesse bergen, die ihre Bedeutung erst im Kontext der anderen, gleichzeitig ablaufenden Prozesse erhalten, kann man anstatt Prozesse nacheinander zu beschreiben, sie räumlich in einer Skulptur, in ihrer Gleichzeitigkeit und Kreisförmigkeit einfangen. Diese Grundidee wird von Peggy Penn (1983) als „Familienchoreografie" bezeichnet.

Die Technik „Familienskulptur" ist eine sehr erlebnisintensivierende Methode ohne Rückgriff auf digitale Sprache. Sie umgeht damit sprachliche Rationalisierungen und kann daher sehr schnell zu den wesentlichen Themen der Familie führen. Andolfi prägte in diesem Zusammenhang den

Ausdruck „nichtverbale Aktionstechnik“ (1982). Die Technik der Familienskulptur ist unabhängig von der sozialen Zugehörigkeit und damit verbundener möglicher Ausdrucksschwäche, dem Alter von KlientInnen und deren Problematik zu verwenden.

Zum Vorgehen

Jede Skulptur setzt einen Bildhauer voraus. Dafür soll jemand gewählt werden, der nicht im Zentrum des Konfliktes steht oder jemand, der einen Konflikt angesprochen hat. Diese Person wird nun gebeten, spontan eine Skulptur zu formen, die Ausdruck für das im Moment vorhandene Bild ist.

Dabei gibt es kein „richtig“ oder „falsch“, nur ein „passen“ (Bateson, 1981). Dieser Bildhauer wird nun aufgefordert, alle anwesenden Familienmitglieder nacheinander in einem vorhandenen Raum so aufzustellen, daß der räumliche Abstand die zwischen ihnen bestehende emotionale Nähe oder Entfernung abbildet. Die Reihenfolge der aufzustellenden Personen wählt der Bildhauer selbst. Der Bildhauer wird auch ermutigt, Abstände auszuprobieren und Veränderungen vorzunehmen. Letztlich wird der Bildhauer auch ersucht, eine eigene Position einzunehmen.

Auf diese Weise wird Beziehung zueinander definiert. Ein Dialog über unterschiedliche Bedeutungen kann eröffnet werden.

Die zweite Aufgabe des Bildhauers ist es, seine Vorstellungen über die momentane hierarchische Struktur der Familie sichtbar zu machen („Wer setzt sich durch, wer ist am schwächsten?“).

Verhaltens- und Beziehungsmuster werden noch deutlicher, wenn der Bildhauer noch ersucht wird, jedem Familienmitglied eine für seine Position und sein Verhalten in der Familie charakteristische Mimik, Gestik und Körperhaltung zu geben (Schweitzer & Weber, 1981; Duhl & Duhl, 1981).

Anschließend wird die Familie gebeten, eine kurze Zeit in der gegebenen Situation zu verharren und zu spüren, welche Auswirkungen diese auf das Fühlen hat. Es ist jetzt möglich, Familienmitglieder ihre Wahrnehmungen austauschen zu lassen, sie über Erlebtes verhandeln zu lassen. Es kann eine Aufgabe bis zur nächsten Stunde gegeben werden, es kann aber auch ermutigt werden, eine Lösungsskulptur zu finden, die den Bedürfnissen aller entspricht oder eine solche kann eingeführt werden.

Modifikationen in der Anwendung (Schweitzer & Weber, 1982)

- Vor dem Aufstellen der Skulptur wird der Bildhauer aufgefordert, den familiären Raum selbst abzustecken. Dies gibt den TherapeutInnen Informationen darüber, wie eng/weit der Bildhauer den familiären Raum sieht und wo in seiner Sicht die Grenzen nach außen liegen.
- Ein Familienmitglied, häufig der Symptomträger, wird im Verlauf des Prozesses aus der Skulptur herausgenommen und durch jemand anderen ersetzt. Dadurch kann dieser das System, von dem er ein Teil ist, aus einer anderen Position erleben und Unterschiede zwischen den beiden Perspektiven können ausgetauscht werden.
- Gegebenenfalls kann es wichtig sein, zur Kernfamilie noch weitere relevante Bezugspersonen dazuzustellen. Dafür können auch Möbelstücke oder anderes verwendet werden. Durch die Darstellung des relevanten Bezugssystemes ist es möglich, wichtige Informationen über Dynamiken zu erfahren, die vorher nicht sichtbar hätten werden können.
- Häufig ist es hilfreich, die Familie vor und nach einem einschneidenden Ereignis stellen zu lassen, hierdurch wird die Veränderung deutlich (z.B. Tod eines Angehörigen, Auftreten eines Symptoms ...).
- Hat es mehrere einschneidende Veränderungen gegeben, kann die Entwicklung über mehrere Stufen chronologisch rückwärts oder nach vorne aufgestellt werden.
- Hat man die Vermutung, daß eine oder mehrere Personen Gefühle und Erfahrungen aus der eigenen Herkunftsfamilie auf die jetzige Familie übertragen, kann man diese anschließend das Bild der jeweiligen Herkunftsfamilie stellen lassen. Dieses Vorgehen fördert vor allem das Verständnis von Kindern für das Verhalten von Eltern und hilft Projektionen sichtbar zu machen.
- Stellt man fest, daß eine bevorstehende Entwicklung oder Veränderung die Familie besonders verängstigt, kann man die Familie nach diesem Ereignis in der Zukunft darstellen lassen und damit Bilder schaffen, statt Phantasien mit mehr oder weniger deutlichen Angstvorstellungen Platz zu lassen (z. B.: „Wie sähe die Familie nach dem Weggehen von A aus ...?").
- Es ist auch möglich, die Skulptur lebendig werden zu lassen und bestimmte Sequenzen immer wieder zu wiederholen.
- Verhaltensabläufe in einer in Bewegung gekommenen Skulptur können auch verlangsamt oder beschleunigt werden.
- Die TherapeutInnen könnten auch den Bildhauer dazu anregen, eine Metapher für seine Familie zu finden („Einsame Inseln im Ozean",

„eine uneinnehmbare Festung“, ein „Rummelplatz“) und diese als Bild in Szene setzen.

4. Rituale in der systemischen Familientherapie

Der Begriff „Ritual“ wird in der Wissenschaft und breiten Öffentlichkeit sehr allgemein verwendet. In dieser Darstellung ist daher der Begriff einerseits so eng definiert, daß er sich von anderen Interventionen unterscheidet, anderseits so breit, daß er ein Spektrum ritueller Interventionen erfaßt, die von Familien und Therapeuten kreiert werden können.

Rituale stellen die wahrscheinlich älteste Form von Psychotherapie dar. Van der Hart (1982, S. 63), angeregt durch die Veröffentlichungen der Mailänder Gruppe, definiert ein Ritual als „... vorgeschriebene rituelle Handlungen, die auf eine bestimmte Art und Weise in einer bestimmten Reihenfolge ausgeführt werden müssen und zu denen möglicherweise bestimmte Formeln gesprochen werden. ... Bestimmte Rituale werden im Leben von Betroffenen ständig wiederholt, andere hingegen werden nur einmal durchgeführt.“

Er unterscheidet auch zwischen offenen und geschlossenen Teilen eines Rituals. Geschlossene Teile müssen ausreichend stark strukturiert sein, um emotionalen Komponenten Rahmen und Sicherheit zu geben, um wichtige neue kulturelle Informationen weiterzugeben und den Handlungen Gestalt zu verleihen. Offene Teile sollen wiederum so fließend sein, das die Ausführenden diese Erfahrung mit ihren eigenen, sich entwickelnden Bedeutungen bereichern können.

Rappaport (1971) ergänzt sechs wesentliche Aspekte vor allem kollektiver Zeremonien:

1. Die Wiederholung – nicht unbedingt ausschließlich der Handlung, sondern auch des Inhalts und der Form,
2. das Tun – nicht nur etwas sagen und denken, sondern auch etwas tun,
3. das besondere Verhalten und die Stilisierung – wobei Verhalten und Symbole von ihrer gewöhnlichen Verwendung abgehoben werden,
4. die Ordnung – eine definierter Anfang und ein definiertes Ende und ein Rahmen für Spontanität,
5. der sinnträchtige Präsentationsstil – wobei durch Inszenierung und Fokussierung ein aufmerksamer Bewußtseinszustand geschaffen wird, und
6. die kollektive Dimension (alle sind beteiligt), die soziale Bedeutung erzeugt.

Die drei Stufen eines Rituals (van Gennep, 1909):

Die erste Stufe ist die *Trennungsphase*, während dieser werden, während der Rahmen zur Heraushebung eines bestimmten Ereignisses geschaffen wird, besondere Vorbereitungen getroffen und neue Kenntnisse weitergegeben.

Die zweite Stufe ist die *Schwellen- oder Übergangsphase*. Hier findet das eigentliche Ritual statt, und Menschen erfahren sich in neuen Rollen, Funktionen, Überzeugungen und somit Identitäten.

Die dritte Stufe ist die *Wiedereingliederung (Reintegration)*. In dieser Phase werden Familienmitglieder mit neuem Status wieder in die Gemeinschaft eingegliedert.

Nach Evan Imber Black (1993) ist die Vorbereitungsphase genauso wichtig wie das eigentliche Ritual. Sie verweist auch auf die Wichtigkeit der beiden weiteren Stufen, besonders bei therapeutischen Ritualen, da gerade bei diesen erst die einzelnen Schritte erarbeitet werden müssen; im Gegensatz zu kulturellen Ritualen, wo diese bereits vorgegeben sind. Die Erarbeitung stellt einen wichtigen therapeutischen Prozeß dar, in dem neue Traditionen geschaffen werden. „Rituale sind gemeinsam entwickelte symbolische Handlungen, die nicht nur den zeremoniellen Aspekt der eigentlichen Präsentation des Rituals beinhalten, sondern auch dessen Vorbereitungsprozeß. Ein Ritual kann Worte enthalten oder auch nicht, hat aber sowohl offene als auch geschlossene Anteile, die „zusammengehalten“ werden durch eine führende Metapher. Wiederholung kann entweder durch den Inhalt, die Form oder den Anlaß Bestandteil von Ritualen sein. Therapeutische Rituale sollen den Familienmitgliedern und Therapeuten ausreichend Freiraum lassen, vielfältige Bedeutungen miteinzubeziehen, und es sollte auch eine Vielzahl von Partizipationsebenen geben“ (Imber Black, 1993, S. 23).

Themen für Rituale in der Psychotherapie

1. *Mitgliedschaften:* Therapeutische Mitgliedschaftsrituale sollen so konstruiert sein, daß sie Erweiterung und Verkleinerung der Mitgliedschaften in einem System ermöglichen und erleichtern; daß sie Bedeutung von Mitgliedschaften neu definieren, daß das Eintreten und Verlassen erleichtert werden kann, und daß innerhalb der Familie und zwischen der Familie und der Außenwelt Grenzen gezogen werden können.

Mögliche Themen sind z. B. die Rückkehr eines getrennt lebenden Elternteiles in die Familie oder die Wiederverheiratung und die damit verbundene Erweiterung eines Familiensystems.

2. *Heilung:* Rituale, die Heilung bewirken, finden sich in den Bestattungsritualen jeder Kultur; der Verlust eines Mitgliedes wird markiert, dadurch der Ausdruck von Trauer erleichtert, und es wird darauf verwiesen, daß das Leben weitergeht. Therapeutische Heilungsrituale werden dann vorgeschlagen, wenn diese entweder nicht stattgefunden haben oder nicht ausreichend waren. Verluste insbesondere durch Fehlgeburten, (Abtreibungen), Selbstmord oder plötzlicher, unerwarteter Tod können therapeutische Heilungsrituale erforderlich machen.
3. *Identität:* Therapeutische Identitätsrituale tragen dazu bei, stigmatisierende Etiketten zu lösen und neue Identitäten zu fördern. Das vom Mailänder Team entworfene Ritual, das eine Familie auffordert, die Medikamente ihres Sohnes wegzuwefen und ihm zu sagen, das er normal sei, ist ein Beispiel dafür (Selvini Palazzoli et al., 1977). In diese Gruppe gehören aber auch noch die Rituale anläßlich bestimmter Übergänge im Leben, die direkte Rückwirkung auf die Identität haben können, wie etwa Firmung oder Bar Mizwah als Ausdruck für die Aufnahme in die Gruppe der Erwachsenen.
4. *Meinungsaustausch:* Therapeutische Rituale zur Meinungsäußerung und zum Meinungsaustausch sind vor allem dann hilfreich, wenn Klienten Konflikte zu bestimmten Fragen präsentieren. Sie sollen die Möglichkeit bieten, konträre Meinungen zu äußern, verschiedene Positionen ohne Vorwürfe anzuhören und zu diskutieren, wodurch neue Beziehungskontexte geschaffen werden können. Ein sehr bekanntes Beispiel dafür ist das vom Mailänder Team entwickelte Ritual der „geraden und ungeraden Tage“ (Selvini Palazzoli et al., 1979). In Familien, in denen die Eltern bezüglich bestimmter Erziehungsfragen nicht zu einer Einigung kommen können, und damit den Kindern konträre Botschaften geben, nutzt das Team diese Möglichkeit, um beiden Elternteilen Raum für ihre jeweilige Auffassung von Erziehung zu geben: Beide erhalten an der jeweils gleich großen Anzahl von Tagen (gerade oder ungerade) die Möglichkeit, ihre Entscheidungen zu treffen. Der jeweils andere Elternteil soll nur beobachten. Beide Elternteile erhalten dadurch implizite Anerkennung ihrer Leistungen.

   Dieses Ritual ist vielfach variierbar. Man kann – etwa indem man Zeit und Handlung als Schlüsselvariable benützt – ein Familienmitglied bitten, eine Zeitlang eine bestimmte Meinung zu vertreten und sich auch so zu verhalten, und zu einer anderen Zeit sich anders zu verhalten.

Dies unterbricht die „Endlosschlange" symmetrischer Eskalation und erlaubt den Mitgliedern eines Systems neue Verhaltensweisen, indem sie die Vorteile beider Möglichkeiten kennenlernen können.

5. *Zelebration:* das Thema „Feiern" und die Form, die für bestimmte Feiern gefunden werden, geben uns in metaphorischer Form häufig Auskunft über Familien- und kulturelle Regeln und Rollenverteilungen in Familien. Auch geben sie Information über Entscheidungen, Verbindungen und Trennungen. Ethische und religiöse Mischehen sind während der Rituale mit besonderen Herausforderungen konfrontiert. Sie können Unterschiede hervorheben, die sonst nicht diskutiert werden. Hier kann die TherapeutIn bei der Aufgabe unterstützend sein, ein Ritual zu entwickeln, das die jeweiligen Unterschiedlichkeiten zuläßt, ihnen Raum gibt und somit eine Symbolik für diese besondere Partnerschaft schafft.
   Weiters kann das rituelle Übergeben von selbstgemachten Geschenken zu nachhaltigen Veränderungen der Grundemotion einer bestimmten Situation führen.

In der täglichen therapeutischen Praxis lernen wir einerseits „unterritualisierte" Familien kennen, die weder innerhalb der Familie Veränderungen markieren oder feiern, noch innerhalb einer gesellschaftlichen Gruppe an Ritualen teilnehmen können; anderseits treffen wir auf Familien, in denen es starr vorgeschriebene Verhaltensweisen gibt, in immer der gleichen Form zu handeln; aber auch auf Familien, die sehr einseitig Rituale feiern (z. B. nur mit einem Teil der Familie). Wir treffen auch auf Familien mit leeren Ritualen (aus einem Gefühl der Verpflichtung), und auf Familien, wo ein Ritual unterbrochen wurde und daher ein ganzer Prozeß nicht erfahren werden konnte (Rituale, die heimlich stattfinden mußten, Abtreibungen ohne ritualisierten Trauerprozeß).

Durch die Vielzahl möglicher Rituale im therapeutischen Alltag, vor allem Rituale des Loslassens, Rituale, die Unterschiede nutzen, Rituale, die Geben und Nehmen beinhalten, Rituale, die verschreiben und dokumentieren, ist eine breite Palette möglicher Anwendungen in der jeweils passenden Form möglich.

5. Dokumente

Angeregt durch Beschreibungen (Hare, 1985) über die Bedeutung schriftlicher Dokumentationen in der heutigen Gesellschaft (auch den Einrichtungen des Gesundheitswesens), deren meist negativer Neubeschreibung der Geschichte eines Menschen und durch Überlegungen Foucaults (1965, 1973) über Separierungs- und Ausschlußpraktiken unsere Gesellschaft entwickelte White (White & Epston, 1990) Formen der Verwendung von Dokumenten für den therapeutischen Gebrauch.

Er benützt sogenannte Dokumente dazu, Personen in ihrer Art neu zu beschreiben, um festzulegen, welche ihre besonderen Kenntnisse und Fähigkeiten sind, sowie um ihren Platz in der Gesellschaft zu betonen. Es handelt sich dabei um Beschreibungen oder Selbstbeschreibungen durch TherapeutInnen oder KlientInnen. Diese „Dokumente" dienen dem Zweck, eine Interpretation zu verkünden, die einem relevanten sozialen Umfeld der KlientInnen sonst nicht zugänglich wäre. Neue Bedeutungen werden damit verfestigt.

Weiterhin gibt es Dokumente, die von der Person verfaßt sind, die zugleich Gegenstand der Neubeschreibung ist. Dies trägt dazu bei, das eigene Selbst zu spezifizieren, zugleich wird aber auch der Anteil an der Konstituierung des eigenen Lebens bewußt. Dies wiederum kann eine Veränderung in bezug auf die Einschätzung der eigene Fähigkeiten und Möglichkeiten nach sich ziehen.

Ein besonders anregendes Beispiel ist dieses von Michael White verfaßte Dokument:

Diplom
über ein Spezialwissen

Hiermit wird bekanntgegeben, daß N. N. im Jahre 19.. n. Chr. ihr spezielles Wissen über die Nöte ihres Kindes und die Erfordernisse ihrer wertvollen Zukunft entdeckte und schätzen lernte. Darüber hinaus wurde von all denen, die glücklich genug waren, als Zeugen dieser Großtat beizuwohnen, bestätigt, daß ihr Erfolg außerordentliche Mühe angesichts beträchtlicher Widerwärtigkeiten gekostet hat.
Die Tatsache, daß N.N. zum Ratgeber für sich selbst geworden ist, verkündet den Beginn einer mehr akzeptierenden Beziehung zu sich selbst, in der sie ihre eigene Weisheit schätzen kann.
Dieses Diplom wird verliehen in Anerkennung ihrer Leistungen und um all jenen, die nicht Zeugen ihres Erfolges im Beanspruchen eines eigenen speziellen Wissens geworden sind, ein Verständnis für die Veränderung zu ermöglichen, welche sich in der Familie N.N. beobachten läßt. Dieses Diplom macht ebenfalls bekannt, daß N.N. darauf vorbe-

reitet ist, Fragen von anderen entgegenzunehmen und sich darauf freut, Fragen wie die folgenden zu beantworten:
„Es ist herzerfrischend zu sehen, wie Sie jetzt in der Lage sind, mehr von Ihren eigenen Ratschlägen anzunehmen. Wie haben sie es geschafft, sich selbst zu finden?" „Wie haben Sie es geschafft, Ihrer inneren Stimme Vertrauen zu schenken, und sich mehr darauf zu verlassen als auf die anderen?"
„Jetzt, da Sie die Gelegenheit haben, Ihre eigene Problemlösungskapazität im eigenen Leben zu praktizieren, welchen Unterschied macht dies in bezug auf die Zukunft Ihrer Familie?"

Diese Diplom gilt vom ....

gezeichnet:	*gezeichnet:*
(Therapeut)	*(Klient)*

6. Therapeutische Briefe

Liebe(r) Leser(in)!

Die Idee, das Schreiben von Briefen als eine weitere wirkungsvolle Methode in der systemischenTherapie einzusetzen, wurde vor allem von Selvini Palazzoli et al. (1988), Peggy Penn (1991), Penn & Frankfurt (1994) und in besonders ausführlicher Weise von White & Epston (1990) entwickelt.

Das Schreiben von Briefen an KlientInnen eröffnet eine besondere Form der Beziehungsgestaltung – ein Innehalten „außerhalb des Flusses des Dialogs" (Grossmann, 1996) –, das die Suche nach neuen hilfreichen Beschreibungen leichter macht als dies im lebendigen raschen Wechsel von Rede und Gegenrede möglich ist. Ein Brief kann aber auch als ein „sichtbarer Beweis" dienen, dem in unserer Kultur oft mehr Vertrauen entgegengebracht wird als dem nur gesprochenen Wort (White & Epston, 1990).

Briefe können auf ganz unterschiedliche Weise in der Therapie eingesetzt werden: es können *Briefe* sein, *die die Therapeutin schreibt* (an den Klienten selbst, an Familienangehörige, an Überweiser), *Briefe, die von den Klienten geschrieben werden* und *Briefe, die von Klient und Therapeutin gemeinsam verfaßt werden.*

In die erste Kategorie würden z. B. *Briefe, die sich unmittelbar auf die letzte Stunde beziehen*, fallen. Hier ist es möglich, ein Thema zu fokussieren, eine Frage zu stellen, eine Sichtweise zu äußern, die in der letzten Stunde zu kurz gekommen sein könnte und der die Therapeutin nochmals Nachdruck verleihen möchte. In solchen Briefen ist es auch möglich, eigene Fehler (Verlust der Neutralität, zuviel Lösungsdruck, falsches „Timing“) auszugleichen und die fehlende Perspektive zumindestens im Nachhinein und in einer Form, bei der sich die Klienten besonders wertgeschätzt fühlen, auszudrücken. Ganz andere Möglichkeiten ergeben sich z. B. bei der Beendigung einer Therapie. Epston nutzt diese Gelegenheit, um *therapeutische Vorhersagebriefe* zu schreiben, in denen er anstelle eines „klinischen Abschlußberichtes“ einen Brief schreibt, in dem er eine Vorhersage darüber trifft, wie sich eine bestimmte Klientin in positiver Weise weiterentwickeln wird. Da der Brief mit „streng vertraulich“ und „nicht öffnen vor (Datum in 6 Monaten)“ gekennzeichnet ist, ist die Wahrscheinlichkeit sehr hoch, daß der Brief bereits vorher mit großer Neugierde gelesen wird und damit wie eine *selbsterfüllende Prophezeiung* wirkt.

Briefe, die von Klienten selbst geschrieben werden, können sich auf die verschiedensten Veränderungen beziehen und diese damit bekräftigen; es können *„Entlassungsbriefe“* sein, in denen sich Klienten aus bestimmtem Rollenverhalten entlassen, wie z. B. aus der Rolle der „elterlichen Aufsichtsperson“ gegenüber einem Elternteil oder einem Geschwister (vgl. White & Epston, S. 95), oder es können *Briefe an* verstorbene oder sonst *unerreichbar gewordene Angehörige* oder frühere Partner sein, denen noch „etwas gesagt werden muß“. Klienten können in ihren Briefen auf diesem dissoziierten Weg schriftlichen *„Kontakt mit ihrem Symptom“* aufnehmen, oder es können einfach *„Anerkennungsschreiben“* an sich selbst sein, in denen sich Klienten zu den von ihnen vollzogenen Veränderungs- und Lösungsschritten gratulieren – der Phantasie sind keine Grenzen gesetzt.

Beispiele für Briefe, die Klienten gemeinsam mit ihrer Therapeutin verfassen, können Briefe sein, in denen Klienten Verwandten, Freunden oder „allen, die es angeht“ etwas mitteilen, was sie beschäftigt und was sie mit Unterstützung der Therapeutin bekannt machen wollen. Es kann sich um eine *Bitte um Nichteinmischung* und *Distanz* nach einem traumatischen Ereignis handeln, wo Sorge besteht, von wohlmeinenden Nächsten unter Druck gesetzt zu werden. Briefe können auch zur *Dokumentation der in der Therapie vollzogenen Veränderung* dienen, wie die eines Jugendlichen, der sich von seiner Rolle als „Unheilstifter“, verbunden mit kriminellen

Aktivitäten, verabschiedet und jetzt Sorge hat, daß seine Umgebung diese große Veränderung nicht ausreichend wahrnehmen und ihn weiterhin wie den „alten Unheilstifter" behandeln könnte (White & Epston, S. 105).

Beim Durchlesen dieses Briefes über therapeutisches Briefeschreiben fallen Ihnen, liebe(r) Leser(in) möglicherweise viele Gelegenheiten ein, bei denen Sie die nachträglichen Reflexionen über eine Therapiestunde, die vielen guten Ideen, die sie alleine oder im Gespräch mit einer Kollegin entwickelt haben, auch dazu hätten nützen können, Ihren KlientInnen in aller Ruhe einen wohl formulierten Brief zu schreiben, in den Sie noch viele Komplimente, hilfreiche systemische Fragen und wunderschöne Metaphern hätten verpacken können. Vielleicht regt Sie dieser Brief dazu an, Ihre literarischen Fähigkeiten in Zukunft auch in der Therapie zum Ausdruck zu bringen.

7. Externalisieren von Problemen

Als Externalisierung wird jener Prozeß bezeichnet, der es ermöglicht, ein als bedrückend empfundenes Problem zu objektivieren oder zu personifizieren. Damit verselbständigt sich dieses und löst sich ab von der Person oder Beziehung, die in der ursprünglichen Darstellung als Problem geschildert wurde. Die abgelösten Probleme und Eigenschaften wirken dadurch weniger belastend und einschränkend (White & Epston, 1990).

Der Prozeß des Externalisierens verläuft progressiv, d. h. er birgt die fortlaufende Ko-Konstruktion neuer Wirklichkeiten in der therapeutischen Konversation. Er bringt eine sorgfältige konzeptuelle Zergliederung des Problems mit sich, das aus dem Gefühl des Patienten von seinem Selbst herausgelöst wird. D. h., problematische Attribute, Ideen, Annahmen, Glaubenssätze, Gewohnheiten, Haltungen und Lebensstile werden von der vorherrschenden Identität der KlientInnen getrennt (Tomm, 1994). Externalisieren öffnet auch den Raum, einige negative Wirkungen sozialer Etikettierung zu lösen.

Vorgehen und Wirkung

White & Epston berichten, daß bei der Behandlung von Kindern mit Enkopresis eine Besserung eintritt, wenn es möglich ist über das Problem so zu sprechen, als ob es vom Kind losgelöst und getrennt sei. Als ersten Schritt gibt White dem Symptom über Nachfragen beim behandelten Kind *einen Namen* und er *personifiziert* es als einen *außerhalb des Kindes* liegenden Wirkungsfaktor („Was hat es mit dir gemacht? Wann war es mächtiger?"). Reagierte das Kind darauf positiv, schließt er daran „Fragen nach dem relativen Einfluß" (White & Epston, 1990 – etwa welchen unheilvollen Einfluß dieses „Problem" auf das Kind und auf andere Familienmitglieder hat). Der Familie wird dadurch allmählich klar, daß alle von einem Problem bedrückt sind, das sich von der Person des Kindes unterscheidet. Die Familie wird nun ermutigt, weitere *Einflüsse des Problems* auf ihr Leben und ihre Beziehungen zu *umreißen* („Gab es Zeiten, in denen das Symptom besiegt wurde? Zeiten, wo nicht über das Symptom geschimpft wurde?"). Es wird damit auch das *Ausmaß des Einflußes des Symptoms* erhoben. (Diese problembefrachteten Beschreibungen des Familienlebens, nehmen meist mehr Raum ein als die eigentliche Symptombeschreibung.)

Andererseits sollen die Familienmitglieder *ihren Einfluß auf das* Leben des *Problems* skizzieren. Diese Fragen fördern Informationen zutage, die zur problembefrachteten Beschreibung des Familienlebens im Widerspruch stehen. Das setzt die Betroffenen in die Lage, sich ihrer Fähigkeiten und Ressourcen zu erinnern.

Ist das Problem klar erkennbar und von der Person des Kindes getrennt, so verringern sich meist Vorwürfe, Kritik und Schuldzuschreibungen der Familienangehörigen beträchtlich. Das Kind hat weniger Grund, sich selbst anzuklagen und zu verurteilen, denn *es ist das Symptom, das schuldig ist*, nicht es selbst. Das öffnet Raum für alle, neue Wege der Problemlösung zu suchen und zu finden. Die Konfrontation zwischen Kind und Eltern kann sich in eine gemeinsame Aktion wandeln.

Sind das Problem und seine spezifischen Komponenten externalisiert, werden die Familienmitglieder ermutigt, etwas gegen das Problem zu unternehmen, der Unterdrückung zu entkommen und ihr Leben in eine andere Richtung zu lenken.

Diese Behandlungsmethode, am Anfang nur auf Kinder mit Enkopresis bezogen, ist bisher auf eine ganze Reihe von Problemen übertragen und erfolgreich in der Arbeit mit Einzelnen, Paaren und Familien angewendet worden (White, 1990).

Externalisieren und die Neufassung von Lebensgeschichten

Problemgeschichten, oder wie White (1987, 1988) es nennt „problembefrachtete Beschreibungen", verhindern oft die Wahrnehmung von Teilen gleichzeitig gelebter anderer Erfahrungen. Durch Externalisierung des Problems wird es möglich, daß Menschen sich von lebensbeherrschenden Problemgeschichten loslösen und Aspekte („einmalige Erfahrungsaspekte", Goffman 1961) wahrnehmen können, die bisher unbeachtet blieben. Gelingt dies, so können für diese Erfahrungsaspekte neue Bedeutungen gesucht werden, eine Folge von neuen Erlebnissen kann zu einer neuartigen Geschichte, einer „einmaligen Beschreibung" des Betroffenen überführen (White, 1988). White ermuntert durch seine Befragungen, andersartige Geschichten zu orten, sie zu entwickeln und sie so wiederzugeben, daß sie dem einmaligen Erlebnis einen Sinn geben. Er empfiehlt auch, diese neuartigen Geschichten auszuweiten und auf ihre Übertragbarkeit auf andere Situationen zu überprüfen, sowie nach der neuen Bedeutung, die diese Geschichten dem Leben geben, zu fragen.

Externalisieren von Problemen erleichert somit eine Neufassung von Lebensgeschichten.

8. Die Internalisierung persönlicher Mittel und Möglichkeiten

Karl Tomm (1990) regt dazu an, konstruktive Schritte in der Therapie bewußt zu fokussieren und sie Teil einer heilenden Identität werden zu lassen. Sie sollen gewürdigt, bestätigt und mit Bedeutung versehen werden, um sie als Teil des neu entstehenden Selbst zu etablieren und um damit die Veränderung zu verfestigen.

Weiters trägt zum Prozeß der Internalisierung ein umfassender Rahmen und ein Gegenüberstellen von Unterschieden bei. KlientInnen werden dazu angehalten, selektive Selbstbeobachter zu werden, ihre wichtige Umgebung – und andere – aufzufordern, ihre Veränderungen wahrzunehmen. Sie sollen ihr eigenes Vermögen erkennen lernen, heilsame Entscheidungen für ihr Leben zu treffen.

Eine Ausweitung der Konversation um die Perspektive des sozialen Netzwerkes und dessen Bemerken der Veränderung trägt zur Fortdauer der Stabilisierung bei.

9. Time-Line

„Time-Line Konzepte" stellen eine Methode dar, bei der ursprünglich hypnotherapeutische Ideen – Zeitkonzepte von KlientInnen metaphorisch zu nützen (Erickson, 1954; Gilligan, 1988; Erickson & Rossi, 1991) – durch neurolinguistische Modelle in einer kreativen und anschaulichen Weise weiterentwickelt wurden (Dilts, 1990; James & Woodsmall, 1991).

Die therapeutische Arbeit mit der „Time-Line" wirkt über Bewegung und Verwendung von räumlichen Ankern und läßt zukunfts- und lösungsorientierte Vorstellungen buchstäblich zu „Fleisch und Blut" werden, in dem die KlientInnen angeregt werden, Ziele, Ressourcen und auch mögliche Hindernisse konkret zu visualisieren und sinnlich auf allen Repräsentationssystemen nachzuempfinden (auditiv, kinästhetisch, olfaktorisch). Durch das Herumgehen und entsprechende sprachliche und emotionalstützende Begleitung der Therapeutin ermöglicht die Time-Line intensive affektive Beteiligung der KlientInnen und wirkt wie ein leichter Trancezustand, in dem Altersregression und Progression erlebt wird.

Für zwei Klientengruppen scheint diese Methode besonders geignet:

a) für KlientInnen, die stärker visuell und kinästetisch als auditiv aufnehmen, und bei einem längeren Therapiegespräch schnell ermüden;
b) für KlientInnen, die von traumatischen Erlebnissen in der Vergangenheit berichten, die sie als Bruch in der eigenen Geschichte erleben und/oder eigene Symptome oder unerwünschte Verhaltensweisen kausal auf liebloses oder unpassendes Verhalten der Eltern zurückführen (zur Verwendung der „Time-Line" siehe auch Russinger, 1995).

Methode

Die KlientInnen legen im Therapiezimmer eine vorgestellte Zeitlinie, die ihren Lebensweg symbolisiert und bestimmen den Standort für Gegenwart, Vergangenheit und Zukunft sowie einer Meta-Position, – einer Beobachterposition außerhalb der Linie.

Nach der Formulierung eines konkreten und möglichst detaillierten Ziels ohne Negationen (z. B. statt „möchte keine Panikattacken mehr haben", „möchte mich selbstsicher, unternehmungslustig und meinem Leben gewachsen fühlen"), wird das zukünftige Ziel auf der Time-Line festgelegt und ökologisch nach Kosten/Nutzen untersucht, bis es genügend wünschenswerte Qualitäten hat, daß weitere Einwände vorläufig „beiseite gestellt werden können" (neben die Time-Line).

Die gewünschte Veränderung wird, als wäre sie bereits vollzogen, visualisiert. Die KlientInnen werden gebeten, langsam auf ihrer Zeitlinie auf ihr Ziel zuzugehen und – angekommen –, nachzuspüren, wie es sich anfühlt, wenn das Ziel wirklich erreicht wurde. Hier können auch Wahrnehmungen aus Beobachterperspektiven eingeführt werden, indem gefragt wird, wie sich die gewünschte Veränderung aus Sicht von anderen wichtigen Personen auf die jeweiligen Beziehungen auswirken wird.

Vom „erreichten" Ziel aus geht der Weg zurück in die „Vergangenheit", um alle „Ressourcen" aufzusuchen, alle Erfahrungen, Fähigkeiten, Bilder, Sätze, die helfen werden, das Wunschziel zu erreichen; jede dieser

Erfahrungen wird ausführlich gewürdigt und „geankert" und in die Gegenwart übertragen.

Mit „Hindernissen", also Erfahrungen, die als hemmend für die weitere Entwicklung angesehen werden, kann auf zweierlei Weise gearbeitet werden:

Handelt es sich um traumatische Erlebnisse oder einschränkende Überzeugungen, kann die lebensgeschichtliche Entstehungssituation auf der „Time-Line" aufgesucht und mit einem „Reimprinting" (einem szenischen Nacherleben, was die jeweilig beteiligten Bezugspersonen gebraucht hätten, um anders handeln und reagieren zu können und einem „Übergeben" dieser nötigen Ressourcen und Neuerleben der jetzt veränderten Situation) neu konstruiert werden.

Nach systemischer Konzeption würde das „Reimprinting" einem Vorgehen entsprechen, das man als „eine Geschichte mit besserem Ausgang konstruieren" bezeichnen könnte.

Wenn widersprüchliche Überzeugungen die KlientInnen hemmen, kann die Entstehungssituation dieser „Beliefs" auf der Time-Line festgelegt werden, aus einer Meta-Position die jeweilige positive Absicht einer Überzeugung herausgearbeitet werden, und dann durch Hin- und Hergehen und Verhandeln zwischen den beiden Positionen eine Integration beider Standpunkte erarbeitet werden.

Abb. 1: *Graphische Darstellung der Time-Line, nach Eberling et al. (1996)*

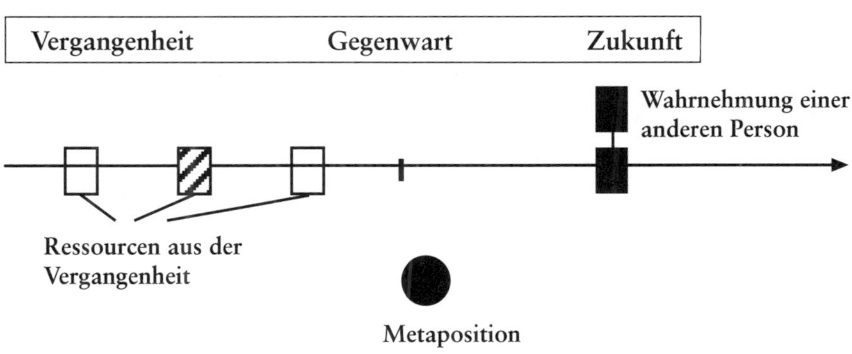

10. Metaphern in der Therapie

Jede verbal-sprachliche Verständigung über gemachte Erfahrungen beruht auf dem Austausch von Metaphern. Indem Klienten mit bildlichen Begriffen beschreiben, was sie erleben, liefern sie eine verbale Repräsentation der gemachten Erfahrung, d. h. eine Metapher. Jede dieser Metaphern ist in den Begriffen der Erfahrung des Erzählenden ausgedrückt und wird vom Zuhörenden mit Sinn versehen (z. B. „Es legte sich wie eine Klammer um mein Herz" vermittelt sehr anschaulich die Bedrohung und Einengung der gemachten Erfahrung).

In der Psychotherapie wurden seit Anbeginn Metaphern gebraucht. Freud gebrauchte sexuelle Symbole als Metaphern um Träume zu entschlüsseln, Jung entwickelte die Metaphern „Animus" und „Anima", Reich den Begriff „Orgon", Berne redet von „Spielen". Jede Therapierichtung hat ein metaphorisches Vokabular, mit dem versucht wird, Erfahrungen von Menschen verständlich zu machen.

Metaphern sollen in der Psychotherapie helfen, ein neues Licht auf eine Angelegenheit zu werfen, eine Erklärung im übertragenen Sinn zu ermöglichen. Sie sollen die Struktur des geschilderten Problems enthalten, um das Modell des Klienten zu spiegeln, nicht jedoch den Kontext des Problems und die geschilderten (nicht erfolgreichen) Bewältigungsmuster.

Metaphern können in Form von Redewendungen, Schlüsselwörtern, Zitaten, Gleichnissen, Witzen, Fabeln, Parabeln, Poesie, Filmen, Anekdoten, Mythen, Sagen, Epen und Märchen eingebracht werden.

11. „Geschichten" aus „systemisch-konstruktionistischer" Sicht

In einem systemisch-konstruktionistischen Verständnis kommt dem Begriff „Geschichte" eine besondere Bedeutung bei. So schreiben Anderson & Goolishian (1990, S. 235): „Die Gespräche, in die wir uns einlassen im Ringen darum im Einvernehmen miteinander zu leben, sind wie Märchen und Geschichten. Sie lassen sich endlos neu fassen und neu deuten."

Damit wird der Therapeutin selbst die Rolle einer Mitverfasserin einer neuen Lebensgeschichte zugeschrieben, aber nicht im Sinne einer Expertin für neue nützliche Lebensgeschichten, sondern im Sinne von jemandem, dem es gelingt ein therapeutisches Gespräch so zu führen, daß der Klient Kraft für neue Bewertungen und Handeln in seiner höchst individuellen Lebensgeschichte findet. So wird das Erzählen und Konstruieren von Geschichten als therapeutische Technik zu einer weiteren Möglichkeit in einem Therapieprozeß, der sich an und für sich als Dialog zur Schöpfung neuer für den Klienten sinnvoller Geschichten versteht.

Arbeit mit Geschichten und Märchen als „therapeutische Methode"

Die metaphorische Bedeutung von Geschichten und Märchen wird in der Psychotherapie seit langem und in höchst unterschiedlicher Weise zur Unterstützung von Veränderungsprozessen genützt. Dabei setzen tiefenpsychologisch und analytisch orientierte Psychotherapieschulen (Bettelheim, 1977; Kast, 1984, 1986, 1987; Drewermann, 1992), besonders allgemein bekannte Volksmärchen und die „Positive Psychotherapie" (Peseschkian, 1979) orientalische Geschichten zur Deutung und Bearbeitung von seelischen Konflikten ein. Autoren hingegen, die einem systemischen, hypnotherapeutischen und/oder neurolinguistischen Verständnis folgen wie Milton Erickson (1964), David Gordon (1986), Lankton & Lankton (1991), erfinden Geschichten passend für den jeweiligen Klienten und „schneidern" ihn auf den spezifischen Therapiekontext „zu".

„Geschichten" in der Therapie mit Kindern

Kinder, deren Begabung auf dem intuitiven Erfassen von Zusammenhängen liegt, können die metaphorischen Botschaften von Geschichten und Märchen besonders gut nützen.

Joyce C. Mills und Richard J. Crowley (1996), zwei Schüler von Milton Erickson, empfehlen eine kindgerechte Geschichte ähnlich aufzubauen, wie dies auch in vielen Märchen geschieht.

Als Beispiel verwenden sie das bekannte Märchen von Christian Anderson: „Das häßliche Entlein"

- Zuerst wird ein metaphorischer Konflikt dargestellt, der dem Problem des Kindes gleicht:
  Ein Entlein wird geboren, das anders aussieht als alle anderen kleine Enten und deshalb von den anderen kleinen Enten abgelehnt wird.
- Unbewußte Prozesse werden angesprochen, indem Fähigkeiten durch positive Helden und Helfer, Hindernisse durch Feinde und Bösewichter personifiziert werden:
  Die Mutter des Entleins verteidigt es. Das Entlein sieht die schönen Schwäne.
- Parallele Lernsituationen werden dargestellt, in denen der Protagonist erfolgreich ist:

Das Entlein lernt früh schwimmen und fliegen und für sich selbst zu sorgen.

- Eine metaphorische Krise wird eingeführt:
  Das Entlein muß allein den kalten Winter überstehen, wird von Jägern und Hunden angegriffen, kann aber wegfliegen.
- Eine neue Identifikation mit dem Erreichten wird möglich:
  Das Entlein erblickt sein neues schönes Spiegelbild im Wasser.
- Eine Feier, wo der besondere Wert des Protagonisten gewürdigt wird, krönt die Geschichte:
  Die alten Schwäne verneigen sich vor ihm.

Geschichten, die diesem Aufbau folgen, können aus den verschiedensten Bereichen stammen, es können Märchenmotive verwendet werden, Erfahrungen der Therapeutin mit anderen geglückten Therapien als Metapher eingesetzt, oder auch besondere Vorlieben und Fähigkeiten des Kindes in eine Geschichte verpackt werden.

12. Paradoxe Interventionen

Zur Geschichte

Bereits vor der Verwendung paradoxer Interventionen in der Familientherapie gab es im Bereich der Psychotherapie deren Anwendung. Alfred Adler, vor allem durch die Philosophen Nietzsche, Vaihinger und Hegel beeinflußt, hinterließ nach Mozdzierz und Mitarbeiter (1976) zwölf spezifische paradoxe Techniken, die von seinem Bestreben geprägt waren, Machtkämpfe mit Klienten zu vermeiden (z. B. Festschreibung einengender Anweisungen, Erlaubnis, ein Symptom zu haben, Vorhersage eines Rückfalls, Übertreibung eines Symptoms, Verschreibung und Übungen zur Verfeinerung des Symptomverhaltens u. a.).

Ebenso entwickelten moderne Verhaltenstheoretiker auf der Basis paradoxer Dynamiken Übungen wie z. B. die Implosionstechnik (Stampfl & Levis, 1967). Der wohl bekannteste von allen historischen Vorläufern ist Viktor Frankl (1939), der Gründer der Logotherapie, und seine paradoxe Intention (der Patient wird angewiesen, absichtlich das Auftreten des Symptoms zu wollen. Gelingt dies, kann es zu einer Einstellungsveränderung zum Symptom kommen, Abstand kann gewonnen werden, der Patient kann sich von seiner Neurose lösen).

Definition

Watzlawick et al. (1975) definieren eine Paradoxie als einen *Widerspruch*, der sich durch folgerichtige Deduktion aus widerspruchsfreien Prämissen ergibt. Sie unterscheiden drei Arten von Paradoxien:

- *Antinomien* (logisch-mathematische Paradoxien)
- *semantische Antinomien* (paradoxe Definitionen), die ihren Ursprung in der verborgenen Regelwidrigkeit der Struktur der Sprache haben, und die
- *pragmatische Paradoxien* (paradoxe Handlungsaufforderungen und paradoxe Voraussagen). Diese bilden die Grundlage der paradoxen Psychotherapie.

Eine Sammlung paradoxer Techniken:

A) ***Symptomverschreibungen*** in all ihren Varianten laufen darauf hinaus, den KlientInnen das zu verschreiben, was sie als störend oder nicht beeinflußbar erleben.

Ein Patient mit depressivem Verhalten erlebt es vor allem als quälend, seine Symptome nicht beeinflussen zu können. Verschreiben TherapeutInnen nun, sich auf eine gewisse Weise depressiv zu verhalten, werden somit einige Implikationen gemacht: Die Symptomatik wird aufgewertet, vor allem wenn eine vernünftige Begründung für das Verhalten mitgeliefert wird, und der Patient erhält Kontrolle über sein Verhalten. Was bisher unkontrollierbar erschien, wird dadurch handhabbarer, daß es absichtlich gezeigt wird.

Zeig (1980) verweist auf Rahmenbedingungen, die den Erfolg einer Verschreibung beeinflussen können:

1. Für das Paradoxon soll eine vernünftige Begründung gegeben werden.
2. Es soll ein indirekter Zugang gewählt werden („Tun Sie in dieser Woche nichts gegen das Problem, damit wir sehen, wie schlimm es tatsächlich ist").
3. Das Symptom soll so verschrieben werden, daß der Klient einen Teil der Anweisung verweigern kann.
4. Die Neugier des Klienten soll genützt werden (dem Klienten wird gesagt, daß ihm eine bestimmte Aufgabe gegeben wird, sobald Ort und Zeit dafür richtig sind).
5. Eine kleine Veränderung am Symptom soll bewirkt werden (TherapeutInnen sollen sich das Symptom beschreiben lassen und notieren, welche Teile des phänomenologischen Erlebens über- und unterbetont sind; Unterbetontes hervorheben).

Wandel verzögern und untersagen

Gerade dann, wenn sich in Therapien erste Anzeichen von Veränderung zeigen, empfiehlt es sich, diese nicht sofort positiv zu bewerten und eventuell zu verstärken, sondern eher Skepsis an den Tag zu legen und Bedenken gegen eine all zu schnelle weitere Veränderung zu äußern.

Watzlawick et al. (1969) beschreiben zum Untersagen von Wandel folgendes Vorgehen: „Ihr Symptom versucht ihnen etwas Interessantes über Sie mitzuteilen. Daher möchte ich, daß Sie ein Experiment durchführen: Geben Sie während der nächsten Woche einfach ihre Versuche auf, das Symptom zu unterdrücken und konzentrieren Sie sich darauf, was genau vor, während und nach ihrem symptomatischem Verhalten passiert. Ich erwarte in unserer nächsten Sitzung eine ausführlichen Bericht von Ihnen."

Erickson benützte diese Methode, um noch nicht ganz von der Notwendigkeit der Therapie überzeugte Klienten zu Reaktionen zu veranlassen. Er pflegte den Klienten zu sagen, sie sollten ihm nichts erzählen, solange sie nicht wirklich bereit dazu seien, manchmal unterbrach er sie ständig. Indem er ihnen die Möglichkeit eröffnete, nicht kooperativ zu sein, erreichte er Kooperation.

Das Symptom als Absicherung

Bei diesem Vorgehen, das eine Variante der Symptomverschreibung darstellt, wird das Symtom umgedeutet als Absicherung vor einer sonst unangenehmen Situation (Konflikt. Dieses Verhalten wird dann positiv konnotiert. Dann werden aber auch die Anteile angesprochen und umgedeutet, die durch die Beibehaltung des Symptoms vermieden werden sollen, und der Klient wird aufgefordert, erst dann etwas zu ändern, wenn er dazu bereit ist.).

Es kann sinnvoll sein, Klienten darauf hinzuweisen, daß ihr Körper ihnen als Helfer und sensibles Wahrnehmungsinstrument beim Erreichen bestimmter Ziele hilft.

Propagieren statt Verheimlichen

Diese Anwendung der „Sei spontan"-Paradoxie ist häufig zu beobachten. Viele Redner eröffnen ihre Vorträge auf diese Weise: „Sie müssen entschuldigen, ich bin sehr aufgeregt, heute hier zu reden. Wahrscheinlich werde ich mich öfter versprechen ..."

Ein spontanes Verhalten wird dadurch unmöglich, indem es angekündigt wurde. In der therapeutischen Praxis kann es gelingen, eingefahrene Muster von Angst zu durchbrechen und dadurch eine andere Selbstbeschreibung zu ermöglichen, indem über Dinge, die vermieden werden sollen, ein Diskurs eröffnet, ja diese vielleicht sogar willentlich herbeigeführt werden.

Übertreibung des Symptoms

In der Praxis beobachten wir häufig, daß, je mehr jemand versucht, jemand anderen von etwas zu überzeugen, dieser Andere sich besonders auf seine Position versteift. Dadurch fühlt die erste Person sich wieder dazu aufgefordert, noch mehr Ideen darauf zu verwenden, die andere Person zu überzeugen, was diese noch mehr bestärkt, die eigene Position zu betonen. Ein unendlicher Kreislauf der Symmetrie beginnt.

Würde die erste Person beginnen, besonders intensiv die Größe, Schwere, Bedeutung und Unveränderbarkeit der Position des Gegenübers zu betonen, würde wahrscheinlich bald der gegenteilige Effekt eintreten (Watzlawick, 1969).

Die Bellac Technik

Bei dieser nach ihrem „Erfinder" benannten Technik wird Klienten empfohlen, anstatt in einer symmetrischen Streitposition weiter zu beharren, bewußt eine komplementäre Position einzunehmen. Dies ist eine Möglichkeit, um aus einem Machtkampf aussteigen, aber dennoch die Kontrolle zu behalten (Watzlawick et al., 1969).

Das Eingeständnis der Hilflosigkeit

Patienten, die mit leidender Miene zur Therapie erscheinen und dort bekanntgeben, sich wieder genau an die Anweisungen gehalten zu haben, aber keine Veränderung bemerken können, laden TherapeutInnen zu Überreaktionen, Machtkämpfen und Situationen der Ohnmacht ein. Eine Möglichkeit diesen Machtkampf zu beenden, ist es, die eigene Hilflosigkeit einzugestehen.

Dies könnte so formuliert werden: „Ich muß leider eingestehen, daß eine Heilung unmöglich ist. Ich habe alles versucht, ich habe sogar andere Kollegen zugezogen, und ich habe einige Gespräche mit noch anderen Kollegen geführt. Ich muß aber einsehen, daß trotz der Bemühungen und trotz zahlreicher Versuche keine Änderung zu erzielen ist. Eine Tatsache, die ich leider werde akzeptieren müssen. Leider bin ich hilflos ..."

Dadurch können Klienten Aspekte von Wandel und Veränderung eher anerkennen und Aussagen über Nichtveränderung relativieren.

B) Verhaltensverschreibungen

Neben dem schon beschriebenen *Umdeuten* und *Umetikettieren* sind noch zu nennen:

Vorhersage des Rückfalls

Diese Intervention wird vorgenommen, wenn ein Symptom nach einer paradoxen Verschreibung plötzlich verschwunden ist. Den KlientInnen wird mitgeteilt, daß das Symptom plötzlich wieder auftauchen wird. Die TherapeutInnen versetzen den Klienten damit in eine Situation therapeutischer Doppelbindung: Tritt das Symptom wieder auf, so hat der Therapeut dies vorausgesagt, und das Symptom befindet sich in den Augen des Klienten unter dessen Kontrolle; tritt es nicht wieder auf, so befindet es sich unter Kontrolle des Klienten. Das Symptom wird auf jeden Fall so definiert, daß es nicht länger unkontrollierbar ist. Viele Klienten betrachten die Vorhersage des Rückfalls als eine Herausforderung, den TherapeutInnen das Gegenteil zu beweisen.

Tritt das Symptom wieder auf, so ist es meist schwächer als zuvor. Es ist oft eine Möglichkeit, weiteren Rückfall vorauszusagen, um das Symptom weiter zu beeinflussen. Wird das Problem als unter Kontrolle erlebt, so ergibt sich für die Therapie, daß der Klient mehr Energie dafür einsetzen kann, herauszufinden, wie es zum symptomatischen Verhalten kommen kann.

Die Verschreibung des Rückfalls

Manchmal erweist es sich als günstig, einen Rückfall zu verschreiben anstatt ihn vorauszusagen. Es werden damit zwei Absichten verfolgt: Zum einen wird das Wiedererscheinen des Symptoms auf solche Weise verschrieben, daß es zur Qual wird, und andererseits werden Verhaltensweisen, die eher zum Problem führen, untersucht und dem Klienten zugänglich gemacht. Damit kann Aufmerksamkeit darauf verwendet werden, wie diese Verhaltensweisen zu verhindern sind. Zusätzlich wird Klienten auch oft empfohlen, in bestimmten Situationen so zu tun als ob sie das Symptom wieder hätten. Die anderen Familienmitglieder können nun nicht mehr unterscheiden, ob so „getan wird als ob“, oder ob das Symptom wirklich zurückgekehrt ist, und können nun beginnen über mögliche eigene Anteile am Symptomverhalten nachzudenken.

13. Ordeal

In Anlehnung an Milton Erikson hat Jay Haley die „Ordeal-Therapie" (Haley, 1989) entwickelt und dabei eine Reihe von therapeutischen Maßnahmen zusammengefaßt, die es dem Klienten[2] erleichtern sollen, unerwünschtes Verhalten aufzugeben.

„Ordeal" (dt. Roßkur, Feuerprobe, Gottesurteil) bezeichnet eine Verhaltensanweisung der Therapeuten – meist in Form einer Aufgabe oder eines vorgeschriebenen Rituals –, die das unerwünschte Verhalten zur weniger angenehmen von zwei Handlungsmöglichkeiten macht. „Dieses Verfahren basiert(e) auf einer recht einfachen Prämisse: Wenn man es für einen Menschen schwerer macht, ein Symptom zu haben als es aufzugeben, wird dieser Mensch das Symptom aufgeben ...

Die Aufgabe des Therapeuten bei der Ordealtechnik ist leicht zu definieren: Sie besteht darin, ein Ordeal aufzuerlegen, das dem Problem des Menschen, der eine Veränderung wünscht, angemessen ist, nämlich ein Ordeal, das schlimmer ist als das Problem" (Haley, 1989).

So vereinbarte etwa M. Erikson mit einem Klienten, der ihn wegen chronischer Schlaflosigkeit konsultierte, daß jener bei Auftreten der Symptomatik den Fußboden bohnern müsse (eine in einem komplizierten Ritual formulierte unangenehme Verschreibung). Diese Technik findet ihre Berechtigung in der einfachen Beobachtung, daß es oft nicht genügt, den Klienten dabei zu unterstützen, alternative Verhaltensweisen visionär zu entwerfen oder tatsächlich zu entwickeln, weil gewohnte Verhaltensweisen oft so „eingespielt" sind, daß sie aktiv in einen anderen, negativ konnotierten Zusammenhang gebracht werden müssen. Die Technik kann als eine „Musterunterbrechung" beschrieben werden: es wird dabei von einer „strategischen" Position des Therapeuten ausgegangen, die ihn als unabhängig vom Klientensystem ansieht und mit erheblichem Einfluß ausstattet.

„Ordeals" entsprechen einem spezifischen Verständnis systemischer Einflußnahme, sie scheinen eher der Position des Erziehers zu entsprechen als der des Therapeuten.

Trotzdem wird diese Technik in manchen Situationen pragmatisch nützlich, manchmal nötig sein. Im folgenden sollen jene Bedingungen genannt werden, denen eine derartige Technik genügen sollte, um in den Kontext systemtherapeutischen Handelns zu passen und nicht eine will-

---

2 Schließt im folgenden auch Klientensysteme mit ein.

kürliche Machtdemonstration darstellen. Es sollen darüber hinaus jene Situationen aufgeführt werden, in denen sie nützlich erscheint. Angebracht wird dieses Vorgehen v. a. dann sein, wenn der Therapeut – nach grundlegender Reflexion und in Übereinstimmung mit den Zielen des Klienten – den Entschluß faßt, daß das symptomatische Verhalten eindeutig negativ bewertet wird und in der Folge verunmöglicht werden sollte (wohlüberlegtes, partielles Abgehen von der Position der Neutralität). Dies gründet in dem Verständnis, daß das symptomatische Verhalten alternative Verhaltensweisen verhindert bzw. eine erhebliche Gefahr für den Klienten oder seine Umgebung (z. B. Delinquenz) darstellt. Im Sinne einer systematischen Vorgangsweise wird sich der Therapeut dabei an folgende Grundsätze halten:

Was immer er tut, wird er in Zusammenhang mit seinen systemischen Hypothesen über die Ziele und Möglichkeiten des Klienten bringen. Er wird seine Intervention dabei nicht als eine direktive Einflußnahme betrachten, sondern als eine Einladung an den Klienten.

Diese Einladung bedarf sowohl der Freiwilligkeit bzw. Zustimmung sowie einer strikten Formulierung.

Er wird bezüglich des Ergebnisses neutral und neugierig sein. Was immer das „Ordeal" zeitigt, wird Grundlage weiterer therapeutischer Unternehmung sein.

Manchmal mag die Verhinderung des unerwünschten Verhaltens gleichzeitig schon dem Therapieziel entsprechen (etwa am Beispiel der Schlaflosigkeit), manchmal wird sie eine notwendige Voraussetzung für den Entwurf und die Realisierung alternativen Verhaltens abgeben, also einen Bedingungsrahmen weiterer Therapie darstellen (z. B. gefährliches Verhalten).

Pragmatisch wird der Therapeut beachten: Was immer er dem Klienten im Rahmen des diesbezüglichen Kontraktes vorschreibt, muß vom Klienten verstanden und verwirklicht werden können. Der diesbezügliche Kontrakt (Vorschreibung, Wette etc.) muß so beschaffen sein, daß er tatsächlich „hält", d. h. ich muß sicher sein, daß der Klient mir „folgt".

Als ethischer Bezugsrahmen für „Ordeals" könnte möglicherweise gelten: der Therapeut wird nur solche Verschreibungen konstruieren, die er sich selbst – in der gleichen Situation – zumuten würde.

Auf jeden Fall wird der Therapeut darauf achten, daß all jene Bedürfnisse, die durch das unerwünschte Verhalten „bedient" werden, auf andere Art und Weise befriedigt werden können, will er nicht einen Rückfall in dasselbe oder – im Falle „chronischer Verhinderung" – in ähnliche symptomatische Verhaltensweisen induzieren.

Settings und ihre Bedeutung auf der Klientenebene

Joachim Hinsch, unter Mitarbeit von Corina Ahlers und Ferdinand Wolf

1. Systemische Paartherapie: Vom Paar zum Subjekt

Einleitung

In der Praxis ist der Großteil familientherapeutischer Arbeit Paartherapie, innerhalb des systemischen Feldes werden jedoch erst seit kurzem Therapietechniken diskutiert, die die besonderen Bedingungen dieser therapeutischen Situation berücksichtigen. Im deutschen Sprachraum stützten sich Therapeuten lange Zeit vor allem auf das von Willi (1975; vgl. Reiter, 1983, S. 57f) in Anlehnung an Dicks (1967) vorgestellte Kollusionskonzept. Dieser Ansatz bot der TherapeutIn viele Möglichkeiten des Verständnisses der Probleme und ihrer Genese und wurde vor 20 Jahren auch entsprechend begeistert aufgenommen. Mit dem Aufkommen systemischer Therapieformen mit dem Fokus auf „Lösungen" verließen viele Therapeuten diesen aus der Psychoanalyse stammenden Ansatz, weil er ihnen zwar viele Beschreibungs-, aber nur beschränkt Handlungsmöglichkeiten eröffnete.

Die in der klassischen Familientherapie verankerten Mehrgenerationsansätze waren zwar therapietechnisch hilfreicher und boten über das Konzept der Ablöse auch therapeutische Handlungsmöglichkeiten, sie litten aber unter der nicht immer angemessenen Hypothese, daß Paarprobleme als Ablösungsprobleme zu sehen und entsprechend zu behandeln seien. Auch die folgenden systemisch-familientherapeutischen Ansätze der ersten Generation (z. B. die strategische Therapie nach Jay Haley) bekämpften die Vorstellung, das Paar als Dyade zu betrachten und errichteten im familiären Zusammenhang Triaden bzw. Subsysteme. Das Paar wurde nicht mehr als Paar, sondern funktional als Eltern, Kinder, Schwiegerkinder etc. angesehen. Diese Sichtweise ermöglichte es, die beteiligten Personen durch die Therapie wieder in ihre „normalen" (eufunktionalen) Rollen einzusetzen und so „dysfunktionale" Familiensysteme aufzulösen. Eine dieser Sichtweisen ist auch im heutigen Therapieverständnis unverzichtbar:

Paare reden sehr viel über Probleme mit Kindern. Bei diesen Gesprächen werfen sie einander oft vor, daß die PartnerIn sich gegenüber den Kindern falsch verhält. Dann reden sie aber als Eltern, nicht als Paar miteinander. Die PsychotherapeutIn muß dann die Partner darauf ansprechen, was diese Klagen mit ihrer Beziehung machen, welche Einflüsse sie auf die Beziehung haben, ob sie auch Trost beim anderen finden können, ohne daß das eindeutige Handlungskonsequenzen auf der Elternebene bedeuten muß. Mit der Wende zur „Kybernetik II“ (Autopoiesis) und zu konstruktivistischen Ansätzen wurde die Rolle der TherapeutIn, ihre Verantwortung und ihre Beeinflussungsmöglichkeiten erneut diskutiert und bewertet.

Wenn einer der Partner ein Symptom hatte, war das therapeutische Vorgehen klar, das vorhandene Repertoire griff, Ziel, Motivation und unterschiedliche Sichtweisen waren relativ leicht herausarbeitbar. Wenn man das Paar als Einheit betrachtet, fehlt dies alles und damit auch ein klarer Therapieauftrag und mit dem fehlenden Auftrag eine klare Definition als TherapeutIn. Eine Person kann nur sich selbst und nicht den Partner verändern, wie sehr sie sich das auch wünschen mag. In der Familientherapie ist dies hinlänglich bekannt, in der Paartherapie versucht man immer wieder, die Kommunikation zu verändern, als wäre das ein „Ding“, das zwischen den Partnern schwebt. Für dieses Ding zwischen ihnen fühlt sich jedoch keiner der Partner wirklich verantwortlich und der Therapeut bleibt allein in der Verantwortlichkeit, die Kommunikation zu verändern. Er ist durch die anfängliche Zielsetzung gebunden und kann nicht leicht an die Motivation der Partner anknüpfen.

Neuere Entwicklungen in der Paartherapie

Um bei Paaren mit hohem Konfliktpotential, die auch die Therapie zu gegenseitigen Anschuldigungen und Streit benutzen, erfolgreich arbeiten zu können, verwendete Murry Bowen bereits Anfang der 60er Jahre eine Strategie der Individualisierung. Er arbeitet nur mit einem Partner, und zwar mit demjenigen, der am höchsten motiviert war. Das Ziel war dabei, diesem Individuum zu helfen, mit seinen – erfolglosen – Klagen und Versuchen, den Partner zu ändern, aufzuhören. Anstelle dessen sollte er in der Therapie dazu geführt werden, durch kontrollierte Beobachtung und Veränderungsversuche seine eigenen emotionalen Schemata zu erkennen und aktiv seinen Anteil an der Paarinteraktion zu verändern. Ohne Bezug zu dieser Tradition entwickelten seit Beginn der 90er Jahre mehrere Therapeuten unabhängig voneinander eigenständige Paartherapieansätze, die in unterschiedlichem Maße die Subjektivität der (Ehe)Partner, ihre Erfahrungen, Emotionen, Kognitionen und Veränderungspotential in die Therapie integrieren (O'Hanlon-Hudson & Hudson-O'Hanlon, 1991; Willi et al., 1992; Welter-Enderlin, 1995; vgl. dazu auch Fivaz-Depeursinge et al., 1994; Riehl-Emde & Willi, 1994).

Den Ansätzen von O'Hanlon-Hudson & Hudson-O'Hanlon sowie von Willi et al. ist gemeinsam, daß die TherapeutIn versucht, durch ihre Fragen eine Trennung von „Sachverhalten" und begleitenden Emotionen und Bewertungen in den Darstellungen der beiden Partner zu erreichen. Willi et al. (1992) bezeichnen ihre Therapietechnik als „Konstruktdifferenzierung". Dabei wird ein von beiden Partnern als emotional bedeutsam erlebtes Ereignis als Ausgangspunkt gewählt und die TherapeutIn geht in der Folge mit jedem Partner in „zuhörender Anwesenheit" des anderen das Ereignis und die dabei aufgetretenen Gefühle, Stimmungen und inneren Stimmen durch. Konstruktdifferenzierung versucht, in der Therapie individuelle Kognitionen und Konstrukte, welche sich im Paarkonflikt zur Kollusion vermischen, genauer zu erfassen und zur therapeutischen Veränderung zu benützen. Die Fragen, die zu Beginn gestellt werden, richten sich zunächst an das Paar, das aufgefordert wird, eine „gemeinsame Sachverhaltsdarstellung" zu geben: „Ich möchte heute mit Ihnen zusammen irgendein Ereignis der letzten Tage genauer anschauen. Gibt es etwas, das Sie miteinander erlebt haben und was Sie beide aufgewühlt oder aufgeregt hat?" „Können Sie mir genau beschreiben, wie das abgelaufen ist? ... Auf die Gefühle und Gedanken, die dabei bei jedem von Ihnen angeregt wurden, werden wir anschließend eingehen. Erst nachdem Sie miteinander den äußeren Ablauf rekonstruiert haben, möchte ich mit jedem von Ihnen besprechen, was Sie dabei empfunden haben und was bei Ihnen vorgegangen ist" (Willi et al., 1992, S. 69). Der Therapeut erkundet auch „innere Gegenstimmen", um auf die Ambivalenz der Vorstellungen und die multiple Determinierung des Psychischen hinzuweisen. Danach wird der andere Partner in gleicher Weise befragt. Die therapeutische Wirksamkeit dieser Technik liegt darin, daß mit der Aufforderung zur Darstellung des äußeren, sichtbaren Sachverhaltes die gewohnten Konfliktlösungsstrategien – die im Alltag übliche Vermengung von Sachverhalt und (emotionaler) Bewertung – der Partner durchkreuzt werden. Als kennzeichnend für chronifizierte Ehekonflikte gilt, daß die Auseinandersetzungen nicht dazu dienen, Konflikte zu lösen, sondern die Sichtweisen über den Partner zu bestätigen. Mit dieser Technik werden beide Partner – sowohl der berichtende als auch der zuhörende – in eine distanzierende Beobachterhaltung gebracht. Die Konstruktdifferenzierung blockiert die zirkuläre Erklärungs- und Bedeutungszuschreibung der Partner und spricht jeden als Einzelperson an, unabhängig davon, ob seine eigenen Gefühle, Ängste und Konstrukte im Partner ihre Entsprechung finden (Willi et al., 1992, S. 80). O'Hanlon-Hudson & Hudson-O'Hanlon (1991, S. 13) entwickelten zur Erreichung desselben therapeutischen Zieles eine sehr ähnliche Technik, die sie als „video talk" bezeichnen. Dabei werden die Partner aufgefordert, sowohl die problematischen wie auch die am anderen geschätzten bzw. erwünschten Verhaltensweisen als „Beobachter mit einer Videokamera" möglichst verhaltensnah zu beschreiben und nicht Charakter, Gefühle oder Überzeugungen. Welter-Enderlin (1995, S. 27f) wiederum benutzt einen von ihr entwickelten Fragebogen, den die Partner nach der ersten Sitzung getrennt ausfüllen, um die individuellen und gemeinsamen „Leitmotive", die das Handeln und Verstehen „steuern", in Erfahrung zu bringen. Die Themenwahl für die zweite und die folgenden Sitzungen erfolgt dann gestützt auf die als wichtig angegebenen Bereiche des Fragebogens. Ähnlich dem Ansatz von Willi et al. (1992) fordert Welter-Enderlin das Paar auf, „einander ihre wichtigsten Anliegen zu erzählen und ... den kleinsten gemeinsamen Nenner auszuhandeln."

Paartherapie als Einzeltherapie in Anwesenheit des Partners

Die Hauptdifferenz dieses Ansatzes (Hinsch & Steiner, 1993) von zu den eben genannten liegt darin, daß sie in der Therapie keinen „gemeinsamen Nenner" suchen, der einen inhaltlichen bestimmbaren Ausgangspunkt für die Therapie der (Ehe)Partner bilden könnte. Die Gemeinsamkeit des Paares wird zur (relevanten) Umwelt des therapeutischen Systems; das Verfahren bedeutet daher eine stärkere Simplifizierung der komplexen Paarbeziehung. Der praktische Vorteil liegt in der damit implizit hergestellten Unparteilichkeit der TherapeutIn, die damit der Falle, RichterIn spielen zu müssen, entgeht und damit ihre professionelle Handlungsfähigkeit leichter bewahren kann.

In diesem Modell, wie teilweise auch in den weiter oben genannten Ansätzen, fokussiert die TherapeutIn in der Arbeit mit Paaren ebenfalls vorwiegend auf den Einzelnen. Der Unterschied zu Bowen liegt darin, daß durch die Anwesenheit des Anderen die privilegierte intime Beziehung dieser beiden Menschen als Ressource für die Therapie nutzbar gemacht wird (vgl. Luhmann, 1990, S. 222). Die Paarebene – das „Wir" der Partner – dient vornehmlich der Reflexion der erreichten Veränderung. Die Verantwortung für das Handeln und damit der möglichen Veränderung wird der

Einzelperson zugesprochen, die (Ehe)Partner werden jeder für sich „Vertragspartner“ des Therapeuten.

Systemische Paartherapie stellt den Beobachter und seine Beschreibungen in den Mittelpunkt; diese Beschreibungen sind dabei in erster Linie Beschreibungen seiner Sichtweisen und damit seiner Handlungsmöglichkeiten in Hinblick auf den Beschriebenen – den Partner. Es sind die Geschichten und ihr Erzähler, die im Brennpunkt der therapeutischen Aufmerksamkeit stehen. Der zuhörende Partner ist jedoch nicht ausgeschlossen, sondern in mindestens zweifacher Weise präsent. Er formt durch seine Anwesenheit sowohl den Inhalt der Erzählungen des Anderen mit und erzeugt in der für die TherapeutIn beobachtbaren non- und paraverbalen Interaktion zwischen Erzähler und Zuhörerin den Geschichten Markierungen, an die er im Verlauf der Therapie anschließen kann (Fivaz-Depeursinge et al., 1994). Diese Technik der Paartherapie stellt durch ihre besondere vom Alltagsgebrauch abweichende Form der Kommunikation den Klienten und seine Beschwerde in einen neuen, „angemessen ungewöhnlichen“ Rahmen, in dem der Therapeut als „Experte“ der Gesprächsführung versucht, aus Anliegen und Beschwerden „lösbare Probleme“ zu machen. Das von vielen Paaren implizit über wechselseitige Schuldzuschreibung oder explizit über Anliegen wie „Wir haben Kommunikationsprobleme“ angebotene „Wir“ in der Beschreibung der Beschwerde wird in zwei „Ich's“ mit je eigenen Anliegen und eigenen Lösungsvorschlägen „aufgelöst“. Die Kommunikation über das Problem, über Wünsche und Überzeugungen des einen Partners findet vor dem zum Zuhören „gezwungenen“ anderen statt. Dies ist ein wichtiger Vorteil dieses Settings. Der zuhörende Partner wird durch die TherapeutIn immer wieder aufgefordert, die Erzählungen des anderen auf sich und sein Anliegen in der Therapie hin anzuhören und nicht dessen Aussagen auf ihre Richtigkeit, Wahrheit, Angemessenheit etc. hin zu beobachten und zu kommentieren. Jeder der Partner soll sowohl als Erzähler wie als Zuhörer „bei sich selbst“ bleiben. Allein durch dieses Setting werden bereits die möglichen Erzählungen – verglichen mit der Alltags- oder Streitsituation – modifiziert und diese Veränderung der Geschichten ergibt im Verlauf der Therapie für beide Partner neue Möglichkeiten der Reflexion ihrer Beziehung und deren Bedingungen.

Transkripte solcher Therapien zeigen deutlich, daß Klienten in jeder Stunde einige abgeschlossene „Geschichten“ (narratives) erzählen und daß sich die therapeutische Veränderung in diesen Erzählungen niederschlägt (Riessmann, 1993; Luborsky et al., 1992). Das Ziel einer Psychotherapie in diesem Modell ist es, die Sichtweisen des Beobachters und Beschreibenden und nicht die Sichtweisen des Beobachteten und Beschriebenen zu verändern. Es geht in der Stunde um die Transformation der individuellen Erzählungen, nicht um die Herstellung einer gemeinsamen Wirklichkeit; es findet keine „Konsensuskonferenz" unter Leitung der TherapeutIn statt. In diesem Ansatz wird das Paar daher auch nicht als die zu verändernde Einheit gesehen, sondern es geht für beide Partner um die Differenzierung ihrer oft sehr unterschiedlichen Geschichten, die von neuen Standpunkten aus Möglichkeiten der Versöhnung, Trennung etc. gewinnen. In der Paartherapie wurde lange davon ausgegangen, daß die Probleme und Ziele beider Partner gleich seien bzw. daß es einen zugrundeliegenden „gemeinsamen latenten Konflikt", z. B. eine bestimmte Kollusion, gibt. Die Suche nach dem „Paarkonflikt" stellte sich für Klienten und Therapeuten häufig als mühsam und therapeutisch als nicht immer erfolgreich dar. Die Verschiebung des Fokus auf den Einzelnen macht die Suche nach Anliegen und Ziel erfolgreicher. Dazu kommt, daß die TherapeutIn dabei auch vermeiden kann, als SchiedsrichterIn in den Konflikt eingebunden zu werden und damit ihrer Rolle als TherapeutIn verlustig zu gehen.

1. Das Setting

Die möglichen Themen im Dialog zwischen der erzählenden KlientIn und der TherapeutIn werden durch die Anwesenheit des Partners – verglichen mit dem Setting der Einzeltherapie – stärker eingegrenzt. Die Partner werden aufgefordert, im Zuhören ihre Bilder vom Anderen genauer zu betrachten. Der Therapeut kann die Einzelpersonen und ihre Interaktion beobachten und aufgrund dieser Beobachtungen den Beteiligten neue Fragen stellen. Diese Form der Paartherapie ist also eine Erweiterung der Möglichkeiten der Einzeltherapie.

2. Die Arbeit an den Beschwerden

Personen kommen primär mit oder wegen einer Beschwerde über den Partner, Vorwürfe an den Partner oder an die Beziehung in die Therapie. An diesen Vorwürfen oder Beschwerden kann der Erzähler nichts ändern, sondern nur hoffen, daß der Partner etwas ändert. Im Streit zu Hause bleibt es bei diesen Beschwerden und dem Versuch, sich durch diese Beschwerden und Vorwürfe nicht beeindrucken zu lassen, sondern sich in seiner Struktur zu erhalten. Die TherapeutIn muß im Gegensatz zu dieser normalen, selbstverständlichen und auch den Erwartungen der Partner entsprechenden Haltung versuchen, jede der anwesenden Personen dazu zu bringen, ihre persönlichen Aspekte bei der Beschwerde zu erzählen. Sie soll also nicht über den Partner und dessen Probleme, sondern über sich und ihre Sorgen, Nöte, Ängste berichten. KlientInnen lassen sich oft nur höchst widerwillig dazu bringen, nicht das Verhalten des Anderen in den Mittelpunkt der Erzählung zu stellen, weil sie befürchten, durch Suchen von Problemen bei sich einen gefährlichen Nachteil zu erleiden. White (1992) hat für diese Situation einen sehr hilfreichen Vorschlag: Er sieht sich mit der KlientIn die Auswirkungen des Handelns der PartnerIn auf das eigene Selbstwertgefühl an und arbeitet dann an der Veränderung dieses gedrückten Selbstwertgefühles.

3. Von der Beschwerde zum Problem

Geht man von der Definition des Problems als veränderungsfähigem und veränderungsbedürftigem (Ludewig, 1992) Sachverhalt aus, muß die TherapeutIn über Konkretisieren und Differenzieren so lange an der Beschwerde arbeiten, bis die KlientIn weiß, was sie selbst dazu beitragen kann, ihr Ziel zu erreichen. Dabei ist dieses Herausarbeiten des Zieles nicht – wie beim Ansatz von de Shazer – für den Therapeuten ein verbindlicher Therapieauftrag, sondern eine andere Form des Erzählens des momentanen Problembewußtseins, das sich im Laufe des therapeutischen Gesprächs jederzeit verändern kann.

4. Der eine erzählt, der andere hört zu

Nachdem jeder Partner sein Problem, sein Anliegen und sein Ziel in dieser Therapie herausgearbeitet hat, beginnt die Arbeit mit jenem der Klienten, der als erster arbeiten will bzw. dessen Anliegen von beiden Partnern als vordringlich betrachtet wird. Daß auch die andere Person ihr Problem bereits zu diesem Zeitpunkt herausgearbeitet hat, ist deshalb besonders wichtig, weil damit ihre Beobachterposition für sie selbst und die TherapeutIn definiert ist. Die TherapeutIn kann später darauf zurückkommen und sie fragen, was das Zuhören bei ihr ausgelöst hat. Die, die zuvor zugehört hat, kann das Gehörte nun mit ihrem eigenen Ziel, ihrem Problem, ihrem Anliegen in Verbindung bringen und damit ihr kommunikatives System erweitern.

5. Vom Problem zum psychischen System der ErzählerIn

Die Erzählende hat das konkrete Problem herausgearbeitet, weiß, welches Anliegen sie mit diesem Problem verbindet und kann es auch von Situationen unterscheiden, in denen das Problem nicht auftritt. Wenn sie das genau erfaßt hat, kann sie auch erzählen, welche Personen ihrer Meinung nach von diesem Problem betroffen sind. Die Entscheidung darüber, wer an dem Problem beteiligt ist, ergibt sich ausschließlich aus der Auseinandersetzung der ErzählerIn mit dem Problem; sie allein entscheidet. Die

TherapeutIn kann aber aus ihrem Wissen über häufig auftretende Zusammenhänge unterstützend Fragen stellen (Überweiser? Wer weiß von Ihrem Problem? Wer dürfte es nicht wissen? Kennen Sie dieses Thema in anderen Zusammenhängen?) und dadurch den Kreis der Beteiligten erweitern. Aus den Antworten ergibt sich ein Personenkreis, der im Kopf der Erzählenden im Zusammenhang mit dem Problem eine Rolle spielt. Aus diesem Wissen heraus ergibt sich auch gleichzeitig, wer in diesem Themenzusammenhang was zu wem sagt, was der Erzählende zu den anderen Personen sagt und was diese antworten. Aufgabe der TherapeutIn ist es, immer im Erleben der jeweils Befragten, in deren Problemsicht zu bleiben, sich an deren Zielen zu orientieren und diese Ziele erst zu verlassen, wenn die Erzählende sie verläßt. Daher ist es notwendig, das Problem der Erzählenden sehr genau zu erfassen und sich immer wieder zu fragen, ob man das Problem ausreichend erkundet hat. Wenn die TherapeutIn die Schilderung des Problems wie einen Videofilm vor sich sieht, kann sie davon ausgehen, daß sie zumindest momentan genug weiß und nicht zu viele Lücken mit ihrer eigenen Phantasie auffüllt.

6. Die Motive der „beteiligten" Personen

Mit Hilfe des Interviews dieser internalisierten Personen kann die TherapeutIn das Selbstverständnis aller „beteiligten" Personen, deren Motive beim Handeln, deren Nöte und Ängste herausarbeiten bzw. der Erzählenden zugänglich machen. Die beteiligten Personen sind in Anführungszeichen gesetzt, weil es sich ja nicht um „echte" Personen handelt, sondern immer nur um die Bilder der Personen im Kopf der ErzählerIn. Es ist dabei unerheblich, ob die beteiligten Personen anwesend sind oder nicht, von dem Problem real wissen oder nicht, im aktuellen Leben der Erzählenden noch eine Rolle spielen, überhaupt am Leben sind etc. Wichtig ist einzig und allein, ob sie im psychischen System, das sich um das Problem im Kopf der ErzählerIn gebildet hat, eine Rolle spielen.

7. Den zuhörenden Partner einbeziehen

Erst jetzt sollte man den bis dahin Zuhörenden wieder einbeziehen. Das lange Zuhören ist für die Partner oft nicht so schwierig, wie man annehmen könnte, weil ja der Erzählende ganz ausdrücklich von sich selbst erzählt hat und nicht vom Partner. Der Zuhörende muß also auch nicht im Sinne der Selbsterhaltung seiner Strukturen unbedingt den Erzähler unterbrechen und dessen Erzählung korrigieren. Trotzdem kann das Zuhören oft schwierig sein. T. Anderson hat vorgeschlagen, daß die TherapeutIn dem Zuhörenden raten könnte, im Geiste spazieren zu gehen, falls das

Gehörte zu aufregend erscheint. Dieses Einbeziehen muß aber deutlich von der Rolle der Co-TherapeutIn unterschieden werden, indem man den jetzt Erzählenden fragt, was das Gehörte bei ihm ausgelöst habe und ob bzw. was das an seinem Problem geändert habe. Denn auch der jetzt Erzählende erzählt über sich, seine Kommunikation, sein psychisches System und nicht über das des Anderen. An der damit eventuell veränderten Sichtweise, dem veränderten Problem kann noch in dieser Stunde weitergearbeitet werden.

8. Der Schluß der Stunde

Wichtig ist die Würdigung der Erzählungen und der Erzähler, wobei eine Zusammenfassung dessen, was die TherapeutIn gehört hat, nützlich ist.

9. Die nächste Stunde

Die nächste Stunde ist ein neuer Anfang, mit neuer Problemformulierung und neuen Zielen. Wenn für beide Partner wiederum das Problem dessen, der letztes Mal Erzähler war, im Vordergrund zu stehen scheint, ist dieses Problem wichtiger und die TherapeutIn sollte nicht als SchiedsrichterIn auf Gerechtigkeit achten.

Arbeit nur mit einer Person

Manchmal ist aber auch nur einer der Partner motiviert, an einer Veränderung zu arbeiten, weil die andere Person entweder kein Problem hat, oder schon so viel an Veränderungsarbeit geleistet hat, daß sie zu keinen weiteren Schritten bereit ist. Es mag ungerecht erscheinen, hier nur mit einem Teil des Paares zu arbeiten; wenn aber der andere einverstanden ist, ist Einzelarbeit hier oft die einzige Möglichkeit, den Machtkampf zu beenden. Wenn z. B. der Mann absolut kein Kind will, die Frau aber schon, dann kann sich nur einer von beiden bewegen. Die eine Person kann sich nur darum bemühen, der anderen für deren Bereitschaft zur Bewegung einen Ausgleich anzubieten.

Schlußbemerkungen

Der Vorteil der hier vorgestellten Formen der Paartherapie gegenüber der Einzeltherapie ist, daß die KlientIn die Reaktionen des Partners schon während Ihres Erzählens erfährt, dabei aber durch die TherapeutIn Schutz bekommt, um die Geschichte zu Ende zu führen. Beide Partner erleben einander beim Handeln, und eigene Reaktionen auf dieses Geschehen können in einem genügend großen Freiraum reflektiert werden.

Daß Paartherapie aber auch spezielle Probleme mit sich bringt, ist evident. Eine Schwierigkeit liegt für die TherapeutIn darin zu unterscheiden, ob es um eine Therapie oder ein Verhandeln unlösbar erscheinender Probleme geht. Nicht alle Paare, die unter ihrer Beziehung leiden, können es sich vorstellen, an eigenen Zielen zu arbeiten, viele sind nur daran interessiert, eine Lösung ihrer Probleme zu verhandeln. In diesem Bereich von Paartherapie kann man sich Anleihen von der Mediation holen. Ein weitere Gefahr liegt in der Bereitschaft der TherapeutIn, die Erzählenden zu „verführen“ zu viel zu erzählen, was die Situation manchmal verschlimmert; hier ist Vorsicht geboten.

2. Systemische Familientherapie

Das Verständnis von Familientherapie hat sich in den letzten Jahren stark verändert. Während in der psychotherapeutischen Öffentlichkeit noch immer ein Bild der strukturellen Familientherapie vorherrscht, bei der die Rollen der Familienmitglieder stark betont wurden und daher auch alle Familienmitglieder mitkommen mußten, hat sich das Interesse der meisten systemischen Familientherapeuten auf das Problemsystem und die Geschichten der am Problem Beteiligten verschoben. Daher werden nunmehr jene Personen eingeladen, von denen die AnmelderIn, Familienmitglieder und PsychotherapeutIn glauben, daß sie bei der Lösung des Problems hilfreich sein könnten.

Bei der Familientherapie steht das „Wir“ der Familie im Vordergrund. „Wir“ sind an der Entstehung des Problems beteiligt, bzw. leiden unter dem Problem. Wir wollen daher auch an der Lösung mitarbeiten bzw. durch die Psychotherapie davon befreit werden. Dieses „Wir“ manifestiert sich allerdings in einem „Du“. Du sollst dich verändern. Die Einzeltherapie hat also das „Ich“, die Paar- und Familientherapie das „Du“ im Vordergrund. In der Paartherapie ist dieses „Du“ noch in zwei „Ichs“ auflösbar. In der Familientherapie ist dies selten möglich, schon weil die Kinder gelangweilt wären und die Eltern Scheu haben, die Generationsgrenze durch zu introspektive Erzählungen zu verletzen.

Andererseits kommen die Familienmitglieder nicht mit einer einzigen Beschreibung des Problems, sondern jeder hat seine eigenen Sichtweisen und definiert damit das Problem und die daraus resultierenden Lösungsansichten auf seine Art und Weise. Die Konfiguration dieser unterschiedlichen Sichtweisen, die sich daraus ergebenden Kommunikationen, das System dieser Kommunikationen, nicht das Verhalten selbst wird von systemischen PsychotherapeutInnen als das betrachtet, was es schwierig macht, das Problem aufzulösen.

In der Einzeltherapie wird der Versuch gemacht, die internalisierten Kommunikationen zu einem Problem neu zu bewerten; in der Paartherapie geht es darum, das Problem der Person, die unter dem jeweiligen Beziehungsaspekt leidet, aufzulösen und sie damit wieder handlungsfähig zu machen. In der Familientherapie, in der die Lösung des Problems, unter dem alle mehr oder weniger stark leiden, am stärksten vom anderen erwartet wird, muß die PsychotherapeutIn helfen, den multiplen Geschichten Raum zu verschaffen und damit neue Lösungsideen entstehen zu lassen. Die Organisation des „Tanzes", der Prozeß des miteinander Redens, verändert – nicht die Therapietechniken. Dazu ist die Bereitschaft der PsychotherapeutIn, sich für jede Sichtweise ernsthaft zu interessieren und sie damit „salonfähig" zu machen, und nicht aufgrund von Lebenserfahrungen oder theoretischer Überlegungen bestimmte Sichtweisen zu favorisieren, gerade in einer familientherapeutischen Situation notwendig, gleichzeitig – durch die Konfrontation mit anderen – auch so schwierig. Die Techniken sind nur der Weg zur Neuorganisation der Geschichten bzw. Kommunikationen.

Die PsychotherapeutIn muß versuchen, die Beteiligten in neuer Art zu involvieren. Die Techniken, die hier beispielhaft aufgeführt werden, sind daher auch als Techniken der Neuorganisation von Geschichten zu begreifen:

- Den Kontext des problematischen Verhaltens durch sich Erkundigen erweitern
- Die Sichtweisen der Einzelnen zum Problem herausarbeiten und damit ein anderes Verständnis für die anderen Beteiligten erzielen
- Einführen neuer Metaphern für die Situation, z. B. statt von „Machkämpfen" von der Not und Sehnsucht der einzelnen Familienmitglieder sprechen
- Positive Konnotation: die mögliche Intention, nicht das Ergebnis einer Handlung fokussieren. Einen Punkt finden, wo sich zumindest einer der Beteiligten für ein anderes Handeln entscheiden kann, weil sie für sich findet, daß sie damit ihr Anliegen besser durchsetzen kann
- Elternebene und Paarebene trennen: Probleme mit Kindern trennen oft die Eltern. Es muß ein Weg gefunden werden, daß sie über ihre Probleme reden können, ohne daß sich der andere angegriffen fühlt

- Fallweise parteiisch für einzelne Beteiligten werden, indem die PsychotherapeutIn direkt oder durch bestimmte Frageformen erklärt, daß diese Person in dieser Situation vielleicht nicht anders handeln kann.

3. Systemische Einzeltherapie: Vom „Innen" und „Außen" des Subjekts

Im vorletzten Abschnitt wurde die Entwicklung systemischer Paartherapie in den letzten Jahren dargestellt, wo therapeutische Eingriffe weniger an der „Kommunikation" oder „Interaktionsdynamik" des Paares oder der Familie ansetzen, als vielmehr am „Subjekt" als einzig möglichem Ort für Veränderung. Konzepte des „Selbst" oder der „Person" haben nach einer Zeit der Hinwendung zu „Mustern" oder „Beziehungsvorstellungen" wieder an Bedeutung gewonnen (vgl. Ahlers, 1994).

Heute wird in der systemischen Therapie das Setting der Personen, die an der Therapie teilnehmen, thematisiert, und es wird die Effektivität der Therapie nicht – wie beim ursprünglichen Mailänder Team – an der Quantität der teilnehmenden Personen festgemacht (vgl. Ahlers, 1996b; Klammer, 1997).

Das Gespräch mit Einzelnen entsteht aus unterschiedlichen Motiven: Eine Person mag eine systemische Einzeltherapie in Anspruch nehmen, um Probleme zu verändern, für die sie sich selbst verantwortlich fühlt. In diesem Fall wird das Problem nicht an einer anderen primären Bezugsperson (Partner, Mutter, Sohn) festgemacht.

Weniger günstig ist jener Fall, wo sich Einzelpersonen an uns wenden, um ein Problem zu lösen, an dem andere beteiligt sind, die jedoch nicht mitkommen wollen. Z. B.: Eine Mutter klagt über die Schwierigkeiten mit der pubertierenden Tochter, diese will aber nicht mitkommen; ein Mann klagt über das sexuelle Problem mit seiner Frau, diese lehnt Therapie ab. In jenen Fällen trägt der an der Therapie teilnehmende Einzelne die Verantwortung für die Veränderung anderer. Es ist hier besonders wichtig, die Anliegen des Klienten dahingehend zu überprüfen, ob und wie seine Wünsche in dieser Therapie realisiert werden können, bzw. ob es sich um Probleme handelt, die durch ihn veränderbar sind. Wenn ein derartiger Auftrag konkretisiert werden kann, ist die anschließende systemische Einzeltherapie mit denselben Techniken durchführbar wie Paar- und Familientherapie.

Konzepte systemischer Einzeltherapie

Methodisch läßt sich feststellen, daß die systemische Einzeltherapie alle Techniken der Paar- und Familientherapie in verändertem Setting anwenden kann. Es gibt Techniken, die in der Einzelarbeit sogar besonders gut zur Geltung kommen, da in der therapeutischen Dyade eine Tiefe erzeugt werden kann, die in einem Raum mit Dritten (Partner, Kinder, ...) nicht denselben Platz einnehmen würde.

1. Die *Teilarbeit* nach Gunter Schmidt (1996) beschäftigt sich mit widersprechenden Tendenzen/Gefühlen/Stimmungen einer Person, wenn sie ihre Handlung auf ein Ziel oder eine Fragestellung hin orientiert. Es wird vorgeschlagen, ambivalente Gefühle zu einem Problem, welche eine zielorientierte Handlung verhindern, möglichst konkret zu beschreiben. Jedem dieser Gefühle wird ein Name und damit ein Geschlecht gegeben. Anschließend wird ein „Koordinator" gewählt und mit einem Namen versehen, der in den folgenden Diskussionen mit den „personifizierten" Tendenzen darauf achtet, wann diese im Umgang mit der Umwelt zieldienlich sind. Der Therapeut führt ein Interview mit den personifizierten Gefühlen und deren Koordinator, in dem auf die Funktionalität und Würdigung jeder Tendenz geachtet wird. Die Polarisierung von Widersprüchen wird verflüssigt, indem die unterschiedlichen Tendenzen über den Koordinator miteinander verhandeln. Die Methode ist geeignet, um mit Widersprüchen und Ambiguität in der Zielorientierung von KlientInnen umzugehen. Sie läßt sich sowohl in der Einzeltherapie wie auch in der Selbsterfahrung in Gruppen anwenden.

2. Anders als in der Teilarbeit wird beim Interview mit dem *Internalisierten Anderen* von K. Tomm (siehe Ahlers, 1996a) keine Tendenz befragt, sondern eine wichtige Bezugsperson im Subjekt zu einem vorher festgelegten Thema. Dieser Bezugsperson im Subjekt kann die TherapeutIn nun alle zirkulären Fragen stellen, die sowohl Interaktionsdynamik mit Anderen wie auch Stimmungen und Emotionen betreffen.

3. So wie diese beiden Techniken stark mit den „internen Bildern" der Person arbeiten, gibt es andere, welche „Problembilder" aus der Person „*externalisieren*", um sie dann vom Subjekt bekämpfen zu lassen. M. Whites (1989) externalisierten Symptome, die er auch benennen und quasi als Gespenst vom Subjekt aufbauen läßt, sind dafür ein Beispiel.

Die Dissoziation vom Problem ermöglicht es dem Klienten, sein Problem von einer Metaperspektive aus anzuschauen und von dieser sicheren Position aus Strategien zur Minimierung des Problembewußtseins zu finden. Durch die Distanzierung vom Problem und die Entwicklung neuer Strategien wird der Selbstwert des Subjekts gehoben.

4. Problembeschreibungen können vom Subjekt auch als *Skulptur* (Satir & Baldwin, 1987) aufgebaut werden. Der Mathematiker Varga von Kibed und die Psychologin Insa Sparrer (1996) haben gemeinsam – in Anlehnung an die Aufstellungsarbeit B. Hellingers – ein Modell entworfen, welches „Probleme" mit Hilfe von Rollenspielern als Familie aufstellen läßt. Gewählt werden Problemfiguren und Ressourcen, die helfen sollen, die Probleme zu verändern. Auch hier wird mit der Personifizierung von Problembeschreibungen gearbeitet, diesmal allerdings von Rollenspielern gespielt. Dynamik der Familie und der Rollenspieler werden in die Lösung des Problems einbezogen. Diese Technik ist mit Einzelnen in der Gruppe anwendbar oder mit Symbolen bzw. verschiedensten Utensilien, wenn keine weiteren Rollenspieler vorhanden sind.

5. Unter dem Namen „*Planetensystem*" entwirft J. Hinsch (1995) eine grafische Darstellung des Beziehungsnetzes rund um die Poblembeschreibung. Kommunikationen zu diesem Thema werden wie Planeten, die um die Sonne kreisen, mit jeweils einem Satz festgehalten. Er läßt den Klienten zu einer bestimmten Fragestellung wichtige Bezugspersonen nennen und bringt diese in eine Grafik. Wichtig ist dabei, daß für jede Bezugsperson nur ein „wesentlicher" Satz auf dem Verbindungspfeil zum Thema des Klienten aufgezeichnet wird. Der Klient antwortet jeweils mit einem Satz. Durch die Komplexitätsreduktion entstehen Bedeutungskonstellationen zum Thema, die als Verarbeitungsschema im Subjekt vorhanden sind. In die grafisch dargestellte und dadurch simplifizierte Bedeutungskonstellation kann der Therapeut nun mit Fragen eingreifen.

Diese kurze Darstellung einiger spezifischer Techniken zur systemischen Arbeit mit Einzelnen kann nur der Andeutung von Möglichkeiten dienen. Ebenso wichtig wie die angewandte Technik scheint die Unterscheidung zwischen Dyade und Mehrpersonensystem zu sein, oder die Frage, welche Unterscheidung die An- bzw. Abwesenheit von anderen Bezugspersonen des Klienten einführt. Die Intimität der therapeutischen Dyade, die An-

bzw. Abwesenheit eines Partners kann z. B. Vor- und Nachteile für die Erarbeitung therapeutischer Lösungen haben.

Vor- und Nachteile systemischer Einzeltherapie

1. Zu den Vorteilen der Einzeltherapie zählt die Privatheit des Gesprächs, welche durch die besondere Intimität eventuell Themen ermöglicht, die in einer „öffentlicheren Gesprächssituation" nicht offenbart würden. In diesem therapeutischen Milieu ist das Eingehen auf Gefühle von Hilflosigkeit oder Verzweiflung auf seiten eines Klienten leichter. Wertschätzung und Ermittlung von Ressourcen können vom Therapeuten unbeschränkt eingebracht werden, ohne daß dieser seine Vorgangsweise vor anderen Anwesenden erklären oder rechtfertigen muß. Ein solches affektives Klima bewirkt eine andere emotionale, wohl aber auch eine andere kognitive Beteiligung des Klienten und kann gerade durch diese Offenheit schaffende Intensität neue Bewältigungsstrategien anregen. Gleichermaßen verführt die dyadische Beziehung zwischen KlientIn und TherapeutIn aber auch dazu, dem Impuls zur eigenen Veränderung weniger Gewicht zu verleihen, und so in der Beziehungsdynamik zu verweilen. Dies würde einem psychoanalytischen Modell des Erkennens von Konfliktmustern als Übertragung in der Beziehung zum Therapeuten eher entsprechen als einer systemischen Vorgangsweise. Der Einzelklient würde in der Beziehung zur Therapeutin seine Entscheidungsautonomie zur Veränderung seines Themas verlieren, die Therapeutin wäre Expertin für Deutungen, und die therapeutische Arbeit bliebe möglicherweise wenig handlungsrelevant.
   Weiters wird die Einladung von Einzelpersonen in die Therapie dort zum Vorteil, wo der Therapeut den Eindruck gewinnt, daß sich die Verhandlung über einen Therapieauftrag im Mehrpersonensystem (Paar, Familie, Helferkonferenz) als besonders schwierig gestaltet (vgl. Ahlers, 1996b). In einem solchen Fall lassen sich verschiedene Gesprächskonstellationen nacheinander erproben: ein einzeltherapeutisches Setting kann sich mit einem Paar- oder Familiensetting abwechseln und die daraus erfolgenden Kommunikationsschritte jedesmal neu kombiniert werden. Die Wahl des Personensettings wird hier zu einem Teil der Verhandlung zwischen TherapeutInnen und KlientInnen.

2. Nachteile systemischer Arbeit mit Einzelnen ist der grundsätzliche Informations- und Erlebensverlust für die nicht anwesenden Bezugspersonen.

Das Erarbeiten einer nützlicheren Handlungskonstruktion oder Geschichte mit der Einzelklientin ist in der Planung einfacher, die Durchführung bleibt jedoch außerhalb des Therapierahmens. Möglichkeiten, den abwesenden Anderen in die Therapie einzubeziehen, sind z. B. zirkuläre Fragen. Dennoch wird hier die Konstruktion von Wirklichkeit in Interaktion, eine der wesentlichen Merkmale systemischer Paar- und Familientherapie, aufgegeben. Die Partizipation am Erleben des Anderen bewirkt gerade in der Abwechslung von zuhörenden versus sprechenden KlientInnen mit dem Therapeuten jenen Tanz, der die Bedeutungswelt des „wir" in Ergänzung zum „Ich" ermöglicht. Der ständige Pespektivenwechsel erhöht Komplexität und Vielfalt, deren Veränderungskraft wir bei der Einzelarbeit vermissen. Dafür können wir in der therapeutischen Dyade einen sicheren Weg einschlagen, der auf jeden Fall Veränderung in kleinen Raten verspricht, der aber auch Gefahr laufen kann, Veränderung zu individualisieren.

4. Größere Systeme

Therapeutische Begegnungen finden zwischen KlientInnen und TherapeutInnen statt, die sich in einen kommunikativen Austausch über Probleme („Beschwerden" oder „Schwierigkeiten") begeben. Kurt Ludewig (1992) definiert in diesem Zusammenhang Probleme als von KlientInnen als veränderungsbedürftig und veränderungsfähig aufgefaßte Phänomene, welche dazu führen können, daß professionelle Hilfe aufgesucht wird.

KlientInnen bewegen sich in einer komplexen sozialen Welt, die ihrerseits unterschiedliche Arten professioneller Hilfsmaßnahmen bereithält, je nachdem ob es sich um soziale, ökonomische, medizinische oder psychische Problemlagen handelt. Die gesellschaftliche Organisation unseres Zusammenlebens hat dazu geführt, daß sich unterschiedliche Zuständigkeiten für die erwähnten Problembereiche im Lauf der historischen Entwicklung herauskristallisiert haben und so auch eine entsprechende Art von Hilfestellung z. T. bereits determiniert scheint (vgl. Imber-Black, 1990).

So kann etwa ein Klient als „schwierig" gelten und unterschiedliche Hilfsmaßnahmen auslösen, in Abhängigkeit von der Deutung und den kontextuellen Rahmenbedingungen, in denen ihm diese Eigenschaft zugeschrieben wird. Beispielsweise könnte ein Kind als „schwierig" in der Schule beschrieben werden, was zur Folge hat, daß zunächst im Rahmen der Schule ein pädagogisch besonders geschulter Beratungslehrer sich seiner annimmt. Gleichzeitig könnte der Schuldirektor in der Annahme, daß die Eltern sich um das Kind wenig zu kümmern scheinen, das Jugendamt einschalten. Die Sozialarbeiterin des Jugendamtes ihrerseits könnte zur Auffassung gelangen, daß das Verhalten des Kindes nach all den Maßnahmen, die gesetzt worden waren, scheinbar unverändert geblieben ist, sodaß eventuell krankhafte Hintergründe zu berücksichtigen wären, was für eine Einschaltung der Kinderpsychiatrie sprechen würde. So bildet sich entsprechend Goolishians Konzept des „Problemdeterminierten Systems" (Anderson, Goolishian & Winderman, 1986) ein Netz von Helfersystemen um ein Problem, das jedes für sich in einer bestimmten Problemsicht seine Zuständigkeit begreift und davon ausgehend in Erscheinung tritt (Tom Levold spricht in diesem Zusammenhang von „*Problembesitz*", Levold, 1995).

Wie an diesem Beispiel deutlich wird, ist bei der Betrachtung von Helfersystemen genau zu beachten, in welcher Form die „Hilfeleistung" erfolgt. Kommt ein Klient mit dem Ersuchen um Unterstützung bei einer bestimmten Problemsituation, oder wird „Hilfe" unabhängig vom Ersuchen geleistet?

Nach Ludewig (1992) ist nur dann von einem Hilfssystem zu sprechen, wenn Hilfesuche vorliegt, andernfalls sollte man von Fürsorge, Kontrolle oder Bevormundung sprechen (die in vielen Fällen durchaus hilfreich und sinnvoll sein kann). In der Regel ist jedoch in den meisten psychosozialen Einrichtungen wie Kliniken, Jugendamt, Bewährungshilfe, Sozialamt, Drogenberatung etc. neben dem Hilfsauftrag gleichzeitig auch ein Kontrollauftrag vorgesehen, der oft nicht genügend transparent gemacht wird und daher zu schwierigen Situationen führen kann, wenn etwa Klienten sich einer institutionellen HelferIn (z. B. JugendamtssozialarbeiterIn) anvertrauen (beispielsweise im Zuge einer jahrelangen Betreuung zur Verhinderung einer Wohnungsdelogierung), um dann feststellen zu müssen, daß diese bei Vorliegen einer bestimmten Problemlage (z. B. Kindesmißhandlung) Sanktionen setzt.

Eine systemische Vorgangsweise geht davon aus, daß die Vielfalt der äußeren und inneren Rahmenbedingungen eines Problems ohne normative Vorannahmen fokussiert und dabei sowohl der familiale wie auch der erweiterte Problemkontext im Sinne des problemdeterminierten Systems in die Reflexion einbezogen wird. Systemisches Arbeiten im institutionellen Kontext thematisiert zunächst Aufträge und Sanktionsmöglichkeiten der betreffenden Institution im Sinne von Transparenz und Klarheit als Gegenstand möglicher Vereinbarungen und Kooperationen.

Aufträge von Institutionen sind sowohl vom Gesetz als auch durch überweisende Institutionen und Personen gegeben. Dementsprechend ist klarzustellen, welche Möglichkeiten im Rahmen einer spezifischen institutionellen psychotherapeutischen Betreuungsarbeit überhaupt gegeben sind, damit unrealistische Erwartungen von vornherein ausgeschlossen werden. Im speziellen ist dabei die Rolle der PsychotherapeutIn in der Institution gegenüber dem Klienten darzustellen, nachdem es sich oft um Zwangstherapien beispielsweise im Rahmen des Strafvollzugs oder der Suchttherapie handelt, die unter besonders schwierigen kontextuellen Bedingungen („Therapie statt Strafe“) stattfinden. KlientInnen sind dabei in der Regel „unfreiwillige KlientInnen“ und TherapeutInnen sind in Entsprechung dazu „unfreiwillige TherapeutInnen“ (de Shazer, 1989b). In diesem Zusammenhang ist sowohl das Thema „Verschwiegenheit“ als auch die oft bestehende Doppelfunktion „TherapeutIn/GutachterIn“ ein die Arbeit erschwerender Faktor, der einer eingehenden Reflexion im Rahmen therapeutischer Gespräche bedarf (vgl. Wagner, 1996).

Die Einbindung in den institutionellen Kontext ist nicht zuletzt durch Hierarchien und Informationsflüsse geprägt, die die Funktionsweise der Institution im Sinne eines Großsystems ermöglichen. Daher ist es wichtig, daß der Psychotherapeut sich darüber im klaren ist, welchen Auftrag er sich unter diesen Bedingungen selbst gibt, sodaß er sich seines Handlungsspielraums bewußt ist, den er gegenüber dem Klienten vertritt und darstellt. Im Rahmen dieser Klärungen und Klarstellungen sind schließlich die Aufträge des Klienten bzw. seiner Angehörigen zu reflektieren, sodaß eine Abgleichung der Klientenziele mit den Zielen und Aufträgen der Institution erst die Basis für eine therapeutische Arbeit schafft (Berg, 1992; Russinger & Brandl-Nebehay, 1994).

Brandl-Nebehay & Russinger (1995) haben – am Beispiel des Jugendamtes – ein hilfreiches Schema für die Handlungsfelder öffentlicher sozialer Institutionen entwickelt. Sie differenzieren nach einer inhaltlichen Ebene (psychische und Beziehungsprobleme versus materielle Probleme) und dem Grad der Freiwilligkeit der Kontaktaufnahme (Eigeninitiative versus Zwang) die vier Bereiche „Beratung/Therapie“, „Service“, „Erziehung“ und „Versorgen/Fürsorgen“ (siehe Abb. 1).

Abb. 1: *aus Russinger & Brandl-Nebehay, 1994, S. 68*

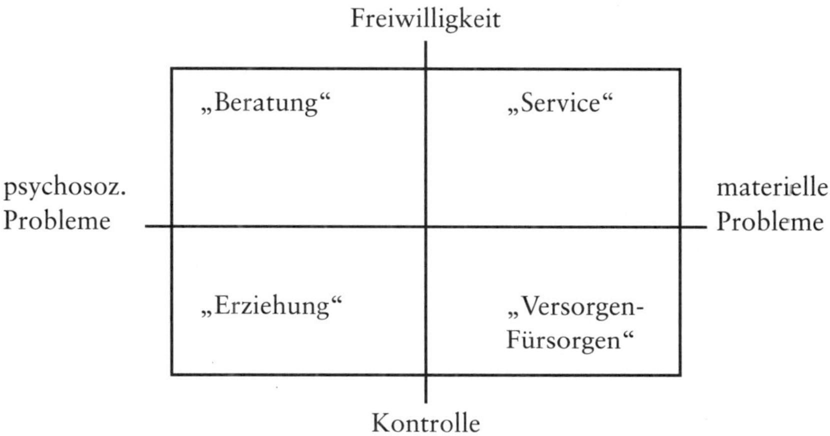

Auf der Basis dieses Schemas ist es für in Institutionen tätige PsychotherapeutInnen in relativ einfacher Weise möglich, ihre Position im Betreuungsgeschehen festzustellen und danach ihre Handlungsweisen auszurichten.

Letztlich ist es aber die therapeutische Haltung, die im institutionellen Bereich in besonderer Weise zu akzentuieren ist, um den KlientInnen mit Kongruenz und Authentizität entgegentreten zu können, die ihnen vermittelt, daß sich psychotherapeutisches Handeln im institutionellen Rahmen von der Arbeit in der freien Praxis deutlich unterscheidet. Levold et al. (1993) haben in ihren Überlegungen zum Thema „Systemische Therapie bei Gewalt in der Familie“ folgende Anforderungen an die Haltung der TherapeutInnen herausgearbeitet, die sie als wesentlich für ein kongruentes Handeln begreifen:

- Akzeptieren der eigenen Machtposition
- Deutliches Deklarieren der eigenen Bewertung von Mißhandlung, Vernachlässigung und sexueller Gewalt
- Deklarieren der eigenen Verantwortung für den Schutz von schwächeren Familienmitgliedern (wie etwa Kindern)
- Anerkennen der positiven Möglichkeiten der Familie (Interesse an den Eltern zeigen, ihnen etwas zutrauen, so früh wie möglich wieder Verantwortung an die Familie übertragen)

- Die Gewaltsituation sollte nicht dramatisiert werden, aber auch nicht im Sinne eines falsch verstandenen Joinings verleugnet werden, um in Kontakt zu kommen
- Darauf vertrauen, daß sich in vielen Fällen die Therapiemotivation im Laufe des Prozesses einstellt, wenn sich eine positive Beziehung zu den TherapeutInnen entwickeln kann

Im Lichte dieser Überlegungen ist abschließend festzuhalten, daß ein großer Teil der PsychotherapeutInnen unter institutionellen Rahmenbedingungen tätig ist und dieses Handlungsfeld den Ausgangspunkt der Psychotherapie sowohl in historischer als auch in gesellschaftlicher Sicht darstellt. Die systemische Therapie bietet gerade durch ihre Fokussierung der geschilderten komplexen Zusammenhänge und Wechselwirkungen und der Reflexion der unterschiedlichen Bedeutungs- und Handlungsebenen im Hinblick auf Ressourcen und Lösungsmöglichkeiten ein hervorragendes Handlungsinventar, um dem gesellschaftlichen Auftrag nach breit gefächerter psychotherapeutischer Versorgung, auch in institutionellen Kontexten und in bezug auf Personen mit geringeren materiellen Ressourcen, nachzukommen.

Settings und ihre Bedeutung auf der TherapeutInnenebene

Gerald Binter

1. Einleitung

Neben dem gewohnten Setting TherapeutIn, KlientIn sind die Co-Therapie und das Team zusätzliche Formen von Settings im Rahmen systemischer Familientherapie. Durch diese Erweiterung wird das gesamte therapeutische Setting wesentlich komplexer. An diese erweiterte Komplexität, die die Möglichkeit von Interaktionen zwischen den KlientInnen und TherapeutInnen vergrößert, und jene zwischen den TherapeutInnen erweitert, knüpfen sich unterschiedliche Meinungen über den Einsatz der Co-Therapie und des Teams an. Pro- und Kontraargumente orientieren sich entweder am unterschiedlichen theoretischen Modell oder am persönlichen Stil der jeweiligen TherapeutIn. Unberücksichtigt möchte ich in diesem Zusammenhang die Frage der Finanzierbarkeit dieser Therapieformen lassen.

1.1 Definition Co-Therapie und Team

Ein Unterschied zwischen Co-Therapie und Therapie durch ein Team ist die Art der Beziehung zwischen den KlientInnen und den TherapeutInnen, nicht die Anzahl der TherapeutInnen. Zwei TherapeutInnen können sowohl als Co-TherapeutInnen als auch als Team arbeiten. In der Co-Therapie arbeiten zwei TherapeutInnen gemeinsam unmittelbar im direkten verbalen Austausch mit dem jeweiligen KlientInnensystem – beide TherapeutInnen führen gemeinsam das Gespräch mit den KlientInnen.

Führt jedoch nur eine TherapeutIn das Gespräch und die zweite sitzt hinter dem Einwegspiegel[1], oder in einem deutlichen räumlichen Abstand zur interviewenden TherapeutIn und den KlientInnen, läßt sich dies als Teamsetting bezeichnen. Die zweite TherapeutIn ist nicht direkt, sondern nur mittelbar mit den KlientInnen in Kontakt. Sie kommuniziert nur mit der TherapeutIn.

1.2 Kriterien für die Erweiterung des therapeutischen Settings

Als erstes wäre der Stil der TherapeutIn zu beachten. Eine TherapeutIn kann die Zusammenarbeit mit einer Co-TherapeutIn oder einem Team als Belastung oder als Entlastung und Bereicherung erleben. Die Entlastung kann in geteilter (Co-Therapie) oder erweiterter Verantwortung (Team) liegen, weiters kann sie eine Form der Prophylaxe gegen das „Burn-out", oder ein Mittel gegen die Einsamkeit in der Therapie sein. Das gemeinsame Arbeiten fördert einen intensiven Austausch nach der Therapiesitzung. Der Therapieablauf wird besprochen, Vorgänge werden geklärt und die weiteren Schritte diskutiert. Sich wiederholende Interaktionsmuster, die sich im Gespräch als hinderlich erweisen, können Teil dieser Nachbesprechungen werden. Weiters kann diese Zusammenarbeit zu einer Erweiterung der eigenen Möglichkeiten und Fähigkeiten in der eigenen Arbeit führen. Dies kann sich auf Sichtweisen über Probleme, Techniken, Haltungen oder Kriterien für Interventionen erstrecken. Ob diese Möglichkeiten so angenommen werden, hängt davon ab, ob die TherapeutInnen zusätzliche Zeit und Energie für die Klärung von theoretischen Standpunkten und persönlichen Beziehungen zur Verfügung stellen wollen. Die Arbeit als Co-TherapeutIn erfordert mehr Abklärung als die Arbeit im Team. In beiden Formen können verschiedene Sichtweisen eine Bereicherung sein. Bei der Co-Therapie ist mehr Kooperation und die Bereitschaft zur Reflexion der Interaktion zwischen den TherapeutInnen notwendig. Auf der sachlichen

---

1 Der Einwegspiegel wurde in den späten 50er Jahren in den USA in die Therapie eingeführt. Die Voraussetzungen für das Funktionieren dieser Einrichtung sind folgende: Zwei nebeneinander liegende Räume, die mit einem speziellen Spiegel optisch miteinander verbunden sind; weiters die Möglichkeit der Verdunkelung beider Räume. Die TherapeutIn sitzt mit Ihren KlientInnen in dem hell erleuchteten Therapieraum und das Team, oder die KollegIn, im abgedunkelten BeobachterInnenraum. Eine Ton- und Telephonanlage verbindet die beiden Räume miteinander. Durch diesen technischen Aufwand ist es nun möglich, den therapeutischen Prozeß unbeobachtet von den KlientInnen und der TherapeutIn zu beobachten.

Ebene sprechen u. a. die Möglichkeit der Einführung zusätzlicher Sichtweisen, die Komplexität des Falles, Möglichkeiten der Unterstützung durch eine auf diesem Gebiet erfahrenen TherapeutIn für die Erweiterung des Settings.

1.3 Wann ist eine Erweiterung möglich?

Der erste zu beachtende Aspekt ist der Zeitpunkt der Einführung des erweiterten Settings. Dieser kann zu Beginn der Therapie oder während der Therapie gegeben sein. Einfacher ist es, wenn Co-Therapie oder Team bereits während des Erstkontaktes oder am Beginn des Erstgespräches angeboten werden. Für die KlientInnen muß deutlich sein, ob das Angebot der Erweiterung des Settings eine Möglichkeit ist, die sie mitbestimmen können, oder ob das angebotene Setting eine Bedingung, seitens der TherapeutInnen, darstellt. Wird während einer begonnen Therapie das Setting verändert, kommt es vorallem darauf an, wie den KlientInnen dieses Angebot unterbreitet wird, ohne damit die Kompetenz der TherapeutIn in Frage zu stellen. Wurde diese Möglichkeit bereits bei der Besprechung der Rahmenbedingungen in Aussicht gestellt – „manchmal bitte ich eine KollegIn oder ein Team, meine Arbeit zu beobachten“ –, ist eine Veränderung des Settings weniger problematisch. So kann etwa eine Erweiterung des Klientensystems eine Veränderung des therapeutischen Settings aus Gründen der Neutralität günstig erscheinen lassen. Eine Erweiterung während der Therapie kann zu einer Verunsicherung beider Seiten führen, wobei meist die Frage der Kompetenz der TherapeutIn – ausgesprochen oder unausgesprochen –, auftaucht. Die Klarheit, diese Änderung als Vorteil für die KlientInnen und als kompetentes Handeln darzustellen, entscheidet meist über die Annahme der Änderung des Settings.

Gegen die Erweiterung des Setting spricht die geringere Intimität, die durch die zusätzlichen Personen gegeben ist – TherapeutIn oder die KlientInnen können sich dadurch in ihrer Möglichkeit der Begegnung behindert erleben.

2. Co-Therapie

Co-Therapie wird von VertreterInnen der strukturellen und der strategischen Familientherapie weniger eingesetzt als von TherapeutInnen, die sich eher von Kybernetik 2. Ordnung, Konstruktivismus, dem narrativen oder dem dialogisch reflektierenden Ansatz inspiriert fühlen. Co-Therapie birgt zusätzliche Interaktionsmöglichkeiten, einerseits die der KlientInnen mit zwei TherapeutInnen, andererseits die der TherapeutInnen untereinander. Mögliche negative Auswirkungen bestehen in einer unterschiedlichen Richtung der Intervention, Verwirrung der KlientInnen, Parteinahme von TherapeutInnen, Spaltung der Co-TherapeutInnen durch die KlientInnen, sowie unklarer Hierarchie.

Dem stehen Chancen der Co-Therapie gegenüber. Zu Beginn einer Therapie verhalten sich manche KlientInnen – Systeme oder Teile davon, wenig kooperativ – etwa wenn einer Überzeugung Widersprüche gegenüberstehen, sowie der Anspruch, daß es nur eine „richtige" Sichtweise von Ereignissen, Problemen oder Situationen geben kann. Eine mögliche Vorgangsweise der TherapeutInnen besteht in einer Parteinahme, z. B. eine TherapeutIn stellt sich eher auf die Seite der jugendlichen Tochter, die andere auf die der Eltern. Dieser Beginn ermöglicht es KlientInnen in ihrem Dilemma – entweder/oder (die Tochter oder die Eltern) – zu bleiben und dennoch das Gefühl zu haben, verstanden zu werden. Aus diesem Gefühl heraus ist mehr Kooperationsbereitschaft zu erwarten und die Wahrscheinlichkeit, einen therapeutischen Veränderungsauftrag zu erhalten, größer.

Sind sich KlientInnen über das Problem einig, der Rahmen für mögliche Lösungen oder neue Sichtweisen aber zu eng definiert, erhält die Co-TherapeutIn eine wichtige Funktion. Je nach Stil oder theoretischem Hintergrund kann sie sich einerseits auf den Kontext, in dem das Problem auftritt, und auf die Ressourcen des Systems beziehen, oder andererseits durch konfrontative, provokative oder emotionell gefärbte Fragen den lösungsverhindernden Rahmen in Frage stellen. Beide Haltungen unterstützen die KlientInnen bei der Suche nach Lösungen. Gibt es schwierige oder belastende Interaktionen zwischen der Familie und einem größeren System, z. B. Schule, übernimmt die Co-TherapeutIn die Aufgabe, die Sichtweise der Schule im Gespräch zu betonen. Hier bietet eine TherapeutIn eine unterstützende Position für die Familie an, die andere hat die Realisierbarkeit der Lösung im Kontext Schule im Auge.

Co-Therapie ermöglicht divergierende Positionen, die nicht nur unterschiedliche Sichtweisen betreffen , sondern u. a. mit Nationalität, Sprache, Kultur, Religion, ev. Geschlecht in Verbindung stehen. Treffen in einer Paarbeziehung unterschiedliche Kulturen aufeinander und werden diese Unterschiede als Problem definiert, kann nach der Erforschung der Unterschiede jede TherapeutIn als SprecherIn einer dieser Kultur auftreten. Das Paar begibt sich in der Folge auf die Suche nach der „Mischung", mit der sie als Paar in ihrem kulturellen Kontext leben wollen oder können.

Gleichgestellte TherapeutInnen (Peers) sind TherapeutInnen, die in unterschiedlichen Zusammensetzungen – Mann/Frau, oder in gleichgeschlechtlicher Kombination miteinander in gleicher Verantwortung Therapiesitzungen leiten. Da von manchen KlientInnen der Wunsch geäußert wird, beide Geschlechter mögen dem Co-TherapeutInnen-Paar angehören, wird diese Kombination in Paartherapien vermehrt eingesetzt. Gleichgeschlechtliche Co-TherapeutInnen utilisieren andere Strategien, um Neutralität zu wahren oder zu überprüfen – „Woran würden Sie merken, daß Sie sich als Mann von uns Therapeutinnen benachteiligt fühlen?". Ob gleich- oder andersgeschlechtliche Co-TherapeutInnen miteinander arbeiten, sie entwickeln in unterschiedlichen Intensitäten verschiedene Risikofelder oder „Problemkreise". Die „Problemkreise" sind nach Barnard & Miller (1987) Konkurrenz und Abhängigkeit, übertriebene gegenseitige Rücksichtnahme, Rollenfixierung, Spaltung des TherapeutInnen-Paares durch die Familie bei unterschiedlicher therapeutischer Ausrichtung, Bündnisbildung der einen TherapeutIn mit der Familie und das Nichtlossen-Können einer Familie, um die co-therapeutische Beziehung aufrechtzuerhalten.

Der erotische Aspekt in der Arbeit als Co-TherapeutInnen-Paar wird in der Therapie mit Paaren eher zum Tragen kommen als mit Familien. Die Nutzung von erotischen Gefühlen in der Co-Therapie erfordert ein erhöhtes Maß an Bereitschaft zur Reflexion der eigenen Sichtweisen, Gefühle und Sehnsüchte, sowie der klaren Abgrenzung gegenüber dem Privatleben. Jedes TherapeutInnen-Paar entwickelt mit der Zeit gewisse Sensorien für die positiven als auch kritischen Punkte ihrer Zusammenarbeit, wozu Supervision einen wichtigen Beitrag leisten kann. Zuweilen kann es für die Zusammenarbeit notwendig sein, eine Co-Therapiearbeit in eine Teamarbeit umzuwandeln, – etwa wegen nicht kompatibler persönlicher Stile oder zu großer Konkurrenz. Um die KollegIn in ihrer Arbeit kennenzulernen, bevorzugen einige TherapeutInnen, zuerst als Team oder als führende und beobachtende TherapeutIn zu arbeiten. Die führende TherapeutIn ist für den Verlauf des Gespräches zuständig. Die Co-TherapeutIn wird von der führenden TherapeutIn in das Gespräch eingebunden, um ihre Beobachtungen, Anmerkungen oder Fragen an die KlientInnen gebeten, oder zu einem Gespräch über das Gespräch. Dieses Arrangement ist jedoch zu Beginn der Therapie anzukündigen, da diesem Setting Bedeutungen zugeschrieben werden könnten, die für die Therapie behindernd sind.

Beginnen zwei gleich erfahrene Co-TherapeutInnen ihre Arbeit, kann dies ihnen zusätzliche Sicherheit im Umgang mit KlientInnen geben – dies trifft auch auf StudentInnen zu. Die vielleicht unterschiedlichen Ideen über

Verlauf von Therapie und Einsatz von Techniken ermöglichen eine Vielfalt von Zugängen zu Problemsituationen. Da nach der Ausbildung die meisten Therapien jedoch als EinzeltherapeutIn durchgeführt werden, braucht jede TherapeutIn genügend Raum für die Entwicklung des persönlichen Stils. Ist dies nicht möglich, treten Spannungen im Co-TherapeutInnnen-Paar auf. Kann dies in der Supervison oder in den Nachbesprechungen nicht gelöst werden, würde eher die Teamarbeit mehr Vorteile bringen, oder überhaupt eine vorübergehende Auflösung, bis jede ihren Stil einigermaßen gefunden hat.

Besteht das Co-TherapeutInnen-Paar aus ungleich erfahrenen TherapeutInnen stellt sich die Frage nach einem möglichen Abhängigkeits- oder Machtverhältnis, wie es durch ein Arbeitsverhältnis oder einen Ausbildungskontext gegeben sein kein. Eine wenig erfahrene Co-TherapeutIn kann in einem geschützten Rahmen ihre ersten therapeutischen Interventionen ausprobieren oder auch Teile der Therapie übernehmen. Die Offenheit der erfahrenen Co-TherapeutIn gegenüber den gelernten Techniken oder methodischen Entwicklungen der weniger Erfahrenen ist für den Lernfortschritt von entscheidender Bedeutung. Gelingt gemeinsamer Diskurs, ist eine Bereicherung beider Seiten gegeben. Gelingt beiden sowohl Kompetenzerweiterung als auch Kooperation, wären gute Voraussetzung für eine co-therapeutische Arbeit geschaffen.

3. Team

3.1 Zusammensetzung von Teams

Teams entwickeln sich meist in zwei Formen, die sich in der Struktur der Organisation unterscheiden. Ein Team kann aus Gleichgestellten (Peers) oder aus Mitgliedern, die sich in einer formellen Hierarchie befinden, bestehen. Entscheiden sich KollegInnen, als gleichberechtigte TherapeutInnen ein Team zu bilden, so wird das Funktionieren dieses Teams von den Fähigkeiten der Teammitglieder abhängen, sich den Konflikten zu stellen, die ihre Selbstorganisation birgt. Wesentliche Themen wären hierbei u. a. „Kompetenz“, „Individualität“ und „Unabhängigkeit in der Therapie“, aber auch informelle Hierarchie. Die Differenzen im Vorgehen in der Therapie, in den gesetzten oder zu setzenden Interventionen, oder in den theoretischen Überlegungen gehen oft an die Grenzen der Lösbarkeit. Wären sie unlösbar, würden diese unterschwellig weiter laufen und die Effizienz der Arbeit beeinträchtigen.

Anders stellt sich die Situation in Teams unter einer LeiterIn dar, die entweder eine Vorgesetzte ist, oder die als LeiterIn definiert wird. Hier sind Entscheidungskompetenzen eher festgelegt und die formellen Abläufe transparenter. Die LeiterIn trägt die Letztverantwortung für die getroffenen oder unterlassenen Entscheidungen. Besteht das Team aus TherapeutInnen mit verschiedenen Erfahrungen und/oder unterschiedlichen Kompetenzen (SozialarbeiterIn, ÄrztIn, PsychologIn), wird dieses noch komplexer. Organisatorisch relevant können diese Herausforderungen z. B. in der Zuteilung von Fällen werden; diese Zuteilung kann sich nach Neigung, Interessen, Erfahrungen, nach den freien Kapazitäten, oder nach Kriterien, die sich eher mit Hierarchie in Verbindung bringen lassen, richten. In der unmittelbaren Therapie können Schwierigkeiten der Zusammenarbeit bemerkbar werden. Manche TherapeutInnen arbeiten in Anwesenheit von Vorgesetzten anders – sie fühlen sich gehemmt, ihren Stil anzuwenden, ihre theoretischen Konzepte einzubringen, oder vermeiden es, bestimmte Interventionen zu setzen.

Die ideale Größe von Teams ist sehr individuell. Von der Praktikabilität dürfte die Obergrenze bei 5 Personen liegen, die unmittelbar an einem Fall arbeiten. Diese Zahl vermindert die Gefahr von Parteibildung oder des Ausschlusses einzelner Teammitglieder aus dem therapeutischen Diskurs. In der Praxis sind Teams jedoch meist kleiner und entwickeln bestimmte Modi, ihre Konstellationen therapeutisch zu nutzen. Die Zusammensetzung der Teams unter dem Aspekt des numerischen Verhältnisses der Geschlechter wird vorallem seitens der feministischen Familientherapie fokussiert. In gemischten Teams kann eine Sensibilität bezüglich des politischen Kontextes und der Rollenzuschreibungen von Männer und Frauen erwartet werden. Andererseits können auch ungeklärte Differenzen bezüglich Kompetenzen, theoretischen Sichtweisen usw. auf die Geschlechterebene verschoben werden, und so die Arbeit des Teams eher behindern. Gleichgeschlechtliche Teams finden andere Formen dieses Problem zu lösen, etwa mittels einer andersgeschlechtlichen SupervisorIn, oder durch Austausch mit einem kooperierenden Team.

3.2 Beschreibung der Arbeitsweise von Teams

Von Relevanz ist einerseits die räumliche Plazierung des Teams – befindet es sich hinter der Einwegscheibe, oder im selben Raum –, und andererseits die Aufgabe, die das Team erfüllen soll, – dient es zur Unterstützung der TherapeutIn, oder ist es in den therapeutischen Prozeß eingegliedert.

In der therapeutischen Praxis ist die Verwendung des Einwegspiegels (oder das Team ist mittels Videokamera mit dem Therapieraum verbunden) die beliebteste Form der Zusammenarbeit von Teams. Durch die Verwendung des Einwegspiegels ist es möglich, das Therapiesystem ohne Störung der Therapie zu beobachten und der Konversation zu folgen. Es gibt jedoch KlientInnen, die eine Zusammenarbeit mit einem Team begrüßen, jedoch das Team sehen möchten, oder der Technik (Video, Mikrophone etc.) Skepsis entgegenbringen. In diesem Fall nimmt das Team im Therapieraum Platz. Befindet sich das Team im selben Raum, so ist zunächst die Plazierung des Teams eine wichtige Frage – wo soll das Team plaziert werden, damit die TherapeutIn und die KlientInnen sich wohl fühlen. Es hat sich als nützlich erwiesen, daß die TherapeutIn dem Team unter Wahrung eines genügend großen Abstands zwischen „beiden Systemen" seinen Platz zuweist: es könnte sonst zu Unklarheiten kommen, wer für die Führung des Gespräches zuständig ist. Manche TherapeutInnen bevorzugen eher den Blickkontakt zum Team, andere nicht. Unabhängig davon werden von der TherapeutIn Signale des Teams aufgenommen, die „nicht-verbaler" Natur sind, z. B. Räuspern, Rücken eines Sessels, Änderung der Körperhaltung eines Teammitgliedes. Diese Signale werden am Anfang der gemeinsamen Zusammenarbeit oft als störend empfunden, da ihnen möglicherweise Bedeutung zugeschrieben wird, die jedoch nicht kommunikativ unmittelbar überprüft werden kann. Werden sie eher als Zustimmung verstanden, fördert dies Sicherheit. Die Zuschreibung einer ablehnenden Bedeutung fördert hingegen Verunsicherung bezüglich der eigenen Kompetenz und Interviewführung. Hier wird die Autonomie der TherapeutIn herausgefordert. Auch das Team muß sich dieser Situation stellen. Einerseits laden manche KlientInnen – verbal oder nonverbal – Teammitglieder dazu ein, Kontakt zu ihnen aufzunehmen. Andererseits soll ein Teammitglied keine Einladungen an KlientInnen anbieten. Es ist günstig, den Blickkontakt zu den KlientInnen eher zu vermeiden. Nonverbale und verbale Mitteilungen sollten nur die TherapeutIn adressieren. Diese Handhabung kann zu Beginn für alle Beteiligten befremdend sein.

Entschließen sich TherapeutInnen als Team – mit oder ohne Einwegspiegel – miteinander zu arbeiten, ist die Funktion des Teams zu klären – dient es als Unterstützung der TherapeutIn, oder ist es als Teil des therapeutischen Prozesses anzusehen. In der folgenden Beschreibung wird davon ausgegangen, daß ein Einwegspiegel vorhanden ist, und das Team als unterstützendes Team definiert wird. Das Team hat sich nun die Regeln zu entwerfen, wie das Team, oder jede TherapeutIn individuell, die Unterstützung gestalten möchte.

Zu klären wäre zuerst, wer entscheidet, ob das Team eingeschaltet wird – liegt diese Kompetenz der Entscheidung bei der TherapeutIn oder beim Team. Zum Zweiten wäre ein Modus der Mitteilung oder des Austausches zu finden. Eine Variante besteht darin, daß die TherapeutIn den Raum verläßt, um mit ihren KollegInnen über deren Beobachtungen zu reflektieren, sich über ihre Ideen zum Verlauf des Gespräches zu informieren, welches Interaktionsmuster sich zwischen der Familie und der TherapeutIn entwickelt hat. Sie könnte Ideen über ihr weiteres Vorgehen darlegen, oder sich Ideen vom Team holen. Hier wird das Team eindeutig als beratendes Instrument gesehen.

Anders entwickelt sich die Dynamik, wenn das Team aktiv in den Therapieverlauf eingreift. Auch hier bedarf es einer Vereinbarung eines Modus bezüglich möglicher Zeitpunkte und Bedingungen des Eingreifens – wie etwa wiederholtes Nichtaufgreifen von angebotenen Themen, einseitige Interventionen, drohender Therapieabbruch. Oder die TherapeutIn beauftragt das Team bei vorher festgelegten Merkmalen zu intervenieren[2]. Es gibt Teams, die zusätzliche Fragen oder Wünsche an die TherapeutIn oder über die TherapeutIn an die KlientInnen richten – „Meine Kolleginnen haben diese Anwort von ihnen nicht genau verstanden, können sie diese noch präzisieren". Manche Teams berichten von guten Erfahrungen mit dem „Splitting" von Botschaften an die KlientInnen. Es werden konsequent entgegengesetzte Kommentare zum momentanen Therapieverlauf an die KlientInnen weitergegeben[3]. Allgemein betrachtet, bringt die Form des aktiven Eingreifens auch eine größere Gefahr von Mißverständnissen, Kränkungen und eventuell Verletzungen mit sich. In der Praxis ergeben sich meist Mischformen dieser beiden Varianten.

3.3 Mailänder Modell

Das Mailänder Modell entwickelte sich um Selvini Palazzoli und ihren KollegInnen Guliana Prata, Luigi Boscolo und Gianfranco Cecchin. Sie führten das Interview in fünf verschiedenen Teilen durch. Vorsitzung, Sit-

---

2 In einer abgewandelten Form wird diese Vorgehensweise in Ausbildungssituationen verwendet. Hier ist es nicht das Team, das die TherapeutIn unterbricht, sondern die SupervisorIn, TrainerIn oder LehrtherapeutIn. Diese Form wird dann als „Live-Supervision" bezeichnet.

3 Oder auch: „Meine KollegInnen sind unterschiedlicher Meinung über ihre gegenwärtige Situation ..." Geht man von einem Ambivalenzmodell aus, wären somit beide Seiten der Ambivalenz präsent (Retzer: Familie und Psychose, S. 194).

zung, Zwischensitzung, Intervention und Diskussion in der Nachsitzung. In der Vorsitzung wurde im Team eine Anfangshypothese aufgrund der erhaltenen Vorinformationen oder der letzten Stunde erarbeitet. Danach interviewten anfangs zwei, später eine TherapeutIn die Familie, während die anderen Teammitglieder hinter der Einwegscheibe Platz nahmen. Die TherapeutIn überprüfte die in der Vorsitzung entworfene Hypothese, änderte sie oder verwarf sie. Nach ca. 40 Minuten wurde die Therapie unterbrochen und die TherapeutIn verließ den Therapieraum, um den Verlauf der Therapiesitzung zu diskutieren und um gemeinsam eine Intervention zu entwerfen. Diese Intervention trug die TherapeutIn der Familie vor; – diese Interventionen waren positiv konnotierte Beschreibungen der Problemsituation oder Rituale. Danach wurde der Familie ein neuer Termin gegeben. Mit der Zeit in immer längeren Abständen. In der Nachbesprechung wurde die Reaktion der Familie auf diese Intervention besprochen, und welche Bedeutung die Reaktion für die nächste Sitzung haben könnte.

3.4 Das Reflektierende Team

Der Begriff „Reflektierendes Team" geht auf die Gruppe um den norwegischen Psychiater Tom Andersen zurück. Die Entwicklung des Reflektierenden Teams zog sich über mehrere Jahre hin. Ursprünglich war die Gruppe am Mailänder Modell orientiert. Im Laufe der Anwendung wurden die kritischen Punkte des Modells sichtbar. Erstens zeigten sich Schwierigkeiten bei der Umsetzung von Anregungen – es war üblich, TherapeutInnen, deren Gespräch ins Stocken geriet, zu einer Besprechung hinter den Einwegspiegel zu holen. Erhielt die TherapeutIn in der Folge Anregungen vom Team, war es ihr oft nicht möglich, diese in Anwesenheit der Familie anzuwenden. Sie geriet bald in die gleiche Dynamik mit der Familie, und produzierte eine blockierende „Schleife". Zweitens gestalteten sich die Bemühungen um die Einigung auf die „richtige" Intervention oft schwierig. Der Einigungsprozeß im Team konnte lange dauern, jede versuchte, die anderen für ihre Ideen zu gewinnen und sich durchzusetzen. Die dadurch entstehende Gruppendynamik war für das Klima wenig förderlich. Drittens traten Dilemmata auf, wenn die Interventionen durch die KlientInnen abgelehnt wurden: War eine „richtige" Intervention gefunden, und von der TherapeutIn der Familie mitgeteilt worden, kam es vor, daß die Familie diese nicht akzeptierte. Nun stellte sich die Frage, wer Recht hatte – die KlientInnen oder die TherapeutInnen. Diese Situation des „entweder – oder" erzeugte das unbehagliche Gefühl der Abwertung einer der beiden Seiten. Aufgrund all dieser Beobachtungen begann das

Team, seine Vorgangsweisen zu verändern. Der interviewenden TherapeutIn wurden vermehrt Anregungen anstelle von Anweisungen oder festgelegten Positionen angeboten. Diese Art der Formulierung förderte die Wertschätzung aller Beiträge – die der KlientInnen, des Teams und der TherapeutIn. Hier wurden zum ersten Mal Merkmale des Reflektierenden Teams sichtbar, nämlich die Betrachtung einer Problemsituation aus verschiedenen Perspektiven im Kontext der Wertneutralität[4].

Der nächste Schritt zum Reflektierenden Team bestand in der Überwindung der Angst, vor der Familie über die Familie zu sprechen. In den Nachbesprechungen der Therapiegespräche verwendeten die TherapeutInnen ihre professionelle Sprache, – eine von den KlientInnen losgelöste Sprache. Hier gab es Bedenken, daß diese Fachsprache die Familien vielleicht verletzen könnte. 1985 ergab sich in einer Therapiesitzung eine Gelegenheit, die als Geburtsstunde des Reflektierenden Teams bezeichnet werden könnte.

Nachdem eine TherapeutIn mehrmals aus dem Therapieraum geholt worden war, entschloß sich das Team zu einer neuen Form der Intervention. Der TherapeutIn und der Familie wurde angeboten, den Ideen und Überlegungen des Teams Aufmerksamkeit zu schenken. Nachdem die Familie dem Team zugehört hatte, bot sich für die TherapeutIn und das Team ein vollkommen anderes Bild. Die Familie wirkte sehr lebendig, die pessimistische Stimmung war vergangen. Jetzt war die Angst gebannt, sie könnten die Familie mit ihren Ideen oder ihrer Sprache verletzen. Automatisch verwendeten sie eine freundliche Alltagssprache.

Das sogenannte „Reflektierende Team" war so organisiert, daß zuerst einer der Therapeuten mit einer Familie sprach (Therapeut und Familie zusammen bildeten das „Familiensystem"), während das Team diesem Gespräch hinter dem Einwegspiegel folgte. Nach einiger Zeit bot entweder das Team hinter dem Spiegel an, über seine Ideen zu sprechen oder das „Familiensystem" fragte nach den Ideen des Teams. Das Team tauschte dann seine Gedanken über das eben Gehörte aus, während das „Familiensystem" zuhörte. Danach sprach das „Familiensystem" über seine Gedanken, die beim Zuhören entstanden waren.

Durch die Praxis veränderte sich auch die Verwendung des Einwegspiegels. Es wurden nicht mehr die Mikrophone und das Licht umgeschaltet,

4 Das ist ein weiterer Schritt zur „Demokratisierung" des Therapiesettings, weg von der Hierarchie zu einer Beziehung, in der die Beiträge von gleichwertigen Mitwirkenden stammen. Die Reflexionen des Teams erlauben der Familie, sich und ihre Probleme anders zu sehen, womit neue Lösungen möglich werden.

sondern das Team tauschte mit dem Familiensystem die Räume. Einerseits entstand somit ein „Gesprächsraum" – ein Ort des äußeren Dialoges –, indem zuerst das Familiensystem sprach und danach das Team, andererseits ein „Zuhörraum" hinter dem Einwegspiegel – ein Ort des inneren Dialoges. Die äußere und innere Form der Konversation wird dadurch auch räumlich markiert.

Durch diese Entwicklungen formte sich aus dem Reflektierenden Team die Haltung des reflektierenden Prozesses. Es kam zu einer Änderung des Informationsflusses. Fließt dieser beim Reflektierenden Team überwiegend vom Team zum Familiensystem, so bewegt er sich im reflektierenden Prozeß in beide Richtungen.

In der Praxis wurden viele Varianten entwickelt. Eine TherapeutIn reflektiert mit einer KollegIn als Team, oder die TherapeutIn führt mit der KlientIn „Gespräche über das Gespräch" – hier wird das KlientInnensystem gemeinsam mit der TherapeutIn zum Reflektierenden Team. Eine abwesende Person wird in einem Einzelgespräch für die Reflexion über das Gespräch eingesetzt, („Was glauben sie würde die Person x über dieses Gespräch sagen?") Mit der Zeit fand der Reflektierende Prozeß auch im Bereich der Supervision, des Management, in Teamsitzungen oder in Forschungsgruppen seine Anwendung.

Es entwickelten sich Leitlinien, nach denen sich die Teammitglieder orientieren.

- Das Gehörte oder Beobachtete als Ausgangspunkt für Ideen zu nehmen.
- Fragen zu formulieren, statt Feststellungen, Behauptungen und Meinungen zu verwenden.
- Den Konjunktiv zu bevorzugen.

Für das bereits Gesprochene gibt es ja einen öffentlichen Rahmen[5]. Inwieweit jedoch das Beobachtete eingesetzt wird hängt, von der Einschätzung der KlientInnen ab.

Werden die Formulierungen der Ideen in Fragen angeboten, starten bei den KlientInnen eher Suchprozesse. Eine weitere Möglichkeit den inneren Dialog zu fördern, ist es, den Konjunktiv zu verwenden. Auf diese Weise wird die Gefahr vermieden, daß die KlientInnen die Aussagen der Teammitglieder als Feststellungen, Meinungen, oder als Lösung aufnehmen und sich dadurch kritisiert fühlen. Empfinden die KlientInnen die Aussagen als Kritik, werden sie eher mit der Suche nach Gegenargumenten beschäftigt

5 Tom Andersen geht für sich von folgender Haltung aus: „Mütter, Väter und andere sollen das Recht haben, nicht über alles sprechen zu müssen, was sie denken oder fühlen" (Reflecting Team in Aktion, S. 21).

sein, als innere Suchprozesse zuzulassen. Da der Reflektierende Prozeß nicht gesteuert sein soll, entstehen auch Situationen wie z. B. daß ein Teammitglied überlegt, ob die TherapeutInnen zusätzliche Zeit und Energie für die Klärung von theoretischen Standpunkten und persönlichen Beziehungen zur Verfügung stellen wollen.

Die Arbeit als Co-TherapeutIn erfordert mehr Abklärung als die Arbeit im Team. In beiden Formen können verschiedene Sichtweisen eine Bereicherung sein. Bei der Co-Therapie ist mehr Kooperation und die Bereitschaft zur Reflexion der Interaktion zwischen den TherapeutInnen notwendig.

TherapeutInnen, die sich weniger am dialogischen oder narrativen Ansatz orientieren, finden es notwendig, dem Team auch Positionen zuzuschreiben. Wie bereits erwähnt das Splitting, um nicht besprochene Ambivalenzen und ausgeklammerte Kontexte ins Gespräch zu bringen, oder eventuell auch Extrempositionen zu besetzen.

Neben diesen von persönlichen Überzeugungen und Werthaltungen abhängigen Kriterien ist in der freien Praxis auch der Aspekt der Finanzierbarkeit bestimmter Settings ein wesentlicher Entscheidungsfaktor.

Kontexte von Therapie

Helmut de Waal

„Kontext" ist hier zu verstehen als der Beziehungsrahmen, in dem die Begegnung zwischen dem Therapeuten und seinem Klienten[1] stattfindet. Diese Begegnung definieren wir grundsätzlich als eine freie – einerseits aus ideologischen Gründen gemäß unserem Menschenbild, andererseits aus erkenntnistheoretischen Überlegungen. Gemäß der Annahme der Strukturdeterminiertheit ist eine direktive Interaktion nicht möglich – sogar Gewalt kann letztendlich nicht tatsächlich auf die Eigenart des Individuums Einfluß nehmen.

Dem steht nun entgegen, daß Therapeuten-Klientenkontakte nicht immer freiwillig zustande kommen. So findet „Therapie" auf beiden „Seiten" unter Bedingungen statt, die reflektiert und anerkannt werden müssen, damit therapeutische Begegnung möglich und sinnvoll ist. Diese Bedingungen umschließen auf seiten des Therapeuten: die Bedingungen der Institution, in der er arbeitet (offizieller Auftrag, Ideologie der Institution, situative und praktische Gegebenheiten). Diese Bedingungen müssen zuerst vom Therapeuten selbst erkannt, reflektiert und in ihren tatsächlichen Möglichkeiten und Grenzen bewertet werden, damit sie dem Klienten gegenüber bekannt gemacht und als Rahmen der Begegnung genützt werden können.

Die Unterscheidung von beeinflußbaren und nicht beeinflußbaren Bedingungen ist dabei das erste Kriterium der Orientierung. Dies gilt im gleichen Maße für die therapeutische Begegnung in der freien Praxis wie im institutionellen Kontext.

Auch die freie Praxis bildet in Wirklichkeit nicht die Idealsituation, von der wir in anderen Rahmen dann Abstriche machen müssen; sie ist ebenfalls von bestimmten Bedingungen beeinflußt, die genauso der Berücksichtigung und expliziten Mitteilung bedürfen. Sie ist begrenzt durch ihre zeitlichen und personellen Möglichkeiten, durch den gesetzlichen Rahmen, durch die finanziellen, die fachlichen Gegebenheiten und die Persönlichkeit des Therapeuten etc.

---

1 schließt im folgenden auch „Klientensysteme" mit ein.

Als Bedingungen seitens des Klienten können folgende genannt werden: persönlich situative, zeitliche Möglichkeiten, Mobilität, finanzielle Situation etc. und solche der Einflußnahme von außen, denen der Klient in verschiedenem Maße ausgesetzt ist, wie Empfehlungen von Familienmitgliedern oder von Fachleuten; oder die Therapie ist von einer Behörde angeregt oder verordnet, mit drohender Sanktion bei Nichtbefolgung. Das reicht bis zur Zwangsverordnung im Rahmen institutioneller, gesellschaftlich als unumgänglich behaupteter Einflußnahme etwa bei der Heimerziehung oder im Strafvollzug.

Diese Bedingungen müssen erforscht, reflektiert und bewertet werden, damit sie einen klaren Rahmen für die therapeutische Begegnung abgeben können.

Hier ist wichtig festzustellen, daß Unfreiwilligkeit die Begegnung nicht von vorneherein verunmöglicht, weil sie nicht als Charakteristikum der Beziehung an sich verstanden wird, sondern als – nicht beeinflußbarer – Teil des Rahmens der Beziehung. Innerhalb dieses deklarierten Rahmens können sich die Beteiligten frei entscheiden, was sie miteinander tun oder nicht tun.

Unfreiwilligkeit bedeutet nicht Unfreiheit in der therapeutischen Beziehung. Diese kann letztendlich weder erzwungen – die letzte Freiheit besteht hier in der offenen oder versteckten Verweigerung – noch durch einen Zwangskontext grundsätzlich verhindert werden.

Drittens sind noch jene Rahmenbedingungen zu berücksichtigen, denen sowohl Klient als auch Therapeut, wenn auch nicht auf die gleiche Art, unterworfen sind: die Bestimmungen des Psychotherapiegesetzes, die Modalitäten öffentlicher Bezuschussung der Behandlungen und ihre Implikationen, wie die Notwendigkeit der Feststellung krankheitswertiger Symptomatik etc.

Die Erkundung, die Offenlegung und Bewertung all dieser Bedingungen ermöglicht die Wahrnehmung eines nicht beeinflußten „Beziehungsraums“, in dem die Beteiligten entscheiden, ob und wie sie einander begegnen können und wollen.

Dieser Prozeß ist zugleich unabdingbare Voraussetzung von Psychotherapie und ihr erster Bestandteil, weil er – v. a. durch die Unterscheidung beeinflußbar/nicht beeinflußbar – einen entscheidenden Unterschied wahrnehmbar macht: das Feld der Handlungs- und Entscheidungsfreiheit des Klienten und des Therapeuten, so wie es im Moment realisierbar erscheint. Dieser Prozeß muß vom Therapeuten initiiert, ermöglicht und gestaltet werden.

Als Orientierungshilfe für die Praxis sollen die grundlegenden Kontextsituationen in ihrer Besonderheit unterschieden und beschrieben werden, eine mögliche Vorgangsweise gezeigt und anhand von Beispielen anschaulich gemacht werden. Die Auswahl folgt dabei pragmatischen Überlegungen:

1. Institutioneller Kontext/freie Praxis
2. Unfreiwillige Teilnahme des Klienten
3. Das Mitwirken „unsichtbarer" Dritter (Arztüberweisung, Kontext der vorausgehenden oder gleichzeitigen medizinischen Behandlung bzw. Diagnostik, Implikationen der Krankenkassenabrechnungen etc.)
4. Im „Netz der Helfer" (Notwendigkeiten und Orientierung, wenn mehrere Helfer und Institutionen für den Klienten zuständig sind; Kooperation und Abgrenzung im bezug auf Sozialarbeiter, Lehrer, Bewährungshelfer, Erzieher usw.).

1. Institutioneller Kontext – „Freie Praxis"

Die Bezeichnung „freie Praxis" wird hier durchaus als Euphemismus verstanden. Sowohl Therapeut wie Klient unterliegen auch hier Beschränkungen und können die Bedingungen, unter denen sie einander begegnen, nicht wirklich „frei" vereinbaren.

Als Beispiele seien hier nur genannt: zeitliche und örtliche Gegebenheiten seitens des Therapeuten oder finanzielle und organisatorische Notwendigkeiten. Der Unterschied zur institutionellen Therapie besteht zum einen darin, daß die Einschränkungen in bezug auf die Therapie in der Wahrnehmung des Klienten an der Person des Therapeuten festgemacht werden, weil dieser das wahrnehmbare Gegenüber des Klienten bildet – wenn die Einschränkungen auch nicht alle von ihm stammen.

Zum anderen sind diese Einschränkungen vorerst nicht offiziell niedergelegt – es gibt keine Weisung Dritter und Vorgesetzter, die besagt, was sein soll und was nicht. Beschränkungen müssen vom Therapeuten selbst verantwortungsvoll festgestellt und vertreten werden. Insofern ist der „freie Therapeut" aufgefordert, seine Bedingungen zu reflektieren und zu vertreten, weil weder eine offizielle „Weisung" ihn zur – möglicherweise kontroversiellen – Reflexion herausfordert, noch er sich „Weisungen" als Schutz („das sind hier bei uns die Bestimmungen") zu Nutze machen kann.

Er wird dabei – pragmatisch gesehen – dem Klienten von all seinen Bedingungen jeweils jene nennen, die in der konkreten Situation dem Klienten für seine Orientierung nötig und nützlich sind, materielle und organisatorische zuerst. Aber er muß auch seine „ideologischen" Bedingungen nennen: wie er therapeutische Beziehung und Einflußnahme versteht, möglicherweise im Unterschied zu anderen Hilfsangeboten, die der Klient bereits erfahren hat; und wie er das in bezug auf die konkrete Situation sieht, mit der sich der Klient an ihn wendet. Er wird das in einer Art tun, die dem Klienten entspricht, die Orientierung ermöglicht und die nützlich ist.

Er wird den Klienten auffordern und unterstützen, seinerseits all jene Bedingungen festzustellen und zu nennen, die für das Zustandekommen einer hilfreichen Beziehung relevant sind, vorrangig praktische und organisatorische (zeitliche, finanzielle etc. Grenzen). Aber es müssen auch grundsätzliche Erwartungen an therapeutische Begegnung und Hilfe offengelegt und gemeinsam geprüft werden, damit ein tragfähiges Arbeitsbündnis zustande kommen kann.

Wichtig sind hier auch die Bestimmungen des Psychotherapiegesetzes. Sie schützen den Klienten, stellen aber auch eine nicht veränderbare Einschränkung dar, etwa bezüglich der Erwartung einer privaten Beziehung.

Anders ist die Situation, wenn die Therapie im institutionellen Rahmen stattfindet. Hier ist etwas vorgegeben, das nicht nur an der Person des Therapeuten festgemacht werden kann, sondern – personunabhängig – für jeden anderen Therapeuten, der in der Institution tätig ist, ebenso gilt. Für den jeweiligen Therapeuten wird sich also die Reflexion über seine persönlichen Bedingungen hinaus erweitern.

Er wird sich all jener Bedingungen der Institution, die für die jeweilige therapeutische Beziehung relevant sind, vergewissern müssen, er wird sie für sich reflektieren, bewerten und dem Klienten auf nützliche und adäquate Art mitteilen.

Dabei ist es nicht notwendig, daß das Ergebnis der Reflexion des Therapeuten darin besteht, die Bedingungen der Institution für gut oder gar ideal zu halten. Die Bedingungen der Institution müssen sich als Ergebnis der Reflexion, Bewertung und Auslegung als solche herausstellen, die Therapie – in der Sicht des jeweiligen Therapeuten – nicht grundsätzlich unmöglich machen. Ist dies der Fall, können sie den Rahmen für die Therapie abgeben und wie jede andere Gegebenheit therapeutisch genützt werden. Der Therapeut muß diese Bedingungen dem Klienten gegenüber nicht überzeugt vertreten, aber als Rahmenbedingung unmißverständlich mitteilen.

Kommt der Therapeut zu dem Ergebnis, daß – aus seiner Sicht – die Bedingungen der Institution die Therapie verunmöglichen, so kann er versuchen, diese Bedingungen zu ändern. Geht dies nicht, ist auch keine Therapie möglich. Dieser Zusammenhang sollte dem Klienten offen mitgeteilt werden.

Der Vervollständigung halber seien die spezifischen, institutionellen Bedingungen, von denen die Rede ist, im Einzelnen angeführt:

- der ideologische Rahmen der Institution:
  grundsätzlich Verständnis von Hilfe[2], offizieller Auftrag, therapeutische Ausrichtung.
- der organisatorische Rahmen der Institution:
  Zeit, Ort, Arrangements (sind etwa Praktikanten ein wesentlicher Teil einer Einrichtung, mit deren Präsenz sich der Klient abfinden muß?)
- hierarchische Strukturen und ihre Auswirkungen:
  Weisungsgebundenheit, Informationspflichten wie etwa Einschränkung der Verschwiegenheit (z. B. was therapeutisch unternommen wird, muß dem behandelnden Oberarzt mitgeteilt werden). Diese Zusammenhänge sollen in allen relevanten Implikationen mit dem Klienten im Hinblick auf eine mögliche und nützliche Beziehung offengelegt und reflektiert werden.

2. „Unfreiwillige" Teilnahme des Klienten

Die Anführungszeichen von „unfreiwillig" erinnern daran, daß „Unfreiwilligkeit" sich zuerst und wesentlich in der Wahrnehmung des Klienten abspielt. Niemand kann tatsächlich – zumindest nicht bei den derzeitigen politischen Bedingungen – zu einer Therapie gezwungen werden. Damit diese Feststellung aber nicht zum Zynismus wird, ist eine gemeinsame Reflexion über die Art der als Zwang empfundenen Situation notwendig, ob „Zwang" ein hartes oder weiches Datum darstellt.

Das hängt neben der Wahrnehmung des Klienten wesentlich von der Position und tatsächlichen gesellschaftlichen Macht desjenigen ab, der eine Weisung zur Therapie ausspricht. In den möglichen Folgen macht es einen großen Unterschied, ob ein Arzt zur Therapie überweist, weil er den Eindruck hat, an eigene Grenzen von Hilfe zu stoßen, oder ob ein Richter Psychotherapie als Alternative zum Gefängnis anordnet, oder ob Eltern Therapie zur Bedingung eines weiteren Mittelschulbesuches erklären. Auch wenn die subjektive Empfindung in jedem Fall die des ungerechtfertigten Zwanges sein mag, sind doch die Zusammenhänge und die Folgen von „Verweigerung" jeweils ganz verschiedene. Die Dekonstruktion von „Zwang" ermöglicht ein klares Wissen über die potentiellen Folgen von

---

2 Zumindest in der Vergangenheit haben manche konfessionelle Eheberatungen die Erhaltung des Arrangements „Ehe" als ein primäres Ziel empfunden, vor individueller Zufriedenheit.

„Verweigerung“ und damit Entscheidung. Nicht die „Größe“ des Entscheidungsspielraumes ist relevant, sondern daß ein Entscheidungsspielraum überhaupt erscheint.

Eine therapeutische Beziehung ist nur möglich, wenn der Klient sich „auch unter Zähneknirschen“ entgegen einer anderen Möglichkeit für Therapie entscheidet. Wenn – zu ungunsten anderer Möglichkeiten – die Entscheidung für Therapie gefallen ist, stellt sich die Frage konkreter Vereinbarung darüber, was man miteinander tut. Die mögliche Feststellung – „Ich will nicht ins Gefängnis, also habe ich mich für Therapie entschieden. Hier bin ich, was soll ich tun?“ – konfrontiert Klient und Therapeut mit der Situation, daß der Klient noch keinen Auftrag gibt. Der Therapeut wird demgemäß den Klienten, der der Therapie zumindest formal zugestimmt hat, auffordern und ermutigen, den Auftrag des Zuweisenden bzw. Verordnenden zu erkunden und daraufhin zu überprüfen, ob er im Rahmen eigener Lebensziele als nützlich definiert werden kann.[3] Es kann durchaus sein, daß das Ergebnis dieser Erkundung keinen klaren Auftrag zur Folge hat, oder daß der Auftrag nicht mit der Einschätzung des Klienten und seinen Zielen übereinstimmt. Oft ist dann eine andere Vereinbarung möglich – der Klient hat eine Vorstellung, wozu er die therapeutischen Kontakte nützen kann. Hier stellt sich dann für den Therapeuten die Frage, ob er seinerseits an einen verordneten Auftrag gebunden ist und ob dieser mit dem Vorschlag des Klienten vereinbar ist.

Das muß offen verhandelt werden. Ein mögliches Ergebnis kann sein, daß der Therapeut dabei an die Grenzen seines verantwortlichen Verständnisses von Therapie kommt. Therapie ist dann mit diesem Therapeuten nicht möglich, vielleicht aber mit einem anderen. Dasselbe gilt, wenn gar keine Vereinbarung darüber zu erzielen ist, was man in der Therapie miteinander tut, wobei dies nicht unbedingt ein schlechtes Ergebnis der Auseinandersetzung ist.[4] Wenn Therapie nicht möglich ist, muß der jeweilige Auftraggeber informiert werden – durch den Therapeuten oder den Klienten.

---

3 Das ist bei „Zwangsüberweisungen“ überraschend oft der Fall, etwa: „Die Richterin meint, daß ich wegen meiner ungewöhnlichen Sexualpraktiken Therapie brauche, ich stimme ihr insofern zu, als ich diese ebenfalls als ungünstig für meine weitere berufliche Karriere einschätze, aber ich teile ihre moralische Bewertung nicht.“

4 So hat der Autor als Ergebnis einer derartigen Auseinandersetzung die Entscheidung eines Klienten in Erinnerung, anstatt eines Therapeuten einen Rechtsanwalt aufzusuchen. Dies diente dem Zweck der Wiederaufnahme des Gerichtsverfahrens und der Zielsetzung einer milderen Strafe anstatt der Überweisung zur Therapie.

3. Das Mitwirken „unsichtbarer Dritter“

Die Rede ist hier von Einflüssen, die zwar nicht als zwingend empfunden werden, aber für das Verständnis von Therapie eine große Rolle spielen: Empfehlungen, Überweisungen, Einschätzungen und Meinungen ebenso wie Diagnosen. Auch hier ist die Unterscheidung von „weichen“ und „harten“ Daten nützlich.

So wird man im Fall der Empfehlung zur Therapie klären, von wem sie erfolgt (Bekannter, Familienmitglied, Schulbehörde etc.), welche Rolle der Betreffende in den Lebensbezügen des Klienten spielt, welche Bedeutung der Klient der Empfehlung gibt und inwiefern diese genützt werden kann.

Demgegenüber ist die Überweisung ein eher „hartes“ Datum. Hier ist darüber hinaus zu bedenken, was die Folgen einer Nichtbeachtung (etwa Arztwechsel, Gekränktheit der Klassenlehrerin etc.) sein können und wie der Klient damit umgehen wird. Ebenso ist zu klären, was die Implikationen der Befolgung sein werden (implizite Zustimmung der Einschätzung der Situation durch den Überweisenden etc.). Analog ist die Situation bei Meinungen und Diagnosen, welche wiederum ein, im Vergleich, eher „hartes“ Datum darstellen, weil die offizielle Diagnose unabhängig von den Beteiligten weiterwirkt. Das gilt ebenso für die medizinische wie für die psychologische Diagnostik.[5]

Dabei ist immer zu bedenken, daß die „objektivierende“ und „dauernde“ Wirkung von offiziellen Diagnosen (im schwächeren Maße auch von Meinungen) als an sich neutral zu betrachten ist, weil sie je nach Situation auch Schutz und verläßliche Hilfe garantieren können, wie etwa den gesetzlichen Anspruch auf Betreuung etc.

Ein pragmatisch wichtiger Punkt ist, daß die Inanspruchnahme von Unterstützung durch die Krankenkasse eine Krankheitsdefinition zur Folge hat, was Auswirkungen nach „außen“, aber auch nach „innen“ – wie sich der Klient definiert – implizieren kann.

4. Im System der Helfer

Oft ist der Therapeut mit dem Faktum konfrontiert, daß der Klient neben dem therapeutischen eine Reihe anderer Hilfsangebote in Anspruch nimmt, meist bereits vor und voraussichtlich auch nach der Psychotherapie, oft langdauernde oder überhaupt lebensbegleitende. Dabei wird der

5 Man denke beispielsweise an die Auswirkung des Etiketts „Legasthenie“ auf die Karriere eines Schulkindes.

Therapeut feststellen, daß dieses Angebot – aufgrund der unterschiedlichen Auftragskontexte und der unterschiedlichen „Geschichte" der Inanspruchnahme – ein durchaus nicht immer plausibles und „konzertantes Netz von Hilfe" darstellt.

Für den Therapeuten stellt sich die Frage, welchen hilfreichen Part er in diesem „Orchester" einnehmen kann und welche Bedeutung die Vergrößerung des Orchesters für den Klienten/das Klientensystem birgt.

Bei der Reflexion mit dem Klienten über diese Zusammenhänge können zwei Gesichtspunkte Orientierung geben: zum einen die offizielle Aufgabe und die damit verbundenen Einflußmöglichkeiten des einzelnen Helfers.[6] Zum anderen stellt der praktische Umgang der Klienten mit ihren „Helfersystemen" und ihre Einordnung und Nutzung in den alltäglichen Lebenszusammenhängen einen Aspekt dar, der zu beachten und zu respektieren ist. Beispielsweise „benützen" viele Drogenabhängige „ihre" Helfer (Drogenberater, Sozialarbeiter, Bewährungshelfer, Arzt, Therapeut, Angehörige etc.) zugleich, um im Alltag zu überleben und um ihre Definition und Praxis als Süchtige aufrecht zu erhalten. Im Sinn einer neutralen Position wird der Therapeut diese Konstellation vorerst akzeptieren, aber er kann dabei an seine Grenzen verantwortlicher Mitwirkung stoßen. Jedenfalls wird er es als Aufgabe ansehen, diese Zusammenhänge gemeinsam mit dem Klienten zu bedenken und seine Entscheidung über die Grenzen seiner Tätigkeit offen darlegen.

Das Ergebnis dieser Reflexion kann einerseits in einer sinnvoll empfundenen Einordnung in das „Orchester der Helfer" bestehen, aber auch in dem Versuch, ein besseres Zusammenwirken der Orchestermitglieder – gemessen an den Zielen des Klienten – zu ermöglichen, wobei am Ende der Klient mehr „Dirigentenkompetenz" haben sollte als vorher. In diesem Sinn wird der Therapeut gemeinsam mit dem Klienten dessen Einflußnahme auf die umgebenden Helfersysteme erkunden: wenn notwendig, wird er sich – absichtsmäßig und zeitlich terminisiert – als Mittler zur Verfügung stellen, etwa als Moderator einer sogenannten „Helferkonferenz"; das Einverständnis und Wollen aller Beteiligten ist dafür Voraussetzung.

---

6 Im Fall einer besorgten Klassenlehrerin besteht diese in der Vermittlung von elementaren Kulturtechniken und nicht in der Einflußnahme auf familiäres Geschehen; hier kann Psychotherapie eine beruhigende Rückkehr zur ursprünglichen Aufgabe ermöglichen.

Therapeutischer Umgang mit speziellen Problemlagen

1. Psychosomatik? *(Russinger)*

1.1 Was ist Psychosomatik?

„Wovon der Mund schweigt, redet der Körper ...“.

Im alltäglichen Sprachgebrauch gibt es Metaphern, die ganz selbstverständlich von einer intensiven gegenseitigen Beeinflussung von Körper und Seele ausgehen und sich in einer Vielzahl von Sprachbildern, wie „Wut im Bauch haben ...“, „es bricht einem das Herz ...“, „es geht einem etwas an die Nieren ...“, oder „jemand frißt alles in sich hinein ...“ äußern.

In Medizin und Psychologie, zwei Wissenschaftsgebieten, die ihre Existenz der Aufspaltung der Betrachtungsweise des Menschen in eine „für die Maschine Körper“ und eine „für die Seele“ zuständige Disziplin verdanken, ist die Überwindung dieser jahrhundertealten dualistischen Auffassung erst ansatzweise gelungen.

So fordert Uexküll et al. (1990), daß ein Modell der Psychosomatik Antwort auf folgende Problemkreise geben soll:

1. die Beziehung zwischen Organismus und Umgebung
2. die Beziehung zwischen biologischen, psychischen und sozialen Vorgängen.

1.2 Gibt es die „psychosomatische Familie“?

Die systemische Familientherapie bemühte sich seit ihren Anfängen darum, Zusammenhänge zwischen psychosomatischen Erkrankungen, charakteristischen Familienstrukturen sowie familiärer Kommunikation herzustellen.

Das erkrankte Familienmitglied wurde als *„Indexpatient“* bezeichnet, anstelle der individuellen Diagnose wurde entsprechend der Konzeption der Kybernetik 1. Ordnung die Diagnose auf das ganze soziale System bezogen, man sprach von *„psychosomatischen Familien“*, *„Sucht-Familien“*, *„anorektischen Familien“*, etc.

Wie Reiter (1996) beschreibt, beeinflußte dabei die jeweilige klinische Theorie wesentlich die Konzeption, was unter einer „psychosomatischen Familie“ verstanden wurde und welche Interventionsmöglichkeiten für den Therapeuten sich daraus ableiten ließen.

Minuchin et al. (1978) stellte in seinem Buch „Psychosomatische Krankheiten in der Familie" ein klinisches Modell von Familien dar, das sich durch eine Konstellation von fünf familiären Merkmalen auszeichnet, die er als spezifisch für Familien mit psychosomatisch erkrankten Kindern ansah:

In diesem Konzept bedeutet „*Verstrickung*" ein extremes Maß an Nähe und Intensität bei allen Interaktionen in der Familie, sodaß die interpersonale Differenzierung der einzelnen Personen gering ist und „*das Individuum gleichermaßen im System verloren geht*" (Minuchin, 1978, S. 43).

Auch die Grenzen der Subsysteme sind in verstrickten Familien unklar und schwach ausgebildet, sodaß sich Konflikte zwischen zwei Personen gleich auf das ganze Familiensystem und alle seine Mitglieder auswirkt. Mit „*Überfürsorglichkeit*" wird ein Verhalten bezeichnet, bei dem jedes einzelne Familienmitglied ein ungewöhnlich hohes Interesse am Wohlergehen der anderen zeigt. Diese überfürsorgliche Haltung der Eltern gegenüber dem Kind wirkt sich hemmend auf dessen Selbstsicherheit und Autonomie aus und hindert es am Aufbau von Interessen außerhalb der Familie. Kinder empfinden in solchen Familien ebenfalls große Verantwortung, die Familie zu schützen und machen dabei die Erfahrung, daß die Familie durch die Entwicklung eines Symptoms stabilisiert werden kann.

Die Familie zeichnet sich zudem durch besondere „*Starrheit*" aus, indem sie versucht, den Status quo unter allen Umständen zu wahren; Wandel, der durch Veränderungen im Lebenszyklus notwendig ist, kann nicht ausreichend vollzogen werden, äußere Einbrüche in die Familie, wie Verlust oder Tod können nicht adäquat bewältigt werden.

Damit einher geht eine starke Tendenz zur „*Konfliktvermeidung*". Psychosomatische Familien legen größten Wert auf Übereinstimmung und Harmonie und versuchen, sich anbahnenden Konflikten nach Möglichkeit aus dem Weg zu gehen, indem sie unterschiedliche Meinungen und Positionen entweder gar nicht zulassen oder möglichst schnell vom gefährlichen Thema ablenken. Diese Haltung resultiert aus dem Wunsch, es zu keinem offenen Bruch in der Familie kommen zu lassen, bewirkt aber letztlich, daß strittige Themen nicht zur Zufriedenheit gelöst werden können.

Aufgrund dieser Muster der Beziehungsgestaltung läßt sich ein fünftes Merkmal (in drei verschiedenen Ausformungen) beschreiben, das von zentraler Bedeutung für die Ausbildung von psychosomatischen Symptomen ist: „*Triangulierung des Kindes*", „*Koalition mit dem Kind* " oder „*Umleitung des Konflikts*".

Bei der Triangulierung und auch bei der Koalition mit dem Kind wird relativ offen deklariert, daß die Eltern in Opposition zueinander stehen. Im Fall der Triangulierung wird das Kind in die unangenehme Position gebracht, daß jede seiner Äußerungen als Stellungnahme für die eine oder die andere Seite verstanden werden kann. Bei einer Koalition mit einem Elternteil gibt es ein festes Bündnis mit einem Elternteil und einen ausgeschlossenen anderen Elternteil.

Im Gegensatz dazu scheint bei der Konfliktumleitung das Elternpaar geeint in der Sorge um das kranke Kind, die Eltern schwanken zwischen Anteilnahme und Überforderung.

Diese Muster der Konfliktvermeidung tragen aus der Sicht Minuchins wesentlich dazu bei, daß das Symptom des erkrankten Kindes wie ein Regulator innerhalb des Familiensystems funktioniert, da es mit seiner Erkrankung eine wesentliche Funktion für die Stabilisierung der Familie übernimmt. Zwar wären solche Muster auch in „normalen" Familien zu beobachten, diese könnten aber jederzeit auch auf andere Formen der Auseinandersetzung zurückgreifen. Die Vorstellung, die hinter dieser Annahme steht, könnte man mit *„Systeme schaffen Probleme/Symptome"*, also einer Vorstellung der Kybernetik 1. Ordnung, versus *„Probleme schaffen Systeme"*, einer Sichtweise, die den systemischen Denkmodellen der Kybernetik 2. Ordnung zuzuordnen ist, bezeichnen. Die therapeutische Arbeit besteht nach diesem Modell darin, durch gezielte Interventionen der Therapeutin eine neue, weniger krankheitsanfällige Familienstruktur aufzubauen.

Selvini Palazzoli (1982) fokussierte in ihrer therapeutischen Arbeit mit anorektischen Patientinnen auf „verleugnete Koalitionen" und „geheimen Schlachten", „Familienspiele" in denen jedes Familienmitglied einseitig das Verhalten jedes anderen kontrolliert, und die Aufgabe des Therapeuten darin besteht, die Spiele zu erkennen und zu unterbrechen. Durch *„Paradoxe Interventionen"*, einer positiven Konnotation sowohl des Verhaltens des identifizierten Patienten als auch des Verhaltens der übrigen Familienmitglieder, das die homöostatischen Bestrebungen der Familie respektiert, werden Veränderungen der familiären Dynamik und damit des symptomatischen Verhaltens des erkrankten Familienmitglieds intendiert.

Das Heidelberger Team entwickelte neben seinen Psychose-Konzepten auch eine Beschreibung von sogenannten „psychosomatischen Mustern". Nach Simon (1995) besteht der zentrale Konflikt bei diesem Muster zwischen dem Wunsch (oder der Angst) sich zu trennen, und dem Wunsch (oder der Angst) zusammenzubleiben. Um diesen Konflikt bewältigen zu können, haben Familienmitglieder nur die Möglichkeit, sich entweder auf die Seite der allgemein konsensuellen familiären Wirklichkeitskonstruktion zu stellen *(„Muster des Entweder"),* oder sich lediglich passiv zu wehren *(„Muster des Weder-Noch")* und keinerlei Stellungnahme für oder gegen die jeweils als gefährlich eingestufte Position abzugeben. Es handelt sich um *„harte Wirklichkeitskonstruktionen"* innerhalb welcher es nur „wahre" oder „falsche" Sätze gibt, die Familie verhält sich nach rigiden sozialen Spielregeln. Durch Erkrankung verschafft sich ein Familienmitglied Vorteile in zweierlei Richtung, einerseits wird Rückzug und Abgrenzung möglich, andererseits bekommt das erkrankte Familienmitglied Zuwendung und Nähe, allerdings um den Preis der möglichen Chronifizierung der Krankheit.

Die Therapeutin wird von der Familie dazu verführt, auf die andere Seite des Ambivalenzkonflikts zu springen (z. B. die der Autonomie und Emanzipation) und damit ihre therapeutische Neutralität zu verlieren.

Dies kann dazu führen, daß der Klient im therapeutischen Setting die Seiten, die für Trennung sprechen, ausdrückt, um umso stabiler mit seiner Familie die Seite der Nicht-Veränderung leben zu können. Aber auch eine „Weder-Noch" Position der Therapeutin (weder Trennung noch Zusammenbleiben) bleibt innerhalb der familiären Spielregeln. Es wird daher eine dritte neutrale Strategie empfohlen, in dem die Therapeutin eine „Sowohl als auch" Position einnimmt, d. h. sie führt bewußt Vieldeutigkeit in das Klientensystem ein, indem sie die Sinnhaftigkeit der bisherigen Verhaltensweisen nicht in Frage stellt, jedoch die andere Seite der Medaille in die Kommunikation einführt, den Preis, der für das jeweilige innere Modell geleistet werden muß.

Damit wird dem Klienten die Erlaubnis gegeben, widersprüchliche Gefühle zu haben, Ambivalenzen zu leben und zu ertragen, daß er kein festes Wissen mehr darüber hat, was „wahr" oder „falsch", „gut" oder„böse" ist.

Diese Musterbeschreibung stößt bei vielen Praktikern auf Akzeptanz und gibt Ideen für eine therapeutische Haltung, die zwar prinzipiell mit dem Begriff der „Neutralität" schon vom Mailänder Team beschrieben wurde, aber durch weitere Differenzierung in „Beziehungsneutralität", „Problemneutralität" und „Konstruktneutralität" (siehe Retzer, 1994) eine zusätzliche Dimension erhalten hat.

Fritz Simon und das Heidelberger Team sehen die beschriebenen Muster *nicht als Ursache* für die Entstehung der entsprechenden Störungen an, sondern in der Weise, daß bestimmte Kommunikationsstile und Interaktionen mit einer bestimmten Psychopathologie einhergehen, also gleichzeitig zu beobachten sind. Es wird betont, daß die Muster ihre beschriebene Statik lediglich durch rekursive Organisation der Prozesse erhalten.

Diese Beschreibung kann im Gegensatz zur „ätiologischen Spezifität" als „Syndromspezifität" gesehen werden (siehe Reiter, 1996, S. 43).

1.3 Kritik am Konzept der „Spezifitätstheorien"

Obwohl die angeführten Autoren von teilweise sensationellen Erfolgen in ihrer therapeutischen Praxis berichten, gilt das *Konzept der Spezifitätstheorien* (Cierpka, 1989; Reiter, 1994a, b, 1995, 1996), das von der Annahme ausgeht, daß zwischen bestimmten Familienstrukturen und einem Krankheitsbild eine *kausalgenetische* Verknüpfung besteht, nach zwei Jahrzehnten intensiver wissenschaftlicher Forschung als widerlegt.

Die Kritik richtete sich im Wesentlichen auf zwei Aspekte: die in den sogenannten „psychosomatischen Familien" gefundenen Charakteristika kommen auch in Familien ohne Erkrankung oder mit anderen Erkrankungen vor, weiters kommt die Forschung immer mehr zu der Ansicht, daß auffällige Prozesse und Strukturen in Familien nicht die Ursache, sondern vielfach erst die Folge einer eingetretenen Erkrankung sind, also als *Adaptationsprozesse* zu verstehen sind.

Als Schlußfolgerung daraus ergibt sich, daß die jetzigen Spezifitätsannahmen als zu simplifizierend eingeschätzt werden müssen, sich jedoch diese Modelle im Hinblick auf Beschreibung von Risikofaktoren im Sinn eines „Streß-Vulnerabilitätsmodells" bewährt haben (s. a. Joraschky, 1996).

1.4 Schlußfolgerungen und Falldarstellung

Auch wenn bestimmte familiäre Strukturen nicht als „Ursache" für die Entstehung psychosomatischer Erkrankungen angesehen werden können, kann das Wissen um Muster, die in Familien mit psychosomatisch erkrankten Mitgliedern häufig auftreten, hilfreich für die Entwicklung von Hypothesen sein um sich dem dahinterliegenden „Bedarf" – dem, was Menschen brauchen um sich weiterentwickeln und wachsen zu können –, annähern zu können.

Auch in der anschließenden Falldarstellung aus eigener Praxis werden viele der „Muster" erkennbar, die von den o. a. Autoren beschrieben wurden.

Kontext der Überweisung, Symptomatik

Herr F.[1], ein 21jähriger Student, wurde über Empfehlung einer Bekannten an eine Privatpraxis überwiesen. Er gab an, daß bei ihm vor ca. einem Jahr eine akute Morbus Crohn Erkrankung diagnostiziert worden wäre, seither leide er sowohl unter Schmerzen, als auch unter starkem Gewichtsverlust sowie depressiven Verstimmungen.

Entstehungskonstellation (siehe Begriff der „Klinischen Konstellation", Reiter, 1992)

Herr F. ist der älteste Sohn und lebt derzeit mit seiner Mutter, seiner 17jährigen Schwester und seinem 2jährigen Halbbruder im gemeinsamen Haushalt. Sein Vater erkrankte, als Herr F. 14 Jahre alt war, an einer Bauchspeicheldrüsenerkrankung, fühlte sich durch diese schwere Erkrankung „aus dem Leben gerissen" und ging – aus Sicht des Sohnes auch um sich seine noch immer vorhandene Vitalität zu bestätigen – in der Folge eine Beziehung zu einer anderen Frau ein. Er lebte aber weiterhin im Haushalt der Familie, was die ohnehin bestehenden Spannungen zwischen seinen Eltern massiv verschärfte.

Vor drei Jahren ist der Vater verstorben, die Mutter ging eine neue Beziehung ein, aus der sein Halbbruder stammt, die Beziehung wurde aber bereits in der Schwangerschaft abgebrochen.

„Auftragsklärung" – Position der Therapeutin

Die Therapeutin nahm den Standpunkt ein, daß es nicht abzusehen sei, ob die Psychotherapie eine direkte Auswirkung auf den Krankheitsverlauf hätte. Insofern sei es wichtig, Ziele für die Therapie zu definieren, die über den unmittelbaren Wunsch, nicht mehr an Morbus Crohn zu leiden, hinausgehen würden. Zusätzlich wäre eine weitere ständige ärztliche Betreuung unumgänglich.

Realitätskonstruktion des Klienten, subjektive Krankheitstheorien

Herr F. gab an, daß ihm Psychotherapie sinnvoll erscheinen würde, da er wisse, daß psychosomatische Faktoren bei seiner Krankheit eine Rolle spielen können, auch wenn es dazu in der Fachliteratur (die ihm in Grundzügen bekannt war), unterschiedliche Meinungen gäbe. Verschiedene traumatische Erlebnisse in seiner Kindheit, Tod des Vaters, sexueller Mißbrauch mit 14 Jahren, seine äußerst schwierige Beziehung zum Vater, von

1 Name und Details der Falldarstellung wurden entsprechend verändert.

dem er sich immer abgewertet gefühlt hätte („wirst kein richtiger Mann“), seine besonders enge Beziehung zur Mutter sowie seine jetzigen Schwierigkeiten, eine zufriedenstellende Partnerschaft aufzubauen, gäben ihm Hinweise darauf, daß psychische Faktoren bei seiner Erkrankung eine Rolle spielen könnten.

Therapeutische Ziele

Herr F. konnte eine Reihe von Zielen definieren, die der Therapeutin im Sinn von „wohlformulierten Zielen“ konkret und realisierbar erschienen.

- Die eigene „Introvertiertheit“ zu überwinden und mehr Freude am Leben zu finden (wenn nicht anders möglich, dann auch trotz andauernder Krankheit).
- Intensivierung der Kontakte zu Freunden und Studienkollegen.
- Abgrenzung von seiner Mutter, Aufbau von mehr Autonomie, eventuell Auszug aus der Wohnung.
- Eine veränderte Einstellung zu seinem Vater zu finden; versöhnliche und positive Aspekte an seiner schwierigen Vaterbeziehung zu entdecken („ihm verzeihen können“).
- Eine positivere Einstellung zur eigenen Sexualität zu finden. Sexualität ohne Schuldgefühle genießen zu können. Möglicherweise Aufbau einer längerdauernden partnerschaftlichen Beziehung.

Konstruktion neuer hilfreicher Bedeutungszusammenhänge – erste Stufen der Veränderung

Ein Satz, den Herr F. gleich in der ersten Stunde sagte, wurde so etwas wie die Leitmelodie oder das Thema der Therapie: *„Ich kann mich nicht einmal auf meinen eigenen Körper verlassen.“*

Alles, was dieses Selbstkonzept in Frage stellen konnte, erwies sich als hilfreich.

Seine Erkrankung hat für ihn inzwischen den Sinn bekommen, daß sie ihn wie ein zuverlässiger Wächter daran erinnert, seine persönlichen Grenzen im Umgang mit anderen Menschen zu wahren. Die immer seltener auftretenden Schmerzkoliken werden von ihm als Signal gedeutet, daß er in Gefahr ist, sich in eine Situation zu begeben, die er im wahrsten Sinn des Wortes nicht „verdauen“ kann. Die Abgrenzung gegenüber seiner Familie, vor allem in bezug auf die Wünsche seiner Mutter, in der Familie ein hohes Ausmaß an Verantwortung zu übernehmen und wie ein Familienoberhaupt zu agieren, ist ihm in der Weise gelungen, daß er ein gewisses Ausmaß an Konflikten mit ihr bezüglich dem Ausmaß seiner Pflichten in der Familie ertragen und als Teil eines „normalen“ Ablösungsprozesses begreifen kann. In seiner Beziehung zu seinem Vater waren einzelne Szenen und Aussprüche erinnerbar, wo es zumindest vor der lebensgefährlichen Erkrankung des Vaters auch liebevollen Austausch und Ermutigung gegeben hat. Die spätere Haltung des Vaters wurde aus dessen eigener Biographie und späterer Überforderung verstehbarer. Der schwierigste Bereich, der Aufbau einer Liebesbeziehung, die anstelle eines Macht/Ohnmachtsgefälles und starken Abhängigkeitsgefühlen von partnerschaftlicher Gleichrangigkeit und Verläßlichkeit und einer Balance zwischen erotischer und geistiger Nähe geprägt ist, befindet sich gerade heftig in Bewegung.

Was ihm dabei lt. seiner Beschreibung am meisten hilft, ist eine Veränderung des eigenen Tempos und eine Haltung die man mit „Auch ohne Deine Liebe bin ich etwas wert" bezeichnen könnte. Er fühlt sich dabei getragen von der Gewißheit, daß es viele ihm wertvolle Beziehungen zu anderen Menschen gibt, auf die er immer wieder zurückgreifen kann.

Der neue Leitsatz könnte lauten. *„Ich kann mich auf mich und meine Freunde verlassen."*

2. Umgang mit KlientInnen, die unter Depressionen leiden *(Hinsch)*

2.1 ICD-9 Kategorien zur Depression

Mit der teilweisen Rückerstattung der Honorarkosten für Psychotherapie bei Störungen, die Krankheitswert besitzen, ist es notwendig, sich auch mit dem Diagnoseschema, das von den Sozialversicherungsträgern vorgegeben wird, auseinanderzusetzen. Kategorisierungen, speziell diagnostische Kategorien, widersprechen dem systemischen Ansatz nur dann, wenn die PsychotherapeutIn selbst von diesen Beschreibungen ausgeht. Wenn man aber akzeptiert, daß dies Beschreibungen des Systems Krankenkasse sind, sind diagnostische Beschreibungen durchaus hilfreich, geben sie doch etwa Hinweise darauf, wann Kooperation mit FachärztInnen für Psychiatrie und Neurologie angezeigt ist, und stellen eine gemeinsame Sprache mit anderen Psychiatrieschulen und Institutionen her. Die systemische PsychotherapeutIn muß in ihre Betrachtung des Psychotherapieprozesses jedoch einbeziehen, daß sie mit dieser (diagnostischen) Beschreibung ein Teil des beschreibenden Systems ist.

Die ICD-9 Kategorien, die vom Praktiker in der psychotherapeutischen Praxis unter dem Sammelbegriff Depression am häufigsten angewandt werden, sind:

296.1 – Endogene Depression, bisher nur monopolar
298.0 – Reaktive depressive Psychose
300.4 – Neurotische Depression
309.0 – Kurzdauernde depressive Reaktion
309.1 – Länger dauernde depressive Reaktion

Diese ICD-9 Kategorien werden an den Anfang der folgenden Überlegungen gestellt, weil sie der Psychotherapeutin auch Unterstützung darin geben können, wann sie die KlientIn – unter Umständen auch ultimativ – dazu auffordern sollte, eine PsychiaterIn aufzusuchen, damit die KlientIn eventuell zusätzlich medikamentös behandelt wird.

Pychotherapeutisches Handeln bei KlientInnen, die unter Depressionen leiden, sollte darauf gerichtet sein, die Krise möglichst schnell zu beenden, da Personen, „die unter einer akuten depressiven Episode leiden, Lebensentscheidungen zu treffen scheinen, welche die Depression weit über den Punkt hinaus aufrecht erhalten, an dem sie abklingen sollte" (Yapko, 1995, S. 39). Weiters ist depressives Verhalten auch als erlerntes Verhalten betrachtbar, und daher sollte die „Lernphase" dieses Prozesses möglichst kurz sein. Medikamentöse Unterstützung ist dabei sicherlich ein wesentliches Hilfsmittel.

2.2 Die depressive Konstellation

Reiter (1990) hat den Begriff der depressiven Konstellation eingeführt, weil er damit unterstreichen will, daß zur Arbeit mit KlientInnen, die unter Depressionen leiden, der Psychotherapeut das Wissen aller Richtungen, die sich mit Depressionen beschäftigen, heranziehen muß. Dem Eklektizismus entgeht er dadurch, daß er die depressive Konstellation als Metapher begreift, also als „eine gemeinsame Konstruktion, die für die therapeutische Arbeit im therapeutischen System Anleitungen geben soll" (S. 137).

In das Gespräch mit Klientin und Familie muß

1. nomologisches Wissen über die Entstehung und den Verlauf depressiver Störungen einfließen. Reiter (1990, S. 132 ff) unterscheidet dabei auslösende Bedingungen, Vulnerabilität und soziale Beziehungen.

- *Auslösende Bedingungen:*
  Reiter folgt dem Vorschlag von Kemper (1978, 1988, zitiert nach Reiter), Depression als Folge von Statusverlust zu begreifen, wobei Status von Kemper als Zuwendung, Respekt, Liebe, Freundschaft, Unterstützung, Wärme etc. definiert wird. Weiters können auch chronische Bela-

stungen, wie langdauernde Ehekonflikte, chronische Krankheit und Arbeitslosigkeit zu auslösenden Faktoren depressiver Verstimmungen werden.

- *Vulnerabilitätsfaktoren:*
  Genetische Faktoren, biomedizinische Faktoren, frühe Traumatisierungen und Verlusterlebnisse, kognitive Faktoren, unzureichende Bewältigungsmechanismen, Defizite sozialer Fertigkeiten, gelernte Hilflosigkeit, Beeinträchtigung des Selbstwertes.
- *Soziale Beziehungen als protektive Faktoren:*
  „Ein zufriedenstellendes soziales Netzwerk kann als Schutz gegen eine Depression angesehen werden" (Reiter, S. 134).

Dieses nomologische Wissen kann der PsychotherapeutIn helfen, Hypothesen aufzustellen, die zu Fragen an die Klienten führen können, aber auch ganz besonders Hinweise für eigenes Verhalten geben, sich z. B. ganz besonders respektvoll zu verhalten, nicht ungeduldig zu werden, eine Atmosphäre der Herzlichkeit und Wärme herstellen, Ressourcen im sozialen Netzwerk zu suchen und zu konstruieren. Ob es hilfreicher ist, von gelernter Hilflosigkeit oder Defiziten sozialer Fertigkeiten auszugehen, ist vielleicht weniger eine dogmatische Frage ressourcenorientierter PsychotherapeutInnen als eine Sprachregelung der KlientInnen selbst. Depressive KlientInnen erleben sich defizitär.

2. Persönliches Wissen der TherapeutIn

Das Wissen der PsychotherapeutInnen stammt aus der Auswahl nomologischen Wissens und persönlicher Erfahrung im Umgang mit depressiven KlientInnen und deren Angehörigen. Ganz besonders wichtig ist dabei wohl die Erfahrung, wie man es verhindern kann, sich selbst in den Sog der Hilflosigkeit hineinziehen zu lassen, nicht an eigene Ohnmachtsgefühle anzuknüpfen, sondern an die Bewältigung solcher Gefühle. Hier hat auch sicherlich die Selbsterfahrung einen ganz wichtigen Platz.

3. Realitätskonstruktion im Problemsystem

Die dritte wesentliche Komponente ist nach Reiter (1990) die Sicht der PatientInnen und der Angehörigen. Aus den Sichtweisen ergibt sich dann das Problemsystem.

a) Sichtweisen von KlientInnen

Das kognitive Modell der Depression von Beck (Beck et al., 1981) geht von drei Annahmen aus, um das psychische Substrat der Depression zu erklären:

- die *kognitive Triade*: negatives Selbstbild, negative Interpretation der Erfahrungen, negative Zukunftserwartungen
- *Schemata*: In einem Zustand der Depression strukturieren Personen ihre Erfahrungen durch negative Interpretationen und können keine andere Interpretationen akzeptieren.
- *Fehlerhafte Informationsverarbeitung*
- *Systematische Fehler*: Systematische Fehler halten den Glauben des Patienten an die Gültigkeit seiner negativen Konzepte aufrecht. Es kommt zu willkürlichen Schlußfolgerungen, selektiver Verallgemeinerung, Übergeneralisation, Maximierung und Minimierung, Personalisierung, verabsolutiertem, dichotomen Denken. Diese Sichtweisen sind zusätzlich noch durch sich selbst erfüllende Prophezeiungen stabilisiert: Wenn man glaubt, wird man handeln, als ob es wahr wäre. Es fehlt ein kritischer Empirismus.

b) Von den Sichtweisen zum Problemsystem

„Der Depressive fühlt sich in der Regel allein verantwortlich für seine Symptome. Eine Prämisse besteht somit darin, daß die Möglichkeit eines Zusammenhanges zwischen Depression und Beziehung verworfen wird. Diese Prämisse ist falsch, da die Definition des „Depressiven" von anderen vorgenommen wird, indem diese jenem ständig Hilfsangebote machen. So entsteht eine Doppelbindungssituation. Andere werden zur Hilfe dringend benötigt, können aber nicht helfen, da der Depressive die Depression als sein eigenes Problem definiert" (Reiter, 1988, S. 82). Auch der Partner ist in einer paradoxen Situation, da er die Depression auch als individuelles Problem (des anderen) sieht, aber dennoch reagieren muß.

Anderson et al. (1988) haben die Interaktion zwischen depressivem Patienten und seiner Familie dargestellt: Die Familie versucht zu helfen – der Patient reagiert zu wenig (aus der Sicht der Familie) – die Familie tendiert zur Eskalation oder zieht sich zurück – der Patient fühlt sich unverstanden bzw. verlassen – die Familie reagiert mit Schuldgefühlen und verstärkt ihr Überengagement bzw. überprotektives Verhalten – der Patient fühlt sich zunehmend wertlos und in eine infantile Rolle gedrängt – die Familie erschöpft sich (ist ausgebrannt) und gerät in ein Dilemma von Schuld und Aggression.

Wenn der depressive Partner durch irgendwelche Ereignisse oder spontan sein depressives Verhalten und Erleben beenden kann, findet er eine Situation vor, in der sein neues Verhalten oft keinen Platz mehr hat, auf Unverständnis stößt und sogar bekämpft wird. Dadurch errichtet er mit seinem Verhalten oft wieder das alte System.

2.3 Therapeutisches Handeln

Wenn hier Ergebnissen aus der Literatur anderer Psychotherapiemethoden weiter Raum gegeben worden ist, so soll dennoch der Grundsatz der narrativen Therapie gelten, daß alle diese Beschreibungen der Literatur oder der PsychotherapeutIn immer nur Beschreibungen sind, die zur Herstellung von Hypothesen dienen, aus denen sich dann Fragen ergeben. Außerdem kann man davon ausgehen, daß eine ressourcenorientierte Therapieform bei depressiven KlientInnen besonders wichtig ist. Hier sollen nur einige Techniken besonders hervorgehoben werden:

1. Zirkuläres Fragen
Aus dem Beschriebenen lassen sich eine Menge zirkulärer Fragen ableiten, die alle nach dem Denkansatz funktionieren: Wer denkt oder würde genau so denken wie Sie? Damit wird das Denkmuster in ein Beziehungsmuster transferiert. Grundannahmen Depressiver bewegen sich ja nicht in einem luftleeren Raum, sondern sind in einer Beziehung, in einer sprachlichen Vermittlung entstanden. Wenn jemand, um glücklich zu sein, immer Erfolg haben muß, kann man an der Beziehung zu den Personen arbeiten, die diese Forderungen aus Sicht der KlientIn gestellt haben und denen die KlientIn noch immer gehorcht. Der Wunsch, von allen Menschen akzeptiert zu werden und die Unmöglichkeit dieses Bestrebens wird durch Fragen klar. Auch der Wunsch, allen gerecht zu werden, niemanden zu verletzen, eigene Bedürfnisse so weit wie möglich zurückzustellen, und den Egoismus als größte Gefahr zu erleben.

2. Externalisieren, Dekonstruktion
White (1992) externalisiert das Problem und betrachtet mit jedem Einzelnen die Auswirkung des Problems auf Selbstbild und Wahrnehmung der persönlichen Beziehungen. Dann erkundigt er sich, welche Einflüsse die jeweilige Person dazu gebracht haben, so zu denken, bzw. wer noch wie sie denkt. Danach sucht er nach Ausnahmen vom Einfluß dieser Einflüsse und sieht sich in der Geschichte der Person diese Ausnahmen genau an. Irgendjemand kennt diese Person anders, nämlich entsprechend der vorher herausgearbeiteten Ausnahme. Dazu lassen sich viele Geschichten erzählen. Wenn die Person nun eine Geschichte von Vitalität und hohem Selbstwertgefühl erzählt und nicht mehr von Niederlagen – wie sie sich vorher beschrieben hat –, kann sie an bereits bekannte Verhaltensstrategien anschließen.

3. Ko-Konstruieren von Hoffnung

Karl Tomm hat in seinem Workshop beim Kongress der ÖAS (1996) auf die Wichtigkeit der Hoffnung hingewiesen. Um Hoffnung entstehen zu lassen und dabei zu helfen, sucht er zunächst gemeinsam mit der KlientIn das Gegenteil zu ihrem Erleben der Hoffnungslosigkeit, und wo sie das schon jemals erlebt hat. Nach diesem Heraussarbeiten der Hoffnung, der Ausnahme von der Hoffnungslosigkeit, führt er das Gespräch in die Richtung, welche Auswirkungen dieses erinnerte Verhalten wohl auf ihre gegenwärtige Beziehungen haben könnte.

4. Skalieren

Da Depressive stark in dichotomisierten Kategorien des „entweder – oder“ denken, ist es sehr hilfreich, Zustände und ihre Veränderung in Skalen beschreiben zu lassen. Durch diese Beschreibungsformen werden schnell Unterschiede, die Unterschiede machen, erkannt.

Da das Versagen bei einer Aufgabe das Selbstbild als VersagerIn verstärken würde, ist es sinnvoll, vor dem Stellen einer Aufgabe die Leistungsfähigkeit der KlientIn und die Schwierigkeit einer bestimmten Aufgabe skalieren zu lassen und nur meisterbar erscheinende Aufgabe zu geben.

5. Austausch von Gefühlen

Der Partner des Depressiven behält in der Regel Gefühle der Hilflosigkeit für sich, wodurch er stark wirkt und den Depressiven schützen kann. Der Austausch von Gefühlen kann die Intimität wiederherstellen (Reiter, 1988), die die KlientIn braucht, um Wärme und Anteilnahme erleben zu können.

3. Eßstörungen *(Russinger)*

3.1 Einleitung

„Eßstörungen“ gelten als moderne Frauenkrankheiten[1]; dies äußert sich sowohl in einer Fülle von Darstellungen in populären Medien, von der Frauenzeitschrift bis zum Selbsthilfebuch, als auch in einer immer differenzierteren wissenschaftlichen Diagnostik der Eßstörungen.

---

1 Da mehr als 90% der Patienten und Patientinnen mit Eßstörungen weiblichen Geschlechts sind, wird in diesem Artikel generell von Klientinnen gesprochen.

Wenn man psychisches Leiden und die Entstehung von neurotischen Symptombildern im Kontext einer gesellschaftlichen Entwicklung sieht, kann man Eßstörungen auch als Ergebnis einer „Domestikation des Hungers" verstehen, die in westlich-industrialisierten Überflußgesellschaften hauptsächlich Frauen betrifft, die von einer Fülle von gesellschaftlichen Idealbildern bezüglich „richtigen" Aussehens und äußerst widersprüchlichen Anforderungen bezüglich des „richtigen" weiblichen Verhaltens überschwemmt werden. Vergleicht man „Eßstörungen" mit anderen klassischen Symptombildungen wie der „Hysterie", die zu einer bestimmten Zeit großes Aufsehen erregten um dann wieder in den Hintergrund zu treten, scheint sich der Fokus der Aufmerksamkeit vom Thema „Sexualität" zu dem Thema „Hunger" und zum äußerem Erscheinungsbild verschoben zu haben (siehe auch Habermas, 1990).

3.2 Anorexia nervosa

Anorexia (AN) wird im deutschen Sprachgebrauch auch als Magersucht bezeichnet, die wörtliche Übersetzung aus dem Griechischen bedeutet Appetitlosigkeit. Die AN kann als eine Symptomatik beschrieben werden, bei der Gedanken über Nahrungsaufnahme, Figur und Körpergewicht zum alle Lebenszusammenhänge beherrschenden Thema werden und ein unwiderstehlicher Drang besteht, das Körpergewicht ständig zu reduzieren – eine Symptomatik, die in besonders schwerwiegenden Fällen bis zum Tod führen kann. Klientinnen mit „klassischer" oder „reiner" AN (Abnehmen durch strikte Reduktion des Körpergewichts kombiniert mit körperlicher Hyperaktivität) scheinen dabei eine bessere Prognose zu haben als Patientinnen, die einen „gemischten" Typus bilden, also zusätzlich selbstinduziertes Erbrechen und Abführmittelmißbrauch zur Gewichtskontrolle einsetzen (Vandereycken & Pieters, 1992).

Inzidenz und Prävalenzraten

Die AN ist überwiegend einer Erkrankung junger Mädchen in Ländern der westlichen Zivilisation, mit einem Überfluß an Nahrungs- und Konsumangeboten, – in Ländern der dritten Welt scheint sie hingegen äußerst selten zu sein (Fichter, 1984). Sie tritt am häufigsten im Alter zwischen 14 und 20 Jahren, im Schnitt bei 0,5%-1% der Mädchen dieser Altersgruppe auf, bei Männern gleichen Alters liegt die Häufigkeit bei 0,1% (Crisp et al., 1977).

Systemische Ansätze in der Behandlung der „Anorexia nervosa"

Bereits die Pioniere der systemischen Familientherapie beschäftigten sich intensiv mit sogenannten „anorektischen Familien" (Sperling, 1965; Minuchin et al., 1981; Selvini Palazzoli 1982; Boscolo et al., 1988; Weber & Stierlin, 1989). Dabei wurde die „Anorexia nervosa" geradezu als ein Modellbeispiel für psychosomatische Erkrankungen gesehen, bei der familiäre dysfunktionale Kommunikationsstrukturen funktionell mit einer Symptomatik der Indexpatientin verbunden schienen (zur Kritik des Konzepts der sogenannten „psychosomatischen Familie", siehe Cierpka, 1989).

Die nachfolgende Beschreibung von „Mustern" und „inneren Modellen" in Familien, in denen ein Mitglied an Eßstörungen erkrankt ist, darf nicht als Abbildung von solchen Familien mißverstanden werden, kann aber Anregungen zu möglicherweise hilfreichen Hypothesen und Fragen bieten, die im konkreten Einzelfall immer wieder überprüft werden müssen.

So beschreiben Weber und Stierlin (1989) einen „Idealtypus" der Magersuchtsfamilie, der durch starke über die Generationen zum Zuge kommende *Bindung*, durch ausgeprägten *Gerechtigkeitssinn* (alle Kinder müssen gleich geliebt und behandelt werden) und durch hohe internalisierte *Leistungsanforderungen* verbunden mit stark ausgeprägter *Impulskontrolle* charakterisiert ist. Letztere verbietet, daß man sich einfach gehen läßt und feindselige, unerwünschte Gefühle zeigt und läßt sich durch eine von allen Mitgliedern geteilte Grundannahme, daß *„Geben seliger als Nehmen ist"*, beschreiben. Das Familienklima ist daher geprägt von einem erhöhten Gefühl von *Verantwortung* und *Sorge. „Sorge ich mich genug um mein Kind? Tue ich alles für seine Gesundheit?"*

Das später anorektische Mädchen ist relativ häufig ein Einzelkind, oder nimmt unter seinen Geschwistern eine eher isolierte Stellung ein. Bis zur Pubertät galt es meist als „Musterkind", häufig sind auch Kontakte zu Gleichaltrigen, die in dieser Lebensphase besonders wichtig sind, um sich von der Familie lösen zu können, nur mangelhaft ausgebildet.

Mit Einsatz von altersgemäßen Abgrenzungsbedürfnissen entdeckt es die Möglichkeit, seine persönliche Autonomie in einer Ablehnung von Werten auszudrücken, die immer besondere Bedeutung in der Familie hatten, wie körperliches Umsorgen und reichliches Geben von Nahrung als Ausdruck von Liebe und Geborgenheit. Die Mädchen erleben in der Selbstkasteiung einen Triumph des Willens, ein wahres Hochgefühl, nicht nur ihren eigenen Körper kontrollieren und damit sich anbahnende Gefahren wie sexuelle Reifung und Ablösung von der Familie bannen zu können, sondern auch innerhalb der Familie eine ganz besondere Position und Aufmerksamkeit erringen zu können. Der Lösungsversuch hat allerdings einen hohen Preis – der Triumph des Willens ist niemals gesichert; je stärker das Bedürfnis nach Nahrung aus dem Bewußtsein verdrängt wird, desto mehr Platz nimmt es in Gedanken ein, der Sieg ist also nie wirklich vollkommen. Gleichzeitig finden massive Veränderungen im Hormon- und Elektrolytstoffwechsel statt. Der Wirklichkeitsbezug der Anorektikerin kann sich in einem Ausmaß verändern, das an psychotische Realitätsverkennung erinnert, selbst zum Skelett abgemagerte Mädchen erleben sich noch als zu dick und jede Gewichtszunahme als verabscheuenswert. Innerhalb der Familie entwickelt sich ein symmetrisch eskalierender Kampf um das Thema Essen und Gewichtszunahme, der schließlich alle Familieninteraktionen zu beherrschen scheint.

Diese häufig beobachtbaren Muster und inneren Glaubenssätze von Familien mit einer an Anorexie erkrankten Tochter lassen es sinnvoll erscheinen, bestimmten zentralen Themen in der Therapie besondere Aufmerksamkeit zu schenken. Weber & Stierlin (1989) beschreiben Schwerpunkte der therapeutischen Intervention bei folgenden Themenbereichen:

Soziale Neutralität

Die Therapeutin läuft bei einem symmetrisch aufgeheizten Machtkampf Gefahr, als Richterin oder umworbene Bündnispartnerin ihre Neutralität zu verlieren. Sie kann sich komplimentär dazu verhalten, indem sie ihr Dilemma aufzeigt.

„Ich fühle mich in einer schwierigen Situation, Anna, und hätte gerne einen Rat von Ihnen. Angenommen, ich würde mich auf Ihre Seite stellen und Ihnen sagen, daß Sie das Recht haben, selbst zu bestimmen, wieviel Sie essen, wie glauben Sie würde sich das auf meine Zusammenarbeit mit Ihren Eltern auswirken? Wenn ich hingegen Ihre Eltern ermutigen würde, zusammenzuhalten und dafür zu sorgen, daß Sie wieder mehr essen, wie würden Sie dann darauf reagieren? Wie soll ich mich in dieser Situation verhalten?“

Aufweichen des Krankheitskonzepts

Durch zirkuläre Fragen wird die interaktionelle Bedeutung von Krankheit in Bewegung gebracht.

Z. B. „Wer in der Familie hat zuerst den Eindruck bekommen, daß das Verhalten von Anna als Krankheit gesehen werden muß?“

„Was meint der Bruder, was die Mutter glaubt, warum Anna sich dazu entschieden hat, nichts mehr zu essen?“

Fokussierung der Themen „Verantwortung“ und „Risiko“, statt Vermittlungsversuchen bei den Themen „Essen“ und „Gewicht“
„Wer in der Familie trägt am schwersten an der Sorge, Anna wieder zum Essen bringen zu müssen?“
„Wer könnte sich am ehesten vorstellen, daß Anna eines Tages einmal sagt, ich esse, selbst wenn ihr wollt, daß ich esse?“

Erkundung der Einschätzung von Lebensbedrohung statt Verantwortungsübernahme durch die Therapeutin
Z. B. „Wieviel müßte Anna noch abnehmen, daß Herr und Frau Mayer um ihr Leben fürchten und sie in die Klinik überweisen lassen würden?“

„Erfinden“ einer positiven Funktion des Symptoms
Dies kann u. a. durch zirkuläre Fragen geschehen, die einen möglichen Zusammenhang zwischen Symptom und Zusammenhalt der Familie nahelegen.
„Wurde zu dem Zeitpunkt als Deine Schwester die Stadt verließ, um zu studieren und Anna ihre anorektischen Symptome entwickelte, der Zusammenhalt in der Familie noch intensiver, oder eher weniger intensiv?“

Erforschen von Familienwerten und Glaubenssätzen in bezug auf Gefahren und Sicherheit
Z. B. „Wann hat die Mutter begonnen zu glauben, daß das Leben in der Stadt gefährlich für ein heranwachsendes Mädchen ist, und nur die Familie ein wirklich sicherer Ort; war das vor dem schwierigen Jobwechsel des Vaters oder nachher?“

Neubewertung der Rolle der Frauen in der Familie
Auf die besondere Bedeutung der geschlechtspezifischen Orientierungen in der Familie haben u. a. auch Rücker-Embden-Jonasch & Ebbecke-Nohlen (1992) hingewiesen. Sie betonen die Bedeutung der „Entpathologisierung“ der Mutterrolle; die Mutter sollte in ihrem „Expertentum“ für die Beziehungsgestaltung in der Familie angesprochen werden. Weiters wäre es wichtig, hinter der Sorge der Mutter um das Wohlergehen der gesamten Familie auch ihre Wünsche nach Eigenständigkeit wahrzunehmen und anzusprechen.
Z. B. „Wer würde sich in der Familie am meisten als Egoist fühlen, wenn er für sich in Anspruch nehmen würde, auch eigene Wünsche durchzusetzen?“

„Angenommen die Schwester würde sich morgen entscheiden, wieder zu essen, der Vater hätte keine Magenschmerzen mehr, die Mutter hätte wieder mehr Zeit für ein Eigenleben, was meinst du, wie würde deine Mutter ihren neuen Freiraum nützen?“

3.3 Bulimia nervosa

Die Bulimia nervosa (das griechische Wort bedeutet „Ochsenhunger“) ist eine meist in der Adoleszenz oder im frühen Erwachsenenalter beginnende Eßstörung, die durch den unwiderstehlichen Drang gekennzeichnet ist, große Nahrungsmengen innerhalb kurzer Zeit in sich hineinzuschlingen, begleitet von dem Bewußtsein, daß dieses Eßverhalten nicht normal ist, und der Angst, die Nahrungsaufnahme nicht aus eigenem Willen beenden zu können. Dabei wird das anfängliche Normalgewicht oder leichte Übergewicht durch selbstinduziertes Erbrechen und manchmal auch durch Abführmittelmißbrauch weitestgehend konstant gehalten. Nach dem Heißhungeranfall setzen Selbstvorwürfe und depressive Verstimmung ein.

Inzidenz und Prävalenzraten

Epidemologische Studien schwanken stark in der Angabe der Häufigkeit dieser Erkrankung.

In der BRD schätzt man die Anzahl der Erkrankten auf 2-4% bei Frauen zwischen 18-35 Jahren und etwa 3% bei 12-20jährigen Schülerinnen. Bei amerikanischen Studentinnen werden Prävalenzraten bis 13% angegeben. Übereinstimmend wird von den meisten Autoren eine Zunahme der Krankheit vor allem während der letzten 10 Jahre berichtet.

Wieder sind fast ausschließlich Frauen von der Symptomatik betroffen, der Prozentsatz der Männer wird mit ca. 4% eingeschätzt (Fereis, 1989).

Ähnlichkeiten und Unterschiede zwischen Anorexia nervosa und Bulimia nervosa

Nach einer Untersuchung von Laura Lynn Humphrey (1989) unterscheiden sich Familien mit einer an einer bulimischen Symptomatik erkrankten Tochter in einigen Punkten deutlich von Familien mit Anorektikerinnen. In Familien mit „Bulimia nervosa“ ist die Kommunikation weniger durch das Bedürfnis nach starker gegenseitiger Versorgung als durch wechselseitig anklagende Äußerungen bestimmt, der Familienzusammenhalt zeigt sich durch langanhaltende Konflikte bedroht. Auch Weber &

Stierlin (1989) berichten, daß Streitthemen von den Familienmitgliedern im Gegensatz zu Familien mit anorektischem Verhalten lautstark geäußert werden, die Kinder fühlen sich daher offen aufgerufen, Partei zu ergreifen.

Das Konzept der Selbstkontrolle spielt bei beiden Symptomausprägungen eine große Rolle, aber während das magersüchtige Mädchen triumphierend die Kontrolle bewahrt und sei es um den Preis des eigenen Lebens, kämpfen bulimische Frauen immer wieder mit extremen Scham- und Schuldgefühlen, wenn sie die Kontrolle nicht bewahren konnten. Beide Familien sind sich ähnlich in einem extremen „Entweder-oder-Muster" (entweder man beherrscht sich, oder man wird beherrscht, entweder man leistet etwas, oder man ist ein Versager, etc).

Die Entwicklung bulimischer Symptomatik als beziehungsgestaltender Lösungsversuch

Gunther Schmidt (1989) beschreibt, wie das später an einer bulimischen Symptomatik leidende Mädchen durch besondere Leistungsbereitschaft und Perfektionsstreben um die Anerkennung des als „stärker" in der Familie angesehenen Familienmitglieds (häufig des Vaters) ringt, ständig in dem Bewußtsein, daß der „Platz an der Sonne" mehr als unsicher ist. Mit ihrem Heranreifen zur Frau wird die Beziehung zum Vater häufig belasteter. Einerseits möchte die Tochter der Mutter helfen, sich beim Vater durchzusetzen, da sie den Eindruck hat, daß diese sich in der unterlegenen Position befindet, andererseits möchte sie auch weiterhin dem Vater gefallen, bekommt aber Angst vor der erotischen Tönung der Beziehung. Regressive Bedürfnisse und Gefühle der Schwäche müssen abgespaltet werden, um das makellose Außenbild zu erhalten – gleichzeitig baut sich dabei in der Phantasie ein immer stärker werdender Wunschtraum auf, endlich bedingungslose Zuwendung zu bekommen. Die bulimische Symptomatik ermöglicht es endlich, die aufgestaute Gier zu befriedigen, zusätzlich kann durch das anschließende Erbrechen der Eßanfall wieder „ungeschehen" gemacht werden und das Bild der perfekten, beherrschten, leistungsorientierten jungen Frau aufrecht erhalten werden. Durch ihren Bewältigungsversuch schafft sie es einerseits gemäß ihren eigenen hohen Ansprüchen an sich selbst mit einer Lebenssituation zurechtzukommen, die sie als überfordernd empfindet, andererseits schwächen die dem Eß-Brechanfall folgenden Gefühle von Scham und Selbstekel ihr Selbstbewußtsein und damit die Kraft, sich aus einer unerträglich gewordenen Beziehungssituation zu befreien.

Was am Anfang von ihr häufig als pragmatischer Lösungsversuch zur Gewichtsregulierung nach gelegentlichen Freßanfällen angesehen wurde, bekommt problemstabilisierende und sich selbst verstärkende Wirkung. Das Eß-Brechverhalten kann beziehungsregulierende Funktionen in der Ursprungsfamilie übernehmen, vor allem in dem Bemühen, bestehende Spannungen zwischen den Eltern auszugleichen, sie dient aber auch häufig der Balancierung zwischen Nähe und Distanz in späteren Partnerschaften, die sich meist durch hohe Ambivalenz zwischen Autonomie und Selbstaufgabe auszeichnen. (Zur Beschreibung der Beziehungsdynamik siehe auch Russinger (1992).

Therapeutische Praxis und Falldarstellung

Aufgrund des üblicherweise späteren Auftretens der Symptomatik und der Tatsache, daß zwischen den ersten Eß-Brechanfällen und dem Aufsuchen einer Therapie durchschnittlich noch 3–5 Jahre vergehen (vgl. Fereis, 1989), suchen Frauen mit bulimischer Symptomatik weit häufiger als solche, die an einer anorektischen Störung leiden, aus eigenem Antrieb Psychotherapie auf, dies vielfach erst nach Auszug aus dem Elternhaus, ohne daß die Eltern etwas von den Eß-Brechanfällen der Tochter wissen. Die Frage, ob systemische Einzel-oder Familientherapie sinnvoll ist, kann anhand von zwei Kriterien diskutiert werden; einerseits danach, in welchem sozialen Verband die Klientin derzeit lebt (Ursprungsfamilie, Partner, alleine, etc.), andererseits danach, ob die Klientin die Anwesenheit anderer Personen in der Therapie als hilfreich für die Lösung ihres Problems ansieht.

Bei der anschließenden Falldarstellung aus eigener Praxis handelte es sich auf Wunsch der Klientin ausschließlich um systemische Einzeltherapie.

Kontext der Überweisung, Symptomatik

Frau M.[2], einer 21jährigen jungen Frau, berufstätig, seit eineinhalb Jahren verheiratet, wurde von ihrem praktischen Arzt empfohlen, sich bezüglich ihrer Bulimie in psychotherapeutische Behandlung zu begeben. Als sie sich für eine Einzeltherapie anmeldete, litt sie seit 3 Jahren an Eß-Brechanfällen, die Häufigkeit hatte sich zunehmend gesteigert und schwankte zum damaligen Zeitpunkt zwischen 1 bis 7 Mal täglich.

Familienkonstellation und aktuelle Lebenssituation

Die Klientin, die als Einzelkind in einer Familie mit einem Vater, den sie als dominant und manchmal auch gewalttätig beschrieb und einer Mutter,

2 Name und Details der Falldarstellung wurden verändert.

die sich als Nur-Hausfrau ihrem Mann immer untergeordnet hatte, aufgewachsen war, hatte mit ihrer frühen Ehe den erstmöglichen Weg, ihre Ursprungsfamilie verlassen zu können, gewählt. Das Zusammenleben mit dem Ehemann erwies sich aber nicht als die erhoffte Befreiung; sie fühlte sich einerseits eingesperrt, andererseits erschien aber auch ein größerer Freiraum in der Beziehung undenkbar, da sie Angst hatte, daß er sich dann ganz von ihr abwenden würde.

Therapeutische Ideen und Vorgangsweisen

KlientInnen mit bulimischer Symptomatik kommen häufig mit dem Wunsch, so schnell wie möglich die „Ursache" für ihr Eß-Brechverhalten herauszufinden und damit endlich wieder Kontrolle über ihr eigenes Verhalten, für das sie sich zutiefst schämen und verachten, und das sie auf „eigene Willensschwäche" zurückführen, zu gewinnen (Russinger, 1995). Aus diesem Grund ist es bei dieser Symptomatik besonders wichtig, eine ausgewogene Problem-Lösungsneutralität zu wahren, sich therapeutisch sogar stärker auf die Seite der („Noch)-Nicht-Veränderbarkeit" des Symptoms zu stellen und „Rückfälle" als mögliche „Vorfälle" prognostizieren zu lassen (s. a. Stüdemann et al., 1991).

Die Klientin führte von Anfang der Therapie an ein Tagebuch über ihre Eß-Brechanfälle und ihre Ideen über mögliche Auslöser für bulimisches Verhalten, sowie eine Skala von 0–10 über ihre tägliche emotionale Befindlichkeit. Auslösende Gefühle reichten von „Langeweile", einem „Gefühl der unerträglichen Leere" –, bis zu „Ärger", „sich eingesperrt fühlen", „nicht tun können, was ich eigentlich will", bis zu „mir ist ganz unklar warum, es war mir einfach nur schlecht".

Beim „Externalisieren von Teilen" (siehe Russinger, 1995) konstruierte sie einen Teil, den sie als „Mrs. Perfekt" bezeichnete und der sich durch Zielstrebigkeit, Ehrgeiz und Rationalität sowie dadurch auszeichnet, andere Menschen nicht wirklich zu brauchen, eine „Mrs. Fatty", die gierig, kindlich, genußsüchtig, aber auch sehr gefühlsbetont sei, und der es leider unheimlich wichtig wäre, geliebt zu werden, sowie eine „Frau Gewissen", die sich sofort einmischen würde, wenn einer der beiden anderen Teile zu stark werden würde.

Veränderungen während der Therapie, Zunahme und Abnahme bulimischer Symptomatik im Zusammenhang mit aktueller Beziehungs- und Lebensgestaltung

Die bulimische Symptomatik veränderte sich am Anfang der Therapie nur sehr wenig, im Gegensatz dazu nahmen Ideen über die Zusammenhänge von „inneren Dialogen“, aktuellem Beziehungserleben und Eß-Brechverhalten zu. Zunehmend entstand der Wunsch, sich aus der jetzigen Beziehung zu „befreien“, und wieder stärker eigene Wünsche in der Lebensgestaltung (Kurse, Reisen, Freunde) zu berücksichtigen. Die endgültige Trennung von ihrem Mann erfolgte nach ca. einem halben Jahr Therapie sehr plötzlich, als sich Frau M. in einen anderen Mann verliebte. Es gelang ihr, unterstützt durch die neue Beziehung, schlagartig ihre Eß-Brechanfälle einzustellen, auch sonst versuchte sie unter Einsatz all ihrer Kräfte, sich selbst zu der Frau zu entwickeln, von der sie annahm, daß sie den Erwartungen ihres Freundes entsprechen würde. Die Abstände zwischen den Therapiestunden wurden verlängert und die Therapie kam zu einem baldigen Abschluß in gegenseitigem Einvernehmen.

Frau M. meldete sich nach einem Jahr wieder um neuerdings Therapiestunden in Anspruch zu nehmen, nachdem die Beziehung gescheitert war, worauf sie mit Selbstverletzungstendenzen (Ritzen am Handgelenk) reagiert hatte. Die bulimische Symptomatik war nur ganz kurz aufgetreten und stand nicht mehr im Vordergrund. Mehr als die Beendigung der Beziehung, über die sie zum Teil sogar erleichtert war, beschäftigte sie die Frage, wie es dazu kommen konnte, daß sie ihrem Ex-Partner die Möglichkeit gegeben hatte, sie durch seine Unzuverlässigkeit in eine dauerhafte Warteposition und immer noch größeres Bemühen um seine Liebe zu bringen. In den folgenden Stunden beschäftigte sich Frau M. hauptsächlich mit ihren inneren Bildern zu Frauen- und Männerrollen in Beziehungen, wie sie sie in ihrer eigenen Herkunftsfamilie erlebt hatte, und wie sie in Zukunft gerne leben würde. Sie beendete die Therapie mit dem Verfassen eines „Ich bin ich“- Dokuments.

4. Verhaltensauffälligkeiten bei Kindern und Jugendlichen *(Thoma)*

Soziologisch betrachtet ist die Idee der Kindheit eine Entwicklung der Neuzeit, basierend auf einer Unterscheidung von Kind und Erwachsenem – in ihren Bedürfnissen, ihren Möglichkeiten und ihren Verantwortlichkeiten zueinander.

Vor nicht all zu langer Zeit war die Anzahl der Kinder pro Elternpaar größer, die Kindersterblichkeit wesentlich höher, die Phase der Kindheit (bzw. jene der Jugend) erheblich kürzer als heute. Was man früher brauchte, um als erwachsen zu gelten, war schneller gelernt.

Heute ist das anders. Geringe Kinderzahl, geringe Sterblichkeit und langes Verweilen der Kinder im Elternhaus lassen starke und exklusive Liebe zwischen Eltern und Kinder zu.

Diese auf Liebe basierende, sinnstiftende Beziehung erweist sich heutzutage mehr denn je als notwendig, denn der herangereifte Mensch ist ein kompliziertes und widersprüchliches seelisch-gesellschaftliches Gebilde. Er soll bindungsfähig sein und trotzdem unabhängig; spontan und herzlich Gefühle äußern können und doch imstande sein, Bedürfnisse zurückzuhalten und aufzuschieben, seine Triebe und Affekte zu regulieren; im Moment handeln können und langfristig planen. Am Ende dessen, was man Erziehung nennt, soll er eigenverantwortlich handeln und in diesem Sinne unabhängig von seiner Herkunftsfamilie sein, damit er sich in einer ständig varianten, komplexen Welt durchsetzen und zurechtfinden kann.

„Kind sein" bzw. der Begriff „Kind" als solcher drückt gleichzeitig einen biologischen Faktor und einen sozialen Faktor aus. Auf der anderen Seite findet der biologische Status im Begriff „Erwachsener", der soziale Status im Begriff „Eltern" seine Entsprechung – wobei Elternschaft im Unterschied zu Kindheit etwas ist, was erworben, und im Handeln ausgedrückt werden muß.

Nach Batesons Konzept der Schismogenese handelt es sich bei der Eltern-Kind-Beziehung um eine Form der komplementären, d. h. auf einem Unterschied basierenden, sich gegenseitig ergänzenden und zueinander passenden Beziehungsform. Sie ist eine Form einer ungleichen Abhängigkeits-Versorgungs-Beziehung, die im Laufe der kindlichen Entwicklung immer neue Formen von „entgegengesetzten" Verhaltensweisen erfordert, um die familiäre Homöostase aufrechtzuhalten. Familien benötigen daher die Fähigkeit zur Flexibilität in ihren Prämissen der Organisation, um sich ständig neuen Kontextbedingungen anzupassen. All dies vollzieht sich unter der Prämisse der elterlichen Erziehungsverantwortung.

Die Aufgabe der Erziehung besteht einerseits darin, Fürsorge und Verantwortung in den Bereichen für das Kind zu übernehmen, in denen es dies selbst noch nicht tun kann, und andererseits diese in die Eigenverantwortlichkeit des Kindes zu übertragen. Daß dieser Gegensatz Quelle mannigfaltiger Schwierigkeiten darstellen kann, erscheint einleuchtend.

Zudem hat diese gesellschaftliche Konstruktion der Eltern-Kind-Beziehung die Konsequenz, daß gerade dann, wenn Erziehung erfolgreich verläuft, sie mit einer schmerzlichen und oft enttäuschenden Erkenntnis auf

Seiten der Eltern verbunden ist, nämlich daß elterliche Verantwortung sich auflöst und nicht mehr notwendig ist.

Soll die Ablösung Jugendlicher glücken, müssen Eltern beizeiten ein Konzept des weiteren Lebens unabhängig von Elternschaft entwickeln.

Haley (1981) weist in seinem grundlegenden Werk „Ablösungsprobleme Jugendlicher" darauf hin, daß die Familie instabil wird, wenn ein Jugendlicher sich anschickt, das Haus zu verlassen: „Die Fragen, mit denen sich die Eltern wegen der Kinder nicht beschäftigt hatten, müssen nun angegangen werden. Alle ehelichen Themen, über die man nur durch das Kind kommunizierte, müssen nun anders behandelt werden, wenn das Kind an dem Dreieck nicht mehr aktiv ist" (Haley, 1981, S. 45).

Haley definiert ein von der Norm abweichendes jugendliches Verhalten als Möglichkeit, wie ein junger Mensch eine Familie stabilisieren kann – indem er ein Problem entwickelt, das ihn stark behindert und zum Versager macht, so daß er weiterhin die Eltern braucht. Die Funktion des Versagens ist, daß die Eltern weiterhin durch und über den jungen Menschen kommunizieren, wobei die Organisation unverändert bleibt. Er versteht seinen strategischen Therapieansatz ähnlich einem Initiationsritus. Er warnt davor, den Eltern als schädigenden Einfluß die Schuld zu geben und wehrt sich gegen pathologische Etikettierungen für verhaltensauffällige Jugendliche wie „verrückt" etc., da sie große Auswirkungen auf therapeutisches Handeln haben und auch nicht der Leistung des Jugendlichen für die familiäre Homöostase gerecht werden.

Ebenso wie Erziehung ist auch die gesellschaftliche und individuelle Definition von „normalem" kindlichen Verhalten und „abnormem" kindlichen Verhalten kontextgebunden und richtet sich nach impliziten und expliziten Regeln. Diese werden in unserer Gesellschaft von Erwachsenen aufgestellt, ebenso wie die (medizinische) Etikettierung von kindlichen Verhaltensauffälligkeiten eine Zuschreibung darstellt, die aus einer für das Kind fremden Erwachsenenwelt kommt.

Einerseits stellt dieser Akt der Etikettierung von kindlichen Verhaltensweisen für den Therapeuten eine große Chance dar, weil man mit Kindern und Jugendlichen kaum Konsens über die Bedeutungszuschreibung z. B. der Diagnose „Juvenile Depression" erwarten kann (ganz einfach weil sich Kinder in der semantischen Welt der Erwachsenen nicht zurechtfinden und sich aus Unverständnis einer Einheits(be)deutung nicht a priori anschließen). Andererseits stellt eine solche Diagnose für die betroffenen Eltern die Chance einer Entlastung dar. Medizinische, genetisch begründete Diagnosen (z. B. Geburtstrauma; erblich bedingte Krankheit etc.) ermöglichen für sie eine Diskussion abseits von moralisierenden Schuldzuschreibungen, können die Frage nach den Möglichkeiten einer Einflußnahme aber verzerren.

Aus einer systemischen Sichtweise von Therapie geht es darum, Bedeutungszuschreibungen zu verflüssigen, neues Handeln und Verhalten der Beteiligten zu ermöglichen (also Erstmaligkeit herzustellen) und dies mit der therapeutischen Grundhaltung der Neutralität zu tun.

Neutralität meint hier nicht nur, sich nicht auf die Seite des Schwächeren, des vermeintlichen Opfers zu stellen (die Gefahr, dies zu tun ist in der Arbeit mit verhaltensauffälligen Kindern und deren Angehörigen ja stets gegeben) um mit ihm gegen den vermeintlichen schädlichen Einfluß, den seine Eltern auf ihn ausüben, zu kämpfen.

Neutralität bedeutet in diesem Zusammenhang u.a., keine Definition oder Unterscheidung auf den Grundsätzen, die die Familie herstellt, zu akzeptieren. Wenn z. B. jemand sagt: „Mein Sohn ist schizophren", und der Therapeut akzeptiert das, dann ist er nach dem Mailänder Konzept von Neutralität nicht neutral. Gianfranco Cecchin weist in diesem Zusammenhang auf den wichtigen Unterschied zwischen Erziehung und Therapie hin: „Eltern können nicht neutral sein. Wenn du Elternteil bist, mußt du sagen, ob etwas gut, schlecht, erlaubt oder verboten ist. Du mußt sagen: „Ich bin anderer Meinung; du machst mich ärgerlich" oder: „Alles ist in Ordnung". Du mußt deinen Regeln entsprechend klare Anweisungen geben, was richtig und falsch ist, damit das Kind weiß, was es machen soll. Im Gegensatz dazu stellt sich der Therapeut auf eine andere Ebene, auf der alles zu Kommunikation wird. Für ein Kind wäre das ein unmögliches Durcheinander. Aber für einen Therapeuten muß alles als Kommunikation einen Sinn ergeben. Schlecht zu sein ist ebenso wichtig und wertvoll, wie gut zu sein" (Boscolo, Cecchin, Hoffmann, Penn, 1990, S. 191).

In unserer komplexen Gesellschaft werden immer mehr sozialisierende Funktionen von professionellen Institutionen wie Kindergärten, Schulen, Horten usw. übernommen.

Wird in einem dieser Kontexte ein Kind als verhaltensauffällig wahrgenommen, so besteht stets die Gefahr, daß dieses Verhalten unabhängig vom Kontext des Auftretens in die Verantwortlichkeit, mitunter sogar in die Schuldhaftigkeit der Eltern zurückgegeben wird. Erklärungen für die Ursache des Verhaltens werden gesucht und bei den Eltern gefunden, frei nach dem Motto: „Mit uns als Schule hat das Problemverhalten nichts zu tun, bei uns wirkt es sich nur aus. Das muß aus dem Elternhaus kommen!"

Das Problemsystem verschiebt sich, Eltern wird Problemhaftigkeit zugeschrieben. Aus einem Leidensdruck heraus entstehen Lösungsideen wie etwa, die Eltern in Paartherapie zu schicken. Nehmen Eltern und Therapeuten diesen Auftrag an, so ergibt sich für die therapeutische Situation ein massives „Double-bind“ (Schmidt, 1993): Tritt ein Therapieerfolg ein, wäre dies die Bestätigung der Behauptung möglicher Zuweiser, eine „gestörte“ Paarbeziehung der Eltern wäre ursächlich Schuld am kindlichen Fehlverhalten gewesen. Tritt kein Therapieerfolg ein (was unter diesen Voraussetzungen wahrscheinlich ist), wäre dies nur eine weitere Bestätigung der Pathologiezuschreibung. Sie könnte den Therapeuten dazu führen, sich dieser Sichtweise anzuschließen. Therapieerfolg ginge unter dieser Prämisse nur mit einer massiven Abwertung der Eltern einher – eine solche Souveränität der Eltern, dies in Kauf zu nehmen, ist jedoch etwas, was man nicht voraussetzen kann. Schmidt stellt an diesem Punkt seiner Arbeit nicht nur die wichtige Frage nach dem Überweisungskontext, sondern auch die Frage der möglichen Einflußnahme bei derartigen Problemstellungen. Er betont die Bedeutung der Frage nach (versteckten) Aufträgen der Familie, nicht anwesende Dritte (wie etwa den zuweisenden Lehrer) therapieren zu wollen – was ja nicht machbar ist. Sehr wohl aber haben Eltern Einfluß in die Beziehungsgestaltung zu außenstehenden Dritten. Er schlägt daher bei einem solchen (in der therapeutischen Praxis sehr häufigen) Überweisungskontext eine lösungsorientierte Umdefinition des Therapiekontextes vor: Er macht die Beziehung Eltern – Überweiser (z. B. Schule) zum zentralen Angelpunkt der therapeutischen Arbeit und fokussiert jene Ausnahmen einer gelungenen Beziehungsgestaltung Eltern-Zuweiser, die das Auftreten gewünschter kindlicher Handlungsweisen im institutionellen Problemkontext (Schule) wahrscheinlicher machen.

Wenn, so die Behauptung, für den Therapieverlauf der Überweisungskontext und die damit zusammenhängende Auftragsklärung in der Arbeit mit verhaltensauffälligen Kindern und Jugendlichen und deren Angehörigen von zentraler Bedeutung ist, so stellt sich *die Frage nach dem Beeinflußbaren* auch in jenen anderen therapeutischen Situationen, die ohne Überweisung durch Dritte zustande kommen. Symptome wie Bettnässen, Einkoten oder Stottern etwa sind spontane Ereignisse, die *nicht direkt* beeinflußt werden können – wohl aber der familiäre Umgang mit diesen Verhaltensweisen.

Aus dem oben angeführten ergibt sich, daß es wenig erfolgversprechend erscheint, als Therapeut einen Auftrag anzunehmen, ein Kind zu „reparieren“ bzw. den Eltern zu helfen, in deren Sinne auf das Kind einzuwirken – schon allein deswegen, weil elterliche Problemlösungsversuche nicht selten dazu beitragen, das Problemmuster aufrechtzuerhalten. Ein Mehr desselben, nicht zielführenden, erzeugt keine dauerhafte Veränderung. Wohl aber sollten die bisherigen Lösungsversuche der Eltern als organisatorische Leistung, wie Schmidt es nennt, betrachtet und wertgeschätzt werden.

5. Systemische Therapie mit Suchtpatienten *(Vorpagel)*

5.1 Einleitung

Es gibt eine Vielfalt von mehr oder minder relevanten Ansätzen und Hypothesen zur Entstehung von Sucht (Pritz, 1992). Theorien, die davon ausgehen, daß Drogen dazu dienen, Leidenszustände zu verringern bzw. das Lebensgefühl insgesamt zu steigern (Selbstmedikationstheorien), die eben Drogenkonsum als einen Versuch der Lebensbewältigung verstehen, sind eine Variante von ihnen (vgl. auch Eisenbach-Stangl & Pilgram, 1980). Ohne diesen Konzepten eine alleingültige Relevanz zuzuordnen, erweist sich die Sichtweise „Drogenkonsumation als Lebenshilfe“ bzw. „Drogenkonsumation hat Funktion“ für die Therapie als hilfreich. Diese „Metapher“ (vgl. Steiner & Hinsch, 1988) ermöglicht der KlientIn in der Psychotherapie die Auseinandersetzung darüber, inwieweit sie die Droge als Lebenshilfe braucht oder ob sie auch andere Strategien kennt bzw. entwickeln will. Der Eigenverantwortung der PatientIn für ihre Lebensgestaltung im allgemeinen und für ihre Therapie im besonderen wird dadurch mehr Platz eingeräumt. Der Entzug von der süchtigmachenden Substanz ist davon inhaltlich völlig getrennt und liegt auf einer rein körperlich-medizinischen Ebene. Die real stattfindende Zweiteilung in Entzug und daran eventuell anschließender Therapie eröffnet zwei unterschiedliche Systeme: das medizinisch-biologische sowie das sozio-psychotherapeutische. Die PsychotherapeutIn erhält durch diese Zweiteilung die Möglichkeit, sich als TherapeutIn und nicht als KontrollorIn zu definieren.

Mittlerweile wird Drogenkonsumation als ein Symptom der „Krankheit Drogensucht“ beschrieben. Diese Beschreibungsform eröffnet die Idee, daß die Sucht möglicherweise geheilt werden kann, die Krankenkasse für die Kosten aufkommt und die Exekutive die Bestrafung zugunsten einer Therapie zurücklegen kann.

Durch diese Erweiterung werden die „Helfer“ augenblicklich zu Experten, die den Auftrag haben, die Betroffenen zu verändern. Unabhängig von der Schwierigkeit, die „Krankheit“ Drogensucht zu heilen, steckt der „Helfer“ in dem gesellschaftlichen Dilemma, daß er sich in zwei verschiedenen Beschreibungsebenen und den sich daraus ergebenden Systemen bewegt: System Kriminalität und System Krankheit. Beide erlauben verschiedene Sichtweisen und damit unterschiedliche Handlungen. Diese beiden Beschreibungen aus der Sicht der Gesellschaft werden durch die Beschreibung aus der Sicht des Betroffenen ergänzt: Ihre Beschreibung der Gesellschaft führt zu einer Weigerung, an einem Leben teilnehmen zu wollen, das die Experten als gut erachten. Diese einander so stark widersprechenden Beschreibungen erzeugen ein undurchdringlich erscheinendes Beziehungsnetz.

Auch der, der verändern will, bzw. der mit Veränderung Beauftragte ist durch sein Verändern-Wollen fester Bestandteil dieses sich selbst erhaltenden Problemsystems geworden. Was Levold et al. (1993) über Gewalt in Familien gesagt haben, kann man wortwörtlich auf das Problem Drogengebrauch, Sucht und Kriminalisierung übertragen: „Gewalt ist im Sinne Harold Goolishians nicht bloßes Merkmal eines problematischen Systems, etwa einer Familie, sondern ein Fokus, um den herum sich ein Problemsystem aus Betroffenen, professionellen Helfern, Gutachtern, Theoretikern, Verfolgern, Richtern und Politikern bilden kann, welches in seiner Gesamtheit durch seine sprachlich strukturierten Transaktionen überhaupt erst als soziales Problem konstruiert wird, und damit Interventionsbedarf schafft (S. 288f).“

5.2 Die DrogentherapeutIn als Teil eines therapeutischen Systems

Wenn die „zu heilende Krankheit Drogensucht“ umgedeutet wird in „die Droge, die in einem System eine bestimmte Funktion zu erfüllen hat“, entsteht für alle Beteiligten (KlientInnen, Angehörige, TherapeutInnen, etc.) ein neuer Handlungsspielraum, in dem neue, andere Themen möglich werden. Es können sich andere Problematiken ergeben, die veränderbar sind und wo die eigenen Wünsche des Klienten nach Veränderung überhaupt erst berücksichtigt werden können.

Drogen werden zunächst tatsächlich als helfende Möglichkeiten sinnhaft eingesetzt und haben somit Funktion. Niemand greift zu diesen Substanzen, weil er süchtig werden will. Das Süchtig-Werden ist ein dynamischer Prozeß, der sich aus der Vernetzung von der den Substanzen innewohnenden biochemischen Wirkungsweise, sowie der entsprechenden psychophysischen Anschlußfähigkeit des Menschen an diese ergibt (s. a. Pritz, 1992, A/00, Nr. 1, Blatt 1).

Therapie könnte, ausgehend vom oben erwähnten Verständnis, ausgehend vom Wunsch nach Veränderung seitens des Klienten, neue Sicht- und Handlungsweisen erarbeiten, entwickeln, verwerfen, neue suchen, wieder finden und verwenden. Dadurch könnte die PatientIn sowie die TherapeutIn das (Problem-)Lösen-Wollen und oft auch Lösen-Müssen aufgeben. „Systemische Familientherapie sucht nicht so sehr danach, eine Lösung für das Problem zu erarbeiten, sondern das Lösen von Problemen selbst zu erlernen, ... zu lernen, daß man Lösungen konstruieren kann, wie Probleme" (Essen, 1993, S. 33).

Freilich garantiert Therapie in keinem Fall Rückfallsfreiheit, jedoch kann sie dem Klienten helfen, sich neue Ressourcen zu erschließen, die ihm seine Entscheidung zum Leben ohne Droge erleichtern bzw. ihn in seinem Bemühen um Veränderung bisheriger Lebensstrategie unterstützen können.

Wir vertreten hier den Anspruch, daß sich Psychotherapie von Drogenabhängigen prinzipiell nicht von Psychotherapie mit irgendeiner anderen Zielgruppe zu unterscheiden braucht. Wenn sie sich aber nicht unterscheidet, macht das einen gewaltigen Unterschied zu der momentan vorherrschenden Praxis, die die Gesundung der Süchtigen und die Beendigung des Mißbrauchs immer wieder fokussiert.

Es gibt äußere Aufträge der Veränderung der PatientIn: den öffentlichen, den einer Leitungsebene der behandelnden Institution, ggf. den der überweisenden Stelle und den (ausgesprochenen oder unausgesprochenen) von Kollegen der jeweiligen Therapieeinrichtung. Es gibt weiters innere Aufträge der TherapeutIn, bedingt durch die eigenen Werte- und Normensysteme. Innerhalb dieses Netzes von Aufträgen gilt es, einen Freiraum zu schaffen, in dem es möglich ist, nach dem Auftrag der KlientIn zu fragen. Kim Berg (1995) betont die Notwendigkeit der Kooperation von TherapeutIn und KlientIn beim Auffinden von Therapiezielen der KlientIn: „In Übereinstimmung mit diesem Prinzip glauben wir, daß es hilfreicher ist, das Ziel des Klienten zu akzeptieren und mit ihm zu arbeiten, als darauf zu bestehen, daß der Klient das „richtige" Behandlungsziel haben müßte (z. B. das Ziel des Therapeuten, das Ziel des Programms, usw.)" (S. 54). Interessant ist nun die Beobachtung, daß KlientInnen tatsächlich nur in seltenen Fällen das Drogenproblem als Primärthema nennen.

Durch das Stehenlassen des Drogenproblems und das sukzessive Abfragen des ganzen Bezugssystems wird der Blick auf Dinge gelenkt, die noch nicht durch wiederholte untaugliche Lösungsversuche zementiert wurden. Dadurch kann sich die KlientIn entspannen, mit Hilfe von Fragen Handlungsspielräume erkunden, mögliche Änderungen durchsprechen und letztendlich zu der Entscheidungssituation kommen, in der sie sich die Frage stellt: Will ich etwas verändern oder nicht? Drogenkonsum kann z. B. ein Ausdruck der Rebellion sein. Diese Erkenntnis kann der KlientIn die Einsicht ermöglichen, daß Leben und Droge nicht Schicksal sondern gestaltbar ist. Die Überlegung zur Änderung kann, muß aber nicht die Droge betreffen. DrogenkonsumentInnen sind durch die gesundheitliche Gefährdung ihrer Person, durch die drohende Kriminalisierung, durch den Zwangskontext der Behandlung noch stärker als andere KlientInnen in Gefahr, sozial erwünschte Inhalte als Therapieziel zu denken und zu formulieren. Fragen der TherapeutIn nach Zielen der KlientIn dienen also in der ersten Phase der Therapie nicht nur den Formulierungen von Therapiezielen, sondern auch der Auseinandersetzung damit, was an Veränderung überhaupt denkbar ist. Dieser Bewußtseinsschritt, das Innewerden der eigenen Person als ein zur Strukturveränderung fähiger Mensch, bildet den ersten Schritt einer Therapie mit Drogensüchtigen. Erst jetzt wird es der süchtigen Person möglich, Probleme und Ziele zu formulieren und der TherapeutIn einen Behandlungsauftrag zu geben. In einem zweiten Schritt kann sich die KlientIn entscheiden, ob z. B. das Ausdrucksmittel für die Rebellion, der Drogenkonsum, immer noch Gültigkeit hat oder nicht.

Die zur aktiven Teilnahme am therapeutischen Gespräch herausfordernden Fragen: Was möchten Sie hier heute tun? Was ist heute Ihr Anliegen? oder: Was soll hier heute geschehen, damit diese Stunde für Sie Sinn macht? lösen im Klienten Suchprozesse aus und erweitern dadurch die persönlichen Möglichkeiten, vor allem das Erarbeiten eines konkreten Auftrages (vgl. Reiter, 1991). An der Auseinandersetzung und Überprüfung der Versuche zur Zielformulierung kann die KlientIn selbst den Fortgang der Therapie bzw. etwaige Veränderungen erkennen. Das sind für sie erlebbare Erfolge, die für DrogenpatientInnen besonders wichtig sind. Indem die PatientIn beginnt, selbst Antworten zu suchen, übernimmt sie, fast unmerklich, nach und nach Verantwortung zuerst für ihre Therapie, dann für ihr Leben und ihre Lebensführung. In diesem Stadium wird es der KlientIn leichter möglich, andere Angebote z. B. eines stationären Kontextes zu akzeptieren und mitzuarbeiten.

Die Angebote der SozialarbeiterInnen und SoziotherapeutInnen bei der gesellschaftlichen Eingliederung und der ArbeitstherapeutInnen bei der arbeitsmäßigen Rehabilitation können dann auf mehr Kooperationsbereitschaft bei den KlientInnen treffen. Durch das Interesse an der Person der KlientIn und ihrem das Verhalten determinierenden System, welches sich z. B. durch Fragen verschiedener Art (vgl. Tomm, 1988, S. 220-243 und 1989, S. 21-40) ausdrückt, entdeckt die KlientIn in ihren Stellungnahmen, daß sie ExpertIn für ihr eigenes Leben ist. Diesem Expertentum kann die TherapeutIn vertrauen, weil ja nur die KlientIn selbst weiß, welche Lösung für sie paßt. Das fragende Interesse hält den Prozeß, sich auf die Suche nach den eigenen Ressourcen zu begeben, in Gang.

Alles, was die KlientIn äußert oder tut, ist für die Therapie zu nutzen, indem man versucht, jede – auch noch so sinnlos erscheinende – Bemerkung der KlientIn in den Zusammenhang des Zieles bzw. Themas dieser Stunde zu bringen. Im Hier und Jetzt zu bleiben bzw. immer wieder den Bezug dazu herzustellen, hilft, die Auseinandersetzung mit der Umwelt aufrecht zu erhalten, was für DrogenpatientInnen, die ja oft jahre- bis jahrzehntelang in Realitäten gelebt haben, die nur in der Drogen-Subkultur anschlußfähig waren, besonders wichtig ist.

Die Frage ist das Werkzeug, welches das vorher Nicht-Sagbare nun besprechbar werden läßt. Durch Benennen wird es real. Oft genug weichen DrogenpatientInnen hier aus, weil sie wissen, daß etwas zu benennen Wirklichkeiten schafft, die Konsequenzen nach sich ziehen, z. B. Auseinandersetzung mit diesen Wirklichkeiten. In einer stationären Paartherapie wurde beispielsweise die Therapie in dem Moment unmöglich und von den beiden Partnern abgebrochen, als der Therapeut sie Paartherapie nannte. In dem Moment wurde durch die Benennung der Therapie als Paartherapie eine Wirklichkeit der Beziehung hergestellt, die in ihrer Bedrohlichkeit noch nicht ausgehalten werden konnte.

Das oft erlebbare Phänomen von Ärger und Frust auf Seiten der TherapeutInnen angesichts „unwilliger" PatientInnen, das dadurch leicht neu belebte Spiel von „Eltern wollen Kind erziehen/verändern – Kind verweigert" wird leichter vermeidbar, wenn sich die TherapeutIn auf Ziele und Absichten der KlientIn konzentriert. Natürlich kann es sein, daß eine PatientIn im Laufe des Prozesses dazu kommt, die Therapie abzubrechen. Hier ist es aber in der überwiegenden Mehrheit der Fälle nachweisbar gewesen, daß bewußte Entscheidungen eine Rolle gespielt haben.

Das heißt, Rückfällen kommt eine größere Bewußtheit zu. Das aber bedeutet, daß eine Wahlmöglichkeit eingeführt worden ist, die Realität des Ausgeliefert-Seins ist einer Realität der Kontrolle und der Entscheidungsmöglichkeit gewichen. Das ist insofern wichtig, da ja der Einstieg in die Droge aus vielerlei Gründen passierte, aber meist nicht aus einer in diesem Sinne bewußten Entscheidung.

5.3 Schlußfolgerungen

Durch Verzicht auf Definitionen, die KlientInnen als schwer entwicklungs- und persönlichkeitsgestörte Menschen beschreiben, durch Verzicht auf moralisierende Wertungen und durch die Aufgabe der Illusion, eine

Menschheit ohne Krankheit sei nicht nur möglich, sondern das eigentlich „Normale“, wird es TherapeutInnen leichter möglich, ihr Klientel zu erreichen (vgl. Bürkle, 1992). Indem sie deren Ziele und Anliegen statt der gesellschaftlich anerkannten ernst nehmen, gelingt es, nicht Teil dieses Problemsystems zu werden, sondern ein therapeutisches System aufzubauen, das breiteren Handlungsspielraum zuläßt und die Möglichkeiten zu Veränderungen effizient erweitert.

6. Angesichts des Todes – Trauerarbeit im Systemischen Kontext *(Riedler-Singer)*

Beachtet man Erscheinungszeit und -ort der Fachliteratur zur Trauerarbeit im Familiensystem, so fällt auf, daß von den 70er Jahren an vor allem in Amerika zahlreiche Arbeiten erschienen sind (Übersicht dazu geben: Gelcer, 1983; Herz Brown, 1989; Walsh & McGoldrick, 1991). Bislang findet sich jedoch erstaunlich wenig in deutschen Übersetzungen wieder; neben der frühen Arbeit von Kuebler-Ross (1971) sei das Projekt des Nathan-Ackermann-Institutes, vorgestellt von Walker (1994), genannt, welches vier ausführliche Kapitel und zahlreiche Literaturhinweise zur Trauerarbeit enthält. Außerdem gab es bereits 1978 ein Schwerpunktheft der Zeitschrift „Familiendynamik“, das sich mit Tod und Trauer in der Familie beschäftigt (Familiendynamik, 1978).

Für das eher zögernde Herangehen an die Thematik seitens neuerer deutschsprachiger systemischer Autoren mag es mehrere Gründe geben; einer davon ist m. E. der wechselnde Grad der Aufmerksamkeit (bis zum Auschließlichkeitsanspruch), den verschiedene Schulen jeweils auf sich zu lenken verstanden. Doch gerade dieser komplexen Materie kann nur eine Zusammenschau gerecht werden, in der die Erkenntnisse des aus der Psychoanalyse kommenden familienhistorischen Modells, des Struktur-Prozeß-Modells, des Lebenszyklus-Modells und des konstruktivistischen Modells gemeinsam zum Tragen kommen.

Grundsätzlich befindet sich die Familie gegenüber dem Sterbenden, wie der Sterbende gegenüber der Familie, in einer existentiellen Spannung zwischen der Suche nach Nähe einerseits und dem Loslassenkönnen und -müssen andrerseits. Hierin einigermaßen die Balance zu halten, fällt freilich der Familie schwer genug. In dieser Situation wird es therapeutische Aufgabe sein, den diversen schweren Trauerreaktionen (also Verzweiflung, Zorn, Gefühlschaos, Schuldgefühle ...) standzuhalten, das heißt weder auszuweichen noch emotionell überzureagieren. Weicht man nämlich der Thematik aus Hilflosigkeit oder Scheu aus, verstärken sich bei den Familienmitgliedern Gefühle des Alleingelassenwerdens. So fühlt sich die Familie nicht nur bedroht vom Verlust eines ihrer Mitglieder, sondern zunehmend ausgegrenzt aus der Gemeinschaft der Mitmenschen, sodaß vermehrte Verleugnungsreaktionen ihrerseits die Bewältigung der Trauer hintanhalten.

Zeigt hingegen der Therapeut ungewöhnlich starke Gefühlsreaktionen in Form von Schock, Angst oder Niedergeschlagenheit, so induziert er bei der Familie eine Art „Schonverhalten" und benimmt sich seinerseits wie ein labiler Patient, welcher, anstatt Hilfe und Stütze zu geben, die Familie dazu benutzt, sich seinen eigenen ungelösten Trennungsproblemen zu widmen. Für die therapeutische Arbeit ist es daher wichtig, über die Determinanten der Schmerzverarbeitung und die Stadien des Trauerprozesses Bescheid zu wissen (Parkes & Weiss, 1983). Dies gilt gleichermaßen für Familien wie auch in der systemischen Einzel- und Paartherapie.

Um wirksam der Familie beizustehen, muß der Therapeut einfühlsam reagieren, dabei aber Ruhe bewahren und klar denken können. Nur so vermag er in dieser Situation äußerster Irritiertheit und Betroffenheit der Familie gegenüber seine Aufgabe zu erfüllen. Stets ist dabei zu bedenken, daß das Ausmaß der Zeit für das Durchwandern aller Phasen der Trauer nicht gering zu bemessen ist. Für tiefe Wunden braucht es Geduld. Vorzeitig den Schmerz abzutöten („abortive grief") ist ein häufiger Schlüssel für spätere Krisenanfälligkeit in der Familie: „Das Vergangene wird denen zur Last, die es vergessen wollen" (Paul, 1978).

Dabei wird der Therapeut auch ins Kalkül ziehen, daß das Ausmaß der Erschütterung eines familiären Systems durch eine Reihe von Faktoren beeinflußt wird. Insbesondere seien angeführt (s. a. Herz Brown, 1989):

6.1 Der soziale und weltanschauliche Kontext des Todes

Bei der Frage: Wer kümmert sich um die Kranken und Sterbenden? stoßen wir bereits auf massive Probleme darüber, wer in unserer Gesellschaft in welchem Maße hierfür zuständig ist. Meist sind es nach wie vor die Frauen, welche sich, oft trotz eigener Berufstätigkeit, ziemlich alleine verantwortlich fühlen. Die pflegende Person kämpft neben ihrer chronischen Erschöpfung häufig mit Gefühlen der Hilflosigkeit, des Ärgers, mit Scham- und Schuldgefühlen, Trauer und Isolation. Die Pflege eines schwerkranken Familienmitglieds belastet die übrigen Familienbeziehungen, weil diesen kaum Aufmerksamkeit geschenkt werden kann. Naturgemäß bleibt wenig Zeit für Erholung, die Pflege ist in der Regel kostenintensiv, und die Sozialkontakte verringern sich zusehends.

In dieser Situation nach nichtbedachten Ressourcen suchen zu helfen, ist ein häufiges Einsatzgebiet von systemischen Therapeuten. Dies betrifft sowohl die Zeit während der Pflege eines Todkranken oder Sterbenden, als auch die Zeit der schwierigen Neuorientierung nach dessen Ableben.

Von eminenter Bedeutung für den Umgang mit dem Phänomen Sterben ist auch meist die weltanschauliche Orientierung, in welche die Familie eingebettet ist. Gibt es eine Tradition geteilten Leidens, oder ist Sterben eine reine Privatsache? Welche Rituale des Abschieds können gefunden oder neu belebt werden?

6.2 Die Geschichte der früheren Verluste

Unverarbeitete frühere Verluste erschweren häufig den gegenwärtig anstehenden Abschied, hingegen können verarbeitete Verluste familiäre Entwicklungsschritte fördern oder einleiten. So gesehen, ist es naheliegend, ein Genogramm der Familie anzufertigen, aus welchem unter anderem die Position der verstorbenen Familienmitglieder und der Zeitpunkt des Todes ersichtlich werden. Diese Zeichnung kann wertvolle Aufschlüsse über Haltungen, Mythen und Tabus der betroffenen Familien geben. Zutage tretende Katastrophenerwartungen, die nicht selten aus einer Gleichstellung von früher verlorenen Familienmitgliedern mit dem gegenwärtigen Kontext kommen, können durch Unterschiedsfragen aufgelöst werden.

6.3 Der Zeitpunkt des Todes im Lebenszyklus

Das ruhige und würdevolle Sterben in *hohem Alter* wird in der Regel als natürlicher Prozeß akzeptiert; freilich entspricht dies nicht der Realität des Alterns mit seinen in der Regel zahlreichen degenerativen Leiden, die zunehmende Hilflosigkeit und großes Angewiesensein nach sich ziehen. Die Familie erlebt hierbei die quälende Erfahrung des Niedergangs sowie die mühsame, oft mit Schuldgefühlen verbundene Bürde der Versorgung. Sobald ein Familienmitglied pflegebedürftig wird, kommt es zu einer Veränderung und Neuausrichtung von Rollen, Kompetenzen und Verantwortlichkeiten. Betagte Partner haben große Anstrengungen auf sich zu nehmen, um Fähigkeiten zu erlernen, die früher eine Domäne des nunmehr Kranken waren. Die mittlere Generation fühlt sich häufig in einer Sandwich-Position zwischen den Pflichten der Altenpflege und der Kinderbetreuung überfordert. Notwendige Maßnahmen der Körperpflege am kranken Menschen können Scham- und Ekelgefühle auslösen, andrerseits aber auch als Chance für liebevollen Hautkontakt wahrgenommen werden.

Der Tod eines Menschen der *mittleren Generation*, also meist eines Trägers großer Verantwortung, ist ein Verlust, der nur schwer wieder ausgefüllt werden kann. Sind noch unmündige Kinder da, geht die tödliche Erkrankung eines Elternteils für den Betreffenden mit der drückenden Sorge einher, sie verlassen zu müssen und ihr Erwachsenwerden nicht mehr erleben zu dürfen. Tritt der Tod nach meist entbehrungsreichen Jahren des Großziehens der Kinder ein, bedeutet dies, daß die Früchte der Arbeit vom Paar nicht mehr gemeinsam genossen werden können; in beiden Fällen bleibt ein Partner verstört und vereinsamt zurück. Während einer langen und schweren Erkrankung lastet der Druck in solchem Ausmaß auf der Familie, daß ein Ablösen Jugendlicher erheblich beeinträchtigt wird.

Bei Kindern sind ihr Alter, ihr emotionaler Entwicklungsstand und emotionale Nähe von großem Einfluß auf die Verarbeitung des Phänomens des Todes (siehe dazu Bogyi, 1987). Wichtig zu beachten ist dabei, daß der überlebende Partner seine Trauer nicht in einer Form lebt, durch die sich das Kind ausgeschlossen und auf Distanz gebracht fühlt.

Wird ein *Kind* von schwerer Krankheit heimgesucht oder stirbt es, so wird dies unter den gegenwärtigen gesellschaftlichen Bedingungen von der Familie als ganz besondere Tragik erlebt; ist es doch Träger von elterlichen Hoffnungen und Lebensträumen, gewissermaßen Teil des elterlichen Selbst. Wege für eine offene Zwiesprache mit dem todkranken Kind und seiner Familie zeigt Kiepenheuer (1978) anhand von kindlichen Spontanzeichnungen. Je höher die Erwartungen angesetzt waren, um so weitreichender sind die Konsequenzen für die Gefährdung der elterlichen Ehe sowie für das nachgeborene Kind. Enorm hohe Scheidungsraten und großer Schaden für das „Ersatzkind“, welchem die Identifizierung mit dem Toten oder dessen Idealisierung aufgebürdet wird, sind die häufigen Folgen, wenn keine gelungene Verarbeitung stattfindet.

6.4 Position und Funktion des Sterbenden (bzw. Schwerkranken) im Familiensystem

Hier gilt, daß das Ausmaß der Verstörung einer Familie weitgehend davon abhängt, welchen emotionellen Stellenwert die sterbende Person einnimmt, bzw. auch, welche Ambivalenzen ihr entgegengebracht werden. Der Vollständigkeit halber sei hier auch auf den vorgeburtlichen Kindestod, die Totgeburt und die Geburt eines erheblich behinderten Kindes hingewiesen. Je mehr Hoffnungen zu begraben sind, und je ambivalenter die Eltern der Schwangerschaft gegenüberstanden, um so eher ist mit dem

Auftauchen individueller Probleme – zumeist der Mutter – und mit schwieriger Paardynamik zu rechnen.

Große Abhängigkeit korreliert mit erheblicher Verleugnungstendenz. Dies gilt insbesondere für Kinder beim Verlust eines Elternteils, für emotional hochbedeutsame Bezugspersonen, für extrem fusionierte Paare, aber oft genug auch für von ihren Eltern unabgelöste Erwachsene. White (1989) beschreibt, daß die Inkorporation des positiven Vermächtnisses, also die liebende An- und Übernahme des am Verstorbenen als wertvoll Erlebten, bei der Auflösung des Schmerzes hilfreich ist.

6.5 Offenheit des Familiensystems

Eine Familie kann nur dann offenen Umgang mit so schwierigen Belangen wie Krankheit und Tod zulassen, wenn in ihr einigermaßen gewährleistet erscheint, daß ein Familienmitglied seine damit verbundenen Ängste ohne Versteckspiel äußern darf. Nur Familien, die trotz äußersten Drucks, den ein drohender Verlust eines ihrer Mitglieder darstellt, noch miteinander kommunizieren können, also persönlichen Austausch von Gedanken, Gefühlen und Information pflegen, sind vor der Überflutung schwerer zusätzlicher Symptome einigermaßen geschützt. Sie vermögen auch außerfamiliäre Unterstützungshilfen eher ausfindig zu machen, so daß sie weniger stark der Gefahr der Isolation ihrer Mitglieder anheimfallen. Geheimnisse um den Tod sind systemische Phänomene, die selten eine Schutzfunktion haben, meist jedoch vergiftend und gefährlich – im Sinne von Vertrauensverlust – wirken (Wright & Nagy, 1995).

6.6 Die Todesart und die Art der schweren Erkrankung

Der Tod kann erwartet oder unerwartet sein; demnach kann er, muß aber nicht eine Periode der vorhergehenden Pflege mit sich bringen. Allgemein gilt, daß jede Todesart und jedes Todesalter – einschließlich des vorgeburtlichen Todes – Implikationen für die spezifischen familiären Reaktionen und deren Anpassungsmechanismen nach sich zieht.

Plötzlicher Tod ist ein Schock ohne Vorwarnung und ohne die Möglichkeit einer Verabschiedung. Es gibt kein vorwegnehmendes Betrauern, keine Vorbereitungshandlungen auf seine realen Folgen – etwa hinsichtlich Testament, Versicherungen oder finanzielle Regelungen. Die Intensität der anfänglichen Trauerreaktion bei Unfall oder Selbstmord ist besonders heftig. Soforthilfe kann der Sprachlosigkeit und Betroffenheit der Hinterbliebenen begegnen (s. a. Heilborn-Maurer & Maurer, 1988). Bei Tabuisierung hingegen ist mit dem Auftreten von chronischen familiären Schwierigkeiten zu rechnen, die von den Betroffenen selten mit dem Todesfall in Beziehung gebracht werden. Das Verlusterlebnis kann sich ebenso in phobischen Reaktionen, Schmerzzuständen, Atemnot, Angst, Denk- und Gefühlshemmungen, Appetitlosigkeit, Völlegefühl manifestieren, um nur eine Auswahl verdeckter Symptome anzuführen. Sie verschwinden erst, wenn gezielte Hilfe beim Auflösen des plötzlichen Verlustes wirksam wird. Bei vielfältiger und zunächst unklarer Symptomatik gibt die Frage des Helfers nach schweren familiären Verlusten rasch Aufschluß über deren Bedeutung, insbesondere in der Psychosomatik, aber auch bei Arbeits- und Lernstörungen und Problemen der Beziehungsfähigkeit.

Eine ganz andere Art von Streß hingegen erzeugt das Sterben als Folge einer langen und schweren Erkrankung – zum Beispiel Krebs. Perioden der Ungewißheit, Schwanken zwischen Hoffnung und Verzweiflung, hilfloses Mitansehenmüssen des Leides sind hierfür typisch. Nicht selten wollen sich der Kranke und die übrigen Familienangehörigen gegenseitig vor intensiven Ängsten schützen und verdünnen aus diesem Grunde ihre Kommunikation.

Da in diesen, doch verhältnismäßig häufigen Fällen längerer Erkrankung eine antizipatorische Einstellung auf den Verlust möglich ist, seien kurz jene Copinghilfen referiert, welche Rolland (1990) den drei Phasen der schweren Erkrankung zugeordnet hat:

a) Der kritische Ausbruch der Krankheit

ist charakterisiert durch maximale Unsicherheit. Hilfe besteht im Klären und Stützen. Priorität haben dabei das gezielte Sammeln von Informationen über die Krankheit sowie über öffentliche und private Ressourcen zu Behandlung und Beistand. Es gilt, zwischen ernsten und unerheblichen Symptomen, zwischen angemessenen Gefühlsstürmen und der Angst, den Verstand zu verlieren, zu unterscheiden.

b) Die Phase der Chronifizierung

ist durch erhöhte Ambivalenz bestimmt, wobei jene Zwiespältigkeit der Gefühle, welche aus dem gegebenen familiären Kontext resultiert, als durchaus normal und situationstypisch einzustufen ist. Diese Ambivalenz ist zu unterscheiden von der Verschärfung von Konflikten, welche, unabhängig von der Krankheit, auch schon vor deren Ausbruch vorhanden waren. Im letzteren Fall spielen in der Systemischen Therapie die Bearbeitung von Anklage, von Scham- und Schuldinduktion die entscheidende Rolle. Es darf hierzu angemerkt werden, daß die familiären Glaubenssysteme in bezug auf Krankheit und Tod fundamentalen Charakter haben. Damit ist im Konkreten gemeint, wer und was nach Überzeugung der Familie den Lauf der Ereignisse vermeintlich beeinflussen kann. Dafür kommen innerseelische Faktoren, mächtige Dritte oder Schicksalsmächte in Frage.

Schwere Schuldgefühle sind häufig von erheblicher selbstdestruktiver Wirkung. Krankheit und Tod werden als persönliches Versagen ausgelegt. Gerade die derzeit so verbreitete Lehre von der Kraft des positiven Denkens kann zwar zunächst helfen, mehr an Selbstverantwortung wahrzunehmen; verschlechtert sich jedoch der Zustand des Kranken, so wächst die Gefahr, daß er zu aller Belastung noch den Selbstvorwurf hinzufügt, versagt zu haben – so als wären Kranksein oder Gesundheit nur Sache des Willens.

Wir stellen zu diesem Punkt zusammenfassend fest, daß das derzeit gängige Wertsystem der Individualisierung von Glück oder Unglück die einzelnen Familienangehörigen mit einer allzu hohen Forderung an Verantwortung überbürdet, sodaß eine therapeutische Copingstrategie in der Hilfe zum Heraustreten aus der Isolation und im Knüpfen des sozialen Netzwerkes besteht, um damit anstelle der schambesetzten Verheimlichung der Stressoren die gesellschaftliche Unterstützung anzuregen.

c) In der Terminalphase

zählt wohl hauptsächlich die Frage, wieviel Zeit noch für die Vorbereitung auf das Sterben bleiben mag. Qualität und Quantität der verbleibenden Zeitspanne erlangen Priorität. Hilfreich können wir hier sein im behutsam geführten Rückzug von der Hoffnung auf Heilung und im Ausarbeiten und Anbieten humaner palliativer Pflege.

Die Familie erfährt in diesem Stadium Beistand und Begegnung in der Beschäftigung mit dem Gedanken des endgültigen Abschiedes und das allmähliche Herangehen an ein bejahendes Bedeutungssystem für das Sterben und das Loslassen.

Am Schluß möchte ich einige Gesichtspunkte für den hilfreichen Umgang mit Krankheit und Tod zusammenfassen. Es sind dies:

1. Innerhalb der Familie mit Takt den Beginn offener Aussprachen initiieren helfen; dabei herausfinden, wer dafür zunächst bereits motiviert ist und wer am meisten unter Spannungen steht. Eine faktenbezogene Sprache finden, die Dinge beim Namen nennen und die Familie ermutigen, ausstehende letzte Entscheidungen zu treffen.

2. Die Hoffnung, das Leben doch noch verlängern zu können, respektieren. Die Balance zwischen Hoffnung und antizipierter Trauer erhalten helfen. Positive Wunschvorstellungen zulassen, bei der Konfrontation mit dem Unausweichlichen die nötige Vorsicht walten lassen.
3. Mehrgenerationenrituale und Familienwerte sowie Glaubenssysteme als Ressource für das Abschiednehmen, das Begräbnis und das Vermächtnis nutzbar machen.
4. Bei all dem das ganze familiäre Beziehungsgefüge soweit im Auge behalten, daß sowohl Kommunikationsbarrieren als auch vorerst unklare Symptome bei einzelnen oder mehreren Familienmitgliedern mit dem Anlaß des Todesfalls vernetzt werden können.
5. Der Familie bei ihrer Neuorganisation helfen, die mit der Trauerarbeit einhergeht.
6. Sich als Helfer der eigenen Auseinandersetzung mit dem Phänomen des Todes stellen, ehe wir darangehen, einer betroffenen Familie Begleitung in ihrem Trauerprozeß anzubieten. So gesehen, eröffnet uns die Befassung mit dem Leiden und Sterben erhöhte Aufnahmefähigkeit für das eigentlich Wertvolle im Leben. In dem Maße, in dem wir Hilfe zu geben suchen, werden wir durch diese Herausforderung auch die große Chance erhalten, damit unsere eigene Persönlichkeit weiterzuentwickeln.

III. Diskussion

Ausbildung in systemischer Therapie

Juliane Kleibel-Arbeithuber und Brigitte Roschger-Stadlmayr

1. Ausbildungskontext und Ausbildungsziele

Psychotherapieausbildung stellt immer schon hohe Ansprüche an die AusbildungskandidatInnen: diese müssen nicht nur einen beträchtlichen zeitlichen und persönlichen Einsatz leisten, sie finanzieren ihre sehr kostenintensive Ausbildung auch zur Gänze aus privaten Mitteln. Diese absolute Eigenfinanzierung einer Berufsausbildung ist innerhalb der allgemeinen Bildungspolitik in Österreich unseres Wissens nach einzigartig und – betrachtet man die Diskussion über vergleichsweise geringe Studiengebühren an den Universitäten – auch nicht verständlich. Psychotherapieausbildung steht im Spannungsfeld zwischen individuellen Lern- und Entwicklungsprozessen und formalen Bedingungen, die im Psychotherapiegesetz festgelegt sind. Daraus resultierende Konflikte können nicht – auch wenn diese Verführung groß ist – auf die Ebene der Formalismen reduziert und dort gelöst werden. Sie verlangen eine systemische Betrachtung, die die Besonderheit der Vernetzung unterschiedlicher Anforderungen beinhaltet, wie z. B. die Auseinandersetzung mit einem Kontext, der Bedingungen setzt, Anforderungen stellt und Grenzen definiert. Es ist naheliegend, daß dieser formale Rahmen stark assoziiert wird mit früheren Lernerfahrungen im schulischen oder universitären Bereich. Psychotherapieausbildung beinhaltet nicht nur die Auseinandersetzung mit diesen Mustern, sondern auch eine andere Lernqualität.

Aus unserer Erfahrung ist es sinnvoll, zusätzlich zum formalen Ausbildungsvertrag, individuelle Lehr- Lernkontrakte zwischen AusbildungskandidatIn und AusbildungsleiterInnen zu erarbeiten. Diese Vereinbarungen beinhalten persönliche Lernziele und Kooperationsvereinbarungen. Sie unterliegen einer ständigen Überprüfung, Anpassung und Weiterentwicklung durch KandidatIn und LehrtherapeutIn. Das heißt, daß die Verantwortung für Veränderung und Lernen geteilt und somit ein Kontext von Koevolution geschaffen wird. Diese Didaktik ist dem Prinzip der Selbstorganisation menschlichen Lernens verpflichtet, die großen Wert auf Eigenverantwortlichkeit der TeilnehmerInnen legt (Welter-Enderlin & Hildenbrand, 1996).

Dieses Modell impliziert, daß auch die LehrtherapeutIn danach bewertet werden kann, in welchem Maß sie die KandidatIn unterstützt, die gemeinsam formulierten Ziele zu erreichen (McGoldrick et al., 1991).

Hohe Anforderungen begegnen den KandidatInnen schon bei den Eingangsvoraussetzungen: Neben dem Propädeutikum und der persönlichen Eignung wird großer Wert auf Vorerfahrungen in einem psychosozialen oder medizinischem Berufsfeld gelegt. Die Ressourcen der unterschiedlichen Erfahrungen aus den verschiedenen Quellenberufen und Berufskontexten bilden die Basis für ein Ausbildungskonzept, das neben theoretischer und persönlicher Auseinandersetzung das Erfahrungslernen ins Zentrum stellt. Kompetenz als PsychotherapeutIn erreicht man nicht durch Ansammeln von theoretischem und prozeduralem Wissen. Dieses Wissen über Sachverhalte und über Lösungsschritte ist zwar unbestritten Voraussetzung, doch erst das Vernetzen der Inhalte mit der eigenen Erfahrung ermöglicht die effiziente Umsetzung in der therapeutischen Beziehung. In der Expertenforschung (Dreyfus & Dreyfus, 1987) wird Wissen und analytisches Problemlösen als eine notwendige Vorstufe für Expertentum gesehen. ExpertInnen zeichnen sich dadurch aus, daß sie ganzheitlich, situativ und intuitiv wahrnehmen und handeln können. D. h. sie verknüpfen das aktuelle Problem mit den situativen Bedingungen und mit Theorie- und Erfahrungswissen.

Weitere Voraussetzung für kompetentes Handeln ist die reflektierte Praxis. Im Rahmen der Ausbildung wird die Wahrnehmungs- und Reflexionsfähigkeit gezielt durch Selbstreflexion, Intervision, Supervision, Protokolle zur Dokumentation von Prozessen, Videoanalyse etc. geübt. Psychotherapeutische Praxis während der Ausbildung wird von LehrtherapeutInnen supervidiert. Supervision findet in verschiedenen Settings statt, wobei die Beobachtung der Arbeit durch Live-Supervision oder Video-Supervision der reinen Fallbeschreibung vorgezogen wird (Fehlinger, 1997).

Systemische Psychotherapie setzt voraus, daß zirkuläre Prozesse wahrgenommen werden können. Das heißt für TherapeutInnen, immer wieder die Sicherheit der gewohnten kausalen Ursache-Wirkung-Logik zu verlassen. Erst dadurch wird es möglich, in ein anderes Paradigma zu wechseln und systemisch denken zu lernen: neue Sichtweisen und Zusammenhänge treten in den Vordergrund, Muster werden erkennbar, die scheinbar unverständlichen Handlungen (Symptome) bekommen Sinn und Bedeutung. Die Faszination von vernetzten Systemen in ihrer Komplexität und Verschiedenartigkeit tritt zutage. Systemisch Denken als Kompetenz ist weit über den psychotherapeutischen Bereich hinaus zunehmend in vielen Wissenschaftsbereichen gefordert.

Systemkompetenz (Schiepek, 1995) als Ausbildungsziel besteht unter anderem darin, daß auf der Grundlage eines breiten Erfahrungs- und Wissensspektrums in Verbindung mit persönlicher Kompetenz der Herausforderung von komplexen Situationen adäquat begegnet werden kann, d.h. daß Anstöße zur Veränderung ermöglicht werden.

Dieser Lernprozeß beinhaltet

- Schulung der Selbst- und Fremdwahrnehmung
- Auseinandersetzung mit dem eigenen Herkunftssystem, mit Selbst- und Beziehungskonzepten, mit Wertsystemen usw.
- Aneignung von theoretischem Wissen
- praktisches Einüben von Interventionstechniken
- psychotherapeutische Tätigkeit unter Supervision

Die Entwicklung der TherapeutInnenpersönlichkeit verlangt nicht eine Summation, sondern eine Integration all dessen. Diese Art von ganzheitlichem Lernen gewinnt einen hohen Grad an Komplexität, weil alle angesprochenen Bereiche gleichzeitig und vernetzt bedeutsam sind. Erst die Integration der unterschiedlichen Kenntnisse und Fähigkeiten ermöglicht es, mit Flexibilität die Aufmerksamkeit sowohl auf die Wahrnehmung der äußeren als auch der inneren Prozesse zu richten und verschiedene Ebenen gleichzeitig zu berücksichtigen.

Sich in komplexen Systemen zu bewegen heißt für TherapeutInnen, sich in die intrapsychischen Systeme jeder anwesenden Person einzufühlen, die Sicht- und Erlebensweisen und die Beziehungen und Interaktionen zwischen den Personen wahrzunehmen, den größeren Kontext einzubeziehen und relevante Reduktion oder Erweiterung von Komplexität anzuregen. Komplexität erfordert die gleichzeitige Beachtung vieler Personen, Beziehungen und Merkmale. Dafür bieten die verschiedenen Gruppensettings der Ausbildung ein ideales Lernfeld. In der Beobachtung und Reflexion von Gruppenprozessen im Zusammenhang mit den Themen und Theorien, oszillieren die TeilnehmerInnen zwischen linearem und systemischem Denken und zwischen Inhalts- und Prozeßthemen. Besonders zu Beginn der Ausbildung schafft das Pendeln zwischen linearen Sichtweisen und Inhalten und einer erweiterten Perspektive die Möglichkeit, daß durch die Reflexion eben dieses Pendelns auf einer Metaebene, ein dritter neuer Kontext kreiert werden kann. Auf diese Weise ist die Entstehung einer koevolutionären Wirklichkeit erfahrbar (Campell et al., 1988).

Dies geht über Theorie und Methodik weit hinaus und verlangt neben einer differenzierten Wahrnehmungsfähigkeit, Selbsterkenntnis und

Selbstvertrauen, ein „Sich-Einlassen" in die Einmaligkeit jeder neuen therapeutischen Begegnung. Dieses „Sich-Einlassen" auf einen offenen Prozeß und das Loslassen von eindeutigen Wirklichkeitskonstrukten ist auf dem Hintergrund eines systemisch-konstruktionistischen Weltbildes eine selbstverständliche Haltung (Essen, 1993).

Im Ausbildungsprozeß ist diese systemische Grundhaltung nicht im klassischen Sinn lehrbar – sie vollzieht sich in einem Prozeß impliziten Lernens und verlangt Zeit. Die größte Herausforderung besteht unserer Erfahrung nach darin, die eigenen gut eingeübten Wahrnehmungs- und Interpretationsmodalitäten zu reflektieren und sich auf neue Sichtweisen einzulassen. Man verläßt langsam die bekannten und sicheren Pfade, ohne die neuen Modalitäten schon ganz zur Verfügung zu haben. Nicht selten erleben AusbildungskandidatInnen in dieser Phase eine Krise, die in der Auseinandersetzung mit LehrtherapeutInnen in Erscheinung tritt (Kaslov, 1986). Die Bewältigung dieser Phase zeigt sich in einem Abrücken von der reinen „Übernahme" klassischer Modelle bzw. im Lernstil. Aus der Frage: „Was macht man, wenn ..." wird die Frage „Was gibt es an Theorien und Erfahrungen zu diesem Problemkontext und wie könnte ich das machen?

Therapeutische Kompetenz wächst mit der Bereitschaft und Fähigkeit zu wertschätzender, persönlicher Auseinandersetzung auf unterschiedlichen Ebenen. Dies bestätigen sowohl Aussagen von KlientInnen (Roschger-Stadlmayr & Juliane Kleibel-Arbeithuber, Nachuntersuchung, 1997) als auch die Aussagen der AusbildungskandidatInnen in den Selbstevaluationsbögen (Juliane Kleibel-Arbeithuber & Roschger-Stadlmayr, 1997).

2. Ausbildung als Koevolution im Kontext der Begegnung

Psychotherapieausbildung ist definiert als Ausbildung, in der Persönlichkeitsentwicklung und Wissenserwerb gleichwertig zusammenwirken. Das Ausbildungsziel psychotherapeutische Kompetenz ist nur verbunden mit persönlicher Kompetenz erreichbar. Elsa Jones (1995) spricht in diesem Zusammenhang von einer Isomorphie von Therapie und Ausbildung. Das heißt, es gewinnen Ausbildungskontext und Therapiekontext ebenso wie die Beziehung zwischen KandidatInnen und LehrtherapeutInnen und die therapeutische Beziehung gewisse Ähnlichkeiten:

- auf der einen der wissenschaftlichen Ebene steht eine Handlungstheorie, die auf Allgemeingültigkeit und objektive Erkenntnis zielt, und auf der Ebene der Praxis stehen Erfahrungswissen und subjektive Erkenntnis, die nur für die jeweils spezifische Situation und Person Gültigkeit und Wert besitzt.

- Ausbildungsziele kann man – wie Therapieziele – allgemein formulieren, sie gewinnen jedoch erst durch die spezifische und individuelle Gestaltung ihre Gültigkeit.
- Ausbildungsprozesse – wie auch Therapieprozesse – sind durch ihre Komplexität auf die Passung in der strukturellen Koppelung zwischen den unterschiedlichen individuellen Systemen gerichtet.
- weder Ausbildung- noch Therapieprozeß sind in Beschreibung und Evaluation mit linearen Modellen allein erfaßbar.
- Therapie und Ausbildung finden im Spannungsfeld von Begegnungen statt.
- Wahrnehmung, Bedeutungszuschreibung und sozialer Austausch werden als wirklichkeitskonstituierende und persönlichkeitskonstituierende Elemente von Beziehungen betrachtet (Gergen, 1990).
- Jede Erkenntnis ist nach Maturana (1985) mit der Organisation und Struktur der Erkennenden verbunden, und daraus abgeleitet, kann es nur subjektabhängiges relatives Wissen geben, das nur im jeweiligen Interaktionsbereich gültig ist. Lebende Systeme bauen mit anderen Systemen konsensuelle Bereiche auf, erst dadurch wird Koevolution und stabilisierbare Unwahrscheinlichkeit (Willke, 1993) oder einfach ausgedrückt eine vertrauensvolle Beziehung (Satir, 1990) möglich.

Das Kreieren eines koevolutionären Systems zwischen LehrtherapeutInnen und AusbildungskandidatInnen muß als Basis von Lehren und Lernen angesehen werden. Das ist der Rahmen, in dem Lernen zweiter Ordnung stattfinden kann.

Nach dem Modell des Strukturdeterminismus können KandidatInnen nur das lernen, was zu ihren inneren Bildern und Überzeugungen paßt, sie formen um und integrieren, nehmen das Gelernte in ihre persönliche Kompetenz. Ausbildung ist ein Lernprozeß für alle Beteiligten: im Wahrnehmen, im Handeln und in der Reflexion. Die Reflexion mit den KandidatInnen, aber auch die Reflexion durch den Austausch im internationalen Kolleginnenkreis der AusbildnerInnen.

Die im Psychotherapiegesetz vorgeschriebenen Ausbildungsschwerpunkte Theorie, Methodik, Praxis unter Supervision und Selbsterfahrung sollen einen formalen Rahmen abstecken, in dem dieser Lernprozeß stattfinden kann. Diese formalen Rahmenbedingungen nun zu konkretisieren und damit inhaltlich und qualitativ zu füllen, ist die immer wieder zu reflektierende Herausforderung im Koevolutionsprozeß der Ausbildung.

3. Zu Grundfragen der Ausbildung

In der Diskussion unserer Ausbildungskonzepte stellen sich immer drei Grundfragen,

a) wie kann Wissen und Können effizient vermittelt werden

b) wie kann systemische Kompetenz erworben werden und

c) wie kann Kompetenz überprüft werden.

Diese Fragen werden in den folgenden Beiträgen aus unterschiedlicher Perspektive diskutiert.

3.1 Lehren des Nicht-Lehrbaren. Zur Qualität der systemischen Psychotherapie-Ausbildung *(Essen)*

Ohne Zweifel hat sich die Psychotherapieausbildung im deutschsprachigen Bereich in den letzten Jahren verändert. Indem sich Ausbildungsinstitute den ausgesprochenen oder unausgesprochenen Standards von Gesetzgebern und Krankenkassen angepaßt haben, indem über Quantifizierung Vergleichbarkeit zwischen den Schulen herzustellen versucht wurde und indem man mit Hilfe eben jener Quantifizierung und Standardisierung die Ausbildungsschritte der Kandidaten kontrollieren zu können glaubte, hat sich in vielen renommierten Ausbildungsinstituten aller Therapierichtungen eine Verschulungstendenz breitgemacht, die tief in ihr Wesen und ihre Inhalte eingreift.

Lehrtherapeuten beklagen die Verschulung zwar, geben aber nichtsdestoweniger dem Druck von oben und von unten nach. Denn auch Ausbildungskandidaten verlangen mehr lernbaren Stoff, wie sie es von Schule und Universität gewöhnt sind, und es wird ihnen ungemütlich, wenn ihre neuen Lehrer plötzlich von Lernzielen sprechen, die man nicht so einfach durch Pauken, Üben oder Exerzieren erreichen kann, wie z. B. „die Haltung des Therapeuten“, „Intuition“, „Respektlosigkeit“ oder „Abstinenz“, „Einfühlung“ oder „Neutralität“... Lernziele, die ein Erfahrungslernen verlangen, ein paradoxes absichtsloses Sich-Selbst-Infragestellen, wie wir es aus dem modernen Bildungsbetrieb nicht gewöhnt sind. Die Gründe, weshalb Lehrtherapeuten geneigt sein könnten, dieser Tendenz zur Verschulung nachzugeben, sind natürlich vielfältig. Sie liegen sicherlich sowohl in den oben angedeuteten gesellschaftlichen Prozessen als auch in der „Lehrtherapeutenpersönlichkeit“[1] sowie in der Art der Beziehungsgestaltung zwischen Lehrer und Schüler (z. B. Macht und Kontrolle vs. Begleitung) und lassen sich natürlich durch jede psychotherapeutische Theorie auch plausibel begründen. Dieser untersuchenswerte Zusammenhang soll mich aber hier nicht weiter beschäftigen.[2]

Ich möchte mich hier für eine Gegensteuerung einsetzen, weg von der Machbarkeit, hin zur Entwicklungsorientierung in der Psychotherapieausbildung. Weg von der längst nicht mehr wissenschaftlich haltbaren Objektivierbarkeit und Operationalisierbarkeit vieler, wenn nicht der meisten pychotherapeutischen Ausbildungsschritte, hin zu einem begleitenden Lehren durch Konversation, zu einem sich entfaltenden Lernen durch Experiment und Erfahrung.

Zur Begründung berufe ich mich A) auf neuere systemische Theorien und B) auf die psychotherapeutische Wirksamkeitsforschung.

A) Die systemische Theorie

Aus der Theorie der Strukturdeterminiertheit biologischer Systeme (Maturana, 1982) ziehen immer mehr systemische Therapeuten die Konsequenzen, indem sie sich bewußt werden, daß Macht und Einflußnahme der Therapeuten weit weniger bedeutsam für den Therapieerfolg sind als die kunstvolle und respektierende Konversation (z. B. Lynn Hoffman, 1996) Die Stukturdeterminiertheit menschlicher Wesen relativiert deutlich den Machbarkeitsmythos des therapeutischen Interventionismus, wie er z. B. in manchen Formen der strukturellen oder strategischen Familientherapie praktiziert wird. Das Verfahren, wonach der Therapeut Theorien oder Hypothesen zur Kommunikationsstruktur oder Psychodynamik des Klientensystems bildet und entsprechende Interventionen methodisch plant und durchführt, klingt zwar sehr plausibel und ist auch lehr- und lernbar, muß aber zumindest relativiert werden. Dies nicht zuletzt auch aufgrund der Einsicht von der Beobachtersubjetivität, d. h. dem Wissen darum, daß jeder Beobachter eines Systems zugleich Teil dieses Systems ist

---

1 Ich verwende die Begriffe Person, Persönlichkeit und Selbst zunächst provisorisch und werde auf systemische und nicht-substantielle Bedeutungsgebungen dieser Begriffe weiter unten eingehen.

2 Nach Gronemeyer (1996) hat sich unser Bildungswesen schon lange und bis in die letzten Winkel an die Wirtschaft verkauft. Dies könnte den gesamtgesellschaftlicher Hintergrund von Gesetzgebung und Verschulung beleuchten.

(Ludewig, 1992). Gerade in einer systemischen Ausbildung sollte man der Versuchung widerstehen, über diese Grundlagen des systemischen Denkens hinwegzusehen und den AusbildungskandidatInnen ein so-wird's-gemacht-Curriculum anzubieten, auch wenn das der leichtere Weg zu sein scheint. Natürlich sind Hypothesenbildung usw. nicht-verzichtbare Elemente der Therapieausbildung, die aber ergänzt werden müssen durch die Entwicklung der flexiblen Therapeutenpersönlichkeit. Sonst bilden wir nicht Psychotherapeuten aus, sondern Mechaniker, die bei jeder emotionalen Krise der KlientIn in Panik geraten, unfähig, einen heilsamen Kontakt in bedingungsloser Neutralität durchzuhalten. Um dies zu erreichen braucht es die Entwicklung der Therapeutenpersönlichkeit, oder, um es systemisch auszudrücken, die Flexibilität der Selbstkonstruktionen des Therapeuten, die respektlose Wahrnehmung des eigenen Selbst als Aggregat verschiedener, kontextbezogener, autopoetischer Konstruktionen. Ich komme noch darauf zurück.

Jedenfalls hat hier der Selbsterfahrungsteil der Ausbildung seine Chance und Notwendigkeit. Der Theorie- und Methodikteil sollte dem nicht allzusehr widersprechen, sondern besser die Funktion der Selbsterfahrung untermauern.

B) Die pychotherapeutische Wirksamkeitsforschung

Nach Durchsicht der neueren Psychotherapieforschung kristallisieren sich m. E. vor allem zwei Ergebnisse heraus, zwei Faktoren, die sich immer wieder als wirksam hinsichtlich einer erfolgreichen Psychotherapie erweisen und sowohl von Grave u. a. (1994), als auch von Tschuschke (1990), als auch von Meyer (1990) akzeptiert werden:

1. Die Relevanz schulenspezifischer Methodik und Theorie für den Erfolg einer Therapie ist weit geringer als bisher angenommen.
2. Dagegen kann man von einer „nachgewiesenen Bedeutung des Beziehungsgeschehens in Theorie und Praxis“ ausgehen (Grave, 1995).

Natürlich ergänzen sich beide Forschungsergebnisse und zeigen auf, daß für den Therapieerfolg nicht so sehr die Theorie und Methodik der jeweiligen Schule ausschlaggebend ist (vielleicht nicht einmal die der unseren), sondern mehr solche Parameter, die sich in der Beziehungsgestaltung zwischen TherapeutIn und KlientIn zeigen. Bekannt sind die Untersuchungen, in denen die Wirkanteile spezifischer Interventionen gegen die einer guten Beziehung abgewogen werden: In einer amerikanischen Studie z. B. (Stupp & Hadley, 1979) wird eine Gruppe professioneller Therapeuten mit vieljähriger beruflicher Erfahrung in der Behandlung von 64 Patienten (einschl. zweier Kontrollgruppen) mit Laientherapeuten, bestehend aus Collegeprofessoren, verglichen, von denen bekannt war, daß sie im Umgang mit Studenten hilfreiche und verständnisvolle Beziehungen aufnehmen konnten. Das professionelle Geschick der Therapeuten konnte im Vergleich zum alltagspsychologischen Geschick der Laien keine besseren Therapieergebnisse für sich verbuchen. Dabei wird noch mitgeteilt, daß die Laientherapeuten hauptsächlich auf die Interventionsmittel „informelle Konversation" und „Ratgeben" zurückgegriffen haben.

Die Variable „therapeutische Beziehung", „Beziehungsgeschehen", „Therapeut-Patientbeziehung" oder wie immer sie in den Forschungsberichten genannt wird, bedarf allerdings einer genaueren Diskussion, die dann auch z. B. bei Czogalik (1990) und Eckert & Biermann-Ratjen (1990) erfolgt. So schreibt Dietmar Czogalik, daß die psychotherapeutische Wirkung nicht so sehr „als punktuelle Folge geschickter therapeutischer Interventionen gesehen" werden sollte, weil sie weniger mit der schulenspezifischen Orientierung des Therapeuten aber „viel mit seinem allgemein zu beschreibenden ‚Geschick' und viel mit der allgemein zu beschreibenden ‚Passung' von Therapeut und Patient zu tun" habe (ebd. S. 14). Der „Anspruch auf spezifische Wirksamkeit der jeweils eigenen therapeutischen Verhaltensweisen" sei ein Anspruch, so Czogalik, „dessen Fundierung durch die empirische Literatur eher die Ausnahme als die Regel ist. Dieser Sachverhalt weist den Anspruch nicht zurück, relativiert aber sein Gewicht in der Palette anderer Wirkfaktoren (z. B. Persönlichkeit des Therapeuten, Therapeut-Patient-Beziehung)" (S. 16).

Zur Passung gehören nicht nur „das Geschick", „die Persönlichkeit" und die „Theorie" des Therapeuten, sondern auf der anderen Seite auch die Variablen der „Ansprechbarkeit" und „Ansprechbereitschaft" des Patienten für das therapeutische Beziehungsangebot, wobei sich in der Wirksamkeitsforschung besonders die Variablen „Selbstexploration", „Übertragungsfähigkeit" und „Visualisierungsfähigkeit" als günstig auf Seiten des Patienten herausgestellt haben (Eckert & Biermann-Ratjen, 1990). Dabei zeigt sich, daß die genannten Patientenvariablen weit mehr untersucht wurden als die der Therapeuten, ja unter therapeutischem Beziehungsgeschehen wird in der Forschung weitgehend die Variabilität des Patienten gesehen und untersucht und viel weniger die des Therapeuten, was nicht verwundert, sind doch die Forscher vor allem Analytiker, Gesprächs- und Verhaltenstherapeuten und leider bisher kaum Systemiker. Für das systemische Denken dürfte es jedoch klar sein, daß sowohl das Beziehungsangebot des Patienten als auch das des Therapeuten veränderbar und untersuchbar sind. Und in der Psychotherapieausbildung steht die Therapeutenseite zur Diskussion.

Nun gibt es hinsichtlich der impliziten Theorie des Therapeuten interessante Untersuchungsergebnisse bei Grawe (1976) und Plog (1976). In der Beurteilung des Therapieerfolges übernahmen nämlich Patienten die impliziten Werte und Zielvorstellungen ihres Therapeuten: Verhaltenstherapie-Patienten maßen den Erfolg ihrer Therapie an der Reduktion ihrer Symptome. Sie hielten sich auch in ihrem Allgemeinbefinden für gebessert, wenn ihre Symptome abgeklungen waren. Gesprächspsychotherapie-Patienten maßen die Besserung an der Steigerung des Selbstwertgefühles und einer autonomeren Einstellung gegenüber ihren allgemeinen Lebensbedingungen. Sie gaben sich als gebessert an unabhängig davon, wie stark ihr Symptom reduziert wurde. (Die Forscher durften nun entscheiden welche der beiden Erfolgskriterien sie für richtiger hielten.)

In unserem Zusammenhang ist wichtig, wie stark die Theorie des Therapeuten, sprich: die implizite Bedeutungsgebung, die wir z. B. bei unseren Klienten in der Zielarbeit eruieren und konstruieren, bei einem Therapieerfolg eine Rolle spielt.

„Zusammenfassend läßt sich festhalten: 1) Die verschieden Therapiemethoden definieren vor dem Hintergrund ihrer unterschiedlichen theoretischen Grundannahmen unterschiedliche therapeutische Beziehungsangebote. 2) Erfolgreich behandelte Patienten nehmen offenbar dieses spezifische Beziehungsangebot als für sie stimmig wahr, und sie übernehmen die ‚Theorie‘ ihres Therapeuten“ (Eckart & Biermann-Ratjen, 1990, S. 283). Ich schließe mich der Annahme dieser Autoren an, „daß in jeder psychotherapeutischen Behandlung die grundsätzlichen Überzeugungen des Therapeuten bezüglich Entstehung, Aufrechterhaltung und Veränderungsbedingungen von psychischen Phänomenen und Symptomen transportiert werden“ (S. 279). Czogalik (1990) nennt das sehr treffend die „normative Binnenkultur“ eines psychotherapeutischen Verfahrens und weist darauf hin, daß jedes Therapieverfahren eine konzeptorientierte Erkenntnis-Theorie und -Pragmatik impliziert, „die dem Therapeuten dazu verhilft, zu ordnen, zu gewichten und zu erkennen. Sie verantwortet einen Gutteil seiner Sicherheit im therapeutischen Dialog und dadurch auch seiner sozialen Kompetenz“ (S. 19). Für den Erfolg einer Therapie scheint also, was die Seite des Therapeuten anbelangt, wichtig zu sein, *daß* der Therapeut eine solche Werte-Kultur besitzt, nicht aber *wie* sie aussieht. Was eine psychotherapeutische Methode einem angehenden Psychotherapeuten also anbietet ist eine „therapeutische Identität“ (Eckart & Biermann-Ratjen, 1990, S. 277).

Vielleicht können wir mit einem amerikanischen Forscherteam die vorläufige Ergebnislage der Psychotherapieforschung wie folgt zusammenfassen: nach Lambert et al. (1986) kann als gesichert angesehen werden, daß eine breite Palette von Psychotherapien klinisch und statistisch bedeutungsvolle positive Effekte bewirken, was aber weniger auf spezielle Methoden und Techniken zurückzuführen ist, sondern auf die Persönlichkeit bzw. Haltung des/der TherapeutIn: "It can be assured that a broad range of therapies, when offered by skillfull, wise, and stable therapists, are likely to result in appreciable gains for the klient" (S. 201).

Die Geschicklichkeit des Therapeuten kann selbstverständlich durch Methodik und Techniken geübt werden, wobei es, wie sich gezeigt hat, nicht so sehr auf die Art der Techniken ankommt, sondern daß sie geschickt und überzeugt angewandt werden. Die Haltung oder „Persönlichkeit" des Therapeuten (Weisheit und innere Stabilität) sind dabei die Rahmenbedingungen, die eine angemessene und nicht zu sehr einmischende Anwendung der Techniken ermöglichen.

Einüben des systemischen Denkens

Aus diesen einleitenden Feststellungen und Gedanken leite ich folgende Forderungen für eine (systemische) Psychotherapieausbildung ab. Im Mittelpunkt der Ausbildung sollte neben der Theorie und der Methodik das Einüben des systemischen Denkens stehen, also ein tiefgreifendes Umdenken im Bezug auf die Welt- und Selbstsicht, die therapeutische Identität, die sich in der Haltung (dem Verhalten) des Therapeuten ausdrückt. „Die Theorie" des Therapeuten, die wie gezeigt wurde, als Wertesystem auf den Klienten und sein Erleben des Therapieerfolges übergeht, ist nicht nur als Wissenstoff durch Theoriereferate lehrbar.

Es ist hier eher von einer Theorie zweiter Ordnung die Rede, von dem believesystem eines nicht-linearen Zugangs zur Welt und zu sich selbst. Vom Sehen des Selbst im Kontext, also von einer entscheidenden Umkehr des Denkens gegenüber dem objektivistischen und individualistischen Lebensgefühl, das sich seit dem Einbruch der Todesangst im 14. Jahrhundert bei uns eingestellt hat (vgl. Gronemeyer, 1993).

Wenn es sich bei der Einführung des systemischen Denkens wirklich um einen Paradigmenwechsel handelt, so müssen wir annehmen, daß auch Ausbildungskandidaten diesen Wechsel der Sichtweisen nicht im Handumdrehen und nicht durch bloße Wissensvermittlung lernen können, zumal er das gesamte System von Körper, Seele und Geist, von Denken, Fühlen, Wahrnehmen und Handeln betrifft.

Versucht man diesen Prozeß des Umdenkens lediglich durch Theorievorträge und Üben von Interventionen in Rollenspielen zu fördern, so wird man ihn dadurch geradezu behindern, indem man auf der Beziehungsebene objektivierendes Denken und Handeln nahelegt.

Systemisches Denken ist flexibles und verantwortliches Umgehen mit dem Konstruieren und Dekonstruieren der eigenen Wirklichkeit. Und in diesem Rahmen kann dann auch die Konstruktion der therapeutischen Beziehung verantwortlich gestaltet werden. Andernfalls steht der Therapeut in der Gefahr, statt größere Freiheitsgrade Abhängigkeiten zu erzeugen, weil er nicht bereit und in der Lage ist, die therapeutische Beziehung zu hinterfragen, d. h. sie als Konstruktion zu begreifen. Gerade weil der systemisch Denkende das Selbst als Summe von Konstrukten sieht, von Handlungen und Handlungsentwürfen, also leer und „ohne Kern", wie Rosenbaum und Dyckman (1996) sehr schön darlegen, gerade deshalb ist es wichtig, die eigenen Selbstbilder kennenzulernen und zu dissoziieren, sich mit ihnen spielerisch zu befassen und die Fähigkeit einzuüben, sich mit keinem einzigen dauerhaft zu identifizieren (und die Konstruktionen eigener Kontinuität zu relativieren). Statt dessen fordert eine solche Haltung von uns die Bereitschaft, auch liebgewordene Selbstentwürfe wieder loszulassen, wenn der Kontext es erfordert, oder aber sie für eine Zeit bewußt zu wählen, je nach Aufgabe oder Ziel. Dies ist die einzige Möglichkeit, Angstfreiheit und Unabhängigkeit, d. h. paradoxerweise „Ich-Stärke" und Stabilität zu entwickeln, wie ich an anderer Stelle gezeigt habe (Essen, 1995).

Die Reaktion vieler Systemiker auf die Erkenntnis der Konstruiertheit des Selbst, nämlich die Selbsterfahrung für überflüssig zu halten, war überstürzt und brachte vielerorts das Gegenteil zustande: verhärtete und nicht hinterfragte Strukturen im Bereich der Persönlichkeit und Beziehungsgestaltung des Therapeuten. Mit Gergen (1994) gehen wir sogar noch weiter und sagen, daß das Selbst nicht nur eine Konstruktion (von welchem Subjekt konstruiert?) ist, sondern in der Interaktion zwischen Personen entsteht: „Wenn Individuen das Resultat von Beziehungen sind, dann muß man daraus schließen, daß Beziehungen grundlegender sind als Individuen. Die Individuen sind nur Bestandteile einer viel fundamentaleren Einheit der Beziehung"(Gergen, 1990, S. 197). Und Ahlers, auf Gergen bezugnehmend, fügt hinzu: „Damit ist die Lokalisierbarkeit des Selbst in einem Individuum nicht mehr denkmöglich" (1996, S. 218).

Dieser Gedanke ist allerdings auch nicht so neu, wie er erscheint. Martin Buber soll auf einer Analytikerkonferenz in Tokio bei einer Diskussion ausgerufen haben: „Aber meine Herren, das Unbewußte ist doch nicht in uns, sondern zwischen uns!“ Und von einem Psychiatrie-Seminar in Washington existiert eine Mitschrift, nach der er sagte: „Freuds logischer Fehler, dem alle Schulen der Psychoanalyse folgten, lokalisiert das Unbewußte innerhalb der Person. So wird die Wirklichkeit mehr als eine psychische denn als eine zwischenmenschliche gesehen“ (Buber, 1957, S. 164).

Wie gesagt, halte ich den Schluß für voreilig, das Selbst-als-Beziehungsgeschehen und seine Fixierung durch Identifikation nicht in einem Selbsterfahrungsprozeß zu hinterfragen, nur weil wir Systemiker das „Selbst“ anders lokalisieren bzw. als Interaktion prozeßhaft begreifen. Im Gegenteil, indem wir erkennen, wie sehr wir uns oft im Alltag einer einzigen fixen Selbst-Konstruktion bedienen und an sie glauben, scheint es immer wichtiger zu werden, diese auch dekonstruieren zu können.

Das kann nur mit äußerster Behutsamkeit gelernt werden, da Dekonstruktion natürlich Angst auslösen kann. D. h. eine Ressourcenorientierung (Weisheit und Stabilität) von Seiten des begleitenden Lehrers oder Therapeuten wird dabei zum unbedingt notwendigen Hintergrund. Der Prozeß der systemisch orientierten Selbsterfahrung in diesem Sinne ist vielleicht noch diffiziler, ganzheitlicher, netzförmiger und damit intensiver und tiefgreifender als ein Selbsterfahrungsprozeß erster Ordnung, der zumeist auf eine positive Bewertung des Selbst aus ist, das als substantielles Objekt der Selbsterfahrung gesehen wird. Systemische Selbsterfahrung dürfte sich damit nicht zufrieden geben, sondern sie müßte jeden Selbstentwurf – auch den positivsten – als Entwurf, als Konstruktion im Kontext einer Gemeinschaft zu erkennen und zu erfahren versuchen. Systemische Selbsterfahrung hat das Potential zu einer Selbsterfahrung zweiter Ordnung. Und dies erst recht im Zusammenhang einer Ausbildung, in der es um systemisches Denken geht. Auf dem Hintergrund der hier zu erwerbenden persönlichen Kompetenz muß dann auch das Bilden und Loslassen von Hypothesen, das Erkennen und Loslassen von Identifikationen, d.h. von fixierten Bedeutungsgebungen und Wirklichkeitskonstruktionen geübt werden. Ein Prozeß, der mit tiefgehenden Umstrukturierungen des Systems von Denken, Gefühl, Verhalten und Kontextwahrnehmung einhergeht.

Ausbildungsziele

Um diesen Prozeß des systemischen Denkens in der Ausbildung zu fördern, sollten wir unseren AusbildungskandidatInnen Zeit geben, Strukturen anregen und Übungen vorschlagen, die den folgenden Ausbildungszielen entsprechen:

1. Zukünftige systemische TherapeutInnen sollten befähigt werden, sich selbst als Teilnehmer eines Prozesses zu sehen, den sie auch beobachten. Das Wissen um die eigene **Beobachterrelativität**, sofern es nicht nur als Kopfwissen angenommen wird, führt zu einer bescheidenen und humorvollen Haltung in der therapeutischen Beziehung. Tom Andersen beschreibt Therapie als „zwei aufeinander einwirkende dialogische Prozesse“ und fordert uns auf, „von zirkulären zu elliptischen Dialogen“ zu kommen (1989, S. 42). Die sich daraus ergebende Haltung der „Neugier“ und des „Nicht-Wissens“ sowie die Praxis der „Konversation“ (Anderson & Goolishian, 1992) behindern nicht, sondern fördern m. E. entschieden den Mut und die Bereitschaft der TherapeutIn, die Bedeutungsgebung und den Kontextbezug eines Verhaltens oder Symptoms zur Sprache zu bringen und diesbezügliche Tabuisierungen aufzudecken. Und nur auf diesem Hintergrund ist es möglich zu Lösungen zweiter Ordnung zu kommen, die mehr sind als nur Symptombeseitigung.
2. AusbildungskandidatInnenen sollten Erfahrungen machen (wie z. B. in der Übung „Vollständige Kommunikation“ nach Virginia Satir), die die **zirkuläre Koppelung** von Wahrnehmen, Denken, Fühlen, Bewerten und Handeln deutlich machen, sodaß ein bewußter Umgang damit möglich wird. Solcher Umgang durch Externalisierung von sonst natürlich nicht zu entkoppelnden Funktionen, – ob innere oder äußere ist in diesem Zusammenhang gleichgültig –, solcher Umgang ermöglicht es dem Therapeuten wie auch dem Klienten sich weniger als Opfer und mehr als Täter zu erkennen und damit zu mehr Wahlmöglichkeiten zu gelangen.
3. Die KandidatInnen sollten befähigt werden, mehr und mehr **Verantwortung für ihr Denken** zu übernehmen, d. h. Gedanken jeder Art als aktives Verhalten zu erkennen und für den Umgang mit ihnen als auch für die dabei erzeugten Gefühle und Symptome die Verantwortung zu übernehmen. Natürlich halte ich den Prozeß des Kontrollierens der eigenen Gedanken für einen lebenslangen. Nichtsdestoweniger scheint er mir sehr wichtig, wenn nicht das wichtigste der Lernziele. Denn im Vorgang des „Denkens“ vollziehen wir u. a. Bedeutungsgebung und Bewertung von allem, was wir tun und was in uns vorgeht, von Wahrnehmen, Fühlen, Denken und Handeln; sogar das Bewerten wird noch bewertet. Hierfür Verantwortung zu übernehmen kann ein Schlüssel sein für viele Teufelskreise, in denen man sich gefangen fühlt und unter denen man leidet.
4. Eine systemische Ausbildung sollte zukünftige TherapeutInnen befähigen, in ihrer Arbeit die Haltung von Bedingungslosigkeit und Neutra-

lität einerseits, sowie Kontakt und Neugier andererseits gleichzeitig zu entwickeln, sodaß auch ihre KlientInnen die Möglichkeit der Gleichzeitigkeit und **Ausgewogenheit von Bezogenheit und Individuation**, von Kontakt und Selbstbestimmung erfahren können. Aus der Paradoxie dieser Aufgabe wird wieder deutlich, daß es sich nicht um das Einüben von Geschicklichkeiten verschiedener Art handeln kann, sondern um das Entwickeln einer Haltung, die zwei sich dialektisch widersprechende Wirklichkeiten in sich zu vereinen im Stande ist (z. B. auch Respekt und Respektlosigkeit, oder Konversation und Führung, oder Dissoziation und Assozation). Ich persönlich glaube, daß die gleichzeitige Anwesenheit der beiden grundlegenden Variablen von Bedingungslosigkeit und Kontakt, in welcher Art und Weise sie auch immer erscheinen mögen, also die Fähigkeit des Therapeuten, beides miteinander zur Verfügung zu stellen, einer der wichtigsten Wirkfaktoren in der Psychotherapie ist.

5. Die Umstellung auf systemisches Denken wird nicht zuletzt von einer **Ressourcenorientierung** des Therapeuten begleitet und unterstützt, also einer Umorientierung in der Bewertung: Klientensysteme, die sich dem Therapeuten als Problemsysteme anbieten und darstellen, können in ihrer Tiefenstuktur als Ressourcensysteme wahrgenommen werden (Essen, 1990). Hier müßte sich ein tiefes Umdenken vollziehen vom Mangeldenken, wie es uns allerorts und jederzeit umgibt, zu einem In-Frieden-Sein oder In-Verbindung-Sein mit inneren Kraftquellen.

   Mit der Formulierung solcher Ausbildungsziele sollte noch einmal deutlich geworden sein, daß sie nicht linear, sondern nur in einem Entwicklungsprozeß als Beziehungsgeschehen erreichbar werden.

„Praxis"

Ich will in einem weiteren Schritt versuchen, noch näher an die Praxis des systemischen Umdenkens heranzukommen, um die oben genannten Ausbildungsziele konkreter werden zu lassen, aber auch um sie gegenüber Mißdeutungen und Simplifizierungen abzugrenzen.

Obwohl die Logik des Konstruktivismus und der Postmoderne uns eigentlich in die ontologische Leere zu entlassen scheint, was alle unsere Selbst- und Weltkonzepte betrifft, so zeigt doch die Praxis des Konstruktivismus bzw. des Konstruktionismus in Selbsterfahrung und Meditation – man könnte sie das aktive Fallenlassen in diese Leere nennen –, zweierlei vollkommen neue paradoxe Erfahrungen, die miteinander zusammenhängen: die Erfahrung der Solidarität und die Erfahrung des unbegründbaren und doch vertrauensvollen Aufgehobenseins in einer größeren Ganzheit (vgl. Rorty, 1988; Wilber, 1996).

„Systemisches Denken" beinhaltet also Erfahrungen der Kontextverbundenheit, die ich spirituelle Erfahrungen nenne, wenn sie in unmittelbarem Bewußtsein und nicht in regressiver Unbewußtheit geschehen.[3] Um sich darin zu üben, kommt es wesentlich auf das an, was in manchen philosophischen und religiösen Traditionen „Praxis" genannt wird. Denn diese Erfahrung ist nicht ableitbar und nicht „machbar", sie gehört nicht in das Reich der Konstruktion, nicht in das Reich des begrifflich Wahrnehmbaren oder Denkbaren. (Alle Begriffe, auch meine Beschreibung davon, sind wieder Konstruktionen.) Es handelt sich vielmehr um etwas, was nur in der Praxis (der Selbsterfahrung, des alltäglichen Lebens, der Meditation usw.) im begriffslosen Gewahrsein berührt werden kann. Damit wird die Wahrnehmung jedes Kontextes, jedes Zusammenhangs mit einer Qualität von Vertrauen verbunden, während ihr die Qualität der Zerstückelung, die für das begriffliche Denken notwendig ist, entzogen wird. Diese Art von Bezogenheit auf ein größeres Ganzes, z. B. auf den Kontext der Familie, der Gesellschaft, der Geschichte(n) bis hin zum spirituellen, inhaltsleeren Bewußtsein der Bezogenheit auf das Ganze lernt man nur, wenn man sich experimentell auf „Praxis" einläßt.

Ich möchte hier einige Kategorien von Praxis mitteilen, wie sie in der Einzelselbsterfahrung und im therapeutischen oder Ausbildungsgruppenprozeß von Nutzen sein könnten.

Ein erster Schritt in eine solche Praxis könnte die Übung sein, sich täglich mehrmals ein bis zwei Minuten umzuschauen mit dem Bewußtsein: „Ich sehe in allem nur Bedeutungsgebungen, die ich selbst gemacht habe." Oder die Übung, einen Gegenstand zu beobachten und dabei zu wechseln zwischen einem objektivierenden und diagnostizierenden Beobachten, in welchem ich den Gegenstand beschreibe, erkläre, bewerte, und einem Gewahrsein des Gegenstandes, in dem ich mich in eine Beziehung zu ihm setze, wobei die „Praxis" vor allem darin besteht, immer wieder alle aufkommenden Beschreibungen und Bewertungen fallen zu lassen und wahrzunehmen, was in den Zwischenräumen des begrifflichen Denkens geschieht.

Solche Gedankenexperimente zum Konstruktivismus und zur Bewußtheit des begrifflichen Denkens und Wahrnehmens dienen der Befähigung

3 Vgl. hierzu die Unterscheidung von präpersonaler und transpersonaler Entwicklung bei Wilber (1995)

zum flexiblen Übergehen vom objektivierenden Beobachten zu Gewahrsein. Man könnte auch sagen vom Sehen zum Schauen oder von der Einflußnahme zur Konversation (Hoffman, 1996). Die Betonung des letzteren sollte nicht zu einer negativen Bewertung des ersteren führen, sondern ist als Ausgleich gegenüber der bisherigen Überbetonung des Ersteren gedacht.

Hierhin gehören auch Übungen, die zu einer inneren Ressourcenorientierung führen, d. h. Arbeit an einem grundlegenden ressourcenorientierten Believesystem der TherapeutIn für sich und andere. *Konkret wäre hier etwa zu nennen das Aufsuchen und die Inanspruchnahme von Ressourcenplätzen in der eigenen Lebenslinie oder -geschichte, sowie von Ressourcenvorstellungen, die uns aus der alten und der neueren Mythologie wahrscheinlich zu eben diesem Zweck zur Verfügung gestellt werden (Repräsentanten innerer Weisheit wie „Schutzengel", „Schutztier", „innerer Helfer", „das Unbewußte" im Sinne Milton Ericksons usw.).* Nebenbei gesagt hat der Umgang mit diesen Vorstellungen nicht nur einen ressourcenaktivierenden Effekt, sondern er stellt auch eine wunderbare Gelegenheit dar, sich von Problemen zu dissoziieren und einen Wechsel in der Sichtweise anzuregen.

Eine weitere Aufgabe wäre die, bestimmte gesellschaftliche und kulturbedingte Vorstellungen zu hinterfragen und sie zumindest in Gedanken experimentell zu verändern: die Wachstumsvorstellung, das Knappheitsdenken und die Täter-Opfer- oder Schuld-Unschulds-Idee (Gronemeyer, 1988, Illich, 1980 u. a.). Dies sogenannte Mangeldenken und seine ständige redundante Reproduktion und Rezitation kann bewußt gemacht werden und in einem ersten Schritt ersetzt werden durch Vorstellungen des Genugseins, der Fülle, der Sicherheit und der Verantwortlichkeit für das, was mir „begegnet". Aber, wie gesagt, wahrscheinlich wird diese Theorie nur in Begleitung der Praxis solcher Übung zur Erfahrung von Gelassenheit und Vertrauen und zur Befähigung zu Distanz, Neutralität und Humor führen können.

Andernfalls würden „reframing" und „paradoxe Intervention" lediglich als Techniken verwendet, die zynisch über subjektive Bedeutungsgebungen, wie Leid und Verletztheit hinweggehen, um an „positives Denken" zu appellieren und vom Therapeutenwunschziel diktierte Bedeutungsgebungen zu suggerieren. Diese New-Age-Methoden sind mit „Umdenken" nicht gemeint. Das wäre kein Paradigmenwechsel, sondern eine bequeme Bestätigung des leidverdrängenden und den Trauerprozeß vermeidenden Wachstumsdenkens unserer Zeit.

Ressourcenorientierung bedeutet vielmehr, die innere Kraft zu haben, Leid, Trauer, Wut, Angst und Tod wahrnehmend standzuhalten, ohne an sie zu glauben, d. h. ohne selbst in Wut oder Angst, Abhängigkeit oder Gegenabhängigkeit zu verfallen. Ein auf diese Weise im Vertrauen lebender Therapeut ist überhaupt erst fähig zu Neutralität, liebevoller Distanz und Allparteilichkeit, ist überhaupt erst grundsätzlich in der Lage, seinen Klienten die Zeit und den Raum zur Verfügung zu stellen, die sie brauchen, um die Kontexte dieser ihrer alten Bedeutungsgebungen zu erkennen und sie zu überwinden.

Weiterhin wären hier Übungen des autopoietischen, selbstverantwortlichen Kommunizierens zu nennen, die Schattenübung und die Übung zur vollständigen Kommunikation nach Virgina Satir.[4] Im Gefolge der Übungen zum autopoietischen Kommunizieren entsteht die Aufgabe der Ablösung aller Begriffe von einem beliebigen Gegenstand, oder von einer Person (Vater, Mutter, von mir selbst), d. h. die Lockerung aller Identifikationen.

Dies führt zum nächsten Punkt: Die Arbeit mit dem eigenen Glaubenssystem, dem Bewußtmachen der Grundannahmen und dem Einüben ihrer Umgestaltung, z.B. durch Anwendung der „Wunderfrage“ (de Shazer, 1988) auf die Möglichkeit der Veränderung der tiefsten Glaubensfixierungen und Identifikationen. Der Selbstwert und die Selbsterzählung stehen hier auf dem Spiel oder müssen ins Spiel gebracht werden. Hierzu gehört die Dekonstruktion und Umkonstruktion nicht nur der persönlichen, sondern auch der familiären Geschichte, wie es z. B. in den Familienrekonstruktionen und Aufstellungen passiert. Indem man leiderzeugende Redundanzen im eigenen, inneren Familiensystem (Delegationen, Übernahmen usw.) bewußt macht und auflöst, schafft man sich selbst ein befriedigenderes Bild des Systems, des Ganzen, in welchem man selbst als Teil seinen Platz hat. Dies allerdings nicht, um dieses neue Systembild nun als „Wirklichkeit“ zu glauben, – das würde wieder zu neuen Redundanzen und neuem Leid führen –, sondern um es zum eigenen Wohl im Fluß des Lebens zu nutzen.

Hierhin gehören auch alle Arten von reframing-Übungen, d. h. der Veränderung der Bedeutungsgebung oder des Kontextes einer Szene oder einer Szenenfolge.

---

4 Ich verzichte hier darauf, diese Übungen schriftlich mitzuteilen. Sie sind sehr lang und haben außerdem viele mögliche Verzweigungen und Variationen. Außerdem kann die schriftliche Übermittlung ihren tiefen Sinn nicht transportieren. Sie werden in der Ausbildungstradition der familientherapeutischen Institute, die bei Virginia Satir gelernt haben, vermittelt (vgl. allenfalls Satir, 1990).

Die Ausbildung zum systemischen Denken müßte auch, so paradox das klingt, Körperarbeit mit einschließen, sehen wir doch systemisch auch den Körper als Verhalten, als Kommunikation. Das nonverbale Verhalten von Klient *und* Therapeut muß wieder ebenso ernst genommen werden und sowohl als beziehungsgestaltend als auch als bedeutungsgebend erkannt werden wie das verbale Verhalten, sonst verkommt systemisches Denken zu einem Leib- und Materie-verachtenden Idealismus.[5] Man kann nicht unbeschadet einen Großteil des Verhaltens, nämlich das zwar sicht- und fühlbare, aber nicht hörbare körperliche Verhalten, aus dem Therapie- oder Ausbildungsprozeß heraushalten. Systemische und familientherapeutische AutorInnen haben immer wieder darauf hingewiesen. Ich nenne in diesem Zusammenhang z. B. Tom Andersen, der in seinen Rückmeldungen aus einer reflektierenden Position so gut wie immer den Körper und seine Reaktionen einbezieht (1989 und in Seminaren/Supervisionen, 1990 u. 1992), und Virginia Satirs „Kommunikationsformen", in denen sie den Zusammenhang von verbaler und nonverbaler Kommunikation und ihrer Bedeutung in Systemen beobachtet und beschreibt (1990).

Ein solches Ausbildungskonzept stellt zwar das Umdenken in den Mittelpunkt, wird aber die Vermittlung von Wissen und das Einüben von Fertigkeiten nicht vernachlässigen, weil beides im Prozeß des Umdenkens eine wichtige Rolle spielt.

3.2 Evaluation und Qualitätssicherung in der systemischen Psychotherapie-Ausbildung *(Klicpera)*

Die Ausbildung in systemischer Familientherapie stellt einen langen Prozeß dar, der für die Teilnehmer mit beträchtlichen Belastungen und einem großen zeitlichen und finanziellen Aufwand verbunden ist. Allein dies

---

5 Virginia Satir hat diesen Einwand, der übrigens immer wieder von Frauen gegenüber Männern gemacht wird, beim 1. Weinheimer Symposion für Familientherapie in Osnabrück sinngemäß gegenüber Boscolo, Cecchin und Aponte vorgebracht: Nachdem die beiden Mailänder, Aponte und sie mit ein und derselben Familie gearbeitet hatten und alle vier die Videoaufzeichnungen davon gesehen und diskutiert hatten, wurden sie zum Abschluß vom Moderator gefragt: „Wenn ihr der Supervisor des anderen Therapeuten der Familie wäret, woran würdet ihr mit ihm arbeiten?" Satirs Antwort: „Ich wüßte, was ich tun würde, ich würde all diese wunderbaren Männer dazu bringen, ihre Körper mehr zu benutzen." Leider sind die Anworten der Männer nicht überliefert. (Video: Drei Therapeuten, eine Familie. 1. Weinheimer Symposion für Familientherapie, Osnabrück (Video-Cooperative Ruhr) 1986)

macht es wünschenswert, daß begleitende Untersuchungen einen größtmöglichen Nutzen dieses Aufwands gewährleisten. Hinzu kommt, daß durch das Psychotherapiegesetz den Ausbildungsinstitutionen eine relativ große Verantwortung für die psychotherapeutische Versorgung übertragen wurde. Wer eine Ausbildung bei den anerkannten Einrichtungen absolviert hat, kann sich in die Liste der Psychotherapeuten eintragen lassen und ist zur selbständigen Ausübung einer psychotherapeutischen Tätigkeit berechtigt. Zwar wurden gleichzeitig die Anforderungen an die Ausbildung erhöht, sodaß nun – was das zeitliche Ausmaß der Ausbildung, aber auch verschiedene Bestandteile der Ausbildung (etwa die Selbsterfahrung) anbelangt – einheitliche Regelungen auf einem recht hohen Niveau vorhanden sind, die inhaltliche Ausgestaltung dieser Rahmenbedingungen ist jedoch weitgehend den einzelnen Einrichtungen überlassen. Hinzu kommt, daß die Ausbildung nach dem Psychotherapiegesetz eine sehr komplexe Organisation verlangt, an der viele Personen beteiligt sind. Dies zu überblicken, ist auch für die LeiterInnen der Ausbildung nur mehr schwer zu bewältigen. Auch aus diesem Grund erscheint es wünschenswert, Maßnahmen zur Qualitätssicherung in der Ausbildung zu setzen.

Solche Maßnahmen können nicht nur auf den beträchtlichen Fortschritten der Psychotherapieforschung in den letzten Jahrzehnten aufbauen, auch in bezug auf die Evaluation der Psychotherapieausbildung gibt es eine umfangreichere Vorerfahrung. Zwar ist die Erfahrung in der Ausbildungsevaluation deutlich geringer als in der Effektivitäts- und Prozeßforschung der Psychotherapie – ein Mangel, der nicht nur für die systemische Familientherapie (Liddle, Breunlin und Schwartz, 1988), sondern auch für andere Psychotherapieschulen (Alberts & Edelstein, 1990; Binder, 1993; Matarazzo & Patterson, 1986) beklagt wird, trotzdem gibt es einige beispielhafte Untersuchungen, die als Vorbild gelten können (z. B. Tucker & Pinsof, 1984). Zudem sollten das umfangreiche Erfahrungswissen der LehrtherapeutInnen darüber, wie Psychotherapie erlernt werden kann, sowie die psychologischen Konzepte über die Aneignung von professionellen Fertigkeiten (z. B. Chi, Glaser und Farr, 1988) eine geeignete Richtschnur für Bemühungen um eine Ausbildungsevaluation darstellen. Diese Bemühungen können außerdem auf die beträchtlichen Anstrengungen der letzten Jahre in der Qualitätssicherung psychosozialer Dienstleistungen zurückgreifen (siehe z. B. Rust & Oliver, 1994).

Spezielle Merkmale der Ausbildung in systemischer Familientherapie

Im Rahmen der systemischen Familientherapie fanden frühzeitig Überlegungen statt, welche Anforderungen die spezifischen Eigenschaften der systemischen Therapie an die Ausbildung stellen und welche Ziele von den Ausbildungsteilnehmern erreicht werden müssen, damit sie sich zu guten systemischen Therapeuten entwickeln (Liddle et al., 1988; Piercy, 1986). Der relativ hohe Refelexionsstand über die wesentlichen Elemente der Ausbildung begünstigt Bemühungen um Evaluation und Qualitätssicherung.

So wird in der systemischen Familientherapie ein besonderer Akzent auf die Veränderung der Sichtweise bzw. eine neue Form der Betrachtungsweise von Problemen gelegt, bei der nicht so sehr frühkindliche Erfahrungen oder die individuelle Lerngeschichte, auch nicht so sehr die Sinnsuche bzw. das Bemühen um eine Kongruenz emotionaler Erfahrungen und Selbstbild betont werden, sondern die wechselseitig gestifteten Sinnzusammenhänge sowie die Strukturen der Komunikation und des Zusammenlebens. Für die Ausbildung ergibt sich damit die Aufgabe, zu dieser veränderten Betrachtungsweise beizutragen. Dies setzt eine theoretische Auseinandersetzung, mehr aber noch die Einübung dieser Sichtweise in der Auseinandersetzung mit den eigenen Erfahrungen und den Erfahrungen in der Arbeit mit Klienten voraus.

Die systemische Familientherapie ist weiters eine Therapierichtung, die in besonderem Ausmaß auf bestimmten Formen der Gesprächsführung (etwa das zirkuläre Fragen oder die Konnotation anderer Bedeutungen) und Strategien therapeutischen Handelns aufbaut. Durch die Vorgehensweise im Gespräch und durch „Techniken“ wird das erfahrbar und nachvollziehbar, was die Theorie postuliert (Konstruktivismus, Systemgebundenheit der Erfahrungen). Aus diesem Grund betonen nahezu alle Richtungen in der systemischen Familientherapie die frühzeitige Auseinandersetzung mit dem Therapieprozeß (für eine Übersicht siehe etwa die Beiträge in Liddle, Breunlin und Schwartz, 1988).

Systemische Familientherapie ist eine eher lösungsorientierte Therapie, wobei es als entscheidend angesehen wird, auf den Stärken einer Familie (auch und gerade dann, wenn die Probleme sehr in den Vordergrund gerückt werden) aufzubauen. Dies erfordert ein großes Ausmaß an Sensibilität, durch die gewährleistet werden soll, daß jene Veränderungen bewirkt werden, die zu einem neuen Gleichgewicht in der Familie führen. Diese Sensibilität zu fördern, setzt vielfältige Erfahrungen in der Beobachtung des therapeutischen Prozesses sowie ein hohes Maß an individueller Anleitung und Rückmeldung während des Erlernens der Therapie voraus.

Die systemische Psychotherapie sieht den Therapie- und Ausbildungsprozeß als komplexes Geschehen, das sich einer linearen Betrachtungsweise entzieht. Dies bringt eine gewisse Skepsis gegenüber der Vereinfachung in einer herkömmlichen, quantitativen Psychotherapie- und Ausbildungsforschung mit sich. Auf der anderen Seite sollte die systemische Betrachtungsweise wenig Probleme damit haben, wenn man die psychologische Methodik mit dem ihr eigenen Instrumentarium (systematische Befragung, kategorielle Beobachtung, statistische Auswertung und Analyse der quantitativen Ergebnisse) als eine mögliche Herangehensweise versteht. Da die systemische Betrachtungsweise sich ihrerseits wenigstens in Teilen, etwa im lösungsorientierten Ansatz, durchaus auch konkreter Zieldefinitionen und im Skalieren auch subjektiver Einschätzungen quantitativer Art (etwa im Skalieren) bedient, sollte auch ein Verständnis für quantitative Vorgehensweisen vorhanden sein, solange dieser Zugang nicht verabsolutiert wird.

Wie kann bzw. sollte eine begleitende Qualitätskontrolle in der Ausbildung aussehen?

Maßnahmen zur Qualitätssicherung sollten sowohl der Ausbildungsleitung das Aufrechterhalten eines möglichst hohen Standards in der Qualität der Ausbildung ermöglichen – indem sie jene Aspekte hervorheben, die an der Ausbildung besonders geschätzt werden, aber auch auf mögliche Schwächen hinweisen – als auch die Rückmeldung an die Ausbildungsteilnehmer über ihren Entwicklungsstand in der Ausbildung unterstützen.

Derartige Maßnahmen sollten zwei Komponenten beinhalten: Einmal die Bestimmung der Zufriedenheit der Ausbildungsteilnehmer und zum anderen die Bestimmung ihres Entwicklungsfortschritts bzw. Lernzuwachses.

Erfassung der Zufriedenheit der Ausbildungsteilnehmer als Qualitätssicherungsmaßnahme

Einen wichtigen Ansatzpunkt zur Evaluation der Ausbildung stellt die systematische Erfassung der Zufriedenheit der Ausbildungsteilnehmer mit ihrer Ausbildung dar. Dies kann sowohl direkt – indem nach der Beurteilung einzelner Ausbildungsteile gefragt wird – wie auch indirekt geschehen, indem nach der subjektiven Beurteilung der Lernfortschritte gefragt wird.

Wenn man auch einwenden kann, daß eine Befragung die Komplexität der Prozesse in der Ausbildung nicht angemessen erfassen kann und daß in diese Sichtweise auch persönliche Interessen einfließen können, so wird man auf der anderen Seite auch zugestehen müssen, daß sich die Teilnehmer Gedanken über ihre Ausbildung machen und ein Interesse haben, daß ihre Erfahrungen in Bemühungen um eine Verbesserung der Ausbildung einfließen. In gewissem Sinn sind daher die Teilnehmer Experten für die Ausbildung, und ihre Erfahrungen können zu einem umfassenden Bild der Ausbildung beitragen. Andererseits sind die Ausbildungsteilnehmer auch als Kunden zunächst einmal jene Personen, an deren Zufriedenheit sich die Ausbildung orientieren muß, sonst wird sie in Zukunft immer weniger Interessenten finden. In einer Befragung von Ausbildungsteilnehmern geht es daher auch darum, jene Kriterien zu finden, die zu der Zufriedenheit der Teilnehmer am stärksten beitragen bzw. jene Kriterien, an denen sie die Qualität einer Ausbildung messen. In dem Bemühen um die Bewertung der Ausbildung durch die Teilnehmer muß sich eine begleitende Qualitätssicherung zudem an der Struktur und den Inhalten bzw. Zielen einer Ausbildung orientieren.

Zum einen sollten regelmäßig stattfindende Rückmeldemöglichkeiten geschaffen werden, die den Teilnehmern gestatten, Rückschau zu halten und jene Aspekte hervorzuheben, die sie als besonders wertvoll erfahren haben, bzw. in einer für sie nicht gefährdenden Weise Kritik an der Ausbildung anzubringen. Diese Rückmeldemöglichkeiten sollten also vertraulich bzw. anonym bleiben und systematisch ausgewertet werden. Sie sollten alle wesentlichen Momente der Ausbildung umfassen. Dies sollte in jedem Fall am Ende der Ausbildung geschehen, kann dann allerdings nur für die Zukunft, also für die künftige Gestaltung von Ausbildungen, relevant werden. Daher wäre es besser, auch zwischendurch, etwa nach zwei Jahren (beim Übergang zum Status des Psychotherapeuten in Ausbildung), eine ähnliche Befragung vorzunehmen.

Ergänzend bietet sich an, auch einzelne Ausbildungsteile (etwa Wochenendveranstaltungen) von den Ausbildungsteilnehmern einschätzen und bewerten zu lassen. Dies betrifft sowohl die Einschätzung der Veranstaltung als auch des persönlichen Lernfortschritts in den für die Veranstaltung vorgesehenen Lernzielen.

Durch wiederholte Vorgabe solcher Rückmeldebögen ist es möglich, mit der Zeit einen gewissen Standard zu entwickeln, an dem sich Ausbildungslehrgänge bzw. einzelne Ausbildungsteile (etwa Blockveranstaltungen) messen können bzw. durch die Leitung der Ausbildung gemessen werden können. Dies erscheint um so wichtiger, je mehr Ausbildungsteile nach außen delegiert werden und nicht von einem Stamm fester Mitarbeiter, sondern von einer größeren Anzahl an Personen verantwortet werden.

Die Analyse solcher Rückmeldungen erlaubt es den Teilnehmern wie der Leitung der Ausbildung auch, die einzelnen Ausbildungsteile zu reflektieren und jene Teile zu eruieren, die sich im Urteil der Ausbildungsteilnehmer als besonders bedeutsam für ihre therapeutische Entwicklung erwiesen haben.

Im Rahmen von Bemühungen um eine Evaluation der Ausbildung an der Lehranstalt für systemische Familientherapie wurde in Zusammenarbeit mit den LehrtherapeutInnen und aufgrund von längeren Gesprächen mit den Ausbildungsteilnehmern ein Rückmeldefragebogen entworfen, bei dem besondere Sorgfalt darauf gelegt wurde, jene Aspekte zu erfassen, die für eine Beurteilung der Ausbildung relevant sind (Klicpera, 1997a, b).

Hier können nur beispielhaft einige Inhalte dieses Rückmeldebogens angeführt werden:

Beurteilung der Funktion der LehrtherapeutInnen, wobei 6 Bereiche relevant erscheinen, die sich im Rahmen der bisher durchgeführten Untersuchungen auch als skalierbar erwiesen haben:

- Strukturierung und Verständlichkeit
- Achtung und Sich-Angesprochen-Fühlen
- Modell- und Vorbildfunktion
- Rückmeldung über Entwicklungsstand
- Anregungen und Stellungnahmen aus der therap. Erfahrung
- Gruppenführung

Merkmale im Aufbau/der Gliederung/Gestaltung der Ausbildung: Hierzu sind sowohl die Bewertung der inneren Dynamik im Aufbau der Ausbildung (u. a. der Geschwindigkeit im Vorgehen) als auch die Bewertung der Belastungen durch die Ausbildung und der Rahmenbedingungen der Ausbildung zu rechnen.

Erfahrungen in der Supervision: In der Abschlußbefragung zweier Lehrgänge erwies sich das Ausmaß an Rückmeldung, das die Teilnehmer ihren Angaben nach in der Supervision erhalten hatten, als besonders bedeutsam für die Selbsteinschätzung des Zuwachses an Kompetenz (Klicpera, 1997a). Auch in der Literatur zur Ausbildung in systemischer Familientherapie (Liddle et al., 1988) wird der Supervision und den dabei gemachten Erfahrungen ein besonderer Stellenwert eingeräumt. Aus diesem Grund erscheint es wichtig, diesem Bereich auch im Rahmen von Rückmelde-Erhebungen einen besonderen Stellenwert einzuräumen.

Erwartungen an die Selbsterfahrung und deren Auswirkungen: Durch die Ausweitung der Selbsterfahrung hat dieser Ausbildungsbestandteil zusätzlich an Bedeutung gewonnen. Im Rahmen einer Rückmelde-Erhebung sollte versucht werden, zu einer Einschätzung der Erwartungen und der Bedeutsamkeit der Selbsterfahrung für die Ausbildung zu kommen und schließlich eventuelle Verbesserungsmöglichkeiten zu erkennen. In unserer Absolventenbefragung (Klicpera, 1997a) wurde die Selbsterfahrung zwar als sehr bedeutsam eingestuft, die Beurteilung des persönlichen Gewinns aus der Selbsterfahrung stand jedoch in keinem deutlichen Bezug zur Selbsteinschätzung von Fortschritten in der Entwicklung als Therapeut.

Erfahrungen an den Praxisstellen: Da gerade in der Ausbildung zur systemischen Therapie der Praxiserfahrung eine wesentliche Bedeutung zugemessen wird, sollten auch die Erfahrungen an den Praxisstellen in die Rückmeldung einbezogen werden. Geschieht dies über längere Zeit, so besteht die Möglichkeit, die Ausbildungsteilnehmer bei der Auswahl von Praktikumsstellen zu beraten.

Zusammenarbeit und Unterstützung durch die Ausbildungsgruppe

Regelmäßig vorgegebene Rückmeldebögen an die Ausbildungsteilnehmer stellen einen ersten wesentlichen Schritt in der Qualitätssicherung von Therapieausbildungen dar. Sie sollten vertraulich sein und können der Ausbildungsleitung eine Orientierung geben, wieweit die Ausbildung den Bedürfnissen der Teilnehmer entspricht. Systematische Analysen erlauben außerdem Aussagen, welche Aspekte die Teilnehmer als besonders bedeutungsvoll erfahren.

Evaluation des Kompetenzzuwachses durch die Ausbildung

Die Selbsteinschätzung des Erreichens der in der Ausbildung persönlich gesteckten Ziele stellt einen Teil dessen dar, was in Rückmeldefragebögen über die Ausbildung zu erfragen ist, da die Qualität einer Ausbildung wesentlich daran gemessen wird, wieweit man selbst Fortschritte gemacht hat. Ähnlich wie bei der Motivation zur Psychotherapieausbildung kann dabei global zwischen dem Erreichen von Kompetenz und dem persönlichen Wachstum unterschieden werden. Für die weitere Gestaltung der Ausbildung dürfte auch eine differenziertere Einschätzung der erzielten Lernfortschritte in einzelnen Bereichen sinnvoll sein. Als solche Bereiche können das Grundverständnis für den systemischen Ansatz sowie der Wissensstand in einzelnen Teilbereichen gelten, weiters die Vertrautheit mit den systemischen Frage- und Interventionsmethoden.

Systematisch erhobene Selbsteinschätzungen der erzielten Fortschritte ermöglichen nicht nur Aussagen über die Gesamtqualität der Ausbildung, eine differenzierte Analyse kann auch aufzeigen, welche Teile der Ausbildung bzw. welche Erfahrungen in der Ausbildung in besonderem Maße zu einer positiven Selbsteinschätzung beigetragen haben. So konnte bei einer Abschlußbefragung zweier Lehrgänge an der Lehranstalt für systemische Familientherapie gezeigt werden, daß für Fortschritte im Kompetenzbereich und im Bereich der persönlichen Entwicklung jeweils unterschiedliche Momente der Ausbildung bedeutsam sind (Klicpera, 1997a).

Die subjektive Einschätzung der Teilnehmer sollte jedoch nach Möglichkeit ergänzt werden durch eine Beurteilung der Lernfortschritte bzw. des Kompetenzerwerbs. Hierzu wäre eine stärkere Systematisierung in der Formulierung der Lernschritte und Lernziele in den verschiedenen Ausbildungsphasen erforderlich. An sich gibt es bereits eine längere Tradition in der Formulierung solcher Lernziele bzw. der Definition von Basisfertigkeiten eines systemischen Familientherapeuten (wobei allerdings auch klar ist, daß solche Basisfertigkeiten vom jeweiligen Ansatz innerhalb der systemischen Familientherapie abhängen und daher unterschiedlich ausformuliert werden müssen). Bereits zu Anfang der 70er Jahre haben Cleghorn & Levin (1973) vorgeschlagen, drei Bereiche unter den Basisfertigkeiten eines Familientherapeuten zu unterscheiden, nämlich perzeptuelle, konzeptionelle und exekutive Fertigkeiten und verschiedene Stufen der Entwicklung (Anfänger, fortgeschrittene und erfahrene Therapeuten) zu differenzieren. Diese Ausführungen wurden in der Folge von anderen, z. B. Tomm & Wright (1979), weiter ausdifferenziert und konkretisiert. In der Therapieausbildung orientiert man sich ebenfalls weitgehend an der Vorstellung, daß die Ausbildung einer Sensibilität für die interpersonelle Dynamik und die Determinanten eines Systems sowie die Bildung von Konzepten bzw. Handlungsplänen der Einführung von Interventionstechniken, ihrer Übung in einem geschützten Raum und im Weiteren der selbständigen Durchführung vorausgehen sollte.

Entwicklung von Wahrnehmungssensibilität und des Denkens in systemischen Konzepten

Mehrere Untersuchungen haben in den letzten Jahren versucht, die Ausbildung einer Wahrnehmungssensibilität bei Auszubildenden zu objektivieren (z. B. Breunlin, Schwartz, Krause und Selby, 1983; Pulleyblank &

Shapiro, 1986). Es bietet sich dabei vor allem die Möglichkeit an, über die Demonstration von Videoaufnahmen einer Therapiesitzung die Sensibilität für die Probleme von Klienten und deren systemischen Hintergrund zu überprüfen. Da dies weitgehend dem in Ausbildungsgängen praktizierten Vorgehen entspricht, könnte dies – ohne in die Ausbildung ein fremdes Element einzuführen – eingesetzt werden, um diese Fortschritte zu objektivieren und evaluieren.

Eine gewisse Erfahrung besteht auch darin, kurze Fallbeschreibungen schriftlich vorzugeben und aufgrund dieser Informationen das Verständnis des Falls und das geplante weitere Vorgehen formulieren zu lassen. Tucker und Pinsof (1984) haben die Exposés von Ausbildungsteilnehmern daraufhin durchgesehen, wieweit sie ein integriertes Problemverständnis ausdrückten, bei dem die verschiedenen Einzelinformationen miteinander verknüpft waren und Probleme wechselseitig – innerhalb des Familiensystems – definiert wurden.

Entwicklung der therapeutischen Handlungskompetenz

Der Zuwachs an Sensibilität für die Probleme der Klienten und an systemischem Verständnis muß jedoch im aktuellen therapeutischen Handeln umgesetzt werden. Für eine Evaluation des therapeutischen Handelns bieten sich mehrere Möglichkeiten an:

Zum einen kann versucht werden, die Beurteilung durch die LehrtherapeutInnen als Informationsquelle zu nutzen. Dazu wären geeignete Beurteilungsskalen zu entwickeln (Beurteilungsskalen, die auf die besonderen Anforderungen der systemischen Therapie abgestimmt sind und die die Situation einer Therapie mit mehreren Teilnehmern berücksichtigen), auf ihre Beurteilerübereinstimmung zu überprüfen und Maßstäbe bzw. Erfahrungswerte zu gewinnen, was von Teilnehmern in verschiedenen Ausbildungsstadien zu erwarten ist. Im Rahmen der Psychotherapieforschung sind solche Kompetenzbeurteilungsskalen wiederholt verwendet worden (für eine kritische Übersicht siehe z. B. Shaw & Dobson, 1988). Kompetenz wird dabei heute zumeist als die in einer bestimmten Situation realisierte Fertigkeit verstanden, wobei die Realisierung von Fall zu Fall, aber auch innerhalb einer Therapie über die Sitzungen schwanken kann.

Es wird empfohlen, Kompetenzbeurteilungsskalen nur dann einzusetzen, wenn das aktuelle Therapeutenverhalten auch tatsächlich beobachtbar ist, wie etwa bei Live- oder Video-Supervisionen. Die Erfahrung mit derartigen Beurteilungsskalen zeigt, daß ihre Anwendung zuverlässiger geschieht, wenn sich die Urteile nicht auf bestimmte spezifische Interventionen bzw. Teilprozesse innerhalb einer Sitzung, sondern auf den gesamten Ablauf einer Sitzung beziehen. Weiters zeigt die Erfahrung, daß in bezug auf verschiedene Aspekte einer Kompetenzbeurteilung recht unterschiedliche Reliabilitäten bestehen können.

Im Rahmen von Bemühungen um eine Ausbildungsevaluation an der Lehranstalt für systemische Familientherapie wurde versucht, die LehrtherapeutInnen zu gewinnen, ihre Beurteilung der Live-Supervision bei der Zwischenprüfung anhand einer dafür entwickelten Kompetenzskala vorzunehmen. Diese Skala ist in folgende Bereiche gegliedert: therapeutische Haltung, Techniken und Interventionen, Reflexion der Therapiesitzung (Was ist gelungen?). Eine Faktorenanalyse ergab, daß sich mehrere Subskalen unterscheiden lassen, die zum Teil die therapeutische Haltung, zum Teil das in der Therapie Gelungene ansprechen und eine recht hohe interne Konsistenz zeigen.

Gelingen eines angemessenen Verständnisses

- Focus auf Bedarf
- Verständnis für die Anliegen und Probleme der KlientInnen
- Einordnen der Situation in einen Lebenszusammenhang
- Herstellen von Erstmaligkeit und Eröffnen neuer Sichtweisen
- Orientierung des therapeutischen Vorgehens an Hypothesen
- Wertschätzung und Neutralität des Therapeuten
- Neugierde und Bereitschaft, Vertrautes zu hinterfragen
- Wertschätzung und Respekt
- Geduld
- soziale Neutralität
- Konstruktneutralität
- Eingehen auf KlientInnen
- Bescheidenheit und Selbstreflexivität
- Problem- und Lösungsneutralität
- Kontakt zu den KlientInnen
- Abstimmung der Sprache auf den Klienten
- Erhalten und Annehmen eines therapeutischen Auftrags

In dem bisher ausgewerteten Lehrgang, bei dem die Skala eingesetzt wurde, war es nicht möglich, die Übereinstimmung zwischen verschiedenen LehrtherapeutInnen zu überprüfen, da die Beurteilungen immer nur von einem Lehrtherapeuten vorgenommen wurden. Es konnte aber die Übereinstimmung zwischen dem Urteil der LehrtherapeutInnen und der Selbsteinschätzung der AusbildungsteilnehmerInnen nach Ende der Therapiesitzung kontrolliert werden und es war bei einer kleineren Gruppe auch möglich, diese Einschätzung mit der globalen Beurteilung der Fortschritte in der Therapiesitzung durch die Klienten zu vergleichen. Die Ergebnisse zeigten, daß in den Einschätzungen, die die erste Skala (Gelingen eines angemessenen Verständnisses) umfassen, eine sehr hohe Übereinstimmung zwischen LehrtherapeutInnen und KanditatInnen bestand (r = .83), auch in bezug auf die Einschätzungen der dritten Skala (Eingehen auf die PatientInnen) konnte eine gewisse Übereinstimmung erzielt werden (r = .54), hingegen war in den Einschätzungen der zweiten Skala nur eine recht geringe Übereinstimmung zwischen LehrtherapeutInnen und KanditatInnen vorhanden (r = .28). Von Interesse dürfte auch sein, daß sich die KanditatInnen auf allen Skalen zurückhaltender einstuften als die LehrtherapeutInnen, wobei dieser Unterschied auf der dritten Skala sogar signifikant war.

Die Kompetenzbeurteilung der Ausbildungsteilnehmer durch die Lehrtherapeuten im Rahmen einer Live- oder Video-Supervision stellt eine der wesentlichsten Evaluationsmethoden der Ausbildung dar. Sie sollte in einer standardisierten Form erfolgen und auf ihre Reliabilität überprüft werden. Eine solche Beurteilung bedeutet für die Teilnehmer eine differenzierte Rückmeldung über ihren Entwicklungsstand. Eine günstige Form stellt die Verbindung einer Beurteilung durch Lehrtherapeuten mit der Selbsteinschätzung dar, die es ermöglicht, eventuelle Differenzen zu diskutieren und damit die Selbsteinschätzung zu hinterfragen und zu korrigieren.

In dem Moment, wo die Ausbildungsteilnehmer selbst Therapien durchführen, können auch die KlientInnen Rückmeldung über ihre Erfahrungen in der Therapie geben. Als geeignetes Instrument, das den Prozeßcharakter der Therapie berücksichtigt, bieten sich vor allem Stundenbögen an, die von den KlientInnen nach jeder Therapiesitzung auszufüllen sind. Hier liegen aus verschiedenen Therapiestudien Rückmeldebögen vor, die bezüglich ihrer Eignung für die systemische Therapie und das Setting einer Familien- bzw. Partnertherapie zu überprüfen wären. Im Rahmen der Bemühungen um eine Ausbildungsevaluation an der Lehranstalt für systemische Familientherapie konnten erste Erfahrungen mit einer Modifikation der Berner Stundenbögen gesammelt werden. Es handelt es sich dabei um eine stark gekürzte Fassung mit 10 Fragen. Sie erlauben neben einer globalen Beurteilung des Sitzungsverlaufs durch die KlientInnen auch eine Differenzierung in eine Subskala „eigene Sichtweise klären“ und eine zweite Subskala „Fortschritte zu einer Lösung“ sowie die Betrachtung auf Itemebene. Die bisherigen Erfahrungen zeigen, daß die Klientenbeurteilung einer Therapiesitzung in einem hohen Ausmaß mit der Einschätzung der LehrtherapeutInnen der gleichen Stunde übereinstimmt. Dies gilt vor allem für die Skala „Gelingen eines angemessenen Verständnisses“ sowie für die Skala „Wertschätzung und Neutralität des Therapeuten“. Dies kann als Hinweis dafür gelten, daß Stundenbögen von KlientInnen einen Hinweis auf die Entwicklung der therapeutischen Kompetenzen geben, der in die gleiche Richtung geht wie das Urteil der LehrtherapeutInnen.

Da jedoch Stundenbögen die von einer Therapiesitzung ausgehenden Einflüsse nur begrenzt wiedergeben können, wäre es wünschenswert, auch zu Beginn der folgenden Therapiesitzung einen Bogen vorzugeben, in dem auf Veränderungen eingegangen wird und der diese Nachwirkungen erfaßt.

Ideal wäre es, Einschätzungen einer Therapiesitzung durch LehrtherapeutInnen, Ausbildungsteilnehmer und KlientInnen durch eine systematische Beobachtung der Therapiesitzung in verschiedenen Phasen der Ausbildung zu ergänzen, wie dies etwa Tucker und Pinsof (1984) getan haben und wie es derzeit im Rahmen eines Evaluationsversuchs an der Lehranstalt für systemische Familientherapie geschieht. Wegen des hohen Aufwands kann dies jedoch kaum zum Routinebestandteil einer Ausbildungsevaluation werden.

Die routinemäßige Vorgabe von Stundenbögen in der gesamten Phase des selbständigen Durchführens von Therapien als Teil der Therapiedokumentation seitens des Therapeuten und der KlientInnen wäre daher eine Maßnahme, die als Teil der Ausbildungsevaluation sehr stark zu empfehlen wäre.

Reine Prozeßmaße, wie sie Stundenbögen darstellen, sind allerdings für eine Therapieevaluation nur begrenzt geeignet. Sie berücksichtigen nicht die Art der Problemkonstitution im System, den Schweregrad der Probleme und deren Zugänglichkeit zu einer Therapie. Zusätzlich wäre daher eine Prä-/Postmessung des in der Psychotherapie Erreichten zu empfehlen. Empfehlungen von Grawe & Braun (1994) aufgreifend, die sich auf einen Konsensus in der Psychotherapieforschung berufen, sollten dabei neben Fragebögen bzw. Skalen, die versuchen, die Art und Ausprägung der Probleme bzw. Beschwerden der KlientInnen zu erfassen, auch Einschätzungen herangezogen werden, die eine Beurteilung der Fortschritte in den wichtigsten Therapiezielen ermöglichen. Auch in der Psychotherapieforschung zur systemischen Familientherapie ist dies als Notwendigkeit anerkannt, wobei etwa Wynne (1988) recht konkrete Empfehlungen zur Formulierung der Therapieziele durch Klienten und Therapeuten gibt. Eine angemessene Bewertung des in einer Therapie Erreichten ist allerdings nur möglich, wenn die Fortschritte in der Therapie vor dem Hintergrund des von erfahrenen Therapeuten in ähnlichen Problemlagen Erreichten betrachtet werden können (siehe auch Grawe & Braun, 1994). Ein derartiges Vorgehen bei der Ausbildungsevaluation setzt daher eine breite Datengrundlage über die Fortschritte in Therapieverläufen voraus.

Die Bestimmung der Besserung in den Therapien, die von den Ausbildungsteilnehmern durchgeführten wurden, stellt eine zentrale Komponente einer umfassenden Ausbildungsevaluation dar. Dies muß allerdings vor dem Hintergrund von Erfahrungswerten über die in bestimmten Problemkonstellationen möglichen Fortschritte geschehen.

Schließlich kann versucht werden, Sitzungsprotokolle bzw. Verlaufsberichte oder aber Videoaufnahmen von Therapiesitzungen für die Analyse von therapeutischen Kompetenzen heranzuziehen. Verlaufsberichte machen vor allem die Problemsicht der Therapeuten, seine Hypothesenbildung und die Planung von Interventionen deutlich, eine detaillierte Auswertung dieser Verlaufsberichte ist für den Zweck einer regelmäßigen begleitenden Evaluation wohl zu aufwendig. Da das Schreiben von Verlaufsberichten jedoch eine der formellen Anforderungen in der Therapieausbildung darstellt, diese Berichte von den LehrtherapeutInnen auch durchgesehen und mit den KanditatInnen durchbesprochen werden sollen, bietet sich eine stärkere Strukturierung sowohl bei der Abfassung der Verlaufsberichte als auch bei der Beurteilung und Rückmeldung durch die LehrtherapeutInnen als eine zusätzliche Möglichkeit der Ausbildungsevaluation an.

In dem Beitrag wurde versucht, verschiedene Möglichkeiten einer Ausbildungsevaluation aufzuzeigen. Meiner Einschätzung nach sollte in Hinkunft diesen Möglichkeiten von allen Trägern einer Psychotherapieausbildung mehr Aufmerksamkeit geschenkt werden. Auch die Ausbildungsteilnehmer sollten sich der Bedeutung und des Nutzens einer solchen Evaluation bewußt sein, da diese die Lernprozesse fördern und intensivieren kann. Letztlich können alle von einer angemessenen Evaluation nur profitieren.

4. Wilhelmine Meisterins Wanderjahre *(Katschnig, Wanschura)*[1]

Im Schatten eines mächtigen Felsens saß Wilhelmine
an grauser bedeutender Stelle,
wo sich der steile Gebirgsweg um eine Ecke
herum schnell nach der Tiefe wendete.
Die Sonne stand noch hoch und erleuchtete
die Gipfel der Fichten in den Felsengründen
zu ihren Füßen. Sie bemerkte eben etwas in
ihrer Schreibtafel, als Felice, die umhergeklettert war,
mit einem Stein in der Hand zu ihr kam.
Wie nennt man diesen Stein? sagte das Mädchen,
Ich weiß nicht, versetzte Wilhelmine.
Ist das wohl Gold, was darin so glänzt, sagte jene.
Es ist keins! versetzte diese und ich erinnere mich,
daß es die Leute Katzengold nennen.
Katzengold? sagte das Mädchen lächelnd, und warum?
Wahrscheinlich weil es falsch ist und
man die Katzen auch für falsch hält.
Das will ich mir merken, sagte die Tochter,
steckte den Stein in die lederne Reisetasche,
brachte jedoch sogleich
etwas anderes hervor und sagte: Was ist das?
Frei nach J. W. Goethe's „Wilhelm Meisters Wanderjahre“

Im letzten Jahrzehnt waren es immer mehr Kandidatinnen, die sich entschlossen haben, in dem weiten Land der Psychotherapie gerade den Weg der systemischen Familientherapie für eine Ausbildung zu wählen. Was macht diese Psychotherapieform so attraktiv? Ist es das Menschenbild der kybernetisch-systemischen Sichtweise, die den Menschen nicht als isoliertes Einzelwesen sieht, sondern vernetzt mit seinem Ökosystem, zu dem sowohl seine physikalische als auch die biosoziale Umwelt gehört? Ist es die Ressourcenorientierung der Methode? Ist es die Möglichkeit, in therapeutischen Teams zu arbeiten und nicht isoliert im stillen Kämmerlein? Ist es die Fülle an Möglichkeiten, die diese Methode bietet, das Symptom des Einzelnen vernetzt zu sehen mit dem jeweiligen System, in dem er lebt? Ist es die Maßeinheit, alle Ressourcen des Systems zu mobilisieren, damit

1 Der Einfachheit halber wird in diesem Artikel die weibliche Form verwendet.

Weiterentwicklung sowohl für die Einzelne, als auch das Gesamtsystem möglich ist?

Ist es das tiefe Wissen, daß für das Leben für die körperliche und psychische Weiterentwicklung sowohl Zusammengehörigkeit als auch persönliche Freiheit notwendig ist? Ist es die Faszination der Kybernetik 2. Ordnung?

In den Ausbildungsinstituten liegt es nun an den Lehrtherapeutinnen, sich zu rüsten für die Wanderschaft mit den Studentinnen, um miteinander die faszinierende Landschaft der systemischen Familientherapie zu erkunden, weiter zu entwickeln und weiter zu erforschen. Die theoretischen Wurzeln liegen in der generellen Systemtheorie, der Kybernetik I. und II. Ordnung, der Kommunikationstheorie, dem Konstruktivismus, den Erkenntnistheorien, den narrativen Theorien und der Entwicklungspsychologie, um nur einige zu nennen.

4.1 Das Wanderziel

Es ist das Ziel, den Ausbildungskandidatinnen, die aus vielen unterschiedlichen psychosozialen Berufen oder direkt vom Propädeutikum kommen, die systemische Sichtweise der Welt und des Menschen zu vermitteln, ihre Stärken und Ressourcen zu suchen und zu festigen, um sie zu befähigen, ihren eigenen Stil zu finden, wie sie mit Einzelnen, Paaren und Familien zusammenarbeiten können, damit diese zu mehr Wahlmöglichkeiten und zu mehr Selbstverantwortung in ihrem Leben kommen können. Dazu vermitteln wir Ihnen das „Werkzeug" der systemischen Familientherapie.

4.2 Wanderausrüstung der Lehrtherapeutinnen

Die Lehrtherapeutinnen der unterschiedlichen Ausbildungsinstitute kommen von unterschiedlichen Berufsfeldern, aus der Psychologie, Medizin, Sozialarbeit und dem Lehrberuf, um die häufigsten zu nennen. Die Lehrtherapeutinnen müssen ein bewährtes „Wanderteam" sein, das gewohnt ist, mit Gruppen von Wanderern Höhen und Tiefen zu durchschreiten. Es gibt sowohl nationale als auch internationale Vernetzung vieler Lehrtherapeutinnen, die dazu dient, im regen Austausch miteinander das Wissen und Können „fit" zu halten. Jedes Jahr machen Lehrtherapeutinnen, die mit der Ausbildung betraut sind, mit erfahrenen Kolleginnen Intervision, um zu prüfen, ob sie „auf dem richtigen Weg" sind. Lehrtherapeutinnen aus dem Ausland sind auch als Gastdozentinnen in den Curricula tätig. Die Vernetzung innerhalb Österreichs und im Ausland ist ein besonderes Anliegen für die Ausbildungskandidatinnen.

4.3 Wanderausrüstung der Ausbildungskandidatinnen

Neben den gesetzlich vorgeschriebenen Erfordernissen wie Alter, abgeschlossenes Propädeutikum, Praktikumsplatz etc. achten wir bei den Auswahlgesprächen auf die Fähigkeit und Freude, kognitiv und emotional neue Sichtweisen zu erkunden, die Fähigkeit der Verknüpfung zwischen Geschichte, Gegenwart und Zukunft, die Fähigkeit bzw. Bereitschaft, sich selbst in den Interaktionen mit zwei oder mehreren Menschen mitzudenken, die Fähigkeit, Bereitschaft und Lust, alle Sinne der Wahrnehmung zu schärfen und weiterzuentwickeln, sich mit der eigenen Situation im Leben, am Arbeitsplatz auseinanderzusetzen und „last but not least“ suchen wir in ihrem Rucksack auch nach ihren Fähigkeiten in der Gruppe und manche Ausbildungsinstitute auch nach dem Können der englischen Sprache.

4.4 Das Auswahlverfahren

Nach dem Interview mit Lehrtherapeutinnen, in dem diese ihre fachliche Kompetenz und ihre Authentizität einsetzen, um herauszufinden, ob sie mit der Ausbildungskandidatin auf Wanderschaft gehen können und diese mit ihnen entscheidet das Team der Lehrtherapeuten, ob die Ausbildungskandidatin körperlich, psychisch, emotional und intellektuell mit ihren Ressourcen und Stressoren für diese Wanderung geeignet ist. Das Nein ist oft schwerer als das Ja. Bei dem Auswahlverfahren in der Gruppe achten die Lehrtherapeutinnen darauf, wie und ob der Rhythmus, die Gangart und das Wesen der Einzelnen zusammenpassen.

Nach abgeschlossenem Vertrag, der die Pflichten und Aufgaben sowohl der Lehrtherapeutin als auch der Ausbildungskandidatin klar regelt, kann die Wanderschaft beginnen.

4.5 Praktische Durchführung

Vier Jahre lang arbeiten wir miteinander in unterschiedlichen Settings und unterschiedlicher Zeitstruktur (Wochenende oder Blockseminar) an unterschiedlichen Orten.

Verlauf der Ausbildung: Von Anfang an teilt sich die Gesamtgruppe (15 bis 20 Mitglieder) in mehrere Teams, Kleingruppen oder Peergruppen. Diese Kleingruppen erleben in der nahen Zusammenarbeit auch außerhalb der Plenarveranstaltungen den Wert eines guten Arbeitskontextes. In diesen Kleingruppen wird die wissenschaftliche Literatur diskutiert, es werden die theoretischen Inhalte vertieft, es werden dort „Aufgaben" gemacht, wie z. B. Erstellen von Erstinterviews, Erstinterviewsformularen, Therapieprotokollen, Üben von Rollenspielen und Techniken, wie zirkulären Fragen etc. Die Vernetzung in den Kleingruppen erleben die Ausbildungskandidatinnen als sehr hilfreich, es ist ein Geben und Nehmen, ein Sich-Konfrontieren, ein Sich-Auseinandersetzen und Zusammensetzen von solchen, die den gleichen „Weg" eingeschlagen haben. Die Kultur des Zusammenarbeitens wird so ausbildungsbegleitend gefördert. Diese „Seilschaften" halten oft lange über die Ausbildung hinaus, manche lösen sich auf, manche zerbrechen und bilden sich neu.

Im ersten Jahr der Ausbildung steht die Vermittlung von Theorie im Vordergrund. Als Lehrtherapeutinnen sind wir verantwortlich für die Schaffung eines kreativen Lernkontextes. Es wird zu jedem Thema Pflichtliteratur und eine Reihe von „empfohlener Literatur" angeführt. Da wir der tiefen Überzeugung sind, daß Lernen über Erfahrung am hilfreichsten ist, werden sehr rasch theoretische Überlegungen mit praktischen Rollenspielen verbunden.

Schriftliche Protokolle als Feedback für die Gruppe und die Lehrtherapeutinnen werden jeweils von den Kandidatinnen erstellt.

Meist ist es am Ende des zweiten Jahres so weit, daß die Ausbildungskandidatinnen, die schon sehr geübt sind im Rollenspiel, ihr therapeutisches Repertoire an ihren Praktikumsstellen einsetzen und zum therapeutischen Arbeiten unter Supervision übergehen.

Einige Schwerpunkte, die systemischen Familientherapeutinnen auf der Wanderschaft mit den Ausbildungskandidatinnen besonders am Herzen liegen:

1) Wertschätzung und Respekt

Die Vermittlung der Haltung der Wertschätzung jedem Menschen gegenüber, unabhängig von seinem Geschlecht, Alter, sozioökonomischer Situation, Rasse, Kultur und Wertesystem. Was nicht heißt, daß jedes nicht wünschenswerte Verhalten dieses Menschen geschätzt wird – Verhalten, das andere oder den Menschen selbst entwertet, verletzt, destruktiv ist und daher mit Leben und Weiterentwicklung nicht vereinbar ist. Wir vertreten die Haltung: Respekt vor dem Menschen, aber Respektlosigkeit vor Vorurteilen, überholten Mustern und Fassaden. Wir lehren die Ausbildungskandidatinnen, sich vor noch so heftigen Gewittern, Steinbrüchen, Regengüssen, Kälte und Hitze etc. auf der Wanderschaft nicht entmutigen zu lassen – allerdings lehren wir sie auch, sich davor entsprechend zu schützen und vorzusorgen.

2) Flexibilität

Vermittlung der Flexibilität im Denken, Fühlen und Handeln: es gibt immer mehrere Möglichkeiten, wenn auch nicht alle gleich wünschenswert sind. Familien oder Einzelne, die sich an Psychotherapeutinnen wenden, sind häufig in der Sackgasse wie „gefangen" und können ihre Ressourcen, Möglichkeiten manchmal nicht erkennen oder nützen. Das erfordert von systemischen Familientherapeutinnen die Wendigkeit, die Beweglichkeit, mit den Klientinnen gemeinsam andere neue Wege zu suchen, alte wieder zu entdecken und sie zu ermutigen, diese zu beschreiten.

3) Gender

Ausbildungsbegleitend reflektieren wir die unterschiedlichen Möglichkeiten, Denkweisen, Fühlweisen von Männern und Frauen. Die Lehrtherapeutinnen selbst und die Ausbildungskandidatinnen sollen immer hellhöriger, hellfühliger und hellsichtiger werden, ob es aufgrund des Geschlechts, in der Ausbildungsgruppe, beim Umgang mit Einzelnen, Paaren und Familien Diskriminierung gibt.

4) Macht

Es ist unser Bestreben als Lehrtherapeutinnen, von Anfang an mit unseren Ausbildungskandidatinnen Hierarchie- und Machtverhältnisse offen anzusprechen, nicht dann von Demokratie zu reden, wo es um Entscheidungen geht, die die Lehrtherapeutinnen treffen müssen, Machtverhältnisse in der Ausbildung nicht zu verschleiern, sondern offenzulegen und Lösungen zu finden. Diese Haltung und Praxis, die die Ausbildungskandidatinnen in den therapeutischen Rahmen übertragen können, scheint uns die beste Möglichkeit, vor Machtmißbrauch zu schützen.

5) Rasse und Kultur

Bei der Arbeit mit Familien bzw. Ausbildungskandidatinnen aus anderen Kulturkreisen fragen wir respektvoll und neugierig nach den unterschiedlichen Bedeutungen ihrer und unserer Wirklichkeiten, wohl wissend um die Wechselbezüge von gesellschaftlichen Sprach- und Erkenntnisstrukturen und wie sich diese unterschiedlich im alltäglichen Kommunikationsprozeß niederschlagen.

6) Lebenszyklus – Systemische Entwicklungspsychologie

Als systemische Familientherapeutinnen haben wir das Privileg, mit Menschen aller Altersstufen „von der Wiege bis zur Bahre" Kontakt haben zu können. So wird in der Ausbildung großer Wert gelegt auf die Vermittlung der Erkenntnisse aus der Lebenszyklusforschung und der spezifischen systemischen Entwicklungspsychologie. Wir bedenken das Verhalten von mindestens drei Generationen. Wir teilen die Erfahrung, daß der Mensch in den Fluß der Generationen eingebettet ist und das tiefe Wissen, daß Veränderung bei einem Veränderung im Ganzen mit sich bringt. Mit unseren Ausbildungskandidatinnen erforschen wir gemeinsam die Gesetzmäßigkeiten und die Entwicklungsaufgaben jeder Lebensstufe.

7) Sexuelle Ausrichtung

Heterosexualität, Bisexualität und Homosexualität sehen wir als mögliche Spielarten, wie Menschen ihre Sexualität leben können. Es ist uns ein klares und eindeutiges Anliegen, Menschen, die durch unterschiedliche Sozialisation und Konstitution unterschiedliche Sexualität leben, nicht zu diskriminieren. In Österreich wie in vielen anderen Ländern auch ist dieses Thema gesellschaftlich noch sehr tabuisiert.

8) Verantwortung

Im Überschwang der Begeisterung im systemischen Arbeiten, in der Annahme, daß alles Verhalten zirkulär sei und ein jeder den anderen beeinflusse und umgekehrt, wurde in den 70er Jahren manchmal übersehen, daß es eine sehr klare Verantwortung in Systemen gibt, z. B. der Eltern für die Kinder, der Ausbildnerinnen für die Ausbildungskandidatinnen zu Beginn der Ausbildung etc. Wir lehren unsere Ausbildungskandidatinnen, sehr klar Stellung zu beziehen bei kindlichem Mißbrauch. Ohne Schuld zuzuweisen muß eindeutig ausgesprochen werden, daß die Erwachsenen die Verantwortung für ihr Verhalten tragen. Im Laufe der Ausbildung treten die Lehrtherapeutinnen beim praktischen Arbeiten immer mehr in den Hintergrund und die Ausbildungskandidatinnen übernehmen die volle Verantwortung für ihren eigenen Stil und ihr eigenes therapeutisches Tun in der Zusammenarbeit mit Familien. Dann ist der Abschluß der Wanderung in Sicht.

9) Ressourcen- und Lösungsorientiertheit

Lehrtherapeutinnen achten mit den Ausbildungskandidatinnen darauf, die Stärken, die Vorzüge, die Ressourcen der einzelnen Familienmitglieder und der Familie als Ganzes zu erkunden, vergessene Ressourcen zu aktivieren und neue zu schaffen. Wir sind daran interessiert, die Familienmitglieder zu ermutigen, Lösungen zu finden. Was nicht heißt, daß Familientherapeutinnen blind sind für die Stressoren, die auf Einzelnen und Familien lasten.

10) „Curiosity"

Wir möchten die Fähigkeit bei den Ausbildungskandidatinnen und bei den Lehrtherapeutinnen erhalten und weiterentwickeln. „Neugierig" auf alles zu sein, was die Welt, das Land, die politische Situation und die Familie hervorbringen, um zu neuen Sichtweisen und zu Lösungen zu kommen.

11) Kinder

Manchen Lehrtherapeutinnen liegt die Entwicklung von Kindern und Kinder als „Eintrittspforte in das System" ganz besonders am Herzen. Sie vermitteln den Ausbildungskandidatinnen das spezielle Werkzeug der systemischen Familientherapie, damit sie im Umgang mit Kindern gut ausgerüstet sind.

4.6 Evaluation der Ausbildungsschritte

Jährlich stellt sich für die gesamte Wandergesellschaft die Frage, Lehrtherapeutinnen sowie jede Ausbildungskandidatin: Wie weit sind wir gekommen auf unserer Wanderschaft, was haben wir miteinander gesehen, gehört, erfahren und erreicht, was nehmen wir mit; welche Hügel, Berge, Täler waren weiterführend; welche Steine, Felsbrocken, Gestrüpp müssen noch weggeräumt werden; welche Brücken müssen noch über Bäche und Flüsse gelegt werden usw.

4.7 Abschluß

Neben den gesetzlichen Forderungen wie die 600 protokollierten Therapiestunden, das abgeschlossene Praktikum etc. verlangen wir zum Abschluß, das theoretische Wissen zu präsentieren, die Abfassung einer schriftlichen Arbeit oder eines Vortrags. Um das praktische Können in systemischer Familientherapie zu präsentieren, verlangen wir Live-Supervisionen, die Dokumentation von Fällen in systemischer Einzel-, Paar- oder Familientherapie.

„Bei dem Studieren der Wissenschaften besonders deren, welche Natur behandeln, ist die Untersuchung so nötig als schwer: ob das, was uns von Alters her überliefert und von unseren Vorfahren (Lehrtherapeutinnen) für gültig geachtet wurden, auch wirklich zuverlässig sei, in dem Grade, daß man darauf fernerhin sicher fortbauen möge? oder ob ein herkömmliches Bekenntnis nur stationär geworden und deshalb mehr einen Stillstand als einen Fortschritt veranlasse? Ein Kennzeichen fördert diese Untersuchung, wenn nämlich das angenommene lebendig und das tätige Bestreben einwirkend und fördernd gewesen und geblieben" (Wilhelm Meister's Wanderjahre, 3. Buch, J. W. Goethe).

Nach dem österreichischen Psychotherapiegesetz anerkannte systemische Ausbildungsinstitute

ÖAGG – Fachsektion systemische Familientherapie

Die Fachsektion systemische Familientherapie wurde 1977 im Rahmen des Österreichischen Arbeitskreises für Gruppentherapie und Gruppendynamik gegründet (ÖAGG). Ziel der Sektionsgründung war, ein österreichweites Forum für alle zu schaffen, die sich für die Umsetzung und Etablierung systemischen Denkens und systemischer Praxis vor allem im psychosozialen Feld einsetzten.

Harry Merl, Ludwig Reiter, Robert und Anneliese Schigutt, Brigitta Gattringer und Alois Saurugg haben dabei wesentliche Pionierarbeit geleistet.

Die Fachsektion systemische Familientherapie veranstaltet Seminare, Aus- und Weiterbildungsgruppen, Kongresse und das „Kolloquium familiare“, um den kollegialen Austausch zu fördern.

Die Fachsektion ist Mitglied des ÖBVP (Österreichischer Bundesverband für Psychotherapie), der EFTA (European Family Therapy Association) und der IFTA (International Family Therapy Association).

Adresse:
Fachsektion systemische Familientherapie im ÖAGG, Lenaugasse 4, A-1080 Wien
Organisationsbüro IFS Linz: Grillparzerstraße 66, A-4020 Linz, Tel: 0732/660691
Organisationsbüro ISIS : Viktorgasse 4, A-1040 Wien, Tel: 01/5055248

ÖAS – Österreichische Arbeitsgemeinschaft für systemische Therapie und systemische Studien

Die Österreichische Arbeitsgemeinschaft für systemische Therapie und systemische Studien wurde 1986 von Ludwig Reiter gegründet. Ziel der Arbeitsgemeinschaft war damals, allen an systemischer Therapie, Forschung und Organisation Interessierten ein Diskussionsforum zu eröffnen. Zu diesem Zweck wurde eine Zeitschrift (systeme) gegründet und Kongresse und Workshops geplant.

Zahlreiche Workshops und drei Kongresse (Systeme, 1988; Reflecting Process – Reflecting Team, 1990; Tanz an der Grenze, 1996) wurden in der Folge organisiert. Die Zeitschrift „systeme“ erscheint seit damals ununterbrochen zweimal pro Jahr.

Parallel dazu organisierte sich die systemische Ausbildungsszene seit 1988 neu.

Das Institut für Familienberatung und Psychotherapie (Graz), der Verein Familie und Beratung (Wien) und die Systemische Initiative (Salzburg) schlossen sich zusammen und unterstellten ihre Ausbildungen der Ausbildungskommission der ÖAS und reichten gemeinsam den Antrag an das Ministerium um Anerkennung der ÖAS als Ausbildungseinrichtung ein. Diesem Antrag wurde im Dezember 1993 vom Ministerium zugestimmt.

Adresse:
ÖAS, Kleine Pfarrgasse 5/7, A-1020 Wien, Tel: 01/212413

Lehranstalt für systemische Familientherapie der Erzdiözese Wien für Berufstätige

Privatschule der Erzdiözese Wien mit Öffentlichkeitsrecht

Ausbildungen in Familientherapie seit 1983 nach einem bereits klinisch erprobten therapeutischen Modell, welches von Harry und Christine Merl und Alfred Mika im Rahmen eines Curriculums für die Lehranstalt lehr- und lernbar gemacht wurde.

Bis jetzt wurden 6 Lehrgänge abgeschlossen – 135 AbsolventInnen. Derzeit befinden sich 75 KandidatInnen in Ausbildung und werden von 8 kontinuierlich tätigen LehrtherapeutInnen begleitet. Beiträge von GastdozentInnen aus dem Inland und aus Italien, Deutschland und den USA ergänzen den Ausbildungsprozeß.

Der Lehranstalt wurde im Rahmen des Psychotherapiegesetzes als psychotherapeutisches Ausbildungsinstitut für das Fachspezifikum anerkannt und ist ordentliches Mitglied im Österreichischen Bundesverband für Psychotherapie.

Adresse:
Lehranstalt für systemische Familientherapie,
Gentzgasse 22-24, A-1180 Wien
Tel: 01/ 4786300

Literatur

Ahlers C (1994a) Das Selbst und die systemische Therapie. Systeme 8(2), 19–36

Ahlers C (1994b) Möglichkeiten und Grenzen narrativer Hermeneutik: Darstellung einer Kontroverse. Z. System. Ther. 12(2), 97–105

Ahlers C (1996a) Interventionstechniken zur Systemischen Einzeltherapie. Vortrag im Rahmen des Kongresses „Klinische Psychologie und Psychotherapie" der deutschen Gesellschaft für Verhaltenstherapie, Berlin, 25. 2. bis 1. 3. 96

Ahlers C (1996b) Setting als Intervention in der Einzel-, Paar- und Familientherapie: Erfahrungen aus dem klinischen Alltag. Z. system. Ther. 14(4), 250–262

Ahlers C (1996c) Selbsterfahrung in der Systemischen Ausbildung. Psychotherapie Forum 4(4), 217–222

Ahlers C, Hinsch J, Rössler E, Wagner H, Wolf F (1991) Erfahrungen mit de Shazers kurztherapeutischem Konzept in Österreich: Bericht aus der zweijährigen Zusammenarbeit eines Teams. In: Reiter L, Ahlers C (Hrsg) Systemisches Denken und therapeutischer Prozeß. Springer, Berlin, 136–153

Alberts G, Edelstein B (1990) Therapist training: A critical review of skill training studies. Clinical Psychology Review 10, 497–511

Andersen T (1987) The reflecting team. Family Process 26, 415–428

Andersen T (1990) Das reflektierende Team. Modernes Lernen, Dortmund

Andersen T (1991) Beziehung, Sprache und Vor-Verstehen in reflektierenden Prozessen. Systeme 3(2), 102–111

Anderson H, Goolishian H, Winderman I (1986) Problem determined systems: Towards transformations in family therapy. Journal of Strategic and Systemic Therapies 5, 1–14

Anderson H, Goolishian HA (1990) Menschliche Systeme als sprachliche Systeme. Fam Dynamik 15(3), 136–153

Anderson H, Goolishian H (1992a) Therapie als ein System in Sprache: Geschichten erzählen und Nicht-Wissen in Therapien. Systeme 6(1), 15–21

Anderson H, Goolishian H (1992b) Der Klient ist Experte: Ein therapeutischer Ansatz des Nicht-Wissens. Z. System. Ther. 10(3), 176–189

Bateson G (1978) Steps to an Ecology of the Mind, Granada Publ. Ltd, London

Bateson G (1979) Geist und Natur. Eine notwendige Einheit. Suhrkamp, Frankfurt

Bateson G (1981) Ökologie des Geistes. Suhrkamp, Frankfurt

Bateson G, Jackson D, Haley J, Weakland JH (1956) Toward a theory of schizophrenia. Behavior Science 1, 251–264

Bateson G, Bateson MC (1987) Wo Engel zögern. Unterwegs zu einer Epistemologie des Heiligen. Suhrkamp, Frankfurt

Berg IK (1992) Familien Zusammenhalt(en). Ein kurztherapeutisches und lösungsorientiertes Arbeitsbuch. Modernes Lernen, Dortmund

Berg IK, Miller S (1983) Kurzzeittherapie bei Alkoholproblemen. Ein lösungsorientierter Ansatz. Auer, Heidelberg

Berger P, Luckmann T (1966) The social construction of reality. Double Day – Anchor, New York

Bettelheim B (1977) Kinder brauchen Märchen. Deutsche Verlagsanstalt, Stuttgart

Binder JL (1993) Is it time to improve psychotherapy training? Clinical Psychology Review 13, 301–318

Bloom C (1989) Bulimie aus feministisch-psychoanalytischer Sicht. In: Lawrence M (Hrsg) Satt aber hungrig. Frauen und Eßstörungen. Rowohlt, Reinbek bei Hamburg

Bosch M (1983) Strukturelle und entwicklungsorientierte Familientherapie innerhalb der humanistischen Psychotherapie. In: Schneider K (Hrsg) Familientherapie in der Sicht therapeutischer Schulen. Junfermann, Paderborn

Boscolo L, Cecchin G, Hoffman L, Penn P (Hrsg) (1988) Familientherapie – Systemtherapie. Das Mailänder Modell, Verlag Modernes Lernen, Dortmund

Böse R, Schiepek G (1989) Systemische Theorie und Therapie. Ein Handwörterbuch. Asanger

Boszormenyi-Nagy I, Spark G (1981) Unsichtbare Bindungen. Klett-Cotta, Stuttgart

Braidotti R (1996) Nomadic subjectivity: a feminist perspective. Bericht von Schmidt-Gleim M, Newsletter 55 des Instituts für die Wissenschaft von Menschen, Wien

Brandl-Nebehay A (1995) Die therapeutische Beziehung in der systemischen Therapie. Psychotherapie Forum 3(3), 147–158

Brandl-Nebehay A, Russinger U (1990) Den Teufel mit dem Beelzebub austreiben – Anmerkungen zu Jay Haley´s „Ordeal Therapy“. Systeme 4(1), 82–85

Brandl-Nebehay A, Russinger U (1995) Systemische Ansätze im Jugendamt – Pfade zwischen Beratung, Hilfe und Kontrolle. Z. System. Ther. 13(2), 90–114

Breunlin D, Schwartz R, Selby L, Krause MS (1983) Evaluating family therapy training: The development of an instrument. Journal of Marital and Family Therapy 9, 37–84

Brosch R, Juhnke G (1993) Sucht in Österreich. Orac, Wien

Buber M (1957) Das Unbewußte. Notizen von einem Seminar in der School of Psychiatry in Washington. In: Buber M (1993) (Hrsg) Nachlese, Gerlingen. L. Schneider, Heidelberg, 144–171

Buchholz M (1990) Die unbewußte Familie. Springer, Berlin Heidelberg New York

Bürkle R (1992) „Suchtarbeit nüchtern betrachtet“ – Stagnation der Helfersysteme. In: Osterhold G, Molter H (Hrsg) Systemische Suchttherapie Entstehung und Behandlung von Sucht und Abhängigkeit im sozialen Kontext. Asanger, Heidelberg, 171–185

Campell D, Draper R, Huffington C (1991) Teaching Systemic Thinking. Karnac, London

Cecchin G (1988) Zum gegenwärtigen Stand von Hypothetisieren, Zirkularität und Neutralität: Eine Einladung zur Neugier. Fam Dynamik 13, 190–203

Cecchin G, Lane G, Ray WA (1992) Vom strategischen Vorgehen zur Nicht-Intervention. Für mehr Eigenständigkeit in der Systemischen Praxis. Fam Dynamik 17(1), 3–18

Cecchin G, Lane G, Ray WA (1993) Respektlosigkeit – eine Überlebensstrategie für Therapeuten. Auer, Heidelberg

Chang J, Phillips M (1993) Michael White and Steve de Shazer: New directions in Family Therapy. In: Gilligan S, Price R (eds) Therapeutic Conversations. Norton, New York

Chi MTH, Glaser R, Farr MJ (1988) The nature of expertise. L. Erlbaum, Hillsdale, N.J.

Cierpka M (1989) Das Problem der Spezifität in der Familientherapie. System Familie 2, 197–216
Cierpka M (Hrsg) (1996) Handbuch der Familiendiagnostik, Springer, Berlin
Cleghorn JM, Levin S (1973) Training family therapists by setting learning objectives. American Journal of Orthopsychiatry 43, 439–446
Crisp AH, Kalucy RS, Lacey JH, Harding (1977) The lingterm prognosis in Anorexia nervosa. In: Vigersky RA (Hrsg) Anorexia nervosa, Raven, New York
Cristopher JC (1996) Counceling´s inescapable moral visions. Journal of counceling and development 75, 1–25
Cushmann P (1990) Why the self is empty: Toward a historically situated psychology. American Psychologist 45, 599–611
Czogalik D (1990) Wirkfaktoren in der Einzelpsychotherapie. In: Tschuschke V, Czogalik D (eds). Psychotherapie – Welche Effekte verändern? Zur Frage der Wirkmechanismen therapeutischer Prozesse. Springer, Berlin, Heidelberg, New York, 7–30
de Shazer S (1985) Keys to Solution in Brief Therapie. Norton, London
de Shazer S (1988a) Wege der erfolgreichen Kurztherapie. Klett-Cotta, Stuttgart
de Shazer S (1988b) Clues. Investigating Solutions in Brief Therapy. Norton & Comp., New York
de Shazer S (1988c) Therapie als System. In: Reiter L, Brunner EJ, Reiter-Theil S (Hrsg) Von der Familientherapie zur systemischen Perspektive. Springer, Berlin, 217–230
de Shazer S (1989a) Der Dreh. Überraschende Wendungen und Lösungen in der Kurzzeittherapie. Auer, Heidelberg
de Shazer S (1989b) Wege der erfolgreichen Kurztherapie. Stuttgart, Klett-Cotta
de Shazer S (1990) Kreatives Mißverstehen. Systeme 4(2), 136–148
de Shazer S (1992a) Muster familientherapeutischer Kurzzeit-Therapie. Junfermann, Paderborn
de Shazer S (1992b) Der Dreh. Auer, Heidelberg
de Shazer S (1992c) Das Spiel mit Unterschieden. Auer, Heidelberg
de Shazer S (1994) Words were originally magic. Norton, London
de Shazer S, Berg IK, Lipchik E, Munally E, Molnar A, Gingerich W, Weiner-Davis M (1986) Kurztherapie – Zielgerichtete Entwicklung von Lösungen. Fam Dynamik 11(3), 182–206
Dell HV (1967) In search of truth on truth on the way to a clinical epistemilogy. Family Process 21, 407–414
Denton WH (1995) Problems Encountered in Reconciling Individual and Relational Diagnoses. In: Kaslow FW, a.a.O., 35–45
Dick HV (1967) Marital Tensions. Routledge and Kegan, London
Dilts R (1990) Chancing Belief Systems with NLP. Meta Publication
Dörner D (1983) Empirische Psychologie und Alltagsrelevanz. In: Jüttemann G (Hrsg) Psychologie in der Veränderung. Beltz, Weinheim
Drewermann E (1992) Lieb Schwesterlein lass mich herein. Grimms Märchen tiefenpsychologisch gedeutet. dtv, München
Ebbecke-Nohlen A (1992) Die Geschlechterperspektive in der systemischen Familientherapie. In: Embden-Jonasch I, Ebbecke-Nohlen A (Hrsg) Balanceakte. Auer, Heidelberg, 152–187

Eberle-Grass S, Hess T (1993) Familiendynamik 2. 163–177
Eberling W, Vogt-Hilmann M, Burr W, Dahm M, Dreesen H, Kruse P, Gallenberger B, Sickinger G (1996) Tue, was du lehrst, wenn du lehrst, was du tust. In: Einfach, kurz und gut. Zur Praxis der lösungsorientierten Kurztherapie. Borgmann, Dortmund, 153–177
Eckert J, Biermann-Ratjen E-M (1990) Ein heimlicher Wirkfaktor: Die „Theorie" des Therapeuten. In: Tschuschke V, Czogalik D (eds) Psychotherapie – Welche Effekte verändern? Springer, Berlin, Heidelberg, New York, 272–287
Efran J (1986) Sprache: Realitäten, Illusionen und Paradoxa ... Ein Gespräch. Z. syst. Ther. 4, 80–88
Efran J, Lukens, Lukens (1990) Sprache, Struktur und Wandel, Bedeutungsrahmen in der Psychotherapie, Band 7, Systemsiche Studien, Modernes lernen, Dortmund
Eisenbach-Stangl I, Pilgram A (1980) Zur Bestimmung des „Drogenproblems". In: Mader R, Strotzka H (Hrsg) Drogenkonsum, Drogenkriminalität, Rechts- und gesundheitspolitische Maßnahmen in Österreich. Jugend und Volk, Wien, München, 37–57
Embden-Jonasch I, Ebbecke-Nohlen A (Hrsg) (1992) Balanceakte. Auer, Heidelberg
Epston D, White M (1992) Experience, Contradiction, Narrative & Imagination. Dulwich Centre Publications, Adelaide
Erickson MH (1954) Pseudo orientation in time. Journal of Clinical Experimental Hypnosis 2, 261–283
Erickson MH (1964) The „Surprise" and „My friend John" techniques of Hypnosis. Minimal cues and natural field experimentation. American Journal of Clinical Hypnosis 7, 8–32
Erickson M, Rossi E (1981) Hypnotherapie; Aufbau-Beispiele-Forschungen. Pfeiffer, München
Erickson M, Rossi E (1991) Der Februarmann. Junfermann, Paderborn
Eron JB, Lund TW (1993) How Problems Evolve and Dissolve: Integrating Narrative and Strategic Concepts. Family Process 32, 291–309
Essen S (1990) Vom Problemsystem zum Ressourcensystem. In: Brunner EJ, Greitmeyer D (eds) Die Therapeutenpersönlichkeit. Wildberg, 78–85
Essen S (1993) Systemische Therapie als Praxis des Nichtanhaftens. Z. syst. Ther. 11, 32–38
Essen S (1995) Spirituelle Aspekte in der systemischen Therapie. Transpersonale Psychologie und Psychotherapie 2, 41–53
Fehlinger M (1997) Die Kunst der Balance. Überlegungen zu einer systemischen Ausbildungssupervision. In: Luif I (Hrsg) Supervision. Orac, Wien
Fereis H (1989) Diagnostik und Therapie der Magersucht und Bulimie. Hans Marseille Verlag, München
Fichter MM (1984) Epidemologie der Anorexia nervosa und Bulimia. Akt. Ernährung. Med. 1, 8–13
Fisch R, Weakland JH, Segal L (1987) Strategien der Veränderung. Klett-Cotta, Stuttgart
Fischer HR (1991) Sprache und Lebensform. Auer, Heidelberg

Fischer HR (1993) Autopoiesis. Eine Theorie im Brennpunkt der Kritik. Auer, 2. Aufl., Heidelberg
Fischer HR (1995) Die Wirklichkeit des Konstruktivismus. Zur Auseinandersetzung um ein neues Paradigma. Auer, Heidelberg
Fivaz-Depeursinge E, Roten Y de, Corboz-Warnery A, Metraux JC, Ciola A (1994) Die non-verbale Kommunikation zwischen Therapeut und Paar. System Familie 7, 66–82
Foerster, H von (1981) On cybernetics of cybernetics and social theory. In: Roth G, Schwegler H (Hrsg) Self-organizing systems. Frankfurt/M., Campus, 102–105
Foerster H von (1985) Sicht und Einsicht. Vieweg, Braunschweig
Foerster H von (1993) Kybernethik. Merve Verlag, Berlin
Foucault M (1980) Power/Knowledge. Selected Interviews and other Writings. Pantheon Books, New York
Frankl V (1982) Trotzdem Ja zum Leben sagen. dtv 10023
Freud S (1905a) Bruchstück einer Hysterienanalyse, Ges. W. Bd. V, S. Fischer Verlag, 3. Aufl. 1961, 163–286
Freud S (1905b): Der Witz und seine Beziehung zum Unbewußten. Ges. W. Bd. VI
Friedlmayer S (1996) Kommentar zu Tom Andersen: Beziehung, Sprache und Vor-Verstehen in reflektierenden Prozessen. Systeme 10/Sonderheft, 112–114
Friedmann S (1992) Collaborative Practice in Family Therapy, Teh Guilford Press, New York
Furman B, Ahola T (1991) The neverending story: Or, the problem as solution. A.N.Z.J. Fam. Therapy 12, 53–55
Furman B, Ahola T (1995) Die Zukunft ist das Land, das niemanden gehört. Klett, Stuttgart
Gergen KJ (1982) Towards Transformation in Social Knowledge. Springer, New York
Gergen KJ (1990) Die Konstruktion des Selbst im Zeitalter der Postmoderne. Psychologische Rundschau 41, 191–199
Gergen KJ (1994) Realities and relationships. Soundings in social construction. Havard University Press, Cambridge/Mass.
Gergen KJ (1996) Das übersättigte Selbst. Auer, Heidelberg
Gergen M, Gergen KJ (1984) The social Construction of Narrative Accounts. In: Gergen KJ, Gergen M (Hrsg) Historical Social Psychology. Earlbourn Associates, New Jersey
Gergen KJ, Gergen M (1986) Narrative and the self as relationship. In: Borkowitz L (Hrsg) Advances in Experimental Social Psychology. Mc Grow-Hill, New York
Geyerhofer S, Komori Y (1995) Bringing Forth Family Resources in Therapy. Zeitschrift für Sozialpsychologie und Gruppendynamik, 20(3)
Gilligan SG (1988) Psychosomatisches Heilen. Hypnose und Kognition 5(1), 25–34
Glasersfeld E von (1981) Einführung in den radikalen Konstruktivismus. In: Watzlawick P (Hrsg) Die erfundene Wirklichkeit. Piper, München, 16–38
Glasersfeld E von (1984) An introduction to radical constructivism. In: P Watzlawick (Hrsg) The invented reality. Norton, New York

Glasersfeld E von (1997) Kleine Geschichte des Konstruktivismus. ÖZG 8(1), 9–17
Goldner V (1988) Generation and gender. Normative and covert hierarchies. Family Process 27, 17–31
Goldner V, Penn P, Sheinberg M, Walker G (1992) Liebe und Gewalt. Geschlechtsspezifische Paradoxe in instabilen Beziehungen. Fam Dynamik 2, 109–121
Goodman N (1990) Weisen der Welterzeugung. Suhrkamp, Frankfurt
Goodrich TJ, Rampage C, Ellman B, Halstead K (1991) Feministische Familientherapie. Campus, Frankfurt/Main
Goolishian H, Anderson H (1988) Menschliche Systeme: Vor welche Probleme sie uns stellen und wie wir mit ihnen arbeiten. In: Reiter L, Brunner E J, Reiter-Theil S (Hrsg) Von der Familientherapie zur systemischen Perspektive. Springer, Berlin, 189–217
Gordon D (1987) Therapeutische Metaphern. Jungfermann, Paderborn
Graf P (1994) Gegen den radikalen Konstruktivismus – für eine kritisch realistische Systemtheorie. Z. syst. Ther. 12(1), 44–57
Grawe K (1976) Differentielle Psychotherapie I. Indikation und spezifische Wirkung von Verhaltenstherapie und Gesprächspsychotherapie. Huber, Bern
Grawe K (1995) Welchen Sinn hat Psychotherpieforschung? Eine Erwiderung auf V. Tschuschke et al. Psychotherapeut 40, 96–106
Grawe K, Braun U (1994) Qualitätskontrolle in der Psychotherapie. Zeitschrift für klinische Psychologie 23, 242–267
Grawe K, Donati R, Bernauer F (1994) Psychotherapie im Wandel. Von der Konfession zur Profession. Hogrefe, Göttingen, Toronto, Zürich
Gronemeyer M (1988) Die Macht der Bedürfnisse. Rowohlt, Reinbek
Gronemeyer M (1993) Das Leben als letzte Gelegenheit. Wiss. Buchges., Darmstadt
Gronemeyer M (1996) Lernen mit beschränkter Haftung. Berlin
Grossmann K (1996) Über das Arbeiten mit therapeutischen Briefen. Unveröffentlichtes Manuskript
Grossmann K (1997) Eine kleine Theorie über Sprache in Therapie. In: Scholze M, Rauscher-Gföhler W, Klicpera Ch (Hrsg) Unterwegs in der systemischen Familientherapie. Facultas, Wien
Grubitzsch S (1994) Psychologische Grundbegriffe. Rowohlt Enzyklopädie, Rowohlt, Hamburg
Guntern G (1996) Therápodos – Der Weg des Therapeuten. Systeme 10/Sonderheft, 17–35
Gutman I, Feierfeil R (1991) Feminismus und Familientherapie. System Familie 4, 131–140
Habermas T (1990) Heißhunger. Historische Bedingungen der Bulimia nervosa. Fischer, Frankfurt/Main
Haken H, Wunderlin A (1986) Synergetik: Prozesse der Selbstorganisation in der belebten und unbelebten Natur. In: Dress A, Hendrichs H, Küppers G (Hrsg) Selbstorganisation. Piper, München
Haley J (1978) Die Psychotherapie Milton Erickson. Pfeiffer, München
Haley J (1980a) Direktive Familientherapie. Strategien für die Lösung von Problemen. Pfeiffer, München

Haley J (1980b) Ansätze zu einer Theorie pathologischer Systeme. In: Watzlawick P, Weakland J (Hrsg) Interaktion. Huber, Bern, 61–84
Haley J (1981) Ablösungsprobleme Jugendlicher. Familientherapie – Beispiele – Lösungen. Pfeiffer, München
Haley J (1985) Conversations with Milton H Erickson. Vol. I – III. Triangle, New York, London
Haley J (1986) The Power Tactics of Jesus Christ – and other essays. Norton, New York
Haley, J. (1988) Ordeal Therapie. Isko, Hamburg
Haley J (1996) Learning and Teaching Therapy. The Guilford Press, New York
Hare-Mustin R (1989) Das Geschlechterproblem in der familientherapeutischen Theorie. Fam Dynamik 14(4), 348–365
Hare-Mustin R (1994) Diskurse im verspiegelten Raum. Eine postmoderne Analyse der Therapie. Fam Dynamik 19(3) 205–232
Hederman MP, Kearney (1982) The crane bag. Book of Irish studies. Blackwater Press, Dublin
Heim E (1986) Psychosoziale Medizin, Bd. 2. Klinik und Praxis, 278–340. In: Heim E, Willi J. (Hrsg) Psychosoziale Medizin. 2. Bd. Springer, Berlin
Held S, Pols E (1992) The confusion about Epistemology and „Epistemology“ and what to do about it. In: Miller R (ed) The restoration of dialogue. American Psychological Association, Washington
Hinsch J (1995) Das internalisierte System in Einzel-, Paar- und Familientherapie. Unveröff. Manuskript für Seminar, DAF-Kongreß Hamburg
Hinsch J, Schörghofer S (1991) Krankheit ist auch nur eine Metapher. In: Reiter L, Ahlers C (Hrsg) Systemisches Denken und therapeutischer Prozeß. Springer, Berlin, 154–168
Hinsch J, Steiner E (1993) Vom Paar zum Subjekt. Ein Beitrag zur Paartherapie. Systeme 7, 34–45
Hoffman L (1984) Grundlagen der Familientherapie. Konzepte für die Entwicklung von Systemen. Isko Press, 2. Aufl., Hamburg
Hoffman L (1996) Therapeutische Konversationen. Modernes Lernen, Dortmund
Illich I (1980) Selbstbegrenzung. Rowohlt, Reinbek
Imber-Black E (1988) Celebrating the uncelebrated. The family networker 12(1), 60–66
Imber-Black E (1990) Familien und größere Systeme. Im Gestrüpp der Institutionen. Auer, Heidelberg
Imber-Black E (1992a) Sekret exercites. Unveröffentliche Seminarunterlage zum Seminar des VPA „Rituale in der Familientherapie“
Imber-Black E (1992b) Ritual Patterns. Unveröffentliche Seminarunterlage zum Seminar des VPA „Rituale in der Familientherapie“
Imber-Black E (1992c) Exercise Questions about family Traditions. Unveröffentliche Seminarunterlage zum Seminar des VPA „Rituale in der Familientherapie“
Imber-Black E, Roberts J, Whiting R (1993) Rituale in Familien und Familientherapie. Auer, Heidelberg
Intern. Klassifikation psychischer Störungen (ICD 10), 2. Aufl. (1993) Huber, Bern
James T, Woodsmall W (1991) Time Line. NLP-Konzepte. Junfermann, Paderborn

Jones E (1995) Systemische Familientherapie. Entwicklungen der Mailänder Systemischen Therapien – Ein Lehrbuch. VML: Dortmund

Joraschky P (1996) Die System- und Strukturdiagnose. In: Cierpka M (Hrsg) Handbuch der Familiendiagnostik. Springer, Berlin, 317–335

Kantor D (1975) Inside the Family. Jossey-Bass Publ., San Francisco Lehr, W

Kaslow F (1986) Supervision and Training. Haworth, NY

Kaslow F (1995) Handbook of Relational Diagnosis and Dysfunctional Family Patterns. John Wiley & Sons Inc., New York

Kast V (1984) Familienkonflikte im Märchen. Eine psychologische Deutung. Walter-Verlag AG, Olten

Kast V (1986) Märchen als Therapie. Walter-Verlag AG, Olten

Kast V (1987) Mann und Frau im Märchen. Eine psychologische Deutung. dtv, München

Katschnig H, Wanschura E (1986) Einer für alle, alle für einen. In: Reiter (Hrsg) Theorie und Praxis der systemischen Familientherapie. Facultas, Wien, 94–103

Keeney BP (1984) Mind in Therapy. Basic Books, Inc. Pub. New York, Ross, J.M

Klammer G (1993) Einzeltherapie und/oder Milieutherapie nach Mißbrauch. Systeme 7(2), 59–71

Klammer G (1997) Sozialkonstruktionistische Grundlagen für Paartherapien. System Familie 10(1), 2–10

Klar S, Wolf F (1995) Musterbildung, Musterbearbeitung. Ein ästhetisches Konstrukt und seine Geschichten im therapeutischen Bereich. Systeme 9(1), 80–94

Kleibel-Arbeithuber J, Roschger-Stadlmayr B (1997) Selbstevaluation in der Psychotherapieausbildung. Projektunterlagen 1991–1997

Klicpera C (1997a) Ausbildung in systemischer Therapie: Qualität und wirksame Faktoren der Ausbildung im Urteil der Absolventen. In: Scholze M., Rauscher-Gföhler B, Klicpera Ch (Hrsg) Unterwegs in der systemischen Familientherapie: Reflexionen und Beispiele. Facultas, Wien

Klicpera C (1997b) Zwischenevaluation der Ausbildung in systemischer Therapie an der Lehranstalt für systemische Familientherapie. Abteilung für klinische und angewandte Psychologie der Universität Wien

Kriz J (1997) Systemtheorie. Eine Einführung für Psychotherapeuten, Psychologen und Mediziner. Facultas, Wien

Krüll M (1987) Systemisches Denken und Ethik. Z. system. Therapie JG5(4), Okt. 1987

Krüll M (1992) Die epistemologische Herausforderung des feministischen und des systemischen Denkens. In: Embden-Jonasch I, Ebbecke-Nohlen A (Hrsg) (1992) Balanceakte. Auer, Heidelberg, 16–41

Lambert M, Shapiro D, Bergin A (1986) The effectiveness of psychotherapy. In: Garfield S, Bergin A (eds) Handbook of Psychotherapy and Behavior Change. New York, Chichester, Brisbane, Toronto, Singapore, 157–211

Lankton CH, Lankton SR (1991) Geschichten mit Zauberkraft. Die Arbeit mit Metaphern in der Psyhotherapie. Pfeiffer, München

Lenk W (1993) Seminarunterlagen für das Seminar „Time-Line Konzepte und Reimprinting“. Wien, 25.–26. April

Levold T (1995) Hilfe! – ein System. Was es bedeutet, Klienten bzw. Klientinnen und Helfer bzw. Helferinnen als gemeinsames System zu betrachten. Systeme 9(1), 62–79

Levold T, Wedekind E, Georgi H (1993) Gewalt in Familien. Systemdynamik und therapeutische Perspektiven. Fam Dynamik 18, 287–311

Liddle HA, Breunlin DC, Schwartz RC (Hrsg) (1988) Handbook of family therapy training and supervision. Guilford Press, New York

Lidz T (1968) Das menschliche Leben. Die Persönlichkeitsentwicklung im Lebenszyklus. Suhrkamp, Frankfurt/Main

Lipchik E (1993) Mißhandlung in der Ehe – eine Herausforderung therapeutischer Grundannahmen. Z. system. Ther. 11(3), 171–178

Lorenz K (1975) Die Rückseite des Spiegels. Versuch einer Naturgeschichte menschlichen Erkennens. Piper, München

Löw S, Fröschl E (1992) Ursachen und Folgen von Gewaltanwendung gegenüber Frauen und Kindern. Projektleitung: Ringel E, Rosenmayr L. Veröff. d. BM f. Frauenangelegenheiten

Luborsky L, Barber JP, Diguer L (1992) The meaning of narratives told during psychotherapy: the fruits of a new observation unit. Psychotherapy Research 2, 277–290

Ludewig K (1983) Entwicklung eines Verfahrens zur Darstellung von Familienbeziehungen: Das Familienbrett. Fam Dynamik 8, 235–251

Ludewig K (1987) 10+1 Leitsätze bzw. Leitfragen. Grundzüge einer systemisch begründeten Klinischen Theorie im psychosozialen Bereich. Z. system. Ther. 5(3), 178–191

Ludewig K (1988, 1993) Problem – „Bindeglied" klinischer Systeme. Grundzüge eines systemischen Verständnisses psychosozialer und klinischer Probleme. In: Reiter L, Brunner EJ, Reiter-Theil S (Hrsg) Von der Familientherapie zur systemischen Perspektive. Springer, Berlin, 231–249

Ludewig K (1992) Systemische Grundlagen. Grundlagen Klinischer Theorie und Praxis. Klett-Cotta, Stuttgart

Ludewig K (1993) Systemische Therapie. Klett, Stuttgart

Ludewig K (1996) Systemische Therapie in Deutschland. Fam Dynamik 21(1), 95–115

Luepnitz DA (1988) The family interpreted. Basic Books, New York

Luhmann N (1984) Soziale Systeme. Grundriß einer allgemeinen Theorie. Suhrkamp, Frankfurt/M.

Luhmann N (1990) Soziologische Aufklärung 5. Westdeutscher Verlag, Opladen

Maar Ch (Hrsg) (1996) Mind Revolution CD-Rom, Navigo Multimedia, München, Pöppel E, Christaller Th

Matarazzo RG, Patterson DR (1986) Methods of teaching psychotherapeutic skill. In: Garfield SL, Bergin AE (Hrsg) Handbook of psychotherapy and behavior change. 3. Edit. J. Wiley, New York

Maturana HR (1982) Erkennen. Die Organisation und Verkörperung von Wirklichkeit. Vieweg, Braunschweig

Maturana HR (1994) Was ist Erkennen? Piper, München

Maturana HR, Varela FJ, Uribe (1982) Autopoiese: die Organisation lebender Systeme, ihre nähere Bestimmung und ein Modell. In: Maturana HR (Hrsg) Erkennen: Die Organisation und Verkörperung von Wirklichkeit. Vieweg, Braunschweig Wiesbaden, 57–169

Maturana H, Varela FJ (1987) Der Baum der Erkenntnis. Die biologischen Wurzeln des menschlichen Erkennens. Scherz, Bern

McGoldrick M, Gerson R (1990) Genogramme in der Familienberatung, Huber, Bern, Stuttgart, Toronto

McGoldrick M, Anderson CM, Walsh F (Hrsg) (1991) Feministische Familientherapie in Theorie und Praxis. Lambertus, Freiburg/Breisgau

Merl H (1987) Familientherpie, Schriftreihe d. Kath. Fam. Verb. 36/37 Ehe und Familie Ztschr. Verl. Ges. Wien, Spiegelgasse 3/9. 1010 Wien

Merl H (1993) Systemische Familientherapie. Der prakt. Arzt. Österr. Ztschr. f. Allg. Medizin, 1065–1081

Meyer A-E (1990) Wodurch wirkt Psychotherapie? In: Lang H (ed) Wirkfaktoren in der Psychotherapie. Springer, Berlin, Heidelberg, New York

Mills JC, Crowley RJ (1996) Therapeutische Metaphern für Kinder und das Kind in uns.

Minuchin S (1977) Familie und Familientherapie. Lambertus, Freiburg

Minuchin S (1981) Praxis der strukturellen Familientherapie. Lambertus, Freiburg

Minuchin S, Montalvo B, Guernen B, Rosman B, Schumer F (1967) Families of the Slums. An Exploration of Their Structure and Treatment. Basic Books, New York

Minuchin S, Rosman B, Baker L (1981) Psychosomatische Krankheiten in der Familie. Klett-Cotta, Stuttgart

Nardone G (1997) Systemische Kurztherapie bei Zwängen und Phobien. Huber, Bern

Nardone G, Watzlawick P (1994) Irrwege, Umwege und Auswege: Zur Therapie versuchter Lösungen. Huber, Bern

Nichols MP, Schwartz RC (1995) Family Therapy, Concepts and Methods. Allyn and Bacon Needham Heights, MA USA

O'Hanlon-Hudson H, Hudson-O'Hanlon W (1991) Rewriting Love Stories. Brief Marital Therapy. Norton, New York

Pearce WB, Cronen VE (1980) Communication, Action and Meaning: The Creation of Social Realities. Praeger, New York

Penn P (1991) Letters to ourselves. The Family Therapy Networker 15(5), 43–45

Penn P, Frankfurt M (1994) Creating a Participant Text: Writing, Multiple Voices, Narrative Multiplicity. Family Process 33(3), 217–231

Peseschkian N (1979) Der Kaufmann und der Papagei. Fischer, Frankfurt

Piaget J (1970) Piaget's Theory. In: Mussen PH (Hrsg) Carmichael's Manual of Child Psychology. John Wiley & Sons, Inc. New York, 703–732

Piercy FP (Hrsg) (1986) Family therapy education and supervision. The Haworth Press, New York

Pilgram A (1980) Die Kosten der Kriminalisierung des Drogenkonsums. In: Mader R, Strotzka H (Hrsg) Drogenkonsum, Drogenkriminalität, Rechts- und gesundheitspolitische Maßnahmen in Österreich. Jugend und Volk, Wien, München, 117–147

Plog U (1976) Differentielle Psychotherapie II. Der Zusammenhang zwischen Lebensbedingungen und spezifischen Therapieeffekten im Vergleich von Gesprächspsychotherapie und Verhaltenstherapie. Huber, Bern

Pritz W, Hittenberger B, Schabus-Eder F, Untner A (1992) Drogenmappe der Salzburger Landesregierung, Eigenverlag, Salzburg

Pulleyblank E, Shapiro R (1986) Evaluation of family therapy trainees: Acquisition of cognitive and therapeutic behavior skills. Family Process, 25, 591–598

Rappaport RA (1971) Ritual sanctity and cybernetiks. American Anthropologist 73(1), 59–76

Reiss D (1995) Foreword. In: Kaslow FW (Hrsg) a.a.O.

Reiter L (1983) Gestörte Paarbeziehungen. Vandenhoeck & Ruprecht, Göttingen

Reiter L (1988) Über die Anfänge I. Ziele und Zielkonflikte in der internationalen Arbeitsgemeinschaft für Familienforschung und Familientherapie (AGF). System Familie 1, 23–32

Reiter L (1991a) Über die Anfänge II. Gruppenprozeß und Rangdynamik in der internationalen Arbeitsgemeinschaft für Familienforschung und Familientherapie (AGF). System Familie 4, 141–148

Reiter L (1991b) Vom „Reflektierenden Team" zum „Fokussierenden Team". Eine Weiterentwicklung der Idee Tom Andersens. Systeme 5(1), 64–65

Reiter L (1992) Clinical constellation: A concept for therapeutic practice. In: Tschacher W, Schiepek F, Brunnger EJ (eds) Self organization and Clinical psychology: Empirical Approaches to Synergetics in Psychology. Springer, Berlin, 323–337

Reiter L (1994) Leitfiguren der Familientherapie und Systemischen Therapie – eine bibliometrische Studie am Beispiel der Zeitschrift „Systeme". Psychotherapie Forum 2, 137–142

Reiter L (1996a) Familie und psychosomatische Krankheit. Theoretische und klinische Perspektiven. Systeme 10(1), 31–44

Reiter L (1996b) Zur Kritik der Heidelberger Psychosekonzeption. Systeme 10(2), 4–15

Reiter L, Brunner EJ, Reiter-Theil S (Hrsg) (1988) Von der Familientherapie zur systemischen Perspektive. Springer, Berlin

Reiter L, Ahlers C (Hrsg) (1991) Systemisches Denken und therapeutischer Prozeß. Springer, Berlin

Retzer A (Hrsg) (1991) Die Behandlung psychotischen Verhaltens, Auer, Heidelberg

Retzer A (1994) Familie und Psychose. G. Fischer, Stuttgart

Retzer A (1995) Sprache und Psychotherapie. Der Psychotherapeut 40, 210–221

Retzer A (1996) Zeit und Psychotherapie. Familiendynamik 21(2)

Richter HE (1963) Eltern, Kind und Neurose. Ernst Klett, Stuttgart

Richter HE (1970) Patient Familie. Rowohlt, Reinbek bei Hamburg

Richter HE, Strotzka H, Willi J (Hrsg) (1976) Familie und seelische Krankheit – eine neue Perspektive der Psychologischen Medizin und der Sozialtherapie. Rowohlt, Reinbek bei Hamburg

Riedl R (1980) Biologie der Erkenntnis. Die stammesgeschichtlichen Grundlagen der Vernunft. Parey, Berlin

Riedl R (1986) Begriff und Welt. Biologische Grundlagen des Erkennens und Begreifens. Parey, Berlin, Hamburg
Riehl-Emde A, Willi J (1994) Ist seine Ehe auch ihre Ehe? Vergleichende Untersuchung zum Wohlbefinden, Empathie und Zufriedenheit von Mann und Frau. System Familie 7, 83–97
Riessman CK (1993) Narrative Analysis. Sage, London
Rorty R (1988) Solidarität oder Objektivität? Reclam, Stuttgart
Roschger-Stadlmayr B (1997) TherapeutInnenpersönlichkeit: Erwartungen von KlientInnen. Tagungsband Goldegg, Facultas, Wien
Rosenbaum R, Dyckman J (1996) Die Integration von Selbst und System. Familiendynamik 21(4), 346–382
Rossi EL (1980) The Collected Papers of Milton H. Erickson on Hypnosis. Vol. I-IV. Irvington, New York
Rössler E (1996) Kommentar zu H. Anderson u. H. Goolishian: Therapie als ein System in Sprache. Systeme 10/Sonderheft, 120–122
Rücker-Embden-Jonasch I (1992) Einblick in die Praxis. Drei Therapeutinnen begleiten eine Familie mit einer dünnen Tochter. In: Rücker-Embden-Jonasch I, Ebecke-Nohlen A (Hrsg) Balanceakte. Auer, Heidelberg, 188–223
Russinger U (1992) Systemische Einzeltherapie mit einer Klientin mit bulimischem Verhalten: Ungestillter Hunger oder die Sehnsucht „Löcher im Inneren zu stopfen". Systeme 6(2), 33–43
Russinger U (1995) Systemische und hypnotherapeutische Ansätze in der Therapie von Klientinnen mit bulimischem Verhalten. Systeme 9(2), 67–78
Russinger U, Brandl-Nebehay A (1994) Kurztherapeutische Ansätze im institutionellen Kontext. Systeme 8(1), 67–75
Rust RT, Oliver RL (Hrsg) (1994) Service quality: New directions in theory and practice. Thousand Oaks, Sage, CA
Sabetti St (1992) Lebensenergie. Scherz – Bewußt Leben. Scherz, Bern
Satir V (1975) Selbstwert und Kommunikation. Pfeiffer, München
Satir V (1979) Familienbehandlung. Lambertus, Freiburg
Satir V (1990) Kommunikation, Selbstwert, Kongruenz. Junfermann, Paderborn
Satir V, Baldwin M (1987) Familientherapie in Aktion. Junfermann, Paderborn
Schiepek G (1990) Ausbildungsziel Systemkompetenz. In: Reiter u. a. (Hrsg) Von der Familientherapie zur systemischen Perspektive. Springer, Berlin
Schiepek G (1991) Systemtheorie der klinischen Psychologie. Vieweg, Braunschweig
Schiepek G (1995) Ausbildungsziel: Systemkompetenz. Psychologisches Institut, Münster
Schiepek G, Strunk G, Kowalik ZJ (1995) Die Mikroanalyse der Therapeut-Klient-Interaktion mittels Sequentieller Plananalyse. Teil II: Die Ordnung des Chaos. Psychotherapie Forum 3(2), 87–109
Schlippe A von (1989) Familientherapie im Überblick. Junfermann, Paderborn
Schlippe A von (1991) Systemische Sichtweise und psychotherapeutische Ethik. Praxis der Kinderpsychologie und -psychiatrie, 40(10), 368–375
Schlippe A von, Schweitzer J (1996) Lehrbuch der systemischen Therapie. Vandenhoeck & Ruprecht, Göttingen

Schmidt G (1989) Bulimie aus der Perspektive der systemischen Familientherapie. In: Kämmerer A, Klingenspor B (Hrsg) Bulimie. Zum Verständnis einer geschlechtsspezifischen Störung. Kohlhammer, Stuttgart, 49–70
Schmidt G (1993) Lösungsorientiertes Arbeiten mit Eltern als Co-Therapeuten. Auer Systeme, Heidelberg, Audiocassette
Schmidt G (1996) Partnerschaftliche und selbsthypnotische Kommunikation mit der inneren Familie. Auer Systeme, Heidelberg, Audiocassette
Schweizer J, Retzer A, Fischer R (Hrsg) (1992) Systemische Praxis und Postmoderne. Suhrkamp, Frankfurt/Main
Schweitzer J, Schumacher B (1995) Die unendliche und die endliche Psychiatrie. Zur (De)-konstruktion von Chronizität. Auer, Heidelberg
Selekman MD (1993) Pathways to Change: Brief Therapy Solutions with Difficult Adolescents. Guilford, New York
Selvini-Palazzoli M (1979): Gerade und Ungerade Tage. Familiendynamik 4 138–147 Boscolo l. Cecchin G. Prata G
Selvini-Palazzoli M (1982) Magersucht: von der Behandlung einzelner zur Familientherapie. Klett-Cotta, Stuttgart
Selvini-Palazzoli M (1983) Die Wahrheit interessiert mich nicht, nur der Effekt. Interview in Psychologie heute 10/5
Selvini-Palazzoli M, Boscolo L, Cecchin G, Prata G (1977) Paradoxon und Gegenparadoxon. Klett-Cotta, Stuttgart
Selvini-Palazzoli M, Boscolo L, Cecchin G, Prata G (1981) Hypothetisieren, Zirkularität, Neutralität: drei Richtlinien für den Leiter der Sitzung. Fam Dynamik 6, 123–139
Selvini-Palazzoli M, Boscolo L, Cecchin G, Prata G (1988) Paradoxon und Gegenparadoxon. Klett-Cotta, Stuttgart
Shaw BF, Dobson KS (1988) Competency judgements in the training and evaluation of psychotherapists. Journal of Consulting and Clinical Psychology 56, 666–672
Sheinberg M (1993) Meistern von Therapieengpässen bei der Aufdeckung von Inzest mittels feministischer Ansätze. Systeme 7(2), 23–48
Shotter J (1993) Conversational realities. Constructing life through language. Sage Publication, London
Simon F (1993) Unterschiede, die Unterschiede machen, Suhrkamp Taschenbuch
Simon F (1995) Die andere Seite der Gesundheit. Ansätze einer systemischen Krankheits- und Therapietheorie. Auer, Heidelberg
Simon F (1997) Meine Psychose, meine Fahrrad und ich. Zur Selbstorganistion der Verrücktheit. Auer, 6. Aufl., Heidelberg
Simon F, Stierlin H (1984) Die Sprache der Familientherapie. Ein Vokabular. Klett-Cotta, Stuttgart
Sluzki C (1992) Die therapeutische Transformation von Erzählungen. Fam Dynamik 17, 19–39
Sperling E (1965) Die „Magersucht-Familie“ und ihre Behandlung. In: Meyer JE, Feldmann H (Hrsg) Anorexia nervosa. Thieme, Stuttgart, 156–160
Spiegel H, Linn L (1969)The „ripple effect“ following adjunct hypnosis in analytic psychotherapy. American Jounal of Psychiatry 126(4), 53–58
Spitzer M (1996) Geist im Netz. Wissensch. Buchges. Darmstadt

Steiner E, Hinsch J (1988) Therapie: Ordnungskunst zwischen Finden und Erfinden. Zur Verwendung von Metaphern, Fam Dynamik 13, 204–219

Steiner E, Hinsch J, Brandl-Nebehay A (1994) Familientherapie. In: Stumm G, Wirth B (Hrsg) Psychotherapie: Schulen und Methoden. Eine Orientierungshilfe für Theorie und Praxis. Falter, Wien, 221–230, 333–340

Stern D (1985) The interpersonal world of the infant. Basic books, New York

Stern D (1996): Die Lebenserfahrung des Säuglings. Klett-Cotta, 5. Aufl., Stuttgart

Stierlin H (1975) Von der Psychoanalyse zur Familientherapie. Klett-Cotta, Stuttgart

Stierlin H (1976) Eltern und Kinder. Das Drama von Versöhnung und Trennung im Jugendalter. Suhrkamp, Frankfurt

Stierlin H (1978) Delegation und Familie. Suhrkamp, Frankfurt/Main

Stierlin H (1994) Das Ich und die anderen. Psychotherapie in einer sich wandelnden Gesellschaft. Klett-Cotta, Stuttgart

Stierlin H, Rücker Embden I, Wetzel N, Wirsching M (1977) Das erste Familiengespräch. Klett-Cotta, Stuttgart

Strupp HH, Hadley SW (1979) Specific vs. nonspecific factors in psychotherapy. Arch. Gen. Psychiatry 36, 1125–1136

Stüdemann M, Dietzel K, Koch B, Lesemann K, Mews M (1991) Systemische Therapie der Bulimie im stationären Kontext. Z. system. Therapie 9(3), 201–212

Talmon M (1990) Single session therapy. Jossey Bass, San Francisco

Todd TC, Selekman MD (1991) Beyond structural-strategic family therapy: Integrating other brief systemic therapies. In: Todd TC, Selekman MD (eds) Family therapy approaches with adolescent substance abusers. Allyn & Bacon, Needham Heights

Tomm K (1984) Der familientherapeutische Ansatz des Mailänder Teams (1. Teil): Entwicklung, Theorie und Praxis im Überblick in: Partnerberatung 2(3)

Tomm K (1988) Das Systemische Interview als Intervention: Teil II. Reflexive Fragen als Mittel zur Selbstheilung. System Familie 1, 220–243

Tomm K (1989) Das Systemische Interview als Intervention: Teil III. Lineale, zirkuläre, strategische oder reflexive Fragen? System Familie 2, 21–40

Tomm K (1994) Die Fragen des Beobachters. Auer, Heidelberg

Tomm K, Wright L (1979) Training in family therapy: Perceptual, conceptual and executive skills. Family Process 18, 227–250

Tschuschke V, Czogalik D (eds) (1990) Psychotherapie – Welche Effekte verändern? Springer, Berlin, Heidelberg, New York

Tschuschke V, Kächele H, Hölzer M (1994) Gibt es unterschiedlich effektive Formen von Psychotherapie? Psychotherapeut 39, 281–297

Tucker S, Pinsof W (1984) The empirical evaluation of family therapy training. Family Process 23, 437–456

Uexküll T von (1995) Wissenschaftstheorie: ein bio-psycho-soziales Modell. In: Uexküll T, Wesiack, W. von (Hrsg) Psychosomatische Medizin. Urban u. Schwarzenberg, München, 13–50

Vandereycken W, Pieters G (1992) A large-scale longitudinal follow-up study of patients with eating disorders. In: Herzog W, Deter HC, Vandereycken W (Hrsg) The course of eating disorders. Springer, Berlin, 182–197

Van der Hart O (1982) Abschiedsrituale in der Psychotherapie. Leben lernen, Pfeiffer

Varela FJ (1979) Principles of biological autonomy. North Holland, New York

Varela FJ, Thompson E (1991) Wissenschaft und die verkörperte Erfahrung. Der mittlere Weg der Erkenntnis. Scherz, Bern, München, Wien

Varga KM von, Sparrer I (1996) Theorie und Praxis systemischer Strukturaufstellungen, Band I und Band II. Video VCR am 1st Congress of the World Council for Psychotherapy WCP, 1. 7.—4. 7. 96

Vester F (1983) Unsere Welt – ein vernetztes System. dtv, München

Vogt M (1990) At the frontiers of family therapy. Fam Dynamik 15, 85–89

Vollmer G (1987) Evolutionäre Erkenntnistheorie. Hirzel, Stuttgart

Walter JJ (1996) Rethinking our Assumptions: Assuming a New in a Postmodern world. In: Miller S, Hubble M, Duncan B (eds) Handbook of Solution Focused Brief Therapy. Jossey Bass Publishers, San Francisco

Walter J, Peller E (1994) Lösungs-orientierte Kurztherapie. VML, Stuttgart

Walters M, Carter B, Papp P, Silverstein O (1988) Unsichtbare Schlingen. Die Bedeutung der Geschlechterrollen in der Familientherapie. Klett-Cotta, Stuttgart

Watzlawick P (1978) Die Möglichkeit des Andersseins. Huber, Bern

Watzlawick P (Hrsg) (1985) Die erfundene Wirklichkeit, Piper, München, Zürich

Watzlawick P, Weakland J, Fisch R (1974) Lösungen. Zur Theorie und Praxis menschlichen Wandels. Huber, Bern

Watzlawick P, Beavin JH, Jackson DD (1990) Menschliche Kommunikation. Vlg. Huber, Bern, Stuttgart, Toronto

Weakland JH (1995) Konversation – aber von welcher Art? Systeme 9(2), 4–15

Weakland JH, Fisch R, Watzlawick P, Bodin A (1974) Brief Therapy: Focused Problem Resolution. Family Process 16(3), 141–168

Weber G (1996) Praxis der systemischen Therapie psychotischen Verhaltens. In: Retzer A (Hrsg) Die Behandlung psychotischen Verhaltens. Auer, Heidelberg, 214–257

Weber G, Stierlin H (1989) In Liebe entzweit. Die Heidelberger Familientherapie der Magersucht. Rowohlt, Reinbeck

Weeks GR, Làbate L (1985) Paradoxe Psychotherapie. Enke, Stuttgart

Weingarten K (1992) A Consideration of Intimate and Non – Intimate Interactions in Therapy. Family Process 13(2), 45–86

Weiss T, Haertel-Weiss G (1995) Familientherapie ohne Familie, Piper, München, Zürich

Weizsäcker E von (1974) Erstmaligkeit und Bestätigung als Komponenten der pragmatischen Information. In E. von Weizsäcker Offene Systeme 1974, 82–113, Ernst Klett, Stuttgart

Welter-Enderlin R (1987) Familismus, Sexismus und Familientherapie – Heißt „systemisch" auch „politisch"? Fam Dynamik 12, 261–281

Welter-Enderlin R (1995) Systemische Paartherapie: Verstehen und Handeln in der Begegnung. System Familie 8, 16–30

Welter-Enderlin R, Hildenbrand B (1996) Systemische Therapie als Begegenung. Klett-Cotta, Stuttgart

White M (1986a) Family Escape from Trouble. Family Therapy Case Studies, 1/1. Dulwich Center, Adelaide

White M (1986b) Negative Explanation, Restraint and Double Description. Family Process 25, 169–181
White M (1989a) Der Vorgang der Befragung: eine literarisch wertvolle Therapie? Fam Dynamik 14(2), 114–127
White M (1989b) Selected Papers. Dulwich Center, Adelaide
White M (1992) Therapie als Dekonstruktion. In: Schweizer J, Retzer A, Fischer R (Hrsg) Systemische Praxis und Postmoderne. Suhrkamp, Frankfurt/Main, 39–63
White M, Epston D (1990) Die Zähmung der Monster. Auer, Heidelberg
Wiener N (1948) Kybernetik. Rowohlt, Reinbek (1968)
Wilber K (1996) Eros, Kosmos, Logos. W. Krüger, Frankfurt/M
Willi J (1975) Die Zweierbeziehung. Rowohlt, Reinbek
Willi J (1978) Therapie der Zweierbeziehung. Rowohlt, Reinbek
Willi J, Limacher B, Frei R, Brassel-Ammann L (1992) Die Technik der Konstruktdifferenzierung in der Paartherapie. Fam Dynamik 17, 68–82
Willke H (1983) Methodologische Leitfragen systemtheoretischen Denkens: Annäherung an das Verhältnis von Intervention und System. Z. syst. Ther. 1(2), 23–37
Willke H (1987a) Systemtheorie. G. Fischer, Stuttgart
Willke H (1987b) Strategien der Intervention in autonome Systeme. In: Baecker D et al. (Hrsg) Theorie als Passion. Niklas Luhmann zum 60. Geburtstag. Suhrkamp, Frankfurt/M
Willke H (1987c) Systembeobachtung, Systemdiagnose, Systemintervention. Weiße Löcher in schwarzen Kästen. In: Schiepek G (Hrsg) Systeme erkennen Systeme. Individuelle, soziale und methodische Bedingungen systemischer Diagnostik. Psychologie Verlags Union, München, 94–119
Willke H (1988) Systemtheoretische Grundlagen des therapeutischen Eingriffs in autonome Systeme. In: Reiter L, Brunner EJ, Reiter-Theil S (Hrsg) Von der Familientherapie zur systemischen Perspektive. Springer, Berlin
Willke H (1992) Systemtheorie II: Interventionstechniken. G. Fischer, Stuttgart
Wittgenstein L (1984) Philosophische Untersuchungen. Suhrkamp, Frankfurt
Wittgenstein L (1992) Über Gewißheit. Suhrkamp, Frankfurt
Wrede A (1986) Die Theorie lebender Systeme von H. Maturana und einige Schlußfolgerungen für „professionelle Beeinflußer". Z. syst. Ther. 4(2), 89–97
Wynne LC (1980) Paradoxe Interventionen: eine Technik zur therapeutischen Veränderung von individuelle und familiären Systemen. Familiendynamik 1(80), 42–56
Wynne LC (1988) The presenting problem and theory-based family variables: Keystone for family therapy research. In: Wynne LC (Hrsg) The state of the art in family therapy research. Family Process Press, New York
Zimbardo PG (1995) Psychologie. 6. Aufl., Springer, Berlin
Zitterbarth W (1995) Von der Einheit zur Vielfalt. Der historische Wandel des Selbstkonzeptes – therapeutisch reflektiert. Z. system. Ther. 13(4), 244–258

Index

AutorInnen

Ahlers Corina, Dr.
Psychologin, Psychotherapeutin (systemische Familientherapie), Lehrtherapeutin für Familientherapie und Supervisorin im ÖAGG und ÖAS, Mitarbeiterin des Instituts für Ehe- und Familientherapie Wien.
Institut für Ehe- und Familientherapie, Praterstraße 40, A-1020 Wien

Binter Gerald, Dr.
Psychotherapeut (systemische Familientherapie) in freier Praxis, Lehrtherapeut an der Lehranstalt für Systemische Familientherapie.
Hartmanngasse 4/7, A-1050 Wien

Brandl-Nebehay Andrea, Mag.
Soziologin, dipl. Sozialarbeiterin, Psychotherapeutin (systemische Familientherapie), Mitarbeiterin am Institut für Ehe- und Familientherapie in Wien, Lehrtherapeutin, Ausbildungsleiterin und Obfrau der ÖAS.
Institut für Ehe- und Familientherapie, Praterstraße 40, A-1020 Wien

De Waal Helmut, Dr.
Psychologe, Psychotherapeut (systemische Familientherapie), Lehrtherapeut an der Lehranstalt für Systemische Familientherapie.
Gentzgasse 22–24, A-1180 Wien

Essen Siegfried
Dipl. Psychologe, Psychotherapeut (systemische Familientherapie), Lehrtherapeut im ÖAGG.
Haus Nr. 94, A-8113 St. Bartholomä

Geyerhofer Stefan, Mag.
Gesundheits- und Klinischer Psychologe, Psychotherapeut (systemische Familientherapie), Mitbegründer des Instituts für Systemische Therapie in Wien, Adj. Prof. für Psychologie an der Webster University, Repräsentant des MRI in Österreich.
Am Heumarkt 9/2/22, A-1030 Wien

Grossmann Konrad Peter, Dr.
Psychotherapeut (systemische Familientherapie), Lehrtherapeut an der Lehranstalt für Systemische Familientherapie.
Gentzgasse 22–24, A-1180 Wien

Gschwend Ilse
Psychotherapeutin (systemische Familientherapie), Lehrtherapeutin an der Lehranstalt für Systemische Familientherapie.
Gentzgasse 22–24, A-1180 Wien

Hinsch Joachim, Dr.
Psychotherapeut (systemische Familientherapie), Lehrtherapeut der ÖAS, Leiter des Instituts für Ehe- und Familientherapie in Wien.
Institut für Ehe- und Familientherapie, Praterstraße 40, A-1020 Wien

Katschnig Hildegard, Ass.-Prof., Dr. med.
Fachärztin für Kinder- und Jugendheilkunde, Psychotherapeutin (systemische Familientherapie) an der Universitätsklinik für Tiefenpsychologie und Psychotherapie Wien und am Institut für Systemische Intervention und Studien (ISIS) in Wien, Lehrtherapeutin im ÖAGG.
Univ.-Klinik für Tiefenpsychologie und Psychotherapie, Währinger Gürtel 18–20, A-1090 Wien

Klammer Gerda, Dr.
Gesundheits- und Klinische Psychologin, Psychotherapeutin (systemische Familientherapie), Lehrtherapeutin und Ausbildungsleiterin des ÖAS, hauptberuflich psychologische, therapeutische und fortbildende Tätigkeit im Amt für Jugend und Familie Wien.
Brünner Straße 133, A-1210 Wien

Klar Sabine, Dr.
Zoologin/Verhaltensforscherin, Psychotherapeutin (systemische Familientherapie), Lehrtherapeutin und Ausbildungsleiterin der ÖAS, Lehramt für Religionspädagogik, psychotherapeutische Tätigkeit in freier Praxis, Ausbildungs- und Supervisionstätigkeit.
Kleine Pfarrgasse 5/1, A-1020 Wien

Kleibel-Arbeithuber Juliane, DSA
Dipl. Sozialarbeiterin, Psychotherapeutin (systemische Familientherapie) und Supervisorin in freier Praxis, Lehrtherapeutin und Ausbildungsleiterin im ÖAGG und im IFS Linz.
Ernest Thunstraße 11, A-5020 Salzburg

Klicpera Christian, Ao. Univ.-Prof. Dr.
Professor am Institut für Psychologie der Universität Wien, Abteilung für Angewandte und Klinische Psychologie.
Gölsdorfgasse 3/6, A-1010 Wien

Merl Harry, Ao. Univ.-Prof. Dr.
Prakt. Arzt und Facharzt für Psychiatrie und Neurologie, Professor für Psychotherapie an der Universität Graz (Univ.-Klinik f. Med. Psychologie), Lehrbeauftrager in Salzburg und Wien, Gruppentherapeut, Psychoanalytiker (Lehranalytiker), Familien- und Systemtherapeut, Supervisor.
Fazenystraße 9, A-4201 Gramastetten

Rauscher-Gföhler Billie, DSA
Dipl. Sozialarbeiterin, Psychotherapeutin (systemische Familientherapie), Lehrtherapeutin an der Lehranstalt für systemische Familientherapie, Lehrtrainerin für systemische Supervision, Stv. Vorsitzende des Ethikausschusses im Psychotherapiebeirat.
Gentzgasse 22–24, A-1180 Wien

Riedler-Singer Renate, Dr.
Gesundheits- und Klinische Psychologin, Psychotherapeutin, Mitarbeiterin des Instituts für Ehe- und Familientherapie in Wien, Lehrtherapeutin im ÖAGG und in der ÖAS, Referentin für psychotherapeutische Propädeutika (ÖAGG), Supervisorin.
Institut für Ehe- und Familientherapie, Praterstraße 40, A-1020 Wien

Roschger-Stadlmayr Brigitte, Mag.
Philologin, Psychotherapeutin (systemische Familientherapie), Supervisorin und Mediatorin in freier Praxis, Lehrtherapeutin und Ausbildungsleiterin im ÖAGG und im IFS in Linz.
Schwedenstraße 4, A-5023 Salzburg

Russinger Ulrike, DAS
Dipl. Sozialarbeiterin, Psychotherapeutin (systemische Familientherapie), Lehrtherapeutin i. A. an der Lehranstalt für Systemische Familientherapie, Supervisorin, Mediatorin.
Gentzgasse 22–24, A-1180 Wien

Scholze Margarete
Psychotherapeutin (systemische Familientherapie), Lehrtherapeutin und Supervisorin, Direktorin der Lehranstalt für Systemische Familientherapie, Supervisorin und Mediatorin.
Gentzgasse 22–24, A-1180 Wien

Thoma Christoph, Dr.
Psychotherapeut (systemische Familientherapie), Mitarbeiter des Kinderschutzzentrums „Die Möwe".
Bräuhausgasse 3, A-3100 St. Pölten

Vorpagel Henry
Sozialpädagoge, Psychotherapeut (systemische Familientherapie), Mitarbeiter des Drogeninstituts im Psychiatrischen Krankenhaus.
Baumgartner Höhe 1, A-1140 Wien

Waas Elfriede
Psychotherapeutin (systemische Familientherapie), Lehrtherapeutin an der Lehranstalt für Systemische Familientherapie.
Gentzgasse 22–24, A-1180 Wien

Walter Gerhard, Dr.
Gesundheits- und Klinischer Psychologe, Psychotherapeut (systemische Familientherapie), Lehrtherapeut der ÖAS in Salzburg, leitender Psychologe am Kinderspital im Landeskrankenhaus Salzburg.
Heuberg 217, A-5023 Salzburg

Wanschura Esther, Dr.
Gesundheits- und Klinische Psychologin, Lehrtherapeutin im ÖAGG, Mitbegründerin des Instituts für Systemische Intervention und Studien (ISIS) in Wien.
Viktorgasse 14, A-1040 Wien

Wolf Ferdinand, Dr.
Klinischer Psychologe, Psychotherapeut (systemische Familientherapie), Lehrtherapeut und Ausbildungsleiter der ÖAS, psychologisch-psychotherapeutische Tätigkeit im Sozialbereich, Beratung, Training, Coaching und Mediation im Wirtschaftsbereich.
Siget 61, A-7053 Hornstein

MARGARETE SCHOLZE, BILLIE RAUSCHER-GFÖHLER,
CHRISTIAN KLICPERA

Unterwegs in der systemischen Familientherapie

Reflexionen und Beispiele

Der Band gibt näheren Einblick in den an der Lehranstalt für systemische Familientherapie der Erzdiözese Wien vertretenen Ansatz. Damit soll der Diskurs um den systemischen Therapieansatz, der gegenwärtig die wichtigste Therapierichtung in Österreich ist, weiter angeregt und vertieft werden. Die Beiträge beschäftigen sich u. a. mit der Entwicklung der Familientherapie und der Bedeutung von Werten in der Therapie und im Zusammenleben von Familien. Ein Modell zur Analyse von Sprechakten in der systemischen Therapie ist ebenso Teil des Inhalts wie die Darstellung von Therapieabläufen bei sehr unterschiedlichen Problemsituationen. Die Vorstellung des Ausbildungsmodells der Lehranstalt für systemische Familientherapie schließt den Band ab.

Facultas 1997. 210 Seiten, broschiert,
öS 298,– / DM 41,– / sFr 38,–
ISBN 3-85076-429-X

FACULTAS UNIVERSITÄTSVERLAG

CHRISTIAN KORUNKA (HG.)

Begegnungen: Psychotherapeutische Schulen im Gespräch

Dialoge der Person-Centred Association in Austria (PCA)

Das Buch enthält die kommentierten Aufzeichnungen von Gesprächen zwischen Psychotherapeuten verschiedener Schulen in einzelnen Beiträgen. Die moderierten Gespräche fanden jeweils zwischen einem Personenzentrierten/Klientenzentrierten Psychotherapeuten und einem Vertreter einer anderen therapeutischen Schule statt. Die Gesprächspartner sind jeweils namhafte Vertreter ihres Ansatzes, als Lehrtherapeuten und/oder im universitären Bereich tätig. Das Buch gibt einen umfassenden theoretischen und praktischen Überblick über die Möglichkeiten und Grenzen der Begegnungen psychotherapeutischer Schulen am Beispiel der Personzentrierten Psychotherapie.

Die Gesprächspartner:
O. Frischenschlager (Psychoanalyse), R. Skolek (Analytische Psychologie), A. Längle (Personale Existenzanalyse), I. Kryspin-Exner (Verhaltenstherapie), S. Essen (Systemische Therapie), N. Amendt-Lyon (Integrative Gestalttherapie), H. Haselbacher (Psychodrama), D. Boadella (Körperpsychotherapie), H. Katschnig (Psychiatrie).

Facultas 1997. 342 Seiten, broschiert,
öS 398,– / DM 55,– / sFr 51,–
ISBN 3-85076-413-3

FACULTAS UNIVERSITÄTSVERLAG